U0939497

伊格尔斯著作集

德国的历史观

从赫尔德到当代历史思想的民族传统

〔德〕格奥尔格 · G. 伊格尔斯 著
彭刚　顾杭 译

商务印书馆
创于1897 The Commercial Press

Georg G. Iggers
THE GERMAN CONCEPTION OF HISTORY
The National Tradition of Historical Thought from Herder to the Present

根据美国卫斯理大学出版社 1968 年版译出

总　　序

格奥尔格·G.伊格尔斯 撰

王晴佳 译

我的几本最重要的著作，以及我与我太太威尔玛合著的自传*会与中国读者见面，对此我非常高兴。此事得以成全，全赖陈启能教授的努力，我对他十分感谢。这些著作呈现了近五十年来我个人的学术发展轨迹，同时也展示了我对这个时期历史思想和著述的主要趋势所做的评价。我不但在自己的著作中考察这些变化趋势，而且这些变化在一些重要的方面也影响了我自己如何看待历史。我著述写作的动力来自我的一个信仰，那就是坚信全球范围内的社会正义与和平。我承认，这一信仰让我的著述带有了主观的色彩，但我也深知，其实每一个重现过去的努力都不免含有主观的因素。我认为这并不会影响对过去做客观的探究，写出诚实的历史著述。我们必须承认，所有的历史著述其实都反映了作者的观点；重建过去是对复杂多面的历史实在中的一个面向所做的解释而已，但这种解释不是史家随意想象的产物，而是基于史实基础之上的研究。各种各样的历史解释并不一定自相矛盾，而是从不同的方面阐明了过去的复杂性。

回顾我的一生，我一直都是一个社会主义者；我是一个相信

---

* 威尔玛·伊格尔斯、格奥尔格·G.伊格尔斯著，孙立新、蒋悦译：《历史的两面：动荡岁月的生活记录》，山东大学出版社，2014年。——译者

个人的自由可以与社会正义协调相容的民主社会主义者。我的第一本著作由我的博士论文改写而成，题为《盲信权威：圣西门派的政治哲学》，于 1957 年出版。该书尚没有中文版，但我觉得并无关系，因为它需要进一步修改。我那时对这一法国早期的、寻求社会和财富正义的社会主义运动颇有兴趣，该运动亦主张解放奴隶和男女平权，但它所采取的是我所反对的集权主义的手段。

我的第一本比较有意义的著作是于 1968 年出版的《德意志历史观》（*The German Conception of History*）*。它对自 19 世纪早期至二战之后德意志的历史研究做了批判性的研究，现已有了包括中文、日文和多种欧洲文字的版本。此书以德意志学术所标榜的学术客观性为对象，分析在何种程度上，德意志学术如何为极端的民族主义所控，而自俾斯麦建立了德意志帝国之后，它又如何带上了强烈的反民主的色彩。直到魏玛共和国时期，德意志的职业史学一直受此传统的影响，而其延伸出来的一种政治观念又为纳粹的上台铺平了道路。虽然在 1975 年有过一个再版本，但此书的英文原版主要是一部学术著作。而此书的德文版题为《德意志历史学》（*Deutsche Geschichtswissenschaft*），却有着更大的读者群。在它出版的时候，联邦德国年轻一代的史家正在寻求走出反民主的民族主义的旧史学传统，所以恰逢其时。有一位保守的德国史家批评了该书，认为它专注分析德国史家的意识形态，而他们伟大的学术成就则应该加以区别对待；我的回答则是，两者之间无法分开。

我之后的著作是《欧洲史学新方向》。如其书名所示，此书主要处理战后史学的变化。其着重点已经不再是一个国家，如德国，而是采取了跨国的和比较的角度。我在《德意志历史观》中批

---

* 中译本译名通作《德国的历史观》。经与伊格尔斯先生讨论，《德意志历史观》或更确切。——译者

判了德国民族传统的理论前提，但注重事件和重要人物，没有做社会分析。与之不同，《欧洲史学新方向》中也批判这些理论前提，但战后的欧洲大陆和英语国家的史学界，已经大多转而采用社会科学的方法，其形式多样，而作用日益明显。具体而言，我讨论了法国的年鉴学派、西方和波兰的各种马克思主义学派以及德国的"历史社会科学"学派。后者采用了韦伯和马克思的理念，对德国历史中导致纳粹上台的因素进行了批判的考察。此书很快被译成了各种欧洲文字，也有了日文、韩文和中文版。

但到了20世纪80年代，在许多重要的方面，我的《欧洲史学新方向》已经渐渐显得落伍，因为我在书中称赞的社会科学方法，虽然有助摆脱之前注重政治事件和精英人物的旧史学，但到那时已经受到了挑战。不管是韦伯式的、马克思主义的、法国年鉴学派的和美国侧重计量的社会科学方法，都希图对社会结构和历史进程做宏观的解释。除了年鉴学派侧重前近代法国的历史之外，其他学派都信奉一个同样的理念，那就是全球的历史都在向现代化迈步，走向一个生产力日益扩展的社会，而西方则是现代性的样板。

在20世纪80年代，这一样板及与之相连的社会科学研究历史的方法，已经日益为人所诟病。1979年杰弗里·巴勒克拉夫(Geoffrey Barraclough)写道："采用计量的方法无疑是当今史学界最有影响力的新潮。"但就在同一年，劳伦斯·斯通(Law-rence Stone)发表了一篇题为《叙述史学的复兴》的重要论文，其中指出社会科学化的史学原来基于的是这样一种信念，那就是史学家有可能"对历史的变化做出合理的解释"，不过信奉这一信念的人已经所剩无几了。社会科学化的史学都基本认可现代西方的工业社会，但马克思主义者和非马克思主义者对其未来走向有不同的看法。而在后殖民的阶段，史学界产生了一个重要的变化，那就是女性和少数族裔开始为人所重视，在这之前，他们在以政治为主的旧史学和社会科学化的史学(包括传统的马克思主义史学)中一直处于边缘的地位。在西方和其他地区,现代西方文化日渐被视为是压迫女性和造成族群之间不平等的根源。社会科学化的史学曾对经济因素特别重视,而此时开始转为重视文化。相对于自上而下的旧史学及侧重分析结构和过程的社会科学化的史学,史学家更注重强调文化的因素和普通人如何创造历史。社会科学史家认为历史社会和个人的存在有一定的文化场景,可以分析和解释其意义和意图,而文化史家则只希望做出解读,而不是解释。

在1997年出版的《二十世纪的历史学:从科学的客观性到后现代的挑战》一书和它1993年的德文简版中,我不仅考察了20世纪最后二十年中历史思想和书写的变迁,与此同时也重新界定了我自己的立场。就理解过去而言,注重文化的史学做出了重要的贡献,因为它开拓了历史学的视角,把性别、性行为以及之前被轻视或无视的群体纳入了史家的视角。仅就这些而言,应该说对历史书写大有助益。不过主张文化转向的史家往往走得更远,他们甚而会质疑历史探究是否有其理性基础。对他们来说,历史行为的核心是含义,而这一含义无法抽象化,只能加以解读。所以解读取代了解释。他们强调所有的历史书写都有文学的方面,这是正确的观点,我也对之有同感。不过他们中的许多人又认为,历史书写的文学性使得史学与文学并无界限可言了。而那些主张语言学转向的学者则走得更远,认为真实的过去并不存在,历史只是语言的一种创作而已。虽然被称为后现代主义者的大多数人在政治上都是左派,但他们却把摒弃西方思想理性基础的右派学者引为同道,包括公开反民主的思想家弗里德里希·尼采和同情纳粹的哲学家马丁·海德格尔。罗兰·巴特、海登·怀特、米歇尔·福柯和雅克·德里达认为,启蒙运动推崇的理性不再有助于将人类从压迫中解放出来,而是在现代社会日益成为了压迫的一种手段。他们的观点在一定程度上也为马克斯·霍克海默、赫伯特·马尔库塞和西奥多·阿多诺所赞同。而在这点上,我与后现代主义分道扬镳了。在很大程度上,我认同后现代主义对现代西方社会的批评,我也看到社会科学范式的局限和片面,这一范式有一种盲目的、西方中心的乐观主义,而事实上这个世界充满了暴力、战争、毫不掩饰的不平等、性别歧视和种族主义。但我认为,不是启蒙运动推崇的人道主义或对理性的信仰造成了这些问题,恰恰相反,正是因为这些理想一直未能实现才让上述问题得以出现。所以,我这本书的重心是对20世纪后半期历史学的各种形式进行了批评。

《二十世纪的历史学》出版之后反响甚好,很快被译成了十种文字,包括多种欧洲语言和日文、韩文及简繁两个中文版。不过我也深深地认识到它的种种局限。而其中最严重的就是西方中心主义。当然我在这方面并不特别显眼,因为西方国家出版的史学史著作都只处理西方的史学而已。这种状况到了21世纪才由于几部先驱性著作的出版而有所改变。我从很早开始就希望从比较的、全球的视角研究史学史,但由于不懂欧洲之外的语言而未能如愿。不过,我在这方面也做过尝试。1979年我与哈罗德·帕克一起主编了《历史研究国际手册》,其中除了有西方国家的史学之外,还包括了俄国、波兰、德国、拉美、中国、日本和撒哈拉以南非洲地区的章节。这在当时是世界上的首例。此书已经翻译成了中文,而且还再版了,对此我很欣慰。1980年我与另外两位学者创建了国际史学史学会——现称国际史学史、史学理论学会——力求包括在冷战期间处于世界两大意识形态阵营的史学家们。比如从其创建的初期,北京大学的张芝联先生便与我们多有合作。最后,进入21世纪之后,一家英国的出版社邀我写作一部现代史学史——他们的原意是写一部西方史学史,而我觉得此书应该有全球的规模。于是我邀请了我的好朋友王晴佳和我的印度学生苏普里娅·穆赫吉参与。我们合作的结果就是2008年出版的《全球史学史》，此书现在有了中文版，也被译成了俄文和德文。最近，我与王晴佳一起又主编了一部论文集，题为《马克思主义史学的全球视角》，拟在2015年夏天出版*。在中国之外，没有一个国家翻译出版了我这么多的著作和论文，对此我深表谢意。

美国，纽约州，布法罗市

2015年2月23日

---

* Q. Edward Wang and Georg G. Iggers, ed., *Marxist Historiographies: A Global Perspective*, Routledge, July, 2015. ——译者

中文版前言

拙著《德国的历史观:从赫尔德到当代历史思想的民族传统》将会有中文版问世,我甚感荣幸。在过去的二十五年中,我与中国学者有很多往来,并在此期间以浓厚的兴趣了解了中国历史思想的进程。通过与中国同行们的持续稳定的交流,我部分地弥补了自己不能阅读中文的欠缺。我很高兴,这部代表了我的思想发展的一个重要阶段的著作,在中国引起了人们足够的兴趣。

有必要花点文字来介绍一下差不多四十年前就已出版的这本书。毕竟,自此书 1968 年印行以来,很多事情都发生了变化。它描述了此书出版时在德国依然富有生机和活力的一种历史思想的传统。它还反映了我身为一个犹太人孩童时的经历:我体验了纳粹政权的歧视,并在 1938 年秋天逃离德国,侥幸躲过了大屠杀。在成长为一名历史学家之后,我越来越意识到,德国这一历史思想和历史研究的民族传统对于反民主思想难辞其咎。这并不是说它就直接导向了纳粹主义,而是说,它在很重要的方面为 1933 年彻底抛弃民主制和确立权威主义恐怖统治扫清了道路。既见证了这个政权的种族主义,我个人就有理由去了解很大一部分德国历史思想所体现出的这种非自由主义(illiberalism)。

现代历史研究首先是在德国被职业化的。19 世纪德国大学中所实行的学术研究方法,在历史研究成为了一门专业性学科的任何地方,在全世界、也在中国得到了极大的尊重。它成为了对过去进行科学而客观的研究的一个范例。当我着手研究很大程度上主宰了德国思想气候的历史研究的传统时，我开始认识到，在何种程度上德国的历史研究绝非德国历史学家们所声称的那样科学和客观，而是高度地意识形态化了的。对史料的批判性分析的强调（这是对历史研究最根本的贡献），与一种远非客观的，而是试图将一种特定的政治和社会现状合法化的历史哲学结合在了一起。

历史学作为一种声称在其方法和观点上都“科学”的专业学科的出现，必须结合其政治语境来加以了解。19 世纪时德国（其他国家也一样）对于历史的浓厚兴趣，是与正在上升的民族主义联系在一起的。然而，在德国，此种民族主义却出之以一种特殊的德国形式。它是民族统一进程中的一个推动力量。本书追溯了德国自由主义的悲剧性历史对于历史研究的影响。这个历史运动* 在其早期阶段所宣扬的是自由主义的、在一定程度上甚而是民主的和世界主义的层面，而在 19 世纪的进程中，它却越来越被赋予了权威主义和侵略性的沙文主义形式。在民主选举出来的法兰克福议会未能于 1848 年统一德国之后，德国中产阶级的主体部分就转而指望普鲁士王朝以武力手段，用俾斯麦的话来说就是以“铁和血”来完成统一的使命。在各色各样的西欧和北欧国家以及美国，经济上的现代化伴随着的是议会民主制的发展，而在德国，尽管工业化取得了长足进展，民主化却被延宕下来，因为教养良好而拥有财产的中产阶级的主体部分转向了霍亨索伦王朝，后者给他们提供了他们在经济领域内所企盼的很多东西。霍亨索伦王朝还呼应了中产阶级对于成为世界强国的渴望，同时颁布了一部宪法，保留了土地贵族、军人和君主的诸多特权，还试图将方兴未艾的产业工人阶级摒除在政治过程之外。

---

* 指德国民族主义的发展变化。（本书页下注均为译者注，不一一注明。）

本书更加关注的是使德国民族主义的反民主特征得以合法化的历史观，而不是德国在政治层面上未能完成民主化。这种观念被称之为“历史主义”（Historismus）。其要旨在于拒斥启蒙运动的理性和人道主义的观念。德国民族的认同是以截然有别于西方民主制的历史观来加以界定的。此种对于德国民族性的认同，不仅鼓动家们在大加利用，而且很大一部分历史学家和其他知识分子也如法炮制，来为德国在第一次世界大战中的所作所为进行辩护。在德国的Kultur（文化）与盎格鲁-撒克逊的Zivilisation（文明）之间展开的文化战争——那是德国精英们借以确立他们对于德国民众的统治权的一套意识形态——中，德国“1914年观念”与法国“1789年观念”迥然有异。作为西方民主观念之基础的启蒙运动被认为肤浅不堪，它假定了一种抽象的人性和一种以普遍人权为预设的非历史的伦理。历史主义或者德国的历史观所坚持的是一种它所认为的历史实在论，也即认定人没有本性，而只有历史。历史学家要致力于严格的公正无偏，用兰克的话来说就是，不要做出判断，而只要表明实际发生的事情。尽管要求历史学家不偏不倚、不要歪曲他的（我们这里可以说“他的”，因为妇女在很大程度上被排除在史学行当之外）发现，有其合理性，这却不仅是德国传统所独有的，而是任何地方诚实不欺的历史学家们所共同认可的老生常谈。可是，此种对于在这一传统中为历史学家们所实践的道德中立的吁求，却包含着一种深刻的矛盾。它认定现存的权威体制代表着道德力量。构成渗透社会方方面面的伦理秩序的核心制度，乃奠基于权力之上的国家。权力因而就反映了道德，而国家就像他们所声称的那样，在扩展其权力以凌驾于其他各种号称来自于上帝的权力之上时，它的所作所为都是正当的。尽管兰克宣扬说，一切时代都平等地直接通向上帝，然而，在实践中，这一传统中的德国历史学家（包括兰克）却区分了更多历史性和更少历史性的时代，否认非西方国家具有任何实质意义上的历史——从而就将西方殖民扩张的开化使命合法化了——而且还断言(就像我们已经看到的那样),德国文化作为高于其他各种西方文化的历史巅峰而在历史上具有优越性。此种观念并没有像有人可能会预期的那样,导致将历史的视角扩展到人类生活的广阔领域,而是狭隘地关注政治、外交和军事实践,并且不仅导致对于社会史、经济史和文化史的漠视,而且导致学术体制拒斥打破这些藩篱的尝试,并将这些努力视作是要颠覆德国的价值观,还常常将社会史就径直等同于马克思主义。经济史虽然实际上也有人在研究,却几乎毫无例外都是将国家置于中心。

第一次世界大战德国战败之后,此种观点依然得以延续,并且在很大程度上导致了对于魏玛共和的拒斥。即便是弗里德里希·梅尼克这样的纳粹反对者,也在他讨论"历史主义的形成"的著作(1936)中,依旧将对启蒙运动有关自然权利的信念的拒斥,视作德国历史思想自宗教改革以来对世界做出的最重大贡献。在纳粹时期,许多更加年轻的历史学家(他们在1945年之后成为德国历史学界的翘楚),如维纳·孔茨和西奥多·谢德尔,将民族认同的观念从以国家为取向转变为以种族为取向,为在东方对非日耳曼人(包括犹太人)的种族清洗进行了论证。1945年之后,他们当然抛弃了对种族概念的使用,并且(尤其是在面临冷战时)不得不修正了他们对西方的抵制,而与此同时又保留了他们很多的传统观点。

本书结束于随着20世纪60年代新一代的到来而发生最初转向之时。我惊喜地得知,一家德国平装书出版商很快发行了一个德文译本,这个德文本很快就出了三版,数量大得多的公众得以看到此书。尽管美国的第二版直至2000年之后还一直在印行,但人们基本上是将它视作一部学术著作,而在德国它却显然发生了某种政治影响。此书之所以重要,是因为它出现在德国话语中的一个关键时刻,是对从18世纪晚期开始到第二次世界大战之后主导性德国历史思想传统的唯一批评性研究。在 1997 年德国的一个新版本中，我试图跟踪直到 20 世纪 90 年代中期的德国史学发展。

现在，我来简单地谈一下德国史学思想和史学实践在过去四十年来的主要进展。我所描述的自 19 世纪上半叶以来不仅主宰了历史学界而且主宰广大德国公众的那种德国历史观的支配地位，终于结束了。对于那些在纳粹垮台之后成长起来的西德（德意志联邦共和国）新一代历史学家来说，关键的问题是，纳粹主义的兴起及其种族屠杀的恐怖统治何以可能。与那些依旧占据着历史学教席的老一代人不同，他们并不将纳粹主义视作仅仅是德国历史的一个错乱，是一种欧洲的而非德国所特有的大众社会的现象。与东德（德意志民主共和国）那些将纳粹主义视作一种国际性现象、视作垄断资本主义产物的历史学家不同，他们要到德国历史，尤其是民主化所遭遇的失败中去寻找纳粹主义的根源，并且要考察历史主义在这一过程中作为一种意识形态所发挥的作用。他们拾起了所谓的 Sonderwegsthese（特殊道路论）——此种观点认为，德国走了一条不同于西方工业国家的道路——却将这一观点颠倒过来，由灾难性的结果出发，以否定的而非肯定的方式来看待德国的特殊道路。这些年轻的历史学家中有许多人如今已经摒弃了德国的历史观。置身于历史主义传统中的历史学家们强调每一历史格局的特殊性，而新的历史学家们却在社会结构和过程中寻找因果解释。比之德国之外的社会史家（比如说法国年鉴学派的很多人），他们更加注重 19 世纪和（并且特别是）20 世纪，总是意识到社会的政治语境。虽然他们辩解说他们并不是马克思主义者，他们却接受了在马克斯·韦伯的社会学中得到重新阐释的关于社会不平等和社会矛盾的马克思主义的重要观点。他们的目标是要创立他们所谓的“历史性社会科学”（Historical Social Science，汉斯-乌尔里希·维勒）。然而，不同于韦伯，他们相信历史学家不可能做一个中立的观察者，而是必须表明某种道德立场，而又要小心谨慎地不让这一立场歪曲他们对于过去的建构。于是，他们强调他们对于民主价值和启蒙运动的人权理想的忠诚。然而，他们绝非没有受到挑战。在所谓的20世纪80年代的历史学家之争(Historikerstreit)中，保守的历史学家们重申这一论调：纳粹主义和种族屠杀并非德国所独有，而是与斯大林主义和意大利法西斯主义一样，同属现代大众社会的一种现象。然而，在那个时候坦诚面对纳粹主义的暴行及其在德国的过去的根源的思想氛围中，这种辩解的取向在很大程度上只不过是少数人的立场。

在20世纪80年代，另一种挑战来自甚至更年轻的一代，他们批评历史性的社会科学在执着于社会结构和进程时，忽视了具体的人的生命。他们倡言一种"日常生活史"(Alltagsgeschichte)，转向被历史性社会科学所漠视的普通人在其中占据中心位置的格局和背景，妇女也第一次进入了中心地带。社会学研究方法的宏观史被一种人类学取向的微观史所取代，在其中，文化变得甚至比经济过程或社会结构都更加重要。到20世纪90年代，社会史日渐认识到文化和文化史的功能以及更加巨大的社会力量的作用。然而，大多数德国历史学家仍然集中精力于德国史。东德的很多历史研究也是同样的情形，在那里，往往按照马克思主义的基础——上层建筑的路数进行的研究，无法充分说明纳粹政权的恐怖主义和种族屠杀的特征。然而，到20世纪80年代，东德的历史学家、经济学家和文化人类学家也开始紧密合作，与西方的日常生活史相类似，但更加关注此种日常生活史的社会和政治背景。

冷战的结束对德国史学(如同总体而言对全世界的史学一样)造成了新的前所未有的挑战。人类学取向的微观史史学家们逃避到一个浪漫的世界之中，这并没有能够回避时代的紧迫问题；德国社会科学史的实践者们全神贯注于德国的过去，也不足以应对一个这样的世界:现代化、全球化以及它们所引发的社会和文化冲突在其中创造出了从前未能得到充分认识的种种新的现实。在这个时刻,在2005年的开端,我们发现自己处于这样一个地位:旧有的历史思想的模式在很多方面已经陈旧过时,这不仅是说德国的历史观,而且还有历史性社会科学和日常生活史的诸多方面。

说到我本人作为一个历史学家自本书初次面世以来的思想发展,我在基本观点上一直是世界主义的,深深服膺于启蒙运动人权和理性的价值观。正是此种信念促使我对"德国的历史观"进行批判性的审视。在我后来的著述中,我试图将德国史学放在西方历史思想和历史写作潮流的更加广阔的背景之中。最近,在不同的论文和一部书中,我与所谓的"后现代"史学观点针对启蒙运动的非理性主义和不可知论发生了争论,那种观点对于就过去进行真实无妄的研究的可能性本身提出了质疑。我一直认为,每一种历史写作都反映了作者的道德和政治观点,然而这并不就等于排除了诚实的学术研究。对于历史的解释可能各不相同,并且历史学家有权采取他们自己的视角,然而他们却没有权利捏造或歪曲事实。好的历史学并不是纯粹的文学幻想曲。在20世纪90年代我开始撰写一部西方现代史学史。我很快认识到,在一个日渐全球化的世界中,这样的研究路数过于狭隘。我现在和一位同事王晴佳(Q. Edward Wang)有非常密切的合作,他作为一个历史学家的主要训练是在上海华东师范大学完成的,他在那里取得了硕士学位,又在美国的锡拉丘兹大学(Syracuse University)获得了博士学位。我们正致力于撰写一部起自18世纪晚期以来的比较的、跨文化的史学史。其中的一个主题将会是不同文化(西方的和非西方的)走向现代化的各种趋向,这里的现代化不是单数的作为西化的现代化,而是复数的现代化。我们不会将自己局限于西方对非西方社会历史思想的影响,而是还会留意到现代化的各种形态和西方思想与非西方思想的互动。我期盼着在21世纪之初跨越民族和文化边界的国际性思想交流的繁荣兴旺。

格奥尔格·G.伊格尔斯

美国,纽约州,布法罗

2005年1月1日

致詹姆斯·卢瑟·亚当斯
(James Luther Adams)

目　录

修订版序 ix

自本书首次出版以来，在联邦德国的史学研究中出现了大量的重新思考。虽然与旧的传统和观点的连续性依然存在，但是众多历史学家已开始批判地考察自己的民族历史。与这一批判视角相应的是研究方法上的重新定位，即从传统德国历史研究中以人物为导向的片面研究方法转变为对政治史发生于其中的社会背景的关注。我深切感到新版的《德国的历史观》应该体现 20 世纪 60 年代以来历史思想中的这一转变。

新版中加入的那一章绝非出于使全书完整的目的，而是试图对构成新历史研究之特点的形式、观点和方法上的转变加以理解。将这一新学术成就化约为某一简单的共同特点是困难的。20 世纪六七十年代历史学家的研究中存在的差异远甚于其前辈们。不过，在最近二十年的历史著作中，有相当一部分努力尝试理解德国充满悲剧色彩的过去。新增最后一章的大量篇幅就是有关这一努力的。这一强调解释了该章的某些遗漏（就像全书一样），如疏漏了有关中世纪和近代早期历史的大量著作。它也解释了为何注意力集中于那些摒弃传统和描述方法而以新的批判 x
视角研究政治的社会史学家，他们在近些年里变得日渐重要。

还有其他一些疏漏。最后一章集中关注联邦德国的历史研究。这是由本书的主题,即我所说的"德国历史观"的发展和衰落所决定的。然而有关现代德国还存在国际性的研究著作。20世纪30年代的流亡历史学家们属于最早批判性地分析德国当代史的学者。这一考察在美国、英国、以色列、民主德国和其他地方为更年轻一代的经济、社会和思想史家所承继。我们需要这样一种超越政治界线而专注于问题和方法的德国史学史的研究。

在十五年之后,我自然对本书有了一些重新考虑。本书从未打算对德国历史研究做全面考察。初版序言已明确表示它所研究的是一种独特的政治-思想传统的历史,该传统自19世纪中期直至20世纪60年代始终主宰着大学中的历史著述。汉斯·希莱尔和伯恩德·弗伦巴赫最近发表的两项有关魏玛共和时期历史研究的分析,再次指出这一思想意识在德国历史学界的主导地位。但是任何时候对于历史学界中反自由主义及其片面强调政治的倾向都存在不同观点。我已非常注意德国的自由、民主传统。但是信仰民主的历史学家绝大多数身处职业圈外。不过我如果重写此书,那么我将给予他们更多篇幅。与此相似的是,批判性的社会史研究方法则或是来自那些学科外的学者,如路德维希·冯·斯坦因、古斯塔夫·西摩勒、马克斯·韦伯,或是完全处于大学之外的学者,如卡尔·马克思。此外读者还应意识到其他传统和方法的存在。我还从弗里茨·林格对德国学术界的分析——《德国文人雅士的衰微》,1969年出版,即本书出版的次年——中获益匪浅。当然,本书并不是将历史观念置于真空中加以考察的。我非常注意历史著作的政治背景。不过今天我将对历史研究和著作产生于其中的社会结构给予更多关注。

xi 在过去十五年中,我有幸与众多历史学家就联邦德国的史学研究的变化状况进行讨论,对于他们,我要表示诚挚的谢意。我尤其要感谢曾阅读新章节的手稿并提出意见的以下人士:威廉·

S. 艾伦、肯尼思·巴尔金、福尔克·贝格哈恩、康拉德·伽劳希、拉里·E. 琼斯、迈克尔·卡特、尤尔根·科卡、阿尔夫·吕特克、汉斯·梅迪克、汉斯·蒙森、汉斯-尤尔根·普尔、恩斯特·绪林、鲁道夫·菲尔豪斯和汉斯-乌尔利希·维勒。我还要感谢鲁道夫·菲尔豪斯在我多次逗留德国期间，允许我将哥廷根的马克斯-普朗克历史研究所作为自己研究德国史学的基地。

1982 年 8 月，于布法罗

xiii

初　版　序

尽管德国史学思想和研究对于整个世界的文化科学的发展有着重大影响——就像它对德国政治与社会思想的巨大影响一样，但是在过去五十年里英语学界还没有任何关于德国历史编纂或是德国史学思想的全面研究。在德国，虽然关于各个历史学家已出版了大量著作，但是近年来只有两部综合性著作问世，它们每一部的写作视角都和本书作者的视角不同。其中一部名为《从德国人文主义到当前的精神与历史》，由一位鼓吹大德意志的奥地利人亨利希·里特·冯·斯瑞比克撰写，他仍然深受德国唯心主义传统影响；另一部为《德国历史科学研究》，是约希姆·斯特莱桑主编的东德马克思主义历史学家的论文集。

与上述两项研究相似，本书起初并未想成为一部有关德国历史编纂的历史。而是试图对从威廉·冯·洪堡和利奥波德·冯·兰克至弗里德里希·梅尼克和吉哈德·里特尔的德国历史编纂的主要民族传统中德国历史学家们的理论假设和政治价值观，提出一项解释性的和批判的分析。兰克的保持绝对学术中立的理想业已被证明对于这一传统的任何史家来说都是无法实现
xiv 的，而且很多人并不喜欢它。然而，这些历史学家的研究依然是

与在面对变化的思想和社会环境时保持相对不变的某种世界观和一套政治价值观有着密切关联的。本书从它自身内部的矛盾和政治事件的影响来探寻这一传统的解体。在这个德国历史学家们正依据20世纪的历次政治劫难对自己的民族史和经典史家的方法论与哲学假设认真地加以重新审视的时刻,希望本书将有所裨益。同时也希望本书能使德国之外的国家如美国、法国、意大利等国的历史学家和社会理论家感兴趣。近些年来,在这些国家里,"德国历史主义"的理论假设,尤其是由威廉·狄尔泰和马克斯·韦伯阐释的理论假设,已获得大量关注。

本书是对进步观念的更为广阔但尚未完成的研究的产物,这一研究具有双重目的:一是从历史的角度考察进步和衰落观念在现代历史、政治思想中的地位;其次则是从理论角度考察这些观念的有效性。来自约翰·西蒙·古根海姆纪念基金会的奖学金使我得以在1960—1961学年中于巴黎全心从事这一课题的研究。当我日渐关注德国对进步观念的批判时,我跨过莱茵河来到哥廷根,在洛克菲勒基金会奖学金的资助下,我得以在那里完成了本书的基础研究。我衷心地感谢这两项奖学金以及1964年秋的芝加哥纽伯瑞图书馆的资助,它们使我能够完成初稿。来自纽约州立大学研究基金和布法罗大学基金的资助,则使我于1966年夏天得以在哥廷根重写初稿中有关1945年后德国史学研究发展的部分。另外两项额外奖学金是1960—1961学年的迪拉德大学奖学金,以及我待在纽伯瑞图书馆时的罗斯福大学奖学金。我还要表达对下萨克森州立与哥廷根大学图书馆(*Niedersächsische Staats-und-Universitätsbibliothek in Göttingen*)和德国历史著作收藏甚丰的纽伯瑞图书馆的工作人员的感激之情,尤其是要对纽伯瑞图书馆馆长劳伦斯·汤纳表示感谢。

我还受惠于众多人士的建议和评论。我尤其要感谢自己的 xv
妻子,感谢她提出的很多建议和鼓励。曼弗雷德·施伦克、路易·戈特沙尔克、哈罗德·T.帕克、吉拉尔德·费尔德曼、吉哈德·马苏尔和君特·比尔奇教授阅读了整部初稿。我还特别要感谢费尔德曼教授的内容广泛的批评和详细的建议。迪特尔·戈罗和马滕·布朗兹读了导论;尤尔根·赫布斯特读了有关洪堡的章节;恩斯特·舒林读了有关兰克的章节;彼得·克劳瑟读了有关威廉·狄尔泰的部分;格奥尔格·科托夫斯基和詹姆斯·L.亚当斯读了有关恩斯特·特勒尔奇和弗里德里希·梅尼克的章节。约翰·L.斯内尔、鲁道夫·冯·特哈登、吉哈德·里特尔、埃伯哈德·凯塞尔、迪特里希·吉哈德、K.D.布拉赫、马滕·布朗兹、贝德里希·罗文斯坦、维纳·波特霍尔德、皮特·盖尔、格奥尔格·克伦、约尔格·沃伦贝格、恩斯特·亨利希、克里斯托夫·施罗德和克劳斯·爱泼斯坦对第八章的初稿和修改稿做了阅读和评论。包括弗里茨·菲舍尔、维纳·孔兹、弗里茨·瓦格纳、杰弗里·巴勒克拉夫、赫尔曼·海姆培尔、赫尔曼·魏因、莱因霍尔德·维特拉姆和埃伯哈德·科尔布在内的其他人则接受了我就研究中的问题所进行的访谈。

我要将这部书献给詹姆斯·路德·亚当斯,当我还是一个研究生的时候,正是他首先向我介绍了本书中讨论的一些问题,而且多年来他一直密切关注着我的研究,并时常提出有价值的建议。我相信将这部书献给詹姆斯·路德·亚当斯是非常合适的,因为与本书中所讨论的那些人物中的最杰出者一样,他也将学术上追求完善和积极介入时代的重大政治与民族问题结合在一起。

本书中有两处明显的遗漏。这就是没有对纳粹时期和1945年以后的东德的历史编纂状况加以讨论。正如上面所解释的,本书并不想做一个全面的研究。德国历史主义的古典民族传统毫无疑问对那种有益于专制政体兴起和遵循此种传统的众多历史学家出现的氛围是有促进作用的,但是这绝不意味着向纳粹屈服是轻而易举的事。这一传统与纳粹的官方历史编纂中的“种族”

(Völkisch)意识形态是有根本区别的。赫尔穆特·海伯的巨著《瓦尔特·弗兰克与他的德国历史研究所》(斯图加特,1966)和卡
尔·费迪南·维纳的简明著作《纳粹历史观与德国历史科学》(斯 xvi
图加特,1967)中都已开始对纳粹统治下历史学家的地位进行考察。没有对东德历史研究的情况进行探讨,并非不承认民主德国历史学家们的研究,而是因为本书中所讨论的那种历史编纂传统在第二次世界大战后的几年中在那里突然中止了。

格奥尔格·G.伊格尔斯

纽约州,布法罗

1967 年 8 月 30 日

3

第一章　导论

现代没有几个国家的职业历史学家曾经像19世纪和20世纪的德国历史学家那样在自己的研究中有意识地受一种历史观的引导。这一点在各个时期都是真实的，而除了希特勒统治时期以外，处于那些环境中的历史学家都没有受到极权政体之下盛行的严格思想控制的束缚。

与法国、英国或是美国的情况相比，我们有更充分的理由说德国历史研究中存在着一种主要传统。这一广泛的和具有不同表现形式的传统，由于其共同具有的德国唯心主义哲学根源而获得了一定程度的统一性。利奥波德·冯·兰克是它的奠基人之一，但绝不是唯一的奠基人。另一位是威廉·冯·洪堡，他在将德国唯心主义哲学运用到历史研究中，并对19世纪中叶的德国历史学家产生重大影响上，可能具有同等重要的作用。

赋予这一传统以突出特点的并不是与兰克的名字紧密相连的对史料的批判分析。批判方法和专注于事实的准确并非兰克或19世纪德国历史学家所特有的。在一定程度上，它们是由更早一代的历史学家、语文学家、古典文学艺术研究者和《圣经》学者所形成的。此外，它们也很容易地就被其他国家的历史学家所

接受，而他们撰写历史著作是受完全不同的观念影响的。批判方
法成为各地真正历史学者的共同财富。确切地说，使得德国历史 4
研究主要传统中的历史学家的著作与众不同的，正是它们有关历
史性质和政治权力特点的基本理论信念。

这一历史信念不仅决定了历史实践活动，而且决定了历史学家所提出的问题。总的来说，它是以大国间的冲突为中心的，而这也决定了他们所采用的方法：他们过分强调外交档案，而忽视社会史、经济史和社会学方法、统计资料。这一信念还赋予这些历史学家的研究以一种政治定位，它不是指狭隘的党派意义上的政治定位——因为在这一广泛传统中我们发现了保守派、自由派、民主派和社会主义者等各种派别——而是指他们给予国家的中心地位和他们对国家之有益影响的信心。

当然，有一些重要的思想家并不属于这一传统，像历史学家中的雅各布，布克哈特、尤里乌斯·冯·费克尔、约翰·冯·多林格尔、马克斯·勒曼和弗朗兹·施纳贝尔；哲学家中的阿瑟·叔本华和弗里德里希·尼采。其他像罗伦兹·冯·施坦因和卡尔·兰普雷希特这样的学者则处于这一传统的边缘，他们试图发现历史中起作用的重大社会与经济力量。这一传统所依据的基本哲学假设不仅被大多数德国历史学家所接受，而且被其他学科的学者所接受。历史主义的哲学和方法论渗透到德国的所有人文与文化科学之中，结果语言学、语文学、经济学、艺术、法学、哲学和神学都成为以历史为导向的研究。

历史主义具有如此多的含义，以至于若不对其作仔细界定，它就将是一个毫无用处的术语。[1] 在第二章中，我们将更为详尽地讨论这一术语。在本书中，当我们提到历史主义的时候，我们一般是指这样一种德国历史编纂和历史思想的主要传统，它在从威廉·冯·洪堡和利奥波德·冯·兰克直至最近的时期里一直主导着德国历史写作、文化科学和政治理论。还应该强调的是，作

为一种思想运动的历史主义并不局限于德国，自 18 世纪以后这一历史观已主宰了整个欧洲的文化思想。[2]

历史主义观念的核心是假设在自然现象和历史现象之间存在根本差异，由此在社会和文化科学中需要有一种与自然科学研究方法完全不同的研究方法。它主张：自然是不断再现的事物活动的舞台，在那里各种现象本身缺乏有意识的目的；历史则由具有意志力和目的的、独特的、不可重复的人类行为所组成。人的世界处于不断变化的状态中，尽管其中有一些稳定的中心（个人、制度、国家、时代），每一个都拥有其内部结构、特点，而且每一个都处于与其自身内部发展原则相一致的不断的转变过程之中。因此历史成为理解人类事物的唯一指南。不存在固定不变的人类特性；每个人的特点只是通过自身的发展才显现出来的。因此，自然科学的抽象和分类方法对于人类世界的研究来说是不适用的。历史所要求的方法是考虑到历史学家所面对的具体的人和集团曾经是鲜活的，而且拥有需要历史学家加以直观理解的独特个性。这些方法必须考虑到不仅历史学家所研究的问题，而且历史学家本身也是处于时代趋势之中的，他借以寻求客观知识的方法和逻辑本身也是受时间限制的。

弗里德里希・梅尼克、恩斯特・特勒尔奇和其他人已然承认这一历史观是 17 和 18 世纪广泛的欧洲思想潮流的产物。然而，他们仍然坚持，只有在德国，历史主义才获得了充分发展。历史主义将现代思想从自然法理论长达两千年的统治中解放出来；而且，采用"与主宰整个宇宙的理性秩序相一致的永久的、绝对正确的真理"来加以解释的宇宙观，被代之以对人类历史经历的丰富和多样性的理解。梅尼克相信，这种认识构成了德国对宗教改革以来的西方思想的最大贡献，而且也是"人所达到的对人类事物之理解的最高阶段"[3]。不过特勒尔奇和梅尼克也强调，直至 19 世纪和 20 世纪西欧思想仍然继续遵循自然法思想模式。[4] 他们宣

称，这一哲学观上的差别奠定了他们所指出的法国大革命之后存在于德国和“西欧”之间的文化与政治发展上的深刻分歧的基础。 6

然而，这种将德国历史主义与西方自然法相并列的做法毫无疑问是歪曲了19世纪和20世纪的真实思想状况。因为特勒尔奇和梅尼克就德国的情况所指出的与自然法模式的决裂，在西欧也出现了。在那里，浪漫主义和针对法国大革命的反动也伴随着对历史研究的新兴趣。此外，德国文学、哲学和历史研究对法国、英国和其他国家产生了深远影响。[5]

在欧洲，历史与政治科学之间的关系也完全改变。不再是历史学家为了理性政治的原则而求诸政治哲学——如启蒙运动中所发生的那样，而是政治理论家转向了历史。不仅像柏克和卡莱尔这样的保守派作家，而且自由派理论家（贡斯当、梯也里、米什莱、麦考莱和阿克顿）也在遥远的民族历史中而不是在人权中，寻找法国或英国自由的根源。[6] 甚至奥古斯特·孔德或赫伯特·斯宾塞的实证主义社会学也通过历史发展来观察社会，而以后的德国批评者们把这种社会学看作是与德国历史主义相对立的。

不过历史主义是在德国获得了最激进的表述，这一点是确凿无疑的。这种激进主义毫无疑问反映了历史主义在德国政治思想中所扮演的独特地位。因为历史主义远不是像梅尼克在对20世纪30年代的德国政治进程不再抱幻想之后[7] 所强调的、代表了一种没有任何政治含义的纯粹文化现象，而是从一开始就渗透了各种政治观念。[8] 卡罗·安托尼已经指出，18世纪历史主义观念的出现与政治理论家们在面对中央集权化的启蒙国家的侵蚀时维护地方权利和特权的企图之间有着何等密切的关系。这一点在诸如瑞士联邦的各州和德意志的小邦等地区尤为正确，在那些地区现代官僚制国家尚未巩固确立。[9] 安托尼还主张，历史主义可以视作欧洲范围内“民族传统对法国理性和启蒙运动时代的反动和反抗的”共同特点，而所谓的法国理性则表现为将抽象的数学

7 精神应用到文化和政治中。[10]但正是在德国，民族传统和法国观念间的冲突表现得尤为强烈。德国缺乏英国、西班牙和意大利所拥有的伟大文学遗产。

18 世纪末德国出现的文学复兴包括使民族文学摆脱法国新古典模式影响的努力，而且它比其他地方的浪漫主义运动都更为自觉。但是，最为重要的是，德国政治民族主义是在法国革命战争和拿破仑胜利之后反对法国统治德国的斗争中兴起的，这一斗争增强了德国政治思想中的反启蒙运动倾向。本书考察的历史思想传统就是德国民族复兴和民族解放战争的产物。这一传统的自由派历史学家试图将自己的自由主义追溯到指引著名行政官员的改革精神。诸如斯坦因、洪堡、格奈斯诺和沙恩霍斯特这样的人，试图通过法令自上而下地创立一个有效率的现代化君主国，能够动员整个民族的人力资源，并且愿意提供各种条件，从而将个人自由、司法保护、大众在某种程度上参与公共事务和对传统权力组织的尊重相协调。他们在 1813 年精神中看到了 1789 年思想的更为合理的德国替代物。法国大革命的激进的平等主义要求和对一切传统的挑战，为国家对人的体制性暴政铺平了道路，例如罗伯斯庇尔和拿破仑的所作所为，正是他们所害怕的。

三组思想在本书所涉及的德国历史研究的民族传统的理论立场中占据了核心地位：国家概念、价值哲学和知识理论。虽然这三个概念中没有一个完全为德国历史研究所特有，但是它们都在德国历史思想中得到了最为极端的阐述。[11]

1. *本身就是一种目的的国家和“权力国家”(Machtstaat)的概念。*与其他国家一样，德国历史主义把国家看作历史力量的产
8 物。在德国，与英国或法国一样，以伏尔泰或吉本为代表的 18 世纪文化导向的历史研究让位于一种以民族为中心的政治导向的对过去的研究。然而，德国历史学家所回忆的政治传统是与法国或英国历史学家的政治传统非常不一样的。当然，我们所考察的历史学

家并没有将神圣罗马帝国或是中世纪团体主义的残余理想化。确切地说,他们的典范是经过启蒙的专制国家(*Obrigkeitsstaat*),普鲁士改革时代的霍亨索伦王朝就是最佳代表。因此他们的国家概念包含了一种贵族和官僚制的倾向,同时又对作为社会支柱的有知识、有财产的中产阶级的地位表示重视。对他们来说,国家既不是米什莱意义上的民族,又不是包含在议会制度史中的英国意义上的国家。他们强调在政府与被统治者之间存在着比他们法国和英国同行所主张的更为明显的区别。用兰克的话来说就是:"无论我们怎样界定国家和社会,在当局和臣民之间、被统治的大众和少数统治者之间始终存在悬殊的差别。"[12]

德国历史研究明显是以作为"个体"、本身就是一种目的、受自身生命原则控制的唯心主义的国家概念,取代了功利主义的国家概念,后者把国家看作是其民众的利益与幸福的工具。兰克已指出各个国家并不仅仅是经验的存在;它们每一个都体现了一种更高的精神原则,"可以说是一种上帝思想。……把它们看作是众多为了保护那些已经联合起来的个人——比如说维护他们的财产——而存在的制度将是愚蠢的"[13]。

*2. 反规范(Antinormativität),拒绝以规范性术语进行思考的观念。*与作为个体和本身就是一种目的的国家概念密切相连的是一种特定的价值哲学。从定义上说,任何形式的历史主义都必须承认所有价值都是在某一历史环境的明确背景下产生的。然而我们所讨论的历史主义传统,通过假设历史中产生的一切本质上都是有价值的而更进一步。没有任何个人、制度或历史行为能够通过外在于其产生环境的标准来加以评判,而是必须依据其自身的内在价值来加以判断。因此不存在可以应用于各种不同的人类制度的理性的价值标准。所有价值都是有文化界限的,但是所有文化现象都显示了神的意志,并体现了真正的价值。因此 9
在政治价值领域,一种国家学说的道德理论基础已然确立。如果

说马基雅维里以非道德的方式看待对权力的争夺，那么德国历史主义就把它上升到一种道德原则。兰克指出在相互竞争的世界各国间取得最大程度的独立和力量是国家的最主要任务，由此国家将能够充分发展自己与生俱来的倾向。一切国内事务都必须服从这一目的。[14]

梅尼克宣称，国家理性学说的批评者们忽视了“道德不仅有普遍的一面，而且还有个体的一面，而国家在权力方面的自我中心主义的表面上不道德可以从这一角度获得道德上的肯定。因为源自一个存在（being）的最深层特性的东西不可能是不道德的”[15]。因此当国家追求自己的更高利益——通常用权力政治术语加以解释——时，它并不是有罪的，因为通过追求这些利益，它促进了更高的道德目的。洪堡和德罗伊森向我们断言，只有在强大的国家中，自由、法律和文化创造力才能获得保证。因此国家并不纯粹是权力，而是道德的制度化身。国际冲突从来就不只是争夺权力，而是在此之上的道德原则的冲突。战争的胜利通常意味着更高的道德力量的胜利，在这一点上兰克是与黑格尔的观点相一致的。[16]

将国家权力与自由和文化相等同绝不是德国历史主义所特有的。不过，在德国传统中，缺乏一种在 19 世纪意大利、法国、美国和英国的民族主义中常见的有意识的尝试，这就是使国家意志与普世的人类价值相一致。[17]从兰克开始，德国传统中的历史学家们就强调政治制度的不可转移。[18]德国没有什么需要从法国学习的；而是必须致力于充分发展属于自己传统的各种制度。每个国家都是独特的，体现一种特别的、不可仿效的精神和道德。因此德国民族主义是更受历史引导的，并且更为缺乏一种超越政治或道德国家的观念。[19] 18 世纪时，约翰·戈特弗里德·赫尔德的历史主义还曾提倡充分关注不同的人类价值；到了 19 世纪，它就逐渐趋向于否定普世的人类价值了。[20]

3.“反概念”(*Anti-Begrifflichkeit*),拒绝概念化的思考。在 10
知识论中,与信仰人类之理性基础的自然法的决裂,也以比其他形式的历史主义更极端的方式进行。历史中个体的独特性限制了理性方法在有关社会与文化现象的研究中的应用。生命所具有的自发性和动力拒绝被简化为共同的特点。从洪堡和施莱尔马赫开始,德国历史学家和文化科学家就试图强调,在历史与文化科学(*Geisteswissenschaften*)中概念和归纳的价值是很有限的。[21]他们主张概念化就是从历史事实中清空了它所具有的鲜活特质。历史,是有意志的人类活动的场所,它要求理解。但是这种理解(*Verstehen*)只有当我们切身考虑到所研究的历史主体的个体特点时才是可能的。这一过程不仅伴随着抽象推理,而且还要直接面对这一主体,对于后者,我们希望在不受任何概念化思想的限制的情况下加以理解,并仔细思考它的个性。洪堡、兰克和狄尔泰都主张,一切历史理解都需要直觉认识(*Ahnung*)成分。

然而,德国历史主义者对抽象理性的排斥并不意味着在科学研究中排斥所有理性。相反,正如我们将要看到的,历史主义主要是一个寻求对人类现实做理性理解的学术运动。它承认所有人类行为中的情感特性,并试图形成一种重视人类生活的非理性层面的逻辑。作为历史主义政治和道德思想之特点的对人类生活的最终共同体的牢固信仰,也成为其知识论的特点。从洪堡到梅尼克的德国历史学家已明白一切历史研究都是在一个历史结构中发生的,但是他们也相信学术研究会产生对历史事实的客观认识。这导致了历史研究的职业化和批判性的学术标准的形成。在实践中,德国历史学从未能够使自己摆脱概念化的思考。它带着一种更加静态的国家概念进行研究,对于该传统之外的历史学家们使用的文化多样性的概念很少关注。德国历史学家们也不能使自己摆脱价值判断,实现他们在理论上要求的让历史自己说话(正如兰克所要求的)。由于坚持历史是属于独特个体的领域, 11

他们就固执地排除了可进行理性探究的一种共同人类基础的可能性。比较文化研究或是有关各社会稳定的结构特点的分析在其中所占比重很小。这与其他国家的尝试(福斯特尔·德·库朗热、亚历克斯·德·托克维尔、雅各布·布克哈特、阿克顿爵士、弗里德里克·特纳)或是德国的其他尝试(罗伦兹·冯·斯坦因、马克思和恩格斯、卡尔·兰普雷希特、马克斯·韦伯、奥托·辛策)形成鲜明对比,这些尝试将承认制度多样性和在历史变化中寻找稳定的或是典型的反复出现的因素及寻找发展模式结合在一起。

这些有关历史的哲学观念将在长达一个多世纪的时期里主宰德国历史研究。正如我们在下一章中将看到的,它们的根源是18 世纪的世界主义和文化导向的历史主义,以及赫尔德、歌德和康德的古典“人道理想”(*Humanitätsideal*)。在拿破仑入侵的紧张时期里,它们获得了自觉的民族和权力导向的形式,并且在伴随民族解放战争的狂热中成为民族遗产的一部分。它们被纳入到一代人的政治信仰之中,这一代人在“复辟时期”(Restoration)为了民族的统一和建立清除了外来的法国观念,忠于德国传统的自由制度而反抗绝对主义力量。在保守派历史学家中,这些哲学观念通过作为历史学家、政论家和教师的兰克的活动而得到增强。

在 1848 年之前的几年中,更为自由的年轻一代历史学家对兰克的保守派倾向和追求普鲁士在德国统一中的领导地位表示怀疑,他们转向洪堡、费希特和黑格尔以寻求灵感。1848 年革命的失败使得这些历史学家们进一步相信国家行为的首要地位和政治权力的道德正当性。对他们来说,1871 年似乎是历史发展的顶点和正当理由。德国民族主义已经与“德国”历史观念牢牢地交织在一起,而后者随即又与德国问题的俾斯麦式解决方法同样紧密地联系在一起。保守派、自由派,甚至某种程度上的民主派,对历史都具有共同的虔诚信仰。随着德国进入世界政治舞台,一

些历史学家们也坚定地相信兰克所主张的各大国的力量能够扩 12
展至世界舞台的观念。第一次世界大战再次使得从左至右的绝大多数历史学家联合起来，热诚地维护“德国历史观”，反对“西方的自然法学说”。

因此，德国历史学家们进入了一个他们自己的世界，这一世界在19世纪和20世纪初的大转型中显然没有发生变化。在很大程度上，他们的思想财富仍然是民族解放战争的光辉岁月中的思想财富。对于工业化带来的社会和经济变化他们显然毫不关心。历史对于他们来说，首先还是大国间的相互作用，外交和政治档案依然提供了历史研究的第一手史料。尽管历史学家们已认识到作为一种政治因素的群众的出现，如亨利希·冯·西贝尔在其有关法国大革命的研究中所承认的，但是他们仍想当然地认为自从近代绝对主义国家出现以来，国际政治和战争的原则本质上没有发生变化。社会学遭到怀疑。甚至由古斯塔夫·西摩勒创立的经济史重要传统，也使经济服从于政治和权力政治因素。相似地，在19世纪末20世纪初，以弗里德里希·瑙曼为中心，包括马克斯·韦伯、恩斯特·特勒尔奇和弗里德里希·梅尼克等著名人物的社会与政治改革者团体，认为一个工业社会的国内社会与经济问题的首要解决办法是扩张主义的对外政策。他们支持政府的民主化，主要是将它作为增强国家在国际权力斗争中的力量的一种手段。

尽管德国历史学家和社会思想家拒绝古典的进步观念，但是在一个文化抑郁症已在西方国家的自由思想家中日益显著的时代里，他们对于现代世界的未来仍然明显保持乐观态度。布克哈特和尼采的警示性话语，无论它们对于广大的德国年轻人来说有什么样的影响，对德国主要历史学家们来说很大程度上都不过是耳边风而已。1914年时，除了极少数例外者，德国历史学家和社会哲学家对于战争和国际事务已然完全变化的特点都未能理解。

13 他们是一种观念的囚徒。根源于19世纪的这一观念，影响了他们对于20世纪政治状况的判断。只有纳粹主义和第二次世界大战的恐怖灾难才引发了对史学思想民族传统的基本哲学假设的严肃和广泛的重新思考。

本书有双重任务：一个是历史性的，另一个则是理论性的。作为一项历史研究，它将尝试勾勒从威廉·冯·洪堡、利奥波德·冯·兰克至弗里德里希·梅尼克、吉哈德·里特尔的德国历史思想和史学实践之主流的出现、转变和衰落。该研究依据这一假设进行，即这一思想谱系体现了一个连续的传统。在这一传统中，我们将试图把该思想谱系作为思想史中的独特现象加以描述。本书并不想成为一部有关19或20世纪德国历史思想的详尽史书，而是试图重构这一传统的基本概念结构，并追寻发生在这一框架内的对话。因为这一传统已扩展至历史学家之外的文化科学家和政治理论家，我们必须考虑在这一对话中起了决定性作用的历史学家之外的思想家们。

不过，在另一方面，这一研究有意识地违背了德国历史主义的精神，因为它不仅试图理解，而且还尝试做出评判。它拒绝历史主义的这一格言，即每一历史个体只有通过其自身内部标准来加以判断。它依据的是这一反历史主义的假设：存在着对所有人相同的逻辑和道德原则。这一研究的主要目的是分析德国历史主义传统的基本理论主张。它宣称在这些主张中发现了两类导致传统解体的基本矛盾。历史主义企图将对一个有意义世界的明确信仰建立在历史相对主义的基础上，在这一过程中它发现了哲学层面上的矛盾。德国历史主义传统的早期代表们仍然深信这是一个道德的世界，人拥有价值和尊严，对历史和现实进行客观理解是可能的。正如我们所看到的，他们同时还坚持认为所有价值都是独特的和历史性的，所有哲学都是民族性的，而且所有理解都是个人的。他们坚持认为人和人类文化是完全不同的。14
阻止他们的道德和认识论上的相对主义的，是他们对超越历史世界的形而上学世界的强烈信仰。他们相信每一不同文化只是反映了这一现实的诸多方面。

包括兰克和绝大多数普鲁士历史学家在内的很多人都仍然坚守路德派宗教信仰，由于这一信仰所具有的乐观主义，所以它似乎对于政治制度滥用权力的习性缺乏深刻认识。德国唯心主义传统中的其他人依然在历史中看到了一个伟大的理性进程的实现。19 世纪不断倾向自然科学的发展并没有摧毁这一信念。因为对于德国唯心主义和德国历史主义的乐观思想来说，基本的概念并非实在乃是理念，而是世界是个有意义的过程。新康德主义者关于历史和历史知识的哲学讨论并没有决定性地动摇这一信念（至少在历史学家中），尽管他们对它产生了怀疑。[22]只有 20 世纪的灾难性事件才使对历史主义原则的严肃和广泛的重新思考成为可能。

使我们感兴趣的还有第二个更具普遍性的问题，这就是历史主义与政治理论的关系。尤其令人感兴趣的是，历史主义概念在何种程度上与自由和民主的政治理论相一致。虽然德国历史主义确实反对启蒙运动的诸多方面，但它绝非像通常所认为的是对政治自由主义的强烈反对。正如我们将看到的，历史主义拥有其保守派，这以兰克、晚年的特莱奇克、贝娄、马尔克斯和其他人为代表。但是民族传统中的历史学家绝大多数都认为自己是自由派。确实，19 世纪和 20 世纪初德国自由主义的主流是处于历史主义传统中的。不过，在社会和政治思想层面上，自由派的德国历史学家的历史主义的特点就是其深刻的不一致性。它的狭隘的国家观以复辟时期普鲁士君主制为典范，从而阻碍了德国历史学家充分考虑在历史中起作用的广泛的社会、经济和文化力量。

因此，德国历史研究中保留的贵族倾向在时间上要比西方国

15 家长得多。除了一些著名的特例，历史，至少直到梅尼克的《世界主义与民族国家》(*Weltbürgertum und Nationalstaat*)为止，绝大多数都是狭隘的政治意义上的历史，它叙述政治家、将军、外交家的活动，而几乎完全不考虑这些决定被做出时的制度和物质框架。尽管梅尼克引入了对观念的政治意义的思考，但是他的《观念史》(*Ideengeschichte*)完全是以著名人物的思想传记为中心的，有意识地忽略了政治观念产生和起作用的社会背景。德国历史学家们所主张的自由和权力的独特结合，也不是一个使人信服的或是持久的观念。历史主义传统中的德国历史学家拒绝自然法理论。正如我们已指出的，他们坚持认为国家不应该通过外在的道德标准或是有关其公民的自由与幸福的功利主义标准加以判断，它的行为必须始终受强权政治的利益的引导和评判，因此，外交政策的需要始终是高于国内需要的。与古典的社会契约理论相比，他们坚持认为——可能也是正确的——唯有在国家中并且通过国家，自由才能实现。不过，他们相信自己所追求的自由——基本上也是通常自由派所主张的那些——和人的权利(言论自由、法治以及使公共舆论得以在政治决策中起作用的代议制度的存在)能够在传统国家中获得实现。他们倾向于认为具有贵族与威权倾向及独特官僚制特性的霍亨索伦王朝，在维护个人自由和司法保障方面比民主制——其中政策更易受冲动的公共舆论的影响，而不考虑国家理由——提供了更好的保护。因此，他们认为自己想要的是在立宪君主制中获得最好实现的“法治国家”(*Rechtsstaat*)，这一君主制提供了群众代表机构，同时又维持了行政统治的重要特权，尤其是涉及外交事务的特权和一支不受议会控制的军队。20 世纪初，像弗里德里希·梅尼克、恩斯特·特勒尔奇、马克斯·韦伯、汉斯·德尔布吕克和弗里德里希·瑙曼这些对威廉二世统治下的国家予以批评的人，也持有这一立场。他们试图通过社会改革与更为民主的普选而使民众与君主制联系得更为紧密。

历史主义的政治信念以一种形而上学的乐观主义为基础，追 16
溯起来这种乐观主义似乎令人难以相信地天真。德国历史学家喜爱强调自己对权力之现实情况的理解，比他们的依旧与自然法传统关系更密切的西方同行要更充分；而且德国的自由观念对工业时代自由的社会特点有更好的认识，并将自由与国家的整个社会政治生活结合得更好。“没有纯粹的政治自由观念，”恩斯特·特勒尔奇在战时一次有关“德国自由观念”的演讲中做了如此评论。当然，与所有政治概念一样，政治自由的概念是从一个国家的整个精神和政治生活中形成的。与之形成对比的是，“1789年观念”是通过“孤立的个体及其始终相同的理性”来理解自由的。[23]

由于相信历史进程是有意义的，因此从威廉·冯·洪堡到将近一个世纪之后的弗里德里希·梅尼克都愿意把国家看作是一种伦理制度，从长远来说它的利益是与自由和道德协调一致的。但是一旦有关社会存在的神圣目的的信仰随着19世纪思想的日渐世俗化和自然主义的胜利而衰落，那么权力和道德协调一致的历史主义信念的哲学基础就失去了可信度。19世纪末、20世纪初由汉斯·凯尔森为代表的自由主义法哲学家所提出的“法治国家”的概念，与古典自由主义的政府观——例如由约翰·洛克提出的通过“已制定和颁布的法律”进行统治的思想——有着本质区别。对汉斯·凯尔森这样的法律实证主义者来说，重要的是国家遵循已制定的法律并承认私人生活领域，但是法律内容的公正或是不公正的问题则变得不重要了。正如霍洛维尔教授所指出的，古典的整体自由主义(integral liberalism)主张国家存在“是为了保持人的尊严和个体自治，实现作为人的个体所固有的那些价值”。对于19世纪末支持“法治国家”的德国人来说，“制订法律的程序和方式代替公正成为法律的标准”[24]。由此对国家权力的

道德限制就被取消了。尽管绝大多数历史学家仍然忠于19世纪的唯心主义遗产，但是特莱奇克有关国家纯然就是权力的坦率主
17 张，以及随后被梅尼克称为"强力生物学伦理"的各种表述，在某种意义上都是历史主义的理论前提的合理结果。

历史主义为自己对历史事实的开放程度而引以自傲。对它的拥护者来说，古典的德国史学传统的强大力量在于它完全不受意识形态影响。梅尼克认为德国历史主义代表了理解人类事务的最高点，因为它使得历史思想不受规范性的概念的束缚。相反，它试图理解具有鲜活个性的历史事实，而不是将其强行纳入观念的束缚之中。不过，作为一种历史理论，德国历史主义拥有意识形态的很多特点。民族传统的德国历史学家并不寻求对每一历史情况都从内部加以理解，通常也犯了他们所指责的西方历史学家所犯的过错：将概念或是规范强加于历史事实之上。历史学家从反映其个性和身处其中进行写作的社会与文化背景的印迹的立场出发研究历史，这可能是不可避免的。使德国历史主义与众不同的是这一立场的僵硬，以及这些历史学家拒绝用历史的观点看待他们的有时间限制的政治、社会观念和规范。但是在更狭隘的政治意义上，历史主义在很多方面还是像一个意识形态那样运转的。

正如我们已经指出的，历史主义与一个阶级的政治和社会观点有密切关系，这就是学术上的"有文化和受过教育的资产阶级"(*Bildungsbürgertum*)。从兰克至梅尼克和里特尔这一传统的德国历史学家并不想实现兰克作为科学历史研究的理想而提出的公正和"超越党派"(*Überparteilichkeit*)，而是深深地卷入政治之中。自觉地，某种程度上也是不自觉地，历史主义为19世纪普鲁士和德国既定的政治与社会结构提供了理论基础。乔治·卢卡奇的评论(依据马克思主义观点写成)"德国历史学的信条，'人制造历史'，只不过是"普鲁士官僚制的绝对主义这枚硬币的"另一

面，即史学和方法论方面”。[25]因此，有关道德和自由的德国历史观中的矛盾似乎反映了存在于德国社会和政治本身的结构中的那些矛盾。

因此有关德国史学史的研究不能与对德国历史学家的基本 18
理论概念的分析相分离，也不能与对19和20世纪德国历史思想和著述发生于其中的制度框架的关注相脱离。不过，我们并不承诺将把本书写成是有关观念的社会史。关于观念和德国制度的关系已有大量著作。其中很多是围绕着德国与西方的政治、文化分歧问题，这一问题已成为第一次世界大战以来德国几乎所有重要反思的核心。

在这些研究著作中——以不同立场撰写的，既有处于德国传统中的历史学家、社会理论家和文化批评者，也有那些追求自由-民主价值和制度的人，以及马克思主义者——存在着广泛一致。通常都认为德国在进入大众民主和现代工业社会时代时，其贵族制度和观点比西欧国家更加未受触动，更别说美国了。马克思主义和非马克思主义历史学家都强调16世纪后德国中产阶级衰落的重要性，哈约·霍尔博恩称这一阶级“在很多方面比18世纪时更资产阶级化”[26]。

德国缺乏像法国、英国或荷兰那样能产生一定政治影响的从事商业或是金融的大资产阶级家族。在重商主义时代出现的工厂，其国有化的比例远远高于西方。仍然具有前资本主义的、社团思想的工匠和店主在城市各阶级中占据了比西方国家更有影响的地位。另一方面，土地贵族所具有的起支配作用的社会与经济地位在绝对主义的地区各邦中仍然没有改变。走向官僚制的绝对主义的中央集权化过程在17和18世纪的德意志各公国中发生，就像在欧洲其他地方所发生的一样。然而，不同之处在于，发生在“投石党”运动时期的法国，或是发生在波希米亚战争时期的波希米亚和摩拉维亚的贵族与君主之间的公开冲突，在普鲁士并没有发生。在那里，贵族和国王之间形成了政治妥协。

19 16世纪和17世纪初，德意志西部地区的贸易衰落了，而易北河以东的大批容克土地贵族的经济财富则不断增长，并且伴随着庄园主权利的重新建立，而此时西方的领主制度已经在解体。与梅克伦堡、波美拉尼亚和其他地方的情况一样，易北河以东的普鲁士的这些发展都伴随着一种贵族的“等级制国家”(*Ständestaat*)的出现，其中领主们通过同时具有经济、政治和社会主导地位而保护自己。三十年战争宣告了这一趋势的逆转。伴随容克经济衰落的是王侯权力的上升。与欧洲其他地方一样，普鲁士的贵族逐渐失去了自己的政治功能，但是其社会特权却得到肯定，并能够维持对地方政府的控制和保持自己的领主特权，其程度远甚于法国。另一方面，易北河以东的城镇没有保持多少自己的地方特权，而是几乎完全屈服于霍亨索伦王朝政府。而地方王侯在巩固自己的权力上与普鲁士相比则逊色许多(如萨克森或是不伦瑞克)，地方或是邦一级的议会依然存在，其中贵族占有统治地位。正如列奥纳德·克里格所指出的，与波旁王朝或是哈布斯堡王朝相比，霍亨索伦王朝更进一步，“超越了政治权力与社会特权之间的标准劳动分工，以将贵族吸收进国家自身的威权的军事与民事职位之中”[27]。确实，能力试图取代出身成为官职和晋升的先决条件。不过，官僚体系中的贵族特点依然要比法国或是奥地利的情况突出得多。腓特烈二世甚至试图增强这一特点，通过联姻，部分来自于中产阶级的新官僚贵族就与世袭的易北河以东的贵族结合在一起，并且被鼓励获得庄园。

在政治层面，启蒙运动有关社会重构的要求在德意志诸邦中是以与法国非常不同的形式表现出来的。已被纳入官僚体系并且牢牢掌握地方特权的普鲁士贵族，在挑战君主制的中央集权结构方面与法国贵族相比程度要低得多。普鲁士的司法体系也不
20 像法国的高等法院那样代表了对国王绝对主义的一种限制。改

革思想则试图将官僚体系从专断的国王干预中解脱出来，建立依据法律和明确的程序的统治。在中产阶级里，受过学院训练的公务员、教授、文科中学教师和牧师，与更商业化的西方国家城市中的那些同行比较起来，他们对于公共生活的影响要更大，拥有的社会地位也相对更高。不存在要求激烈的社会重组的运动，有的只是对在旧体制框架内进行改革的要求。德国启蒙运动的著述中反复出现的是对个人自由、思想和宗教宽容、正当法律程序和经济自由的要求。自由更多地是通过个人的思想发展而不是政治参与来加以界定。

正如哈约·霍尔博恩所指出的，“整个 18 世纪的思想(*geistige*)运动几乎完全是以教育个人为目的，并使所有政治要求都服从这一目标”[28]。国家本身被看作是完全有益的，是一个启蒙运动的理想在很多方面都已实现的制度、个性与文化能在其中获得充分发展的机构。[29]因此，威廉·冯·洪堡在青年时以“个人资源以最高度和最相称的发展而进入一个整体”[30]来界定自由，与他以后的主张是一致的，即只有在一个强大的国家中自由的发展才是可能的。

很多德国人对待法国大革命初期的温和阶段时的热情，很快就由于雅各宾派的恐怖统治而消失了，并转变为强烈敌视法国对德意志西部的占领和引入拿破仑政治体制的影响。德国自由派的很多目标在 1806 年以后的岁月里得到了实现，这是通过耶拿和奥尔施泰特战役失败后由斯坦因、哈登堡、沙恩霍斯特和洪堡在普鲁士王国中推行的改革而实现的。这些改革在很多方面是与法国在 1789—1791 年推行的改革相类似的。较大程度的经济自由获得了保证，行会与团体的特权被打破，农民获得了解放。
行政管理机构的效率得到提高。通过引入城市自治、宣布最终为 21
各省和王国创立议会的计划、成立一支从平民中征募的民兵等措施，改革还有意识地努力将公民与国家的关系变得更密切。同时，改革并未触及君主政体的权威和贵族在官僚体系中的核心地位。

汉斯·罗森博格甚至认为改革时代意味着“官僚绝对主义”对“君主专制”的胜利。发生在普鲁士的是一场“自上而下的革命”。与1788年和1789年的法国一样，1807年普鲁士改革的动力也源自政府各部的官僚。在面对尖锐的危机时，这一官僚体系试图通过着手解决有头衔贵族的最过时的要求来重建更为理性的国家。不过，在这一点上德法两国的相似性就不存在了。正如罗森博格所指出的，在法国，贵族反对取消自己的特权和重建政府的活动“被第三等级的政治解放打断了。而在普鲁士，在整个改革的混乱岁月中，有关支配地位的争夺几乎只是位居上层的一万人的内部事务”[31]。反对拿破仑统治的斗争，使自由的政治改革问题与正在觉醒的民族主义混同在一起。贵族官僚们推行的改革，扩大了中下阶层对正致力于被视为反对外国绝对主义的民族事业的霍亨索伦王朝的支持，而不是像法国的情况一样，为一场更激烈的群众起义铺平了道路。而且它还进一步扩大了普鲁士自由主义和法国革命遗产之间的意识形态差异。

由解放战争而产生了有关1813年精神的神话，这一神话是由从德罗伊森到梅尼克的支持普鲁士道路的历史学家所提出的，并且是德国历史主义传统的政治信仰的核心。依据这一观点，经过改革的普鲁士王国是人类自由史的顶点，是个人在其中拥有充分自由同时又与社会整体结合在一起的社会。这就是“德国自由观”和1813年思想的核心，德国历史学家将其与据认为是内在于1789年思想的原子论的社会观形成鲜明对比。

尽管德国自由派的主张在1815年尤其是1819年以后开始
22 的反动时期中遭受挫折，但是在德意志中产阶级和普鲁士王国之间并没有产生一种彻底的分离。民主的激进主义思想在青年德意志运动的著作和左派黑格尔主义的哲学与神学著作中得到了表达。但是这些思想是局限在并不属于学术机构的人数较少的知识分子和艺术家中的，而且很多宣传激进主义的人也都被迫流亡。普鲁士国内和德意志其他地方日渐增多的对普鲁士政治状况进行批评的自由派，仍然认为普鲁士王国是有能力恢复1813年理想、完成创立一个与德意志传统相适应的自由民族国家的使命。事实上，斯坦因的基本改革措施依然完整地保留着。与18世纪的情况相比，“公务员国家”(*Beamtenstaat*)面对专制的君主干预有较大的自由。城市自治、农民解放和经济自由都保留了。通过关税同盟(*Zollverein*)，经济自由的范围在这些年里甚至还扩大了。仍然没有得到实现的是自由派对于加强宪政、结束对个人自由的专制限制尤其是书报审查制度、迈向民族统一的积极措施的要求。

“1848年3月之前时代”(*Vormärz*)的自由派历史学家中没有几个主张英国已有的议会君主制。像达尔曼和德罗伊森这样的历史学家——1848年在法兰克福国民议会的“古典自由的”秘密筹备会议中发挥了重要作用——宁愿寻求保存立宪君主制和官僚体系的特权，后两者将听取并不完全由他们支配的代表机构的意见，并且尊重公民自由，这些自由并不是他们在写作时所必须有的。我们并不想展开讨论有关议会制政府是否在1848年的德国或1862年的普鲁士注定要失败的问题。德意志刚刚出现的工业化和很大程度上是幻想的对平民起义的恐惧——源于法国1792年、1830年和1848年革命，以及19世纪40年代在德意志发生的孤立的工厂骚乱事件——毫无疑问促使中产阶级自由派对于诉诸革命暴力感到犹豫。1848年马尔摩条约*之后在法兰克福发生的骚乱活动，已经突出体现了德意志自由派在何等程度上相信自己不得不依赖普鲁士军队以作为反对激进的左派的屏障。波

---

* 1848年丹麦与普鲁士签订的停战条约。

23 希米亚、波兹南和石勒苏益格的事件清楚地表明，自由派依赖普鲁士与奥地利军队以实现他们的民族目标。1862—1867 年间俾斯麦打败了普鲁士自由派，这使得中产阶级自由主义中的很大一部分与君主制和解，后者当时已实现了普鲁士自由派的经济、民族思想和很多的政治主张。

表面上，1813 年理想——具有代表机构的立宪、民族的“法治国家”(*Rechtsstaat*)——已经实现。“俾斯麦式的综合体，1871 年后获得了巩固，”汉斯・罗森博格指出，“它为德意志民族带来了和平、巨大的国家声誉、惊人的经济长期繁荣发展、尊重法律和秩序的高效与公正的公共管理机构、大量的个人权利、公民自由、社会保障以及繁荣的思想与艺术生活。”[32]在支持普鲁士道路的历史学家中只有很少几个观察者，如赫尔曼・鲍姆伽登和西奥多・蒙森，开始注意到在一个处于工业主义时代但政治权力依然掌握在具有贵族、军事、官僚和威权传统的精英手中的社会里，自由和大众的机构所具有的脆弱特征。正像西奥多・蒙森所正确指出的，德国的威权结构、议会发展的不完善、依附于讲究服从的军事和贵族的价值观，阻碍了一种政治责任感思想在德意志人民中的出现，而此时在俾斯麦式国家的立宪制度中大众政治运动的出现，已使得这种负责任的公民品行变得日益必要。与西欧和北欧国家相比，在工业化及随之而来的社会影响以比法国这样的西方国家更快的速度发展的时期里，德国还是保留了土地与军事贵族的政治影响和社会特权。历史主义无疑保持了与其古典基础相比相对不变的形式，这在部分程度上是由于它产生于其中并致力于维护的制度框架的重要部分依然相对不变。

德国历史理论未能使自己适应变化的社会-思想状况这一点，反映了历史职业自身的制度基础。从 18 世纪后期开始，德意
24 志的历史职业就是以大学为中心的。而在欧洲和美国，这一般要迟至 19 世纪才出现。正像人们所常常指出的，历史学家是国家

的雇员，是一个"国家公务员"。不过，是否这一身份就限制了他表达自己观点的机会则是值得怀疑的。相反，作为德国历史主义传统和普鲁士国家的严厉批评者，埃卡特·克尔承认公务员的身份事实上为大学教授在面对政治压力时提供了很好的保护。[33]确实，直至1867年俾斯麦与自由派妥协时，民族传统的历史学家绝大多数都是反对维持现状（*Status quo*）的。

对于理解历史学家为何未能重新审查自己的历史研究活动和政治观念来说，更重要的可能是历史学家把自己看作"有文化和受过教育的资产阶级"（*Bildungsbürgertum*）。他们将自己与这一阶级的绝大部分主张联系在一起。[34]因此，在1848年时，他们也要求自由化和国家统一，但同时又对激烈挑战现存秩序可能产生的社会动乱感到恐惧。尽管除了少数例外，他们在1862—1867年的普鲁士宪法危机中是反对俾斯麦的高压政策的，但是他们在1867年能够接受与俾斯麦的妥协，并认为自己的自由与民族的主张在德意志帝国中获得了广泛实现。

对于德国史学发展理论的相对缺乏来说，具有决定意义的是学术职业的招募形式。自从1810年柏林大学成立以来，德国大学体系没有什么根本性的改革。只是在最近一些年里才有了类似改革的尝试，但直至现在都成效甚微。大学教师这一职业仍然是一个封闭的等级。"正教授"（*Ordinarius*）不仅对其下属的教学与研究活动有极大的控制权，而且通过与其同事们的合作，还能对进入这一职业加以限制。"获取大学任教资格"（*Habilitation*）的艰难过程——申请大学教书资格的候选人必须被一个"正教授"接纳，在他的指导下写作自己的"大学任教资格论文"（*Habilitationsschrift*）[35]——有效地限制了观点或是背景与学院机构不一致的历史学家的进入，这在1871年后体现得尤为明显。与历
史主义信仰的基本信条相决裂的那些人，如卡尔·兰普雷希特， 25
或是对其表示强烈怀疑的人，如晚年的弗里德里希·梅尼克，他

们通常都只是在自己已成为“正教授”以后才这样做的。修正主义者或者不是职业历史学家，如埃里希·埃克，或者像阿瑟·罗森博格一样，在早年就获准在大学教书（“大学讲师”，*Dozentur*）。他们中的绝大多数人永远也无法获得教授席位，或者发现自己的职业道路被堵死了，如法伊特·法伦丁。自 1945 年以来这种招募体系也基本没有变化。[36]不过，历史主义信仰本身已经处于批判性的考察之中。新的教授席位的创立，尤其是在与历史毗邻的学科中，例如政治科学和当代史（*Zeitgeschichte*），以及对德国历史职业的思想和意识形态传统的摆脱，这些第一次使得批评历史研究的古典民族传统的更多数量的历史学家能够从事大学职业。

因此，历史主义所依靠的以德国唯心主义哲学为基础的那些理论假设，在这些理论已经被哲学家和文化科学家抛弃或是至少已受到严肃质疑之后的很长时间里，继续在德国政治化的历史研究中起作用，也就并不令人惊讶了。在第一次世界大战以前，古典的历史主义思想对于哲学和社会科学的控制（第六章中我们将看到）已经受到有力挑战。20 世纪发生的灾难性事件提出了结束古典历史主义对于德国大学中的历史研究的几乎是绝对统治地位的要求（见第八章）。作为一种政治理论，历史主义在拒绝包含于自然法哲学中的理性的真实概念的同时，并没有排斥政治自由。相反，它认为有关个人自由、大众参与和司法保障的自由主义要求在传统的、威权的专制国家（*Obrigkeitsstaat*）框架中能够得到实现。作为一种有关价值的哲学理论，历史主义在明显对立的两方中保持了类似的妥协。它否定理性伦理、不受特定历史环境束缚而是源自所有人相同的人性结构的权利和价值的可能性。不过，古典的德国历史主义的价值理论与以后哲学非理性主义鼓吹者的表述还是有深刻区别的。20 世纪 20 年代的这些政治决断
26 论者（如卡尔·施密特、马丁·海德格尔，恩斯特·云格尔）[37]简化成了为了民族生存而进行的斗争中的主观决定或是生物功能。

虽然古典的历史主义从不主张宇宙是没有理性或道德目的的，但是它相信非理性、个体自发性和意志的显而易见的表现反映了一个潜在的道德秩序。这一信仰假设每一个时刻都在历史中创造了使独立自主的个体与整体联系在一起的神秘平衡的上帝的存在。19 世纪自然主义世界观的兴起——伴随着生活的机械化——使得这一信仰变得逐渐缺乏说服力。19 世纪历史主义观念进入社会和人文研究，促进了历史主义哲学中唯心主义假设的消亡。通过研究与某一特定历史和文化环境相连的作为一次性事件的制度、观念或是理想，历史主义就为一切价值的相对化铺平了道路。此外，它还导致这一观点，即“精神科学”（*Geisteswissenschaften*）本身必须是“排除价值的科学”，它们将价值作为并不具备任何先天或超验有效性的文化现象来进行研究。特勒尔奇所说的“历史主义危机”是以社会理论家和哲学家的这一日渐增加的认识为中心的，即严格应用历史方法最终将导致一切有关人的确切知识的消亡，导致所有稳定的价值的相对化，这是一个源自于人无法超越历史潮流的明显无法摆脱的困境。

如果说与社会科学相比，在第一次世界大战后的时期里，历
史主义研究方法在德国历史研究中依然没有多少变化的话，那么
这无疑反映了历史学家不仅对德国唯心主义传统有着充满感情
的信仰，而且对普鲁士国家也是如此。20 世纪的社会理论家面对
的是唯心主义传统的废墟。另一方面，历史学家生活在政治现实
里，其中传统制度结构的很大部分依然如旧。第一次世界大战促
使弗里德里希·梅尼克反思有关道德与权力之和谐的乐观思想。
瓦尔特·戈茨在 20 世纪 20 年代提出要对德国历史研究的政治
预设进行全面的重新考察。奥托·辛策则试图将一种广泛的、比
较的和社会学的观点引入德国学派的国家导向的历史研究之中。
不过，对于绝大多数德国历史学家来说，战败和战争罪行议题似 27
乎为维护俾斯麦式解决办法和德国思想传统的正确性提供了新

的动机。然而，被德国历史学家当作对这些传统的否定和激进化加以种种解释的纳粹经历，也促使德国大学中的众多历史学家首次对将自由与传统的威权国家结合起来的陈旧思想提出了严肃质疑。

第二次世界大战最终将历史主义曾在其中兴起的制度框架的很大一部分摧毁了。俾斯麦式的国家崩溃了。作为一个政治单位的普鲁士解体了。对德国来说，易北河以东地区完全丧失了，或者说经历了深刻的社会转型。新的国际形势使得德国不再能扮演一个大国的角色。在东德，历史研究成为建立在非常不同的意识形态基础上的一种新的威权国家的功能。在西德，至少在战后头二十年里，民主和保守倾向的历史学家出于新的现实状况而不得不将德国政治利益与西方民主国家的利益等同起来。德国与西欧在意识形态上的一分为二已在很大程度上失去了政治基础。毫无疑问，联邦德国内产生的对过去的幻灭、战后的繁荣、消费导向的社会和议会制的稳固，所有这一切都促进了一种与现代大众社会的现实更协调的精神的巩固。尽管旧的历史思想与历史研究实践模式在德国仍然存在，但是有关纳粹独裁和战败的创伤经历以及战后德国痛苦较小的转型，已经在德国历史学家中产生了一种良心的危机和对传统的方法论思想与政治价值的反思。

本书以 18 世纪末 19 世纪初德国历史思想与欧洲思想主要模式间的差异为开端。结尾则是有关各种德国思想回归西方思想主流的适度乐观的评论。第八章的最后部分将就 1945 年以来
28 德国的基本历史观念发生了何种程度的修正做出评价。德国历史研究状况是如此复杂，以至于不能将它简化为一个共同特性；古典的历史传统今天依然很活跃。不过，第一次有相当多的历史学家以民主观点写作，尤其是在关于刚刚过去的历史的著作中。更多的历史学家尝试对一个技术化的大众社会的现实情况加以考察，并将历史学家的方法与政治科学家和社会学家的方法结合起来。

20世纪中期向一般意义上的西方思想传统的回归不再意味着回到启蒙运动的自然法观念。尤其是第一次世界大战以来德国历史学家(如特勒尔奇)所描绘的“西方”形象是完全陈旧的，而且未能认识到19世纪的浪漫主义、自然科学的发展和生活与思想的机械化已在何种程度上破坏了启蒙运动的遗产。经由不同的道路，德国思想主流和其他欧洲思想在一个相似点上汇合了。历史相对主义并不局限于德国。很多现代思想都体现出对于世界明显的道德无意义、人的非理性以及历史的荒谬的深切关注。因此，历史理性参与了对人类事务中理性和目的之信仰的解体过程。如果说本书是历史地考察作为一个思想运动的历史主义的话，那么结论那章的第一部分就试图考察历史主义和相对主义从理论依据上对自然法提出的批评。由此谨慎地提出一个问题：启蒙运动有关人与历史中恒常的和理性的因素的观念中是否没有任何内容能经受得住这一批评，以及对历史与政治思想来说它是否仍然具有某种程度的有效性和恰当性。

注释

1. 在美国，“历史主义”一词是个最近才使用的词汇，因此在20世纪50年代 295
的任何一本标准词典中都还没有将其收录。只是在20世纪30年代——美国历史学家、社会科学家和神学家对于过去的信心动摇了，逐渐将目光投向欧洲思想——该术语才在这一国度变得广为人知。自那以后，它被如此迅速地采用，并且获得了如此多往往是矛盾的含义，以至于很难对它加以界定。对于该术语的非常不同的使用——体现在德国、意大利和英国著作中——在美国研究著作中也体现出来。有关这一术语的各种定义一般都认为历史主义是一个“一切社会-文化现象都从历史角度加以确定的理论”(引用1961年版的《韦氏新国际词典(第三版)》(*Webster's Third New International Dictionary*))。但是除此之外，在该词的含义上则没有多少一致性，如它与知识的客观性、价值的合理性或是历史发展的合法性的关系问题。绝大多数作者，如果不是全部作者的话，都同意历史主义包含这一立场，即历史认识也是历史的、受时间限制的行为。一些人已由此得出历史认识理论的相对主义含义。

因此，卡尔·曼海姆在《社会科学百科辞典》(*Encyclopedia of the Social Sciences*)中将恩斯特·特勒尔奇的历史主义解释为它意味着观念只是“反映了它们产生于其中的社会条件的作用”。其他人则强调历史主义对非理性和直觉知识的重视。对于弗里德里希·梅尼克有关这一术语的使用来说，这可能是正确的，但是对于本内德托·克罗齐来说则是站不住脚的。历史对于克罗齐来说是思想，而这种思想绝不是非理性的。“历史主义是一种逻辑原则，”他在《作为自由故事的历史》(*History as the Story of Liberty*, New York, 1955，这本书的平装本在美国被广泛阅读)中这样写道，“事实上，它属于逻辑的范畴；从其全部意义来说它就是逻辑性，明确普世的逻辑性”(第 74 页)。他几乎是以黑格尔的方式得出结论：“我们的历史就是我们的灵魂的历史，而人类灵魂的历史就是世界的历史”(第 117 页)。

就绝大部分而言，历史主义曾与道德相对主义相一致，与这一认识相
296 等同，即“没有绝对的价值、范畴或是标准”(《韦氏新国际词典(第三版)》，第 1075 页)。用奥尔特加·y. 加塞特的话来说：“……人是没有特性的，他所有的是……历史。”(“作为体系的历史”，收录于雷蒙·克里班斯基和 H. J. 佩顿主编的《哲学和历史》(“History as a System”, in Raymond Klibansky and H. J. Paton, eds., *Philosophy and History*, Oxford, 1936))。但是莫里斯·科恩在《历史的意义》(Morris Cohen, *The Meaning of History*, LaSalle, Ⅲ., 1947)中仍说历史主义是一种夸大的“信仰，它认为历史是通往人类智慧的主要道路”(第 11 页)。大体上，历史主义是等同于这一认识的，即历史的主体是具有独特的多方面的真实性的生命，而生命的自发性使得像自然科学所做的那样将历史简化为一般法则是不可能的；参见汉斯·梅耶霍夫，《我们时代的历史哲学：文选》(Hans Meyerhoff, *The Philosophy of History in Our Time: An Anthology*, New York, 1954)导论，第 10—11 页。卡尔·波普尔在《历史主义的贫困》(Karl Popper, *The Poverty of Historicism*, Boston, 1957)中，将历史主义界定为“社会科学的一种方法，它假设历史预言是社会科学的主要目的，并进一步假设通过发现历史进程中潜在的‘节奏’或是‘模型’、‘法则’或是‘趋势’，这一目的就能达到”(第 3 页)。

英语中在“历史主义”(historicism)之前曾有“historism”一词，但甚至这一词语也很少被使用。它在鲍德温编的《哲学和心理学词典》(J. M. Baldwin, *Dictionary of Philosophy and Psychology*, New York, 1901—1905)中出现，称“historism”是一个“主要以德语‘Historismus’形式使用的”术语。查尔斯·比尔德和艾尔弗雷德·瓦茨在刊于《美国历史评论》的

"历史研究中的思想潮流"（Charles Beard and Alfred Vagts, 'Currents of Thought in Historiography', *American Historical Review*, 42, 1936—1937, pp. 460—483）一文中讨论了德国的"historism"，其中包含了有关梅尼克的《历史主义的形成》（Meinecke, *Entstehung des Historismus*, München, 1936）的详细讨论。梅尼克在给美国历史学家科佩尔·平森的信（1937 年 5 月 7 日写于柏林，该信收录于梅尼克的《文集》卷六的《通信选》（*Ausgewahlter Briefwechsel*, *Werke*, Ⅵ, Stuttgart, 1962, pp. 171—173））中称他们的讨论是对自己思想的丑化。在 20 世纪 30 年代后期开始广泛取代"historism"的"历史主义"一词，是从意大利语而不是德语中进入英语的。本内德托·克罗齐在《作为自由故事的历史》中广泛使用了"历史主义"一词，该书在 1941 年首次出了英文版。在之前由道格拉斯·安斯利（Douglas Ainslie）翻译的克罗齐的《历史学的理论和实践》（*History, Its Theory and Practice*, New York, 1932）中，译者把德罗伊森的 *Historik* 译为《历史主义的要素》（*Elements of Historicism*），但克罗齐在意大利原版中还没有使用这个词。*Historik* 被译为《历史的要素》（*Elementi d'Istorica*）。圭多·德·鲁杰罗在《社会科学百科辞典》（*Encyclopedia of the Social Sciences*, New York, 1932）第七卷第 570 页提到了"历史主义"。克罗齐和其他人——如卡罗·安托尼——使用的意大利词语"storicismo"比德语"*Historismus*"具有更多的黑格尔哲学含义。

因此卡尔·波普尔并不是像批评他的人，如梅耶霍夫所坚持的那样， 297
是毫无理由地将这一词运用于黑格尔和马克思的。在最早写于 20 世纪 30 年代的《历史主义的贫困》中，波普尔明确地区分了"坚持历史预言"的"历史主义"和"historism"，后者"分析和解释了不同社会学说与学派之间的区别，这是通过注意它们与一个特定历史时期里盛行的嗜好和兴趣的联系……或是它们与政治、经济、阶级利益之间的联系来实现的"（第 17 页）。然而，自从比尔德与瓦茨讨论了梅尼克的《历史主义的形成》以来，在美国正是历史相对主义和多样性的后一层含义被最经常地与"历史主义"一词联系在一起。汉斯·梅耶霍夫在《我们时代的历史哲学：文选》导论中称历史主义是这样一种观点，即认为"历史的特点并不在于有关一般法则或是原则的说明，而是尽可能地掌握时间流逝过程中独特历史形式的无尽多样性"。最近，埃里希·卡勒在《历史的意义》（Erich Kahler, *The Meaning of History*, New York, 1964, pp. 171, 175, 176, 186）中区分了较早的"historism"——通过"它，我们可以理解从历史的角度看待和理解一切的趋势"——以及它在 19 世纪末向一种相对主义的"历史主义"的"堕落"。

埃里希·罗萨克在刊于《德语词汇研究杂志》的"论'历史主义'一词"

[Das Wort 'Historismus', *Zeitschrift für deutsche Wortforschung*, 16 (1960), pp. 3—6]中，将德语中这一词语的使用追溯至 18 世纪后期。然而，它只是在 1880 年以后才广泛使用，并且具有了不同的和常常自相矛盾的含义。1879 年，卡尔·维纳(Karl Werner)在有关吉安巴蒂斯塔·维柯的书中使用了这一词语，用来指维柯的这一观点，即除了历史以外，人类精神不知道其他事实，因为是人制造了历史。卡尔·门格尔(Carl Menger)和阿道夫·瓦格纳(Adolf Wagner)强烈反对古斯塔夫·西摩勒(Gustav Schmoller)的以历史方法研究经济的"historism"(*Historismus*)。鲁道夫·埃斯勒在《哲学观念词典》(Rudolf Eisler, *Wörterbuch der philosophischen Begriffe*, Ⅰ, Berlin, 1910, p. 490)卷一中将历史主义与黑格尔主义相等同。不过，这一术语在德国著作中具有一种反黑格尔哲学的含义。

强调多样性和个体的德国历史学派被解释为是与黑格尔派哲学家在历史发展中寻找一种统一的和符合逻辑的进程之企图相对立的一种历史主义的表达。恩斯特·特勒尔奇和弗里德里希·梅尼克对这一术语的使用已经强烈影响了它在德国的使用(见第二章和第七章)。简言之，这一术语意味着两种不同的但并非完全相对的观念：a. 有关一种相对较新的
298 起源的哲学学说，它主张所有存在都是历史的，历史是不断变动的，人也处于这一不断变动之中；对于所有人类观念、理性和制度的历史特点的不断增长的认识有摧毁整个价值世界的危险；b. 一种更旧的、更乐观的历史思想传统，它承认所有认识和价值的历史特点，但是在历史中看到了真正价值和神圣意愿的表达。

有关这一术语含义的讨论，见德怀特·李和罗伯特·贝克的"'历史主义'的含义"，载《美国历史评论》(Dwight E. Lee and Robert N. Beck, "The Meaning of 'Historicism'", *American Historical Review*, 59(1953—1954), pp. 568—577)；卡尔·胡希《历史主义的危机》(Karl Heussi, *Die Krisis des Historismus*, Tübingen, 1932, 尤其是第 1—21 页)；皮特洛·罗西在《当代哲学中的历史与历史主义》(Pietro Rossi, *Storia e Storicismo nella Filosofia Contemporanea*, Milano, 1960)中区分德国和意大利历史主义的尝试；弗里德里希·恩格尔-伽诺西的《德国历史主义的成长》(Friedrich Engel-Janosi, *The Growth of German Historicism*, Baltimore, 1944)；利奥·施特劳斯的《自然权利与历史》(Leo Strauss, *Natural Right and History*, Chicago, 1953, 尤其是第 9—34 页)；瓦尔德马尔·贝森的"历史主义"，载于《费舍尔百科辞典》中的《历史卷》(Waldemar Besson, "*Historismus*", in *Geschichte* (Frankfurt, 1961), pp. 102—106, *Das Fischer-Lexikon*)；卡尔文·G. 兰德的"狄尔泰、特勒尔奇和梅尼克著作中历史主

义的两个含义”，载于《观念史杂志》(Calvin G. Rand，‘Two Meanings of Historicism in the Writings of Dilthey，Troeltsch，and Meinecke’in *Journal of the History of Ideas*，25(1964)，pp. 503—518)。另请参考阿兰·多纳冈“波普尔有关历史主义的思考”，载 P. A. 希尔普编的《卡尔·波普尔的哲学》(Alan Donagan，‘Popper's Examination of Historicism’，in *The Philosophy of Karl Popper*，P. A. Schilpp，ed.(即将作为 *The Library of Living Philosophers* 中的一卷出版))。

2. 见卡罗·安托尼:《历史主义》(Carlo Antoni，*L'Historisme*，Génève，1963)。
3. 弗里德里希·梅尼克:《历史主义的形成》(Friedrich Meinecke，*Die Entstehung des Historismus*，Vol. Ⅲ of *Werke*，München，1959，p. 4)。
4. 恩斯特·特勒尔奇:“世界政治中的自然法与人性(1920 年)”，载汉斯·巴龙编《德国精神与西欧》(Ernst Troeltsch，‘Naturrecht und Humanität in der Weltpolitik(1920)’，in *Deutscher Geist und Westeuropa*，Hans Baron，ed.(Tübingen，1925)，p. 4)。英译为“世界政治中的自然法与人性观念”(“The Ideas of Natural Law and Humanity in World Politics”，in Otto Gierke，*Natural Law and the Theory of Society*，1500—1800，Ernest Barker，trans.(Cambridge，1934)，Ⅰ，p. 202)。
5. 见克劳斯·多克霍恩:《英国唯心主义的国家哲学》(Klaus Dockhorn，*Die Staatsphilosophie des englischen Idealismus*，Bochum，1937)；《德国历史主义在英国:19 世纪英国的思想史》(*Der deutsche Historismus in England. Ein Beitrag zur englischen Geistesgeschichte des* 19. *Jahrhunderts*，Göttingen，1950)；《德国精神和英国思想史:有关两者关系的解释尝试》(*Deutscher Geist und angelsächsische Geistesgeschichte. Ein Versuch der Deutung ihres Verhältnisses*，Gottingen，1954)；以及尤尔根·赫布斯特:《美国学界的德国历史学派》(Jurgen Herbst，*The German Historical School in American Scholarship*，Ithaca，1965)。
6. 参见卡罗·安托尼:《历史主义》。
7. 《斯特拉斯堡、弗赖堡、柏林:1901—1919 年的回忆》(*Strassburg*，*Freiburg*，*Berlin*. 1901—1919. *Erinnerungen*，Stuttgart，1949，p. 192)。
8. 参见布朗兹:《作为意识形态的历史主义》(M. C. Brands，*Historisme als
Ideologie. Het“Onpolitieke”en“Anti-Normatieve”Element in de duitse 299
Geschiedwetenschap，Assen，1965)。
9. 参见卡罗·安托尼:《反对理性的斗争》(Carlo Antoni，*Der Kampf wider die Vernunft*，Stuttgart，1951)。
10. 卡罗·安托尼:《历史主义》，第 9 页。

11. 参见布朗兹:《作为意识形态的历史主义》。
12. 利奥波德·冯·兰克:"政治对话",载《全集》(Leopold Von Ranke,"Das politische Gespräch" in *Sämtliche Werke*, Leipzig, 1873—1890, IL/L, p. 318)。该文的英译本收于西奥多·冯·劳的《利奥波德·兰克:成长岁月》(Theodore von Laue, *Leopold Ranke, The Formative Years*, Princeton, 1950)。
13. 利奥波德·冯·兰克:"政治对话",载《全集》(IL/L, p. 328)。
14. 同上。
15.《世界主义与民族国家》,载《全集》(*Weltbürgertum, und Nationalstaat, Werke*, München, 1962, Ⅴ. p. 83)。
16. 利奥波德·冯·兰克:"政治对话",载《全集》(p. 327)。
17. 参见卡罗·安托尼:《历史主义》,第4页;汉斯·科恩:《德国的精神》(Hans Kohn, *The Mind of Germany*, New York, 1950, p. 11)。
18. 见第112页。(此为原书页码,下同)
19. 参见赫尔穆斯·普勒斯纳:《被耽误的民族:论市民精神在政治领域的可诱导性》(Helmuth Plessner, *Die verspätete Nation. Über die politische Verführbarkeit bürgerlichen Geistes*, Stuttgart, 1959)。
20. 卡罗·安托尼:《历史主义》,第55页。
21. 参见约希姆·瓦赫:《理解》(Joachim Wach, *Das Verstehen*, Tübingen, 1926—1933, 3 vols.);埃里希·罗萨克:《精神科学导论》(Erich Rothacker, *Einleitung in die Geisteswissenschaften*, Tübingen, 1920)。
22. 见第六章。
23. "1914年精神",载《德国精神与西欧》("Die Ideen von 1914" in *Deutscher Ceist und Westeuropa*, p. 49)。
24. 约翰·哈洛韦尔:《作为一种与德国政治-法律思想有独特关系的意识形态的自由主义的衰落》(John Hallowell, *The Decline of Liberalism as an Ideology with Particular Reference to German Politico-Legal Thought*, Berkeley, 1943, p. 19)。
25. 乔治·卢卡奇:《理性的毁灭》(Georg Lukacs, *Die Zerstörung der Vernunft*, Berlin, 1954, p. 49)。
26. 哈约·霍尔博恩:"德国唯心主义的社会史含义",载《历史杂志》(Hajo Holborn, "Der deutsche Idealismus in sozialgeschichtlicher Bedeutung", in *Historische Zeitschrift*, 174(1952), p. 364,该杂志下面将缩写为 *HZ*)。有关不同的德国发展的其他研究,参见赫尔穆斯·普勒斯纳:《被耽误的民族》;恩斯特·特勒尔奇:"自然法与人性",载《德国精神与西欧》;乔治·

卢卡奇:《理性的毁灭》;汉斯·罗森博格:《官僚制、贵族政治和独裁政治:1660—1815 年的普鲁士经历》(Hans Rosenberg, *Bureaucracy, Aristocracy and Autocracy. The Prussian Experience*, 1660—1815, Harvard, 1958);亨利希·赫夫特:《19 世纪的德国自治》(Heinrich Heffter, *Die deutsche Selbstverwaltung im 19. Jahrhundert*, Stuttgart, 1950);列奥纳德·克里 300
格:《德国自由观》(Leonard Krieger, *The German Idea of Freedom*, Boston, 1957);吉哈德·里特尔:《德国问题》(Gerhard Ritter, *Das Deutsche Problem*, München, 1962)。

27. 列奥纳德·克里格:《德国自由观》。

28. 哈约·霍尔博恩:"德国唯心主义的社会史含义",载《历史杂志》(174(1952)),第 365 页。

29. 德国启蒙运动有关国家的肯定态度参见威廉·狄尔泰的"腓特烈大帝与德国启蒙运动",载《全集》第三卷(Wilhelm Dilthey, "Friedrich der Grosse und die deutsche Aufklärung", in *Gesammelte Schriften*, Ⅲ, Berlin, 1927, pp. 81—205)。

30. "关于如何确定国家有效性之局限的设想",载《全集》第一卷("Ideen zu einem Versuch, die Gränzen der Wirksamkeit des Staats zu bestimmen", in *Cesammelte Schriften*, Ⅰ, Berlin, 1903—1936, p. 106)。

31. 罗森博格:《官僚制、贵族政治和独裁政治 1660—1815 年的普鲁士经历》,第 204 页。

32. 同上书,第 232—233 页。

33. 埃卡特·克尔:"新德国历史学家",载汉斯-乌尔利希·维勒编,《外交的优先性》(Eckart Kehr, "Neuere deutsche Geschichtsschreibung", in *Der Primat der Aussenpolitik*, Hans-Ulrich Wehler, ed., Berlin, 1965, pp. 254—255)。

34. 同上;瓦尔特·布斯曼:"19 世纪德国自由主义的历史",载《历史杂志》(Walter Bussman, "Zur Geschichte des deutschen Liberalismus im 19. Jahrhundert", in *HZ*, 186(1958), pp. 527—557)。

35. "大学任教资格论文"是博士论文之后的第二篇论文。通常比前一篇更雄心勃勃,它是获准进入大学教书所必需的。

36. 在波鸿这样的新大学里,人们尝试引入与系级结构相应的一些东西;同一领域有两个或是更多教授席位的情况变得常见了,而在最近任命的一些大学教授中,"获取大学任教资格"这一关也省去了。

37. 参见第八章。

29 # 第二章　德国历史主义的起源

——德国历史思想从赫尔德世界主义的文化导向的民族主义向解放战争时期以国家为中心的排外的民族主义的转变

为历史主义的开端确立一个大致时间都是困难的。如果我们把历史主义看作是研究历史的一种方法——试图重新创造“如其所是的”(*wie es eigentlich gewesen*)过去，并再次体验一个历史场景的独特特点，那么自古典时代以来依据世俗观点撰写的大量描述史就是历史主义的。关注细节与个体的历史研究是与自然科学的综合和分类方法有着本质区别的，这一观点早在 18 世纪之前就已为人所熟知。亚里士多德已经发现历史陈述所涉及的是“个别”而不是“普遍”之物。[1]

历史方法的基本要素在 18 世纪已经获得确立，并且为理性主义者所承认。自人文主义时代以来，学术研究，尤其是体现在 17 和 18 世纪学院中的研究，已经建立了有关史料的批判研究的标准。确实，还没有一个稳固确立的批判考察的传统，而且启蒙运动的伟大的“系统论述史实的”历史学家，如伏尔泰和吉本，还试图依据不充分的证据建立宏大的综合。另一方面，学者们在积累材料的同时，对于制度的连续性和发展尚没有充分关注。[2] 但是，仔细地重新创造个体事实与自然法理论一点儿也不矛盾。
30 “理解”并非“宽恕”或“接受”。刻画一个有着独特价值的充满个性的个人，同时又以可应用于更广泛人群的对错标准来对其加以判断，这是可能的。

然而，如果我们像弗里德里希·梅尼克一样，把历史主义理解为不仅是研究历史的一种方法，而且是一种全面的生命哲学——把一切社会现实看作是一条历史河流，其中任何两种情况都是不可比较的，而且假设价值标准和逻辑范畴也是完全处于历史潮流中的——那么历史主义就是18世纪的一个创造。更确切地说，它是德国对于启蒙运动的某些思想模式，尤其是自然法学说的反动。18世纪历史主义观点的头两部重要理论著作，很可能是1725年首次出版的吉安巴蒂斯塔·维柯的《新科学》[3]，以及约翰·戈特弗里德·赫尔德1774年发表的《另一种历史哲学》。[4] 维柯已经强调，对社会事实的研究要求采用那些与自然科学方法完全不同的方法，因为与自然不同，社会并不能被化约为“身体的无意识行动”；相反，它是由发生在时间长河中的个体的有意识行为和决定所组成的。只有在采取历史的研究方法时，人与社会才是能被理解的。当然，维柯研究历史的目的并不是为了历史而研究历史。对他来说，远未体现人的全部多样性的人类历史，依然是有关人类的一般真理的关键线索。每一个历史时代都在构成了历史的螺旋上升的周期性循环(*corso* and *ricorso*)中有自己的一席之地。只有在赫尔德1774年的早期著作中，我们才发现了激进形式的历史主义主张：每一个时代都必须通过它自己当时的价值来考察的观点；历史中没有进步或是衰落，有的只是充满价值的多样性。

在导论中我们已试图将19和20世纪一种独特的、占主导地位的德国历史研究和历史思想传统与更广泛的欧洲思想潮流——它们通常也被描述为是历史主义的各种形式——相区分。我们并不想研究作为一种欧洲现象的历史主义的起源，在本章中我们将把自己限制在这一更为适中的任务里，这就是理解德国历

史思想从18世纪后期赫尔德的世界主义的文化导向的民族主义
31 向19和20世纪众多德国历史研究中的民族主义和权力导向的
假定的转变。

历史主义观点在17和18世纪欧洲思想中出现的历史依然有待撰写。梅尼克在《历史主义的形成》中提出了某种解释，在该书中他试图将历史主义的出现看作是一个在德国思想中达到顶点的“普遍的西方运动”。但是梅尼克的书只是勉强将历史研究方法的出现与18世纪的文化和社会现实联系在一起，而且他的历史主义概念与历史并没有多少关系。梅尼克描述的18世纪进程中历史主义的出现，确切地说，是对有关人类事实的理解过程中存在的智力局限的坚定承认。对梅尼克来说，历史理解的主要阻碍是自然法学说。在历史的个性和自发性的特点能被理解之前，已有两千年之久的对于静止的理性世界秩序的斯多噶学派-基督教的自然法信仰必须被打破。必须建立这样一种认识以取代它的位置，即人类精神（*Seele*）在历史中占据了中心地位，而这种精神“不是由理性或理解，而是由意志决定的”。[5] 因此，梅尼克的书成为对非理性在现代意识中的有益胜利的赞歌。

具有讽刺意味的是，在梅尼克有关现代思想从一种理性的实在观中解放出来的解释里，笛卡尔是第一个起作用的人。正是笛卡尔，梅尼克评论道，使欧洲哲学从对外部世界的假想的客观现实分析重新转到对人类意识的考察。启蒙的历史学家——伏尔泰、孟德斯鸠、吉本和休谟——由于他们对全世界的兴趣，对有关不同人类制度的理解起了促进作用；虔信派教徒和前浪漫派对有关情感与智力的相互交织的理解起了促进作用；传统主义者则关注在遗留下来的制度与观念的明显非理性中有何种程度的理性。然而，梅尼克书中的精神对于理智的胜利并不导致知识和价值的解体，而是导致这样一种新柏拉图哲学观念，即在历史世界的明显非理性与混乱的背后，有着一个伟大的持存的观念的领域。这

些观念既不是抽象的，也不是普遍有效的，而是体现了构成历史 32
世界的短暂个体的不变本质。它们只能通过绝对精神而永远不可能通过冰冷的理性来加以理解。因此对梅尼克来说，历史主义所具有的相对主义困境就被克服了，历史主义成为认识实在的真理和价值的基础。在歌德——梅尼克发现他与历史的关系是非常含糊的[6]——那里，梅尼克看到了历史主义思想的顶点。正是歌德才最为充分地在每一个体中不仅觉察到了一系列流变不居的现象，而且看到了个体化了的永恒观念的具体体现。他明白理性从来不是抽象地表达自己的，而是在具体的历史个体中表现出来的。

在梅尼克《历史主义的形成》一书的理论假设和他对这些观念的应用中，存在一些令人不安的矛盾。一方面，梅尼克认为历史是一个开放的过程，每一特例必须根据其自身的价值而不是作为一个更大的预先决定的模式的一部分来加以理解。但是梅尼克所提出的观念史几乎也有一个黑格尔哲学式的环形轨迹。莱布尼茨、戈特弗里德·阿诺德、伏尔泰和埃德蒙·柏克这些人都被化约为通往欧洲意识在歌德的个体观念中得到充分实现这一过程的台阶。另外引人注目的是，如此强调思想和生活的相互联系的梅尼克，将观念史如此彻底地与这些观念在其中产生并起作用的历史、社会环境相分离。对第一次世界大战以后德国政治进程完全失望的梅尼克，在当时把历史主义解释为是一个没有政治含义的纯粹文化运动。历史思想从 18 世纪的欧洲形式（梅尼克在《历史主义的形成》中做了追溯）向独特的德国政治思想传统（他在差不多三十年前的《世界主义和民族国家》中已经做了描述）[7] 的转变过程依然是不清楚的。

卡罗·安托尼对于 18 世纪历史思想中各种观念、制度和政治力量的相互关系给出了一个更为全面和不同的图景。[8] 安托尼强调，不存在单一形式的历史主义，而是有各种历史主义，“它们

之间的深刻不同是与它们所属的不同民族传统相一致的”，而且
33 也与它们试图实现的不同政治抱负相一致。[9] 在英国、法国、意大利、瑞士以及德国，18 世纪都对过去产生了一种新的兴趣。出现了一种在古典、中世纪和文艺复兴思想中都没有的独特的现代历史观，它“看到了被理解为是人类进步的历史在其内在的、世界的和世俗现实中的正面价值”[10]。将这种新观念与启蒙运动的主流思想模式相区分的是它拒绝机械论的世界观；这一观念信仰的是历史远非弊病和迷信的集合，它本身就是理解作为社会与政治存在的人的关键。在这一意义上，安托尼相信吉安巴蒂斯塔·维柯和埃德蒙·柏克与尤斯图斯·默泽尔、约翰·戈特弗里德·赫尔德一样，也属于历史主义传统。这种对于过去与现在之间的有机连续性的强调，隐含的是这样一种拒绝态度，即对于开明专制或是法国大革命依据官僚制中央集权措施而不考虑传统制度的多样性来重构政府和社会的行动的否定。但是现代国家和启蒙的自由观同传统制度之间的冲突在英国明显不如欧洲大陆来得严重。这使得柏克的保守主义——承认历史制度中的变化与进步成分——与存在于某些瑞士和德国思想家中的对中世纪甚至是原始的德意志历史的极端保守主义的赞美相区分开来。[11]

19 世纪的很多社会和政治思想都承认只能通过人的历史存在来对其加以理解。[12] 使得我们所考察的德国历史传统与 18 和 19 世纪历史主义的其他表现形式如此不同的，是它对于历史所传达的价值的独特性和非理性的强调。这一强调的核心是梅尼克所谓的个体概念。

不过，梅尼克认为是历史主义核心的个体概念，似乎远不是整个欧洲都有的，它比梅尼克所认为的更具有独特的德国根源。恩斯特·特勒尔奇已指出路德对于自然法理论的独特曲解。依照特勒尔奇的说法，这一转变随后将路德教与天主教、加尔文教的伦理明确区分开来。路德以一种非理性的自然法取代了理性

的自然法概念。路德依据圣保罗的训诫主张“只有来自上帝的力 34
量:这些力量是由上帝决定的”。每个国家都体现了上帝的意愿，这就要求基督徒们在一切世俗事务中完全服从。因此理性不是在抽象的道德戒律中，而是在历史制度中得到表达的。现实的权力是自然法的实际体现。因此路德的政治与社会伦理是保守的。[13]他的社会观缺乏对于变化的任何现实考虑。

一种更有活力的个体理论出现在莱布尼茨的单子论中，梅尼克把这种单子论看作是历史主义的一个重要源泉。面对牛顿的自然观——自然是一个具有可更换部分的结构，受化约为数学公式的抽象法则主宰——莱布尼茨提出这样一种宇宙观以取代之：宇宙充满了自足的个体，即单子，单子中的每一个都是独特的，从内部获得能量，依据其自身内部的变化法则而发展，同时又与整体相协调。

笛卡尔所做的理性与非理性的明确区分在莱布尼茨那里消失了。我们发现内在真理“不仅要通过理性的自然之光(lumen naturale)还要通过直觉”[14]。与此相似，法国和英国思想中在各门科学与人文学科之间所作的鲜明划分也在减弱。自莱布尼茨以后，德语的“科学”一词(Wissenschaft)包含了比法语或是英语的“科学”(science)更广泛的领域。莱布尼茨有关科学院的计划不仅提供有关自然的研究，而且还有文科研究。[15]在德国，莱布尼茨的思想通过他的学生克里斯蒂安·冯·沃尔夫——此人现在几乎已被遗忘，但是在当时的几十年里曾是德国的权威哲学家——而得以系统化和普及，对德国启蒙运动时期的思想氛围产生了影响。虔信派复兴中的反智主义也是此种情形。戈特弗里德·阿诺德和约翰·格奥尔格·哈曼强调理性与激情之间的相互关系，而且哈曼还在历史中看到了上帝的“密码、神秘的奇迹”和“秘密文字”。[16]类似的信仰，即神的训诫在历史的独特制度中得到表达，在尤斯图斯·默泽尔的传统主义那里也能看到。不过，这些只是一种历史理论的孤立成分。正是赫尔德在《另一种历史哲学》中第一次在德国提出有关历史主义原则的全面表述，他采取的是一种极端形式，而他以后的著作则从这种极端立场退却了。[17]

35 赫尔德思想的基础是两个观念，它们对于我们所考察的德国历史主义的整个乐观传统来说始终是基本的。第一个概念是个体观念。与自然法哲学不同，赫尔德认为所有价值和认识都是历史的和个体的。"在某种意义上，人类所能够达到的每一种完美性都是民族的、世俗的，而加以最仔细的考察后，又是个体的。"[18]他坚持认为，历史是一个持续不断的运动。不过，在历史的长河中，有一些中心至少是相对稳定的：各个民族。它们拥有某种形态；它们有着鲜活的生命；它们不断发展。从性质上说它们不是理性的，而是充满活力的；它们乃是自在之物而非手段。历史学家的职责就是理解它们。民族具有人的特点：它们拥有灵魂，并具有生命周期。它们不是个体的综合，而是有机组织。[19]

这种个体概念涉及一种价值和知识理论，而且至少对政治理论来说蕴涵了一些含义。它假设不存在普遍有效的价值，道德不能建立在理性的训诫或是有关共同人性的假设基础之上。所有价值都来自于民族精神。事实上，赫尔德不仅反对将启蒙运动的标准应用于其他文明或时代，而且与以后的 19 世纪作家不同，他还对欧洲中心论的历史研究方法提出了警告。[20]他的民族是一切真理源泉的观念暗含着不存在客观的真理标准的思想。虽然这是一种他以后将修正的极端立场，但它也是内在于历史主义观点中的。赫尔德坚决认为，严格地说，不可能有任何客观的历史研究方法。不仅人无法超越历史过程，而且由于历史是一个有机的趋势，因此它不能通过赫尔德称之为现代哲学的"机械"精神的那些方法来加以考察。[21]理性不可能理解生命，而只可能创造没有生命的概念。文字描述不可能再造鲜活的事实。历史只可能通过移情来加以理解。[22]确实，真理与谬误、善与恶之间的界限变得很难划分。赫尔德对是否存在偏见这样的事情感到怀疑。他认为我们所谓的偏见，以及在其发展的早期阶段只可能是民族精神的体现的东西，可能“是好的……因为它使得民族快乐，并赋予其凝聚力”。相反，客观性和理性可能是民族解体、“疾病”和“宣告死 36
亡”的迹象。[23]尽管在政治领域，赫尔德具有和其同时代人一样的对于国家自由化的要求，而且带着同情的观点欢迎法国大革命的到来[24]，但是他的历史观确实削弱了古典自由主义传统的理论基础。赫尔德的真理与价值理论是与自然法哲学或是社会契约理论相矛盾的。[25]

赫尔德历史哲学的第二个核心概念认为历史是一个仁慈的过程，对我们现在考察的所有乐观的历史主义传统来说，这都是一个基本观念。本世纪的德国历史学家往往强调历史主义包含着对进步观念的否定。这一观点只是在这一层面上才是正确的，即历史主义否认历史是单线前进或依照某一方案发展的。不过，在另一意义上，德国历史主义甚至比那些信奉古典进步思想的人更加乐观。进步理论可能假设人类前进是不可避免的，历史过程是注定沿着上升方向的（黑格尔、圣西门、马克思、孔德）；或是假设人可能变得完美，而如果人将理性运用于人类制度，那么进步是可能的。这两种观点的任何一种，尤其是后者（两种观点并不是必然相互排斥的）暗指现实世界存在非理性；在世界“应该是什么样”、有一天可能是什么样和今日的世界这三者间存在着冲突。在此种意义上，进步观念仍然是遵循自然法传统的。另一方面，德国历史主义假设所有自然地或是历史地发展的事物都是好的。“每个民族在其内部都有自己的幸福中心。”[26]历史是真正价值的中心。

确实，在这一概念中存在着相对主义的萌芽，因为它假设所有知识和所有价值都是与具体的文化和历史背景相连的。这一主张会导致价值混乱。[27]赫尔德的历史主义建立在这一坚定信仰之上，即历史中存在着神的意志，“上帝指引着向前发展的道路”[28]。自然与历史中的一切都映射出上帝。赫尔德将历史比作是一条奔向大海的河流或是一棵正在生长的树。历史确实是有意义的，是“一个受控制的意志在地球上活动的场景，尽管我们没
37 有马上理解它的最终目的”[29]。依照赫尔德的观点，人类在本质上还是一个整体。不过，历史的意义并不是在通向理性终点的各种事件里被发现的，而是在各个不同民族中人类意志借以表达自身的众多方式中被发现的。

真理、价值和美并不是单一的，而是多样的。它们只是在历史中被发现，而且只是在民族精神中使自己得到表达。因此对赫尔德来说，真正的诗歌和艺术始终是民族的和历史的。他开始着手编辑并翻译其著名的民间诗歌选。对他来说，就像对 19 世纪德国很多人一样，历史成为真正文化的基础。暗含于这一概念中的假设是，一切有意义的哲学都必须成为哲学史，而一切神学都必须成为神学史。

在《另一种历史哲学》中，赫尔德已为一种其传播范围远远超过德意志边界的历史主义奠定了基础。赫尔德的理论直接促使了对于历史兴趣的重新觉醒。他的著述被翻译成斯拉夫语言、法语和英语。他的观点已与浪漫主义哲学大潮融合到一起，后者在整个欧洲都对启蒙运动学说提出了挑战；不过历史主义学说绝没有得到充分发展。虽然赫尔德已提出了历史主义的最有条理的理论，但是在他的著作中，一些日后将在 19 世纪德国历史传统中起显著作用的重要概念还没有出现，或者说还没有被他充分发展。

不过，历史主义在 18 世纪后期还绝不是在德国占主导地位的思想观点；它也不是对于启蒙运动有关人类理性之信仰的唯一挑战者。我们已经提到了虔信派和传统主义的强大思潮。在从

自然法学说向历史主义的过渡中有两种思想倾向是重要的，它们
在很多方面仍然坚持启蒙运动理想，但仍促进了历史主义学说的
修正和完成。这两种倾向分别是进一步界定了个体观念的“人道
理想”（*Humanitätsideal*）和德国唯心主义哲学，后者对历史主义
信仰的核心要素认同观念做了详细阐述。“人道理想”难以界定，
因为它与表述这一理想的一小部分有创造力的著名思想家——
歌德、赫尔德、温克尔曼、席勒和威廉·冯·洪堡——的个性有着 38
非常直接的联系，他们中的每一个人都对这一理想留下了不同的
和个人的印记。[30]它从温克尔曼有关古典希腊艺术的研究和赫尔
德在其更为成熟的岁月里写作的《关于人类历史哲学的观念》中
获得了大量原创灵感。

这些作者赞同启蒙运动的这一观点，即在所有人中存在着一种萌芽形式的共同人性、高贵和尊严。“我们存在的目的，”赫尔德评论道，“是充分发展存在于我们中的这种人道（*Humanität*）最初的成分……我们实现理性的能力将被发展成为理性；我们更灵敏的感觉将被形成艺术；我们的直觉将实现真正的自由和美；我们的活力将被转化成人类的爱。”[31]而且，如果说启蒙运动强调人及其理性的共同特点的话，那么“人道理想”则强调人的多样性以及人的个性、理性与非理性的方方面面相互联系，成为一个和谐的整体。每一个体是不同的，而他们的职责就是使自己的独特个性得到充分发展。[32]因此有了对希腊人的理想化。“作为一个整体的人类，”威廉·冯·洪堡写道，“只存在于永远不可能达到的所有个体——他们都是相继存在的——的总和之中。”[33]不过，在这一团体对希腊人的崇拜中，却令人奇怪地缺乏对于希腊人强调的政治价值的欣赏。对这些德国思想家来说，自由首先是一个内在的精神事物，而不像很多启蒙运动思想所认为的是一个政治概念。对歌德和洪堡来说，个人构成了人类的首要单位；对赫尔德来说，民族比个人拥有更大程度的个性特点。不过，赫尔德的民

族观假设促进人类精神丰富多样的各个民族之间存在基本的价值平等。从这一意义上说，他与歌德一样是精神上的世界主义者。

“人道理想”中具有的个体概念与启蒙运动个体理论的不同，尤其是与那些由联想主义心理学家（如洛克、孔迪亚克、休谟和其他人）或是功利主义思想家（边沁、詹姆斯·穆勒）提出的观点的不同，还体现在另一重要方面。对威廉·冯·洪堡来说，个体不是在我们所观察的实际的人中发现的，而是在他所代表的更高观
39 念中被发现的。因此人生活的目的显然不是“幸福”，而是这一观念的实现。威廉·冯·洪堡反对旨在公民福利的国家行动，因为这种行动误解了“人的尊严”。[34] 与此相似，康德在《世界公民观点之下的普遍历史观念》中也指出，大自然并不关心人的“生活幸福”，而只关心他的“有尊严的生活”[35]。拒绝认为“幸福”是一种生活目的，这对于从洪堡、兰克到梅尼克的整个历史主义思想传统来说是共同的。“幸福论”成为德国历史学家用来将自己的唯心主义立场与绝大多数英法历史思想相区分的一个贬义词。[36] 把每个个人都有“个性”的理论和每个集团也有一种“个性”的理论联系在一起的，是作为一种观念得到表述的个体概念。集团和个人分担了各种观念的表述。因此对起初曾认为只有个人拥有个性特点的洪堡来说，承认这一观点也适用于国家和民族就不是很困难了。

启蒙运动的自然法概念在康德之后的德国哲学讨论中被进一步修正。费希特、谢林和黑格尔都接受历史中的个体和民族具有独特性的理论。同时，他们也接受启蒙运动对一个理性的宇宙的信仰。他们试图通过将理性看作是内在于现实中而不是脱离抽象现实的一个抽象规范来解决这一困境。康德在《世界公民观点之下的普遍历史观念》中已提出理性是在历史中起作用的。他曾假设“任何创造物的所有自然潜能都注定要充分发展，并且是依据它们预期的目的”[37]，而与此相似，世界历史则见证（saw）了理

性的不断发展。黑格尔曾把历史描述为内在于世界中的理性理念获得具体形式的发展过程。[38]但是这一进程中的行动者是黑格尔称之为“民族”(the Peoples)的个体。[39]每一个民族通过形成自身的独特特点，便同时在世界进程中发挥了自己的作用。因此尽管黑格尔的进步观使个体与总的过程相和谐，但是它显然违反了认为个人具有根本的自治能力的历史主义理论。在黑格尔哲学体系里，个人成为更大过程中的一个手段。历史主义则强调个人 40
的自发性必须被保留。他的发展不能被强迫纳入一个计划之中。

不过，在德国唯心主义将历史看作是一个理性过程的观点里，有一个重要方面被吸收进历史主义思想中。当洪堡逐渐从“人道理想”观点转向历史主义观点时，他承认集团也拥有个性特点。他相信尽管每一个体及其观念是完全独特的，但是它们以一种我们无法窥测的“神秘的”方式直接构成了一幕神圣计划的一部分。[40]“世界历史，”他在 1825 年写道，“如果没有一个宇宙性的计划主宰它，将是不能想象的。”[41]与此类似，兰克也将国家看作是一个同时既是实在又是精神的(*real-geistig*)统一体。与黑格尔一样，他相信通过追求自身权力政治的利益，国家就遵照一个统治世界的更高命令行动了。正像他在《政治对话》中让弗里德里希所说的话：“但是老实讲，你将无法举出几场真正的道德力量没有取得最后胜利的重要战争”[42]。

然而，在从启蒙运动思想向历史主义转变的过程中，最重要的因素毫无疑问是 1795—1815 年间的政治事件对德国知识分子的影响。受过教育的德国民众几乎没有什么例外地都对法国大革命表示欢迎。大革命进入恐怖阶段后在德国出现的巨大失望，导致了对自然法学说广泛的重新思考。对大革命意识形态的反动在拿破仑统治德国之后进一步增强。这激发了民族情感，并在公众思想中将启蒙价值与遭人憎恨的法国文化相等同。就绝大部分而言，德国舆论并不想恢复革命前的政治与社会状况。1806

年普鲁士的战败在王国中开始了一个广泛改革的时期。但是像冯·斯坦因男爵、哈登堡亲王和洪堡这样的改革者则试图寻求建立与德国传统相一致的自由制度。

在这些年中，德国历史观在三个重要方面发生了变化：

1. 启蒙运动对于普遍适用的道德与政治价值的信仰，在大革命之前已受到挑战，现在则被完全打碎。除了像弗赖堡的历史学
41 家卡尔·罗特克这样少数几个孤立的思想家依然信仰1789年原则外，现在德国受过教育者的观点都同意一切价值和权利都是有历史和民族根源的，外国制度不能被移植到德国土壤中。此外，他们在历史中而不是在抽象理性中，看到了一切真理和价值的关键。当然，在这广泛的一致意见中也有很多不同观点：从强调历史中的极端多样性和自发性的传统主义者萨维尼和霍勒，到将历史看作是理性过程的德国唯心主义哲学家费希特和黑格尔等。

2. 民族概念已发生了根本变化。[43]赫尔德的民族主义在精神上仍是世界主义的。每一个民族都为人类生活的丰富多彩做出了贡献。民族主义把各个民族联系在一起，而不是将它们分离。赫尔德乐观地相信政治生活的民族化有助于国际和平。“内阁可能会相互背叛……但是祖国将不会相互对立。他们相互间将保持和平，而且互相之间像一家人一样。相互之间爆发战争的祖国是人类语言中最坏的野蛮行为。”[44] 1806年，费希特在《对德意志民族的讲演》中称德意志是一个原初的民族，它与其他民族（如法国人）不同，它并没有失去与通过民族语言传递的原始精神的关联。那时的法国人已成为一个肤浅的民族，就像洪堡在1814年所写的，它丧失了“对人性中神圣一面的追求”[45]。民族主义不再是统一的，它分裂了。在1812—1813年冬恩斯特·莫里茨·阿恩特对战争的充满诗意的界定中，德意志祖国将被发现是在那些“每一个法国人被称作敌人，而每一个德意志人被叫作朋友的地方”[46]。

3. 最后，国家占有了一个非常不同的地位。赫尔德在1784

年写道:“无法理解人是为了国家而形成的。”他认为国家是一个人为的制度,并主张它通常对人类幸福是有害的。[47] 1792 年洪堡以非常类似的语言指出国家权力有局限性。他指出重要的行为是由市民社会完成的。国家——他与赫尔德坚持认为国家是一个与社会没有真实联系的机械装置——限制了个体的自由发展,只要它逾越了维持秩序这一最小功能。与赫尔德或是席勒一样, 42
他把德意志看作是一个文化民族,而不是政治民族。但是到 1813 年,他开始把“民族、人民和国家”相等同。[48]与此类似,费希特在 1794 年时曾这样写道:“一切政府的目的”是“使政府变得多余”[49],而到了 1800 年,在其《封闭的商业国家》[50]中他赋予国家以广泛的经济功能。在 1806 年的《对德意志民族的讲演》中,他将国家的地位提升为德意志民族的道德与宗教的教育者。[51]此外,国家越来越被以权力政治的术语来加以观察。1813 年洪堡在其著名的“有关德意志宪法的备忘录”里也这样做了。费希特在其 1807 年写的有关马基雅维里的论文中曾警告,在国家间的关系中,“既没有法律,也没有权利,有的只是更强者的权利”。这一状况将负责民族利益的君主置于“一个更高的道德秩序中,其实质体现于这句话中,‘人民的利益与光荣是最高法规’”[52]。

这一假设意味着通过追求自己的利益,国家的行为就不仅是与比个人道德更高层面的道德相一致的,而且还是与历史的根本目的相和谐的。此种有关国家理性(*raison d'état*)和宇宙计划的特性的理论或许是以其最极端的形式出现于黑格尔的《法哲学》(1820 年)中。“每一个作为现实个体的民族都受其独特原则的指引”,黑格尔写道,“而且只是作为一个独特个体,每一种民族精神才能赢得客观性和自我意识;但是处于相互关系中的各个国家的命运和行动显示了这些精神的有限特性的辩证法。从这一辩证法中产生出一种普遍精神,它正在宣布自己的判决”,最高判决,“因为世界历史就是世界法庭”[53]。这种认为个体民族间的斗争是一个宇宙的、理性的辩证法的一部分的思想就破坏了历史主义原则。不过,甚至是拒绝任何历史的图式化的兰克,也接受了这一观念,即冲突中的胜利者通常代表了一个在道德上更加优越的民族。

因此,历史主义在法国革命和拿破仑战争时期不仅增强了对受过教育的民众的影响,而且还改变了它的特点。审美和文化导向的研究民族性的取径逐渐让位于民族国家的理想。个体概念在歌德和洪堡那里还是指个人的独特性,现在则首先是指集体组
43 织了。赫尔德的历史乐观主义——在历史的河流中看到了一种隐藏的意义——已被一种甚至更乐观的认同观念所强化:通过追求自身权力政治的利益,国家的行为就是和一种更高的道德相一致的。在较早的历史主义中还没有的第三个观念,现在已在历史主义学说中占据了中心地位:国家在民族和社会中的首要性的思想。在解放战争期间乃至1815年后,民族的政治利益逐渐与普鲁士国家的权力政治利益结合到一起。总之,这三个观念将为19和20世纪几乎整个德国历史研究的理论假设提供基础。

注释

1.《诗篇》(*Poetics*),第9章。参见《亚里士多德基本著作》(*The Basic Works of Aristotle*, p. 1464, Richard Mckeon, ed., New York, 1941):"今后诗歌将比历史更具哲学意味并更加重要,因为它的陈述是具有普遍特性的,而历史的陈述则是单一的。"

2.参见安德雷斯·克劳斯:《理性与历史:德意志学院对18世纪晚期历史科学的意义》(Andreas Kraus, *Vernunft und Geschichte. Die Bedeutung der deutschen Akademien für die Geschichtswissenschaft im späten 18. Jahrhundert*, Freiburg i. B., 1963);赫伯特·巴特菲尔德:《人论自己的过去:历史学学术研究》(Herbert Butterfield, *Man on His Past. A Study of Historical Scholarship*, Boston, 1960)。

301 3.第三版(1744年)的英文译本,见托马斯·戈达德·伯金和马克斯·哈罗德·菲施翻译的《吉安巴蒂斯塔·维柯的新科学》(Thomas Goddard

Bergin and Max Harold Fisch trans., *The New Science of Giambattista Vico*, Garden City, New York, 1961)。

4.《关于人类形成的另一种历史哲学》(*Auch eine Philosophie der Geschichte zur Bildung der Menschheit. Beytrag zu vielen Beytragen des Jahrhunderts*, 1774),载《全集》卷 5(*Sämmtliche Werke* Ⅴ, Bernhard Suphan, ed., Berlin, 1877—1913, pp. 475—594)。

5.《历史主义的形成》,第 49 页。

6. 同上书,参见第 504—522 页有关歌德的"与历史的否定关系"的论述。

7.《世界主义和民族国家》,《全集》卷 5(*Weltbürgertum und Nationalstaat*, vol. Ⅴ of *Werke*, München, 1962)。

8. 卡罗·安托尼:《理性的斗争》和《历史主义》(Carlo Antoni, *Der Kampf wider die Vernunft* and *L'Historisme*)。

9. 安托尼:《历史主义》,第 9 页。

10. 同上书,第 10 页。

11. 有关历史主义思想在瑞士和德国的早期表现,见卡罗·安托尼:《理性的斗争》(Carlo Antoni, *Der Kampf wider die Vernunft*)。

12. 有关历史主义和历史思想对社会科学和文化科学的总体影响的研究,见布鲁斯·马兹里斯:《历史之谜:从维柯到弗洛伊德的伟大理论家》(Bruce Mazlish, *The Riddle of History. The Great Speculators from Vico to Freud*, New York, 1966)。

13.《罗马书》(Romans 13:1)。参见恩斯特·特勒尔奇:《社会学说》,载《全集》卷 1(Ernst Troeltsch, *Soziallehren* in *Gesammelte Schriften*, Ⅰ, Tubingen, 1919),尤其是第 560—571 页。奥利夫·怀恩将之译为《基督教会的社会学说》(Olive Wyon, *The Social Doctrines of the Christian Churches*, London, 1931, 2 vols),两卷本。

14. 梅尼克:《历史主义的形成》,第 33 页。

15. 哈约·霍尔博恩:《近代德意志历史,1648—1840 年》(Hajo Holborn, *A History of Modern Germany*, 1648—1840, New York, 1964, Ⅱ, p. 155)。

16. 引自罗伊·帕斯伽:《德国的狂飙与突进》(Roy Pascal, *The German Sturm und Drang*, Manchester, 1953)。

17. 梅尼克在《历史主义的形成》(参见第 408、425 页)中和鲁道夫·斯特德尔曼在《赫尔德论历史意义》中(Rudolf Stadelmann, *Der historische Sinn bei Herder*, Halle, 1928)都认为《另一种历史哲学》是赫尔德历史思想的顶峰,而他以后对"人道理想"的关注则是"向后倒退"(梅尼克,第 425 页)。另见威尔斯:"赫尔德的两种历史哲学",载《观念史杂志》(G. A.

Wells, "Herder's Two Philosophies of History", in *Journal of the Hsitory of Ideas*, 21, 1960, pp. 527—537);在刊于《观念史杂志》的"赫尔德有关历史中的因果关系和连续性的分析"("Herder's Treatment of Causation and Continuity in History"in *Journal of the History of Ideas*, 24, 1963, p. 197)中,巴纳德(F. M. Barnard)批评了斯特德尔曼;威尔斯则在刊于《观念史杂志》的"赫尔德的决定论"("Herder's Determinism", *Journal of the Hsitory of Ideas*, 19, 1958, pp. 105—118)中对梅尼克有关赫尔德的所谓非决定论思想的解释做了批评。

18.《另一种历史哲学》,卷 5,第 509 页;有关赫尔德的个体概念,也可参见利
302 奥·斯皮茨:"自然法与赫尔德的历史理论",载《观念史杂志》(Leo Spitz, "Natural Law and the Theory of History in Herder", in *Journal of the History of Ideas*, 19, 1955, pp. 453—478, esp. pp. 458—459)。

19. 参见《另一种历史哲学》,卷 5,第 509 页;参见《关于人类历史哲学的观念》("Ideen zur Philosophie der Geschichte der Menschheit," XIV, p. 8);参见斯特德尔曼,第 47 页;罗伯特·厄冈,《赫尔德与德国民族主义的奠基》(Robert Reinhold Ergang, *Herder and the Foundation of German Nationalism*, New York, 1931);罗亚尔·施密特:"赫尔德的文化民族主义",载《观念史杂志》(Royal J. Schmidt, "Cultural Nationalism in Herder"in *Journal of the History of Ideas*, 17, 1956, pp. 407—417)。

20.《另一种历史哲学》(passim, cf. V, 484ff., esp. pp. 489—491)。

21. 同上书,参见第 535、537 页。

22. 同上书,参见第 501、502、537、542 页。

23. 同上书,第 510 页。

24. 参见莱茵霍尔德·阿里斯:《1789—1815 年的德国政治思想史》(Reinhold Aris, *History of Political Thought in Germany from 1789 to 1815*, London, 1936);古奇:《德国与法国革命》(G. P. Gooch, *Germany and the French Revolution*, London, 1920);威廉·多贝克的《约翰·戈特弗里德·赫尔德》(Wilhelm Dobbek, *Johann Gottfried Herder*, Weimar, 1950, p. 129);雅克·德罗兹《德国与法国革命》(Jacques Droz, *L'Allemagne et la Révolution Française*, Paris, 1949),以及巴纳德:《赫尔德的社会政治思想:从启蒙到民族主义》(F. M. Barnard, *Herder's Social and Political Thought. From Enlightenment to Nationalism*, Oxford, 1965)。

25. 尽管赫尔德以后赞同法国革命,见其在《另一种历史哲学》中不断重复的对启蒙运动政治理想的谴责;例如,他对"自由、志同道合和平等"("Freiheit, Geselligkeit und Gleichheit")的攻击,第 576 页;对"自由精神"

(“Freigeisterei”)的攻击,p. 579;对启蒙运动哲学的攻击,第 538 页,尤其是第 555 页。

26. 同上书,第 509 页。

27.《历史主义的形成》,《全集》卷 3,第 579 页。

28.《另一种历史哲学》,卷 5,第 487 页。

29. 同上书,第 513 页;参见第 558—559 页。

30. 参见柯夫的《人道主义和浪漫派》(H. A. Korff, *Humanismus und Romantik*, Leipzig, 1924)以及四卷本的《歌德时代的精神》(*Geist der Goethezeit*, 4 vols., Leipzig, 1923—1958,特别是前两卷)。保罗·克拉克霍恩:《歌德时代人的理念》(Paul Kluckhohn, *Die Idee des Menschen in der Goethezeit*, Stuttgart, 1946);弗朗兹·舒尔茨:《德国的古典主义和浪漫派》(Franz Schultz, *Klassik und Romantik der Deutschen*, 2nd ed., Stuttgart, 1952, Ⅰ, pp. 159—244)。

31.《关于人类历史哲学的观念》,《全集》卷 8,第 189 页。

32. 参见柯夫的《人道主义和浪漫派》,第 35—36 页。

33.《世界史观察》,载《全集》卷 3(“Betrachtungen über die Weltgeschichte”, in *Gesammelte Schriften*, Ⅲ, Albert Leitzmann, ed., Berlin, 1903—1936, p. 357)。这篇文章写于后一个时期,可能是在 1814 年左右。

34. 参见《有关确定国家行动范围的界限的尝试的一些观点》(“Ideen zu 303
einem Versuch die Grenzen der Wirksamkeit des Staats zu bestimmen”)《全集》,卷 1,第 126 页。

35.《世界公民观点之下的普遍历史观念》,《全集》卷 4(“Ideen zu einer allgemeinen Geschichte in weltbürgerlicher Abischt,” *Werke*, Ⅳ, Leipzig, 1912—1922, p. 154)。

36. 参见约翰·阿尔布莱希特·冯·兰曹:“德意志和享乐主义的幸福感”,载《历史世界》(Johann Albrecht von Rantzau, “Deutschland und die hedonistische Glückseligkeit”, *Die Welt als Geschichte*, 22, 1963, pp. 107—123)。

37. 康德:《世界公民观点之下的普遍历史观念》(见上,注 35),卷 4,第 152 页。

38. 参见《历史哲学讲座》(*Vorlesungen über die Philosophie der Geschichte*),《全集》卷 11(*Sämtliche Werke*, vol. Ⅺ, Hermann Glockner, ed., Stuttgart, 1928, pp. 34—35)。

39. 同上书,第 40 页。

40. 参见《有关德国宪法的请愿书》(“Denkschrift über die deutsche Verfassung”,

December,1813),同上书,卷 11(Ⅺ,pp. 97—98)。

41.《历史学家的使命》,同上书,卷 4(“Über die Aufgabe des Geschichtschreibers”,*ibid.*,Ⅳ,p. 50)。

42.《政治对话》,《全集》(“Das politische Gespräch”, *Sämtliche Werke*, Leipzig,1873—1890,L,p 327)。

43.这确实只是有关一个完整过程的非常简短的讨论。有关德国政治民族主义的出现的两种非常不同的研究方法,见梅尼克的《世界主义与民族国家》和尤金·安德森的《民族主义与普鲁士的文化危机,1806—1815》(Eugene N. Anderson,*Nationalism and the Cultural Crisis in Prussia*, 1806—1815,New York,1939)。梅尼克强调世界主义和民族主义并不是两套相互排斥的价值,而且在德国民族主义中世界主义成分从没有完全消失过,尽管他认为“鼎盛时期的德国民族情感始终包括一种超民族的人类观念”的看法是将一种非常复杂的关系过分简单化。

44.《有关提升人性的通信》,载《全集》卷 17(*Briefe zur Beforderung der Humanität* in *Sämtliche Werke*, ⅩⅦ,p. 319)。

45.引自西格弗里德·凯勒:《威廉·冯·洪堡和国家》(Siegfried A. Kaehler, *Wilhelm von Humboldt und der Staat*,2nd ed.,Gottingen,1963,p. 270);引自《威廉·洪堡和卡罗琳·洪堡通信集》卷 4(*Wilhelm und Caroline Humboldt in ihren Briefen*, Ⅳ, Anna Ⅴ. Sydow, ed., Berlin, 1906—1916,308ff)。

46.恩斯特·莫里茨·阿恩特:“祖国德意志”,《外族统治与解放》,载《德国文学:政治文学系列》2(Ernst Moritz Arndt,“Des deutschen Vaterland”, *Fremdherrschaft und Befreiung*. Robert F. Arnold,ed.,Leipzig,1932,in *Deutsche Literatur*,*Reihe Politische Dichtung*,Ⅱ,p. 136)。

47.《关于人类历史哲学的观念》,《全集》卷 8,第 340 页。参见斯特德尔曼,第 113 页;舒尔茨:《德国的古典主义和浪漫派》,卷 1,第 179—181 页;厄冈:《赫尔德与德国民族主义的奠基》,第 242—244 页。

48.参见《有关德国宪法的请愿书》,《全集》卷 11,第 98 页;有关对比,见
304 “Ideen zu einem Versuch die Grenzen der Wirksamkeit des Staats zu bestimmen”,同前书,卷 1,第 97—254 页,写于 1791—1792 年。

49.《论学者的使命》,《全集》卷 1(*Einige Vorlesungen über die Bestimmung des Gelehrten in Werke*,Ⅰ,Fritz Medicus,ed.,Leipzig,n. d.,p. 234)。

50.《封闭的商业国家》,载《全集》卷 3(*Der geschlossne*(*sic*!)*Handelsstaat* in *Werke*,Ⅲ,pp. 417—543)。

51.《对德意志民族的讲演》,《全集》卷 5(*Reden an die deutsche Nation* in

Werke, Ⅴ, pp. 356—610; translated by R. F. Jones and G. H. Trumball as *Addresses to the German Nation*, Chicago, 1922)。

52.《马基雅维里》(第 2 版),"哲学图书馆"(*Machiavell*, 2nd ed., Vol. 163 of *Philosophische Bibliothek*. Hans Schulz, ed., Leipzig, n. d., p. 28)。

53. 参见《法哲学的界线》,《全集》卷 7(*Grundlinien der Philosophie des Rechts*, Vol. Ⅶ, *Sämtliche Werke*. Hermann Glockner, ed., Stuttgart, 1928, p. 446);本处引自《黑格尔选集》的"法哲学"("The Philosophy of Law" in *Hegel Selections*, Jacob Loewenberg, ed, New York, 1929, p. 468)。

第三章　德国历史主义的理论基础(一)：威廉·冯·洪堡

1

威廉·冯·洪堡的个性是独特而又多面的[1]，由此他的思想发展就不能代表那些发生在他所处时代的德国思想氛围中的变化。但是，洪堡的思想与生活中确实有些方面充分体现了这些转变。作为一个有着世界主义观念的贵族，歌德和席勒的朋友——尤其是与后者有超过一千封的通信[2]——洪堡在革命的法国侵入德国前夕也完全具有“人道理想”。在 1809 年后的斯坦因和哈登堡的普鲁士改革政府中，洪堡是位活跃的政治家，他也参与了新的自由主义运动，这一运动在反对拿破仑的斗争中对与 1789 年原则不同的民族价值做了肯定。他不再将德意志民族看作主要是一个文化共同体，而认为它是一个政治共同体。[3] 在洪堡整个一生中，都存在着与其早年的世界主义和人道主义思想的连续性，同时又有着对新民族价值之强调的明显转变。

洪堡最初的政治著作是受法国革命激发而产生的。他在 1789 年关键的几个月中访问了巴黎[4]，而他对法国形势发展的评价也比很多其他德国人更为冷静。后者,如其友弗里德里希·根茨,起初以几乎不加控制的热情欢迎这场剧变,随后又强烈反对它。表面上,他 1791 年的《有关确定国家行动范围的界限的尝试 45
的一些观点》——常常被认为是德国自由主义的经典著作——所主张的国家,是与洛克以降正统自由主义所主张的国家非常相似的。国家本身并不是目的,而是“一种附属手段,人这一真正的目的不能为了它而被牺牲”[5]。它的目的是保护所有个人的最充分自由;它的功能则被减少到保护个人权利免受来自内部破坏和外部威胁所需的最低限度。[6] 对于极权主义者主张的国家必须促进其公民幸福的观点,洪堡表示否定,并拒绝给予国家以任何明确功能,包括在教育、宗教或是改善道德中的作用。[7] 他承认在社会中这些和其他功能一样是必需的,但是它们应该是自由、志愿的团体行为,而不是国家行为。国家一定不能与市民社会(*Nationalverein*)相等同,洪堡警告道。国家的特点是强制和权力集中;而市民社会则是由各种集团组成的,这些集团为个人所自由选择,并且处于变化之中。[8] 依据洪堡的观点,保存和促进文化价值的不是国家,而是自由社会的各个志愿机构。因此区分国家与市民社会的界线必须是清晰的,国家被禁止干预其公民的私人生活。这就假设由长期有效的法律统治的国家保证个人权利不受官方干预。

但是,洪堡的国家观的理论基础是与古典自由主义的理论基础非常不同的。后者曾在自然法学说中为个人自由寻找理论支撑。它在人的思考能力以及由此理解宇宙和伦理的理性结构的能力中看到了人性的源泉。古典自由主义用抽象的普世原则来考察权利。它将那些在人群中普遍存在和一致的特点看作本质上是人性的。但是对洪堡来说——就像对于歌德、席勒或是赫尔德一样,他们也具有德国古典主义的“人道理想”,使自己的独特个性得到最充分的发展是人性中的基本。他们都具有这一启蒙

运动信仰，即人拥有一种独特尊严，但是他们主张这一尊严只有通过个人发展才能被理解。不过，他们在承认人的尊严与目的是
46 由事物特性或理性决定的同时，并不认为理性给这种发展确定了明确规则。相反，人的发展必须受其独特个性的内部特点所支配。不受国家干预的自由是必须的，因为“人的最高目的——由永恒不变的理性所决定，而不是由变化的嗜好所决定——（是）他的才智与力量最大程度并最成比例地发展从而形成一个整体”[9]。然而这一发展只有在国家不干预人的自然发展时才是可能的。个人是一个鲜活的有机体；国家则是一个机械工具，它通过立法而对自然发展加以外部限制。[10]洪堡承认，人并不是存在于真空中的，而且与国家不同，对个人来说，在他展现自己的“独特个性”（*Eigentümlichkeit*）时，社会是自然的和必须的。[11]洪堡认为在处于发展中的个人之间存在一种基本和谐，而且社会并不像国家那样是一种重要的限制因素。事实上，如果国家的功能被限制在最小程度，那么“人类共存的最高理想”就能实现；也就是说，在这一理想中，“每个人不仅发展自身，而且是为了自己的目的”[12]。

这样一种个性观似乎是与古典意义上的平等观相矛盾的。确实，古典自由主义政治理论中的一些重要成分消失了。没有任何有关通过达成一致来进行统治的建议，也没有任何关于控制国家权力的制衡体系的建议。确实，由于洪堡认为国家是统一的、拥有“绝对权力”[13]的，并且拒绝代议制原则，所以他主张国家的功能必须被限制为保护安全这一最小限度。由于国家的强制特点，所以积极的社会功能必须交给志愿社团。洪堡坚持认为，如果由国家实施积极功能，那么它必须获得每个人的同意，而这是与这些个人的代表的绝大多数意愿很不同的。[14]

《国家的界限》是对家长式福利国家的一种理论批判，这首先是针对 18 世纪开明专制的绝对主义“警察国家”（*Polizeistaat*），但原则上也是针对革命国家。该书绝没有包含对君主制，甚至是

绝对君主制的否定。正如西格弗里德·凯勒在其有关威廉· 47
冯·洪堡的政治传记[15]中所指出的,洪堡对于法国革命的赞同从未超出自由观念。1789年时,他已对革命中的平等主义成分感到不安。在日记中,他谴责8月4日之夜的决定——在法国废除了封建权利,“当时若干贵族,其中绝大多数是穷人,放弃了属于富人的东西”。他这样告诉一位革命的热情支持者:

> 我认为代表们没有权力放弃(这些特权),放弃这些特权来得太快了,这没有任何益处,而只有坏的结果,因为它们助长了空想的平等观念。[16]

在洪堡与古典自由主义理想的不一致中,最突出的一点可能是他在《国家的界限》中对战争的美化。康德也曾对战争的积极方面表示敬意。[17]战争和对立已经激励了人类活动,并促进了向一个建立在理性基础上并废除了战争的市民社会的发展。但对洪堡来说,战争本身是一个令人满意的目的,是人类社会的永恒特点,“在人类教育中起作用的最有益表现之一”。他颇为遗憾地看到战争在现代世界中的地位变得越来越不重要,并且相信它是不可替代的。战争“自身就给予整个结构以力量和多样性,没有它机构的灵活度将被减弱,统一性也将不复存在”[18]。常备军必须被废除,这不是为了抑制好战精神,而是将其传遍整个民族,“激起公民的真正战争精神”[19]。

毫无疑问,对于战争的这种肯定态度是与洪堡的反幸福论有关的,他拒绝把个人幸福看作是最高的伦理美德。对于“幸福论”的这种攻击,是从洪堡到梅尼克的德国历史传统以及从康德到黑格尔学派哲学家的德国唯心论者中一切重要作家的思想的核心。“幸福和快乐,”洪堡指出,“是与人的尊严没有关系的。在体会到最大程度的力量和内部统一的那些时刻,人是最快乐的。但是在这些时刻，他也是离深深的痛苦最近的。”[20] 对洪堡来说，最高的伦理美德仍然是存在于个性的发展和每个人的独特性中的。但是
48 更高的价值——取代了个人幸福成为最高美德——可以通过将尽可能多的个人的幸福服从于共同体的历史命运来加以解释，就像德国历史主义和唯心主义传统的作家们以后所做的那样。

假如是这样，那么洪堡在《国家的界限》中所鼓吹的有限国家确实能被建立吗？由此导致这一问题，即人在自己的政治行为中是否拥有有意义的选择，或是否必须完全在历史制度框架中行动。在其有关将理论应用于实践的最后一章里，洪堡分析了这一问题，并提出一种社会变化理论。古典自由主义主张通过将理论应用于社会现实，就能有效改变社会。洪堡并没有完全忽视观念的作用，但他强调这一方式的局限性。他坚持认为变化只可能发生在一个具体的历史与社会状况中；因此只有在一个非常狭隘的范围内，将理论应用于现实才是可能的。每一种状况（*Lage*）——人在其中找到了自己——都有一个明确的内部结构或是形式，它不能被转变为任何自我选择的结构或是形式。然而，变化是可能的，但它要求观点和态度的先行转变。在没有扰乱现存事物秩序的情况下，一个人能够通过对人们的思想和性格起作用以及给予他们与现状不再一致的方向来为转变做准备。任何其他方式都将破坏人类发展的自然进程[21]，而且有灾难性后果。

这种对于立法中“纯理论”地位的强调使得洪堡与萨维尼的历史主义立场明确区分开来。尽管洪堡承认历史现实，但是他确信：

> 自然的和普遍的法是所有成文法的唯一基础，人们常常不得不回到自然法，由此——援引一个成为其他所有法律原则源泉的法律原则——没有人能够以任何方式通过另一个人的力量或能力获得一种权利，如果没有获得那个人的同意的话。[22]

当然,洪堡有关存在这一超验的法律的断言,也意味着他承认不是所有制度都以与这一超历史的规范相一致的形式起作用。这已暗含在这一事实之中,即洪堡写了一本关于一个并不存在的 49
国家的理论的书。但是对“自然的和普遍的法”的这一承认不是与洪堡所信仰的个人只能通过与其相符的标准而不是外在抽象规范加以判断的思想相矛盾了吗?因此洪堡同意法国革命者的主张:国家必须使得“事物的实际状况”尽可能地接近“正当的和真确的理论”。但是这种“接近”只是在“真正的必然性”并没有阻碍其进程时才是可能的。不过,变化的可能性是以这一假设为基础的,即“对于理论(所讲授的)自由,人(是)有充分的感受的,当没有障碍时,这一自由能够带来那些常常伴随自由的有益结果”。但是应用理论的“可能性”往往受到“必然性”(*Nothwendigkeit*)的限制。毫无疑问地始终关注着法国局势发展的洪堡警告说,忽视影响到各项社会改革的“必然性”,将会导致这些改革试图传播的那些价值的解体。[23]

面对“必然性”的力量,理论和“普遍的自然法”又剩下了什么?显然很少。国家“必须始终让自己的行动由必然性决定”。这一原则并不是以历史决定论的术语加以表述的;相反,必然性是通过人的“独特个性”加以界定的。[24]必然性和对个人独特性的考虑决定了有限国家的理论需要。对人的独特性和多样性的承认就禁止国家为了实现“有用的”目的而采取“积极的”行动,因为对于个人有用的东西往往是由思辨来决定的,它不能由来自外部的东西决定。因此必然性是与自由相一致的。没有“其他原则(能够)与对独立生命的个性的重视以及由此而来的对自由的关注相一致”[25]。由此理论、“永恒不变的理性”、“大自然的自然而普遍的法则”所剩下的仅仅是承认人的全部多样性。面对现实环境的种种必然性,国家理论被搁置于半空中,犹如一个抽象物,不可能被实现。

对于所有这些洪堡相当关注。在描述政治力量的“理论原
50 则”时，他从“人的本性”出发，“在其最有特性的形式中”、在人还没有受到任何具体关系的决定时来考察人。“但是没有一个地方的人是像那样存在的。”[26]他补充道。理论的执行要求自由的一定程度的实现。“虽然这种实现在任何地方都不是完美的，而且在我看来自由的实现将依然是与耽于声色、性格外向的个体不相干的。”[27]因此，洪堡要求他的读者们不要与现实进行任何比较，“尽管这些页里存在一般性的观察评论。”[28]正像他在写给席勒的信中所说的：“这一论文与现实状况没有关系。”[29]这也许在部分程度上解释了为什么这一德国自由主义的经典在洪堡在世时从未全文发表，而是在1851年才出版，此时他去世已很久了。[30]

2

不过，洪堡在《国家的界限》中对自由国家的捍卫包含两个基本假设，它们经过修正的形式仍然使人想起古典的自由主义理论。洪堡坚持认为存在一个有关国家的“纯粹理论”，它以“永恒理性”原则为基础，因此反对现有的“积极”国家。这是有道理的，即使对他来说，理想和现有国家间的鸿沟是无法逾越的，而这是与古典自由主义思想不同的。此外，他发现了对所有人来说共同的人类尊严。在洪堡的其他著作中，他仔细尝试使自己不受一切抽象或是普遍原则影响，更准确地探讨有关社会与历史的根本概念。

在《国家的界限》之前一年，也就是他于1791年8月所写的有关法国新宪法的批评中这已经体现出来。[31]他认为制宪议会把宪法建立在“纯粹理性”基础上的尝试是一个重大错误。只有当“各种积极的和消极的人类力量”有其内部根源而不是从外部强加时，才可能在人或是国家中和谐地发展起来。施于人的宪法不

可能匆忙草就,就像树枝不能忽然就在树上长出一样。“当时间和自然还没有做铲土工作时,人们也可以用线扎花成束。但第一道正午的阳光就将使它们枯萎。”[32]他并没有催促聪明的立法者详细地拟定所希望的改革的“纯理论”,就像他在《国家的界限》中所做的那样,而是要求他不受抽象思考的影响,确定改革的真正方向,并由此逐渐调整这一方向。当改革在狭隘的限制中是可能的 51
时候,人类制度只是在很小程度上是深思熟虑的人类活动的结果。事实上,正如他所评论的:“当我们为政治制度提供哲学或是政治理性时,我们在现实中将始终发现历史解释。”[33]

在“论人类能量的发展法则”[34](1791年)的未完稿中,洪堡更为严格地界定了理性和抽象法则的界线。即使我们拥有宇宙的钥匙,“一个指出统一法则之必要性的理性真理”,这一知识并不能给予我们有关事物本性的任何真实见解。鲜活的大自然,与“没有生命的”物质特性不同,只能通过理解和直观体验其最深层的特点来把握。确实,“理解”没有生命的物质世界是不可能的。我们能够确立其行为的一致性,但这只是和它的外表有关,与其内在实质没有关系,而对于那些和我们一样也有生命力的其他事物,我们则能把握它们的内在实质。只有通过它们所表现出来的能量——反映了它们的独特个性——我们才能认识有生命力的事物。在将现象简化为抽象概念上越是成功,我们就越是远离了对真正鲜活的力量和个体本质的理解。[35]

在18世纪90年代的其他文章中,洪堡进一步发展了自己的个性概念和它对伦理与教育的含义。[36]在写于1797年的“论人类精神”[37]中,他强调每个人必须有一个目标,一个“首要的和绝对的衡量标准”[38],但是这一终极价值必须和他的思想特性有关。对所有人来说,共同的最终目标是“人的尊严”,但是并没有实现这一目标的既定模式。不过,这种“绝对的衡量标准”——人只能在自身中寻找——与“暂时的快乐或是他的幸福”并没有关系。“能够蔑视快乐或是不顾幸福这是人性的突出特点”。这种衡量标准在一个人的“内部价值,他的更高和更完美的自我”中将能发现。[39]通过区分个体特性中的基本成分与附带成分,洪堡已然接近了他日后认为每一个人都代表一种观念的思想。另一明显尚未出现的观点是,认为各个集团——并非作为整体的人类——拥有个体特性或是代表了各种观念。这一概念在洪堡日后的政治著作中将变得重要。

52 3

直至 1809 年,就政治来说洪堡一直是个局外人。即使在 1802—1809 年作为普鲁士派驻罗马的全权使节,洪堡也主要是致力于艺术和学术工作。自 1792 年起,他没有撰写过有关政治问题的文章,而在《国家的界限》中他甚至将政治看作是一个与现实没有直接关系的理论问题。正如他的一位政治传记作者所指出的,他在《国家的界限》中首要关心的不是国家的需要和功能问题,而是有关个性发展的审美兴趣。[40]

当洪堡于 1809 年在冯·斯坦因男爵的推荐下被召至柏林以重新组织普鲁士的教育体系时,这一关系突然发生了变化。从 1809 年起,直至 1819 年卡尔斯巴德法令激起反动浪潮为止,洪堡一直积极地为普鲁士国家效力,肩负着制定政策的职责;例如从 1810 年至维也纳会议结束期间任驻奥地利使节;1819 年担任负责起草普鲁士宪法草案的大臣;在斯坦因和哈登堡的领导下,成为尝试在 1806 年屈辱地败给拿破仑后依据自由路线改革普鲁士国家的政治家之一。他成功地依据自己的“人道理想”重塑了普鲁士学校体系。在小学里,他调整了当时已有的教学法——他认为是机械的和理性主义的——而代之以佩斯塔洛齐教育法,这一方法重视儿童个体的内心需要和兴趣。在文科中学(*Gymnasien*)

里,他以对希腊语研究的强调取代了对拉丁语言学的重视。受温克尔曼有关希腊艺术的可能是片面的解释的影响,洪堡与歌德一样相信希腊人成功地接近了比例协调和充分发展个性的理想。在1810年创建柏林大学时他起了作用,该大学的研究与教学自由的原则成为所有德国大学的典范。[41]他想通过促进将国有学校基金转给地方组织以削弱中央集权国家在教育中的作用,但这一尝试未获成功。当然,洪堡对教育大臣责任的假设使其承认了此前他曾否定过的国家的作用。 53

像一位历史学家所做的那样,把洪堡转向国家看作是"超个体力量的个性对于已失去对自身周围的鲜活历史力量的统治权的个人的决定性胜利"[42],这可能是走得太远了,洪堡有关个人与国家和民族的关系的思想经历了一个大转变。在其政治备忘录中,洪堡继续不仅根据国家的需要,而且还根据作为个人的公民的教育来看待国家的组织。为此,他强调将国家权力转到志愿团体的必要性,在这些团体中个人通过参与而成长。但是在解放战争时代新的政治民族主义的情感影响下,洪堡开始将国家看作是一个形而上的实在。国家是独立于个人需要的存在,而民族则是和国家紧密结合在一起的。这一新倾向在其1813年12月的"有关德国宪法的备忘录"中得到了最明确体现。[43]民族、国家和人民是一体的,他指出:

> 在自然将个人与民族联系到一起,并使人类与民族相一致的方面,存在一种深层的和神秘的方式,通过这种方式,本身什么也不是的个人与只是在个人中才有意义的种族(*Geschlecht*),走在相应的和逐渐发展自己能量的正确道路上。[44]

德国不仅是个精神统一体,洪堡现在强调道;正像他和歌德曾相信的,德国需要的不是政治联系,而是以"习俗、语言和文学"

共同体为基础。使德国成为一个整体的是“对曾共同享有的权利和自由、在战场上赢得的胜利和共同面对的危险的记忆，对曾将父辈们联系在一起而现在只存留于儿孙们的怀旧渴望中的密切联系的回忆”[45]。这一统一体需要有政治表达。洪堡对于过度的中央集权感到害怕，认为邦联是与德国历史和特性最相符的解决民族统一问题的办法，尽管这是由普鲁士和奥地利统治的邦联。不过，这一德意志国家需要变得强大以对抗外部世界，这不仅是
54 要在一个不稳定的世界中提供保护，而且也是因为政治力量是德意志文化发展的先决条件。

> 德国必须是自由和强大的，这不仅是为了能保护自己不受这个或是那个邻国的侵略，或者说不受任何敌人的侵略，而且也是因为只有一个对于外部世界来说强大的民族才能维护所有国内幸福从中产生的精神。德国必须是自由和强大的，即使它从未被检验过，由此它可以拥有作为一个不受限制的民族发展所需要的自信，并能永远保持它在欧洲各民族中的地位，而这一地位对于这些民族来说也是有益的。[46]

在很大程度上从军事角度来构想的力量，如今对洪堡来说乃是一种积极的善。这与他早先有关战争对个性的积极影响的思想是一致的。正如他在1817年所写的有关军事预算的建议中所说的：

> 一支准备作战的强大军队的用处在宣战前很久就体现出来了。在和平时期里这样一支军队确保了国内安全，增强了国家在与外国的一切交往中的影响，并且对民族特点也产生了影响。[47]

这种有关个人对民族的依赖的强调在其战争期间的通信中

获得了最极端的表述。由于这些信件所具有的随意性,所以它们可能需要谨慎对待。他写信给妻子说:

> 请相信我。在这一世界中只有两种好的和有益的力量(*Potenzen*)。上帝和民族(*Volk*)。两者之间(in between)的所有一切都是没有用的,我们的用处只取决于我们与民族(*Volk*)的密切程度。

他还宣称:

> 所有民族能量、生命和自发行为都依赖民族(*Volk*)。没
> 有民族,一个人什么也无法完成,而且始终需要它。如果不 55
> 靠整体的力量,人什么也不是,而且只有努力使自己与它相一致。[48]

这种把民族或是人民看作是一个有个性的个体的观念,使他在维也纳会议上提议严厉对待法国。他的要求不仅是以普鲁士或德意志的政治利益为基础,而且也是以他对法国民族特性的谴责为基础的,缺乏对于"神圣事物的追求,这不仅是法国人作为一个民族所缺乏的,而且也是作为各个个人的法国人无一例外地缺乏的"。[49]

从这一对历史和集体力量的新的强调出发,洪堡为普鲁士宪法所准备的建议草案[50]是饶有意味的,因为它体现了一种新型自由主义,后者不再承认个人是政治中的基本单位和国家存在的目的。这一草案确保了个人的人身与财产安全等基本权利、适当的法律程序、信仰自由和言论出版自由。它也提出了代议制。草案认为宪法不仅服务于国家的"客观"目的和提供更有效率的政府,而且还满足公民们的"主观"需要。通过政治参与,他们将在道德

和精神上获得发展。社会不再被看作是个人的综合，而是一个各具社会功能的团体的有机整体。确实，这些团体适应了现代普鲁士生活的需要，而且主要被看作是体现政治代表权的机构。

洪堡希望维持由改革法令所确立的经济自由。贵族的政治地位将只是依照其还具有的现实功能的程度来加以保存。洪堡对于团体制度的理想化远不如斯坦因。大量行政职能被从中央政府转到乡镇和省份，目的是加强公共事务中的地方参与程度。为王国拟定的三级会议将拥有与法国宪章或是 19 世纪 20 年代颁布的西南德意志宪法所创立的议会相似的权力，它们在组织上也与这些议会相像。但是这一文献——确实比其他这些宪法文
56 件设想了更大程度的民众参与——的语言比它们更加与 1789 年原则不相干。《国家的界限》的作者现在认为，个人获得自己的公民权不再是通过成为一个个体，而是依据他满足被一个团体接纳所需达到条件的程度。[51]

4

在洪堡 1814 年以后所写的有关历史特性的三篇重要文章中没有什么全新的内容。他的着眼于发展和生命的历史观，他之强调理解行为需要观察者的全部个性而不仅是理性能力，以及他对个体独特性的信仰，都已被提出了。不过重点发生了变化。对于共同的人性和源自理性的共同人类权利（这些是洪堡在《国家的界限》中体现出来的政治自由主义理论基础的基本成分）的信仰残余，现在已几乎完全失去了重要性。他在理论上对于理性伦理和知识的客观标准的否定现在几乎是绝对的。历史仍然是有关人的知识的唯一源泉，但是由于人是非理性的，而历史是人的活动舞台，所以历史必须通过一种考虑到这种非理性的方法加以考察。

洪堡这一时期的文章中有三个方面值得特别注意:a.他探询生活和历史中的非理性力量的程度;b.他的理念理论[52],他以此来为自己的个性学说寻找形而上学基础,并且在一个多重世界中发现意义和存在的共同基础;c.他的理解(*Verstehen*)[53]理论,借此他试图公正对待历史和人的非理性特点。

第一个方面是历史的非理性特点,它构成了洪堡"关于世界历史的思考"[54]的主题,该文严厉批评进步观念和一切有关系统的历史哲学的尝试,包括康德的尝试。洪堡认为在历史中寻找有意义的方向是愚蠢的。尝试这么做只不过是粗暴对待历史事件,试图将这些事件强行纳入框架之中,并且剥夺了它们的个性。他们过于理智地来看待人类,而割断了人的历史与自然界力量的密切关系。历史中确实存在内在关联(*Zusammenhang*),然而是一种 57
有机形式的内在关联,而不是思想形式的。洪堡把人类比作是一个植物,这并不是一个很好的类比,因为一个植物还拥有内部结构,而洪堡显然否认人类历史有一个内部结构。作为个体的人与民族的关系类似于一片叶子与一棵树的关系。人类是由一个各种个体的阶梯——从个人、集体到作为整体的种族——所组成的。每一个体(无论是单一的人还是民族)并不是在缓慢的阶段中获得自己的独特特点的,而是通过突然自发的诞生。一个个体的诞生也是它衰落的开始。个体死去,但它的精神还存在。因此,"世界历史中最重要的事是维护这种持续存在、变化形式并且有时灭绝的精神"[55]。

世界历史确实有一个目的,但它并不是在人的逐渐完善中被发现的。我们不应期望人实现一个抽象的假想目的,洪堡警告道;相反,我们应该希望"自然和观念的创造力始终是无穷尽的"[56]。作为一个"整体"的人类只是存在于"从未实现的所有个体的整体中,这些个体在时间的进程中成为真实的"[57]。历史的目的是所有能量自身都获得表达,并形成自己个性的清楚表现。没有更高的目的。个体生命并不是一个巨大模式的组成部分。“人类世代的命运滚滚逝去,就像河流经山脉流至大海一样。”[58]

与德国唯心主义哲学家乃至赫尔德截然不同,洪堡否认历史中存在任何有意义的发展。此处,与植物的类比似乎结束了。因为每一个体在其自发产生时包含了一些完全新的东西。而且天才,“一个伟大的心灵或是强大的意志”,可能突然产生一些“新的和从未经历过的”东西,它们是完全不能加以“机械”解释的。[59]洪堡承认某些一致性在自然乃至人类当中是存在的。没有它们,任何统计就都不可能了。但是自由和连续不断创造的新颖之处使得任何历史预言都是不可能的。事实上,历史就是混乱。拥有智力的人可能将一些观念从这个民族传到另一个民族,并发展它们,“但是突然,”他警告道,“它的最高贵的创造再次被自然事件
58 或是野蛮行为所摧毁”,因为“很明显,命运并不尊重精神的创造物。这是世界历史的无情之处”。在研究战争和革命时,历史学家并不需要探询它们的目的,而只需要了解它们的起源——那往往在特性上是“物质的或是兽性的”。人类历史中的基本要素是“进行生产和再生产”的“迫切需要”。[60]主要是从文化或文明的发展立场出发来考察世界历史的历史学家,误解了人在何种程度上并不是一个理性的存在,而是自然的产物。[61]

这将我们引至洪堡文章中的第二个方面。如果说历史是不断变动的,那么个体则始终是稳定因素,通过它们历史获得了意义。在其“论历史写作者的任务”[62](1822 年)一文中,洪堡进一步发展了在早先著述中已有所表达的思想,即个体只是某种潜存的形而上学实在,各种道德理念的具体的、历史性的体现。

然而我们不能受“理念”这一词语的误导,因为它们并不是清晰的概念。它们不能被理解为柏拉图意义上的纯粹形式,能在物质世界中找到自己的重复出现的仿造物或是近似物。每一种理念都体现了现实存在的个体的本质或是特点。在这一意义上,理

念被看作是永恒的,而且在其物质表现形式之后依然持续。但是理念确实不像柏拉图的三角概念或正义概念那样是普遍的,能够在非常不同的历史环境中展现自身。每一种理念都是与物质世界中的现实事物相关联的。洪堡可能从未以这种方式使用过"理念",因为他指的是完全非理性的一些东西;也就是说,指的是自然与历史事实中那些无法用理性因素加以解释的成分。洪堡所阐述的理念学说涉及对人类历史和人类生活中的基本非理性特点的承认。事实上,洪堡的个体观包含了虚无主义成分,即历史只是有着个体意愿的大量个体。

这种理念学说似乎标示着一种无可救药的价值混乱。当然,事实上洪堡既不是虚无主义者,也不是一个彻底的相对主义者。通过在现存的有限个体中寻找理念,洪堡就体现了自己的信仰,即在变动之中是有着意义的;一切都与一种神圣的秘密相契合;
"如果没有一个统治它的宇宙计划,世界历史就是不可理解的"[63]。59
每一种理念都反映了无限的一个方面。尽管对人来说理解"这一宇宙统治的诸多计划"(*Weltregierung*)是不可能的,但是他能通过理念直观地瞥见它(*erahnden*)。[64]

因此,尽管洪堡坚持认为历史是变动的和混乱的,但他依然信仰在更高层面上历史是一出有意义的戏剧。洪堡为乐观主义确立了两个基本假设,那种乐观主义将19世纪的历史主义(*Historismus*)与历史主义在20世纪的德国所认同的那种价值的彻底相对化区分开来。他假设个体具有内部结构和特点,它们并不仅仅是一堆激情。因此他警告道:"一个人必须寻求主体在其所有不同活动中曾达到的最好状态和最高水平。我们将这与一个整体联系在一起,我们认为这一整体构成了它的独特之处和基本特点。不能与这一特点相适应的任何一切,我们都认为是偶然的。"[65]他还假设历史中巨大的多样性都以某种神秘方式与一个和谐整体相适合;如果让它们自由发展,所有历史趋势都是好的;在这个所有可能世界中最好的世界里，邪恶就在于那种改变历史自然趋势的企图之中。

洪堡论文的第三个方面——承认非理性在历史中的作用，并且相信人类事件的不断变动中存在终极意义——向历史学家提出了一些独特的问题。洪堡是19世纪首位提出一整套包含这些深刻见解的知识论的作者。

对洪堡来说，最重要的方法论上的考虑源自这一事实，即在研究历史时，历史学家考察的是“活的”而不是“死的”事物。在此，洪堡与以后的作者相类似，对应用于“自然科学”的方法和适用于“历史科学”的方法做了区分。不过，洪堡从不认为物质自然是完全死去的或非历史的。活的事物永远不能被限定在某个既定时刻的固定条件中而被当作静止事物加以考察。要理解活的事物，我们必须将它看作一个整体，并理解它的内在本质。对洪堡来说，这仅仅通过外部描述是无法达到的，而必须协调使用“理性观察”(*beobachtender Verstand*)和“诗性想象”(*dichtende Einbildungskraft*)。[66]

60 但是当洪堡将其个性理论发展成为有关理念的形而上学理论时，这些历史理解的条件——世纪之交时，他在“18世纪”中提出的——就不再充分了。现在在“论历史写作者的任务”中，他将历史看作是对“存在之整体”的大致理解的唯一指南。[67]

正像“论历史写作者的任务”一文所表述的，历史学家的任务是叙述所发生的事情(*Darstellung des Geschehenen*)。为了达到这一目的，他必须从简单描述开始。但是所发生的事情，洪堡又赶紧指出，“只有部分是可以为理性所理解的。其他的只能被感觉(*empfunden*)、猜想(*geschlossen*)或是推测(*errathen*)”。对观察者来说只有片断是显而易见的。“将这些片断联系在一起的东西、使个体部分清晰并且赋予整体以形式的东西，依然超越了直接观察的范围。”事实是不够的。“要了解所发生的一切的真相，就需要加上前面提到的每个事实当中那种看不见的因素,历史写作者必须加上它。”[68]

现在洪堡赋予历史学家的角色比他此前文章中所勾勒的角色更加雄心勃勃。它不只是理解个人或民族的特点。通过研究个体,历史学家现在能够获得一般知识,而这曾是哲学家的任务。但是如果现在历史学家的目的(寻找终极真理)与传统的哲学家的目的相类似,那么依照洪堡的观点,他的方法——能够探讨这一真理的唯一方法——就必须依然是历史学家的方法。[69]历史感要求对处于“不断变动”和“时间范围”内的“现实的感觉”,但它也要寻求意义。

洪堡强调,历史学家并不仅仅是毫无意义地处理事实;他要试图发现其中的联系,在一个更大的背景中理解各个事件。这使他与学究区分开来。“真正的历史学家必须把每一事件作为一个整体的部分加以描述。”[70]一方面,他承认每一个体的“内部精神自由”,另一方面,每一事件都依赖之前的和附带的原因。他看到,“现实尽管看似充塞着偶然意外,却是被必然性所主宰的”。但是将概念强加于现实事件之上将破坏这一历史现实;不超越明摆着的事实就将放弃意义。不仅对一个更广泛背景的理解要求不只 61
是叙述事实,而且理解一个具体的、个别的历史局势也要求如此。

事实与理念的这种相互联系要求一种双重研究方法。洪堡提出,第一个要求是“对事件的准确、公正和批判性的考察”[71]。批判方法的核心是确立事实,通过对材料、文献等的经验和理性的方法来衡量证据。但是在寻求意义及“所考察事物的内部联系”时,这一方法就有所不足了。理念必须被领会,而领会(*Begreifen*)又需要纯粹的有意识感觉之外的资源。在寻求理念时,历史学家与艺术家类似;只是他并不被许可像后者那样自由运用想象,而是与现实有更紧密关系。对于这一现实的批判的、经验的方法不得不通过“直觉感知那些这种方法无法应对的事物”来加以补充，但这是通过源于具体事实的直觉感知（*Ahnden*）。[72]对洪堡来说，这种直觉感知意味着在具体现实中使自己得到表达的“理念”只能被大致和模糊地加以领会。但是它也假设有意义的关系是存在的。因为人对这一真理的直观理解（*Ahnden*）或理性领会（*Begreifen*）

> 预设了在领会者之中有着某种与那些确实将被领会之物相似的东西，这是主体与客体间预先存在的和原初的一致性。领会不仅涉及主体性的发展或是从一个客体那里吸收，而是两者同时皆有……当两个人被海湾隔开时，并不存在能够将一个人带到另一个人那里的理解的桥梁。在某种意义上，为着理解别人，人们在开始时就得已经具备了相互之间的理解。[73]

不过，这种理解理论假定存在一个共同纽带，而这是与洪堡有关个体的极端独特性观点并不完全一致的，这是他从未完全注意到的一个矛盾。

“论历史写作者的任务”是洪堡对历史理论的最后一个重大
62 贡献。两年以后，兰克的《罗马与日耳曼民族史》出版，该书附录了一篇著名的方法论文章，这就是“近代历史学家批判”。但是，从兰克到梅尼克的德国历史主义伟大传统中的基本的形而上学和认识论假设已经由洪堡提出了。在其“论历史写作者的任务”一文中，德国历史主义的哲学理论已经完成。与启蒙运动（*Aufklärung*）和人道理想（*Humanitätsideal*）的决裂现在已经成为事实。洪堡常常在历史中看到一种能够不受理性计划指引的鲜活动力。他从未分享启蒙运动哲学家对于依照理性原则重新组织社会的可能性的信仰。不过，他曾坚信社会中的基本单位是个体。他的自由观曾是世界主义的而不是民族的。

在从"国家的界限"到"论历史写作者的任务"的三十年里,洪堡开始认识到集体力量的首要性,并且将它们与民族相等同。洪堡承认国家在民族中的中心地位,并形成一种知识论,其目的是理解历史中的非理性和富有活力的力量,以及这些力量的独特和先验的实在。这些理论——理念学说、个体化的研究方法、政治在历史里的中心地位的思想——构成了从兰克到梅尼克的德国史学和历史思想的历史哲学的基本内容。

注释

1. 参见以下研究:西格弗里德·凯勒的《威廉·冯·洪堡和国家》(Siegfried Kaehler, *Wilhelm von Humboldt und der Staat*, München, 1927),重印本(Göttingen, 1963);爱德华·斯普朗格:《威廉·冯·洪堡与人文主义观念》(Eduard Spranger, *Wilhelm von Humboldt und die Humanitätsidee*, Berlin, 1909);布鲁诺·格布哈特:《作为政治家的威廉·冯·洪堡》(Bruno Gebhardt, *Wilhelm von Humboldt als Staatsmann*, 2 vols, Stuttgart, 1896—1899);弗里德里希·夏夫斯坦:《洪堡传》(Friedrich Schaffstein, *Wilhelm von Humboldt, Ein Lebensbild*, Frankfurt, 1952);瓦赫:《理解》(Wach, *Das Verstehen*, Tübingen, 1926—1933),尤其是"威廉·冯·洪堡的阐释理论"("Die hermeneutischen Lehren Wilhelm von Humboldts", Vol. Ⅰ, chap. Ⅳ, pp. 227—266)。
2. 参见《席勒与威廉·冯·洪堡的通信》(*Briefwechsel zwischen Schiller und Wilhelm von Humboldt*, A. Leitzmann, ed., Berlin, 1900)。
3. 参见凯勒:《威廉·冯·洪堡和国家》。
4. 有关洪堡在巴黎旅行的描述,见"巴黎与瑞士游日记",收于《全集》的《日记》卷中("Tagebuch der Reise nach Paris und der Schweiz" in *Tagebücher* in *Gesammelte Schriften*, Berlin, 1903—1936,以下将引作"*GS*, XIV", pp. 76—236);参见古奇:《德国与法国革命》(G. P. Gooch, *Germany and the French Revolution*, London, 1920, pp. 91—118)。
5. 《有关确定国家行动范围的界限的尝试的一些观点》(*Ideen zu einem Versuch die Grenzen der Wirksamkeit des Staats zu bestimmen* in *GS*, Ⅰ, p. 180, cf. Ⅰ, p. 143)。
6. 同上书,Ⅰ,第126页。
7. 同上书,见第3,6,7,8章。

8. 同上书，Ⅰ，第 236 页。

9. 同上书，Ⅰ，第 106 页。

10. 同上书，Ⅰ，第 126—127 页。有意思的是洪堡把国家看作是某种机械性的东西。有关国家的组织概念通常消除了国家与社会之间的区分，使得
305 国家在社会中起积极作用，并认为自由国家是机械的。对洪堡来说，此时一切国家都是人为的，并不是社会的有机部分，后者由于它们的干预而有将人转变为机器的危险。

11. 同上书，Ⅰ，第 106 页。

12. 同上书，Ⅰ，第 109 页。

13. 同上书，Ⅰ，第 131 页。洪堡将“绝对权力”(Gewalt)赋予国家，并在“不矛盾的权力”(widerspruchslose Macht)中看到了国家概念的基本成分，参见凯勒在《威廉·冯·洪堡和国家》中的讨论，第 141—144 页。

14. 《全集》，Ⅰ，第 131—132 页。

15. 凯勒，前引书，第 132 页。

16. 洛桑，1789 年 11 月 1 日；《全集》，XIV，第 221 页。

17. 参见“世界公民观点之下的普遍历史观念”，载伊曼努尔·康德：《论历史》(“Idea for a Universal History from a Cosmopolitan Point of View”, Immanuel Kant, *On History*, ed. Lewis White Beck Indianapolis, 1963, pp. 15—16, 19)；另见“永久和平论”，同上(“Perpetual Peace”, pp. 110—111)。

18. 《全集》，Ⅰ，第 137 页。

19. 同上。

20. 同上书，Ⅰ，第 126 页；参见“论人类精神”(“Über den Geist der Menschheit”, 17097)，同上书，Ⅱ，第 325 页；兰曹：“德意志与享乐主义的幸福感”(Rantzau, “Deutschland und die hedonistische Glückseligkeit”)，前引书。

21. 同上书，Ⅰ，第 239 页。

22. 同上书，Ⅰ，第 243 页。

23. 同上。

24. 同上书，Ⅰ，第 244 页。

25. 同上书，Ⅰ，第 245 页。

26. 同上书，Ⅰ，第 239—240 页。

27. 同上书，Ⅰ，第 240 页。

28. 同上书，Ⅰ，第 127 页。

29. 《席勒与威廉·冯·洪堡的通信》，第 50 页。

30. 该书于 1851 年在布雷斯劳首次出版。该书的一些片断，包括有关战争

的那一章,在写作时曾在《柏林月刊》(*Berliner Monatschrift*)和席勒的《新塔利亚》(*Neuer Thalia*)中发表。有关洪堡没有出版此书的原因的讨论,参见凯勒,前引书,第 146—150 页。

31.“有关宪法的观念,受法国新宪法引发而生。1791 年 8 月致友人的信”,《全集》(“Ideen über Staatsverfassung, durch die neue französische Constitution veranlasst. Aus einem Briefe an einen Freund vom August 1791”, in *GS*, Ⅰ, pp. 77—85)。那位朋友是弗里德里希·根茨(Friedrich Gentz)。

32.同上书,Ⅰ,第 79—80 页。

33.同上书,Ⅰ,第 82 页。

34.“论人类力量的发展法则”,显然写于 1791 年(“Über die Gesetze der En- 306
twicklung der menschlichen Kräfte”, in *GS*, Ⅰ, pp. 86—96)。

35.同上书,Ⅰ,第 88—92 页。

36.参见“人类教育理论”(“Theorie der Bildung des Menschen”),可能是写于 1793 年的未完稿,同上书,Ⅰ,第 282—287 页。

37.“论人类精神”,同上书,Ⅱ,第 324—334 页。

38.同上书,Ⅱ,第 324 页;参见第 325 页。

39.同上书,Ⅱ,第 325 页。

40.凯勒给威廉·冯·洪堡的《政治著作选集》写的导论(S. A. Kaehler, Introduction to Wilhelm von Humboldt, *Eine Auswahl aus seinen politischen Schriften*, Berlin, 1922, p. 22)。

41.有关洪堡的教育思想和他作为改革者的地位有大量研究。关于他的教育理想的讨论,尤其参见斯普朗格,《威廉·冯·洪堡与人文主义观念》(E. Spranger, *Wilhelm von Humboldt und die Humanitätsidee*, Berlin, 1909)和“改革时期的哲学与教育学”(“Philosophie und Pädagogik der Reformszeit” in *HZ*, CIV, 1910, pp. 278—321),另见以下有关他作为教育大臣的作用的讨论:凯勒的《威廉·冯·洪堡和国家》;夏夫斯坦,前引书;尤其是布鲁诺·格布哈特,前引书中的详尽讨论,Ⅰ,第 95—368 页。

42.《威廉·冯·洪堡和国家》,第 379 页。凯勒引了弗里德里希·梅尼克有关亚当·缪勒的评论,认为它们也适用于洪堡。

43.“有关德国宪法的备忘录”(“Denkschrift über die deutsche Verfassung”, December, 1813, in *GS*, Ⅺ, pp. 95—112)。

44.同上书,Ⅺ,第 97—98 页。

45.同上书,Ⅺ,第 97 页。

46.同上。

47. 引自“国家需求定义(确定)委员会附属小组报告之附件”(“Beilage zum Bericht des in der zur Bestimmung des Staatsbedarfs niedergesetzen Commission angeordneten Ausschusses”),1817 年 6 月 15 日,GS,Ⅻ,第 170 页。

48. 引自凯勒:《威廉·冯·洪堡和国家》,第 276—277 页。

49. 同上书,第 270 页。有关洪堡对待法国的态度的讨论,参见布鲁诺·格布哈特,前引书卷 2 中对于他的外交活动的讨论。

50. “有关普鲁士宪法的意见书(1819 年 2 月 4 日)。致国务大臣冯·斯坦因”[“Denkschrift üer Preussens ständische Verfassung (4. Februar 1819). An den Staatsminister von Stein”,in *GS*,Ⅻ,pp. 225—296]。

51. 同上书,XII,第 252 页。

52. 在有关洪堡的观念理论的大量著述中,请参见斯普朗格的著作(注释 41 已引);另见理查德·费斯特:“洪堡与兰克的思想意识”,载《德国历史科学杂志》(“Humboldts und Rankes Ideenlehre”in *Deutsche Zeitschrift für*
307 *Geschichtswissenschaft*,Ⅵ,1891,pp. 235—256);艾伦:“威廉·冯·洪堡的历史哲学的发展”,载《哲学史文献》(L. Ehlen,“Die Entwicklung der Geschichtsphilosophie Wilhelm von Humboldts,”in *Archiv der Geschichte der Philosophie*,1911,ⅩⅩⅣ,pp. 22—60);埃伯哈德·凯塞尔:“威廉·冯·洪堡论历史写作者的任务”,载《概括研究》(Eberhard Kessel,“Wilhelm von Humboldts Abhandlung über die Aufgabe des Geschichtschreibers”in *Studium Generale*,Ⅱ,1949,pp. 285—295)。

53. 有关洪堡的“理解”(Verstehen)理论的最细致研究见约希姆·瓦赫的《理解》(见注释 1)。

54. 《全集》,Ⅲ,第 350—359 页。该文写于 1814—1818 年。另请参见论文“有关世界史的思考”(“Betrachtungen über die Weltgeschichte”),同前书,Ⅲ。

55. 《全集》,Ⅲ,第 353 页。

56. 《全集》,Ⅲ,第 353—354 页。

57. 《全集》,Ⅲ,第 357 页。

58. 同上。

59. 同上书,Ⅲ,第 364 页。

60. 同上书,Ⅲ,第 354 页。

61. 同上书,Ⅲ,第 357 页。

62. “论历史写作者的任务”,载《全集》(“Über die Aufgabe des Geschichtschreibers”,in *GS*),Ⅳ,第 35—36 页。本文的英译本“论历史写作者的

任务"刊登于1967年第六期的《历史与理论》("On the Historian's Task", *History and Theory*, 6, 1967, pp. 57—71)上。

63.《全集》,Ⅳ,第50页。

64.《全集》,Ⅳ,第55页。

65."18世纪",写于1796—1797年,载《全集》("Das achtzehnte Jahrhundert", in *GS*),Ⅱ,第98页。

66.见上文(注释65)的导论,《全集》,Ⅱ,第2页。

67.洪堡将历史的主体描绘成"存在的总和"(Summe des Daseyns),载《全集》,Ⅳ,第46页。

68.《全集》,Ⅳ,第35—36页。

69.尽管洪堡赋予历史学家的任务与哲学家的任务相近,但是他仔细区分了历史与哲学,见《全集》,Ⅳ,第46页。

70.《全集》,Ⅳ,第39—40页。

71.同上书,Ⅳ,第41页。

72.同上书,Ⅳ,第37页。

73.同上。

63

第四章　德国历史主义的理论基础(二)：利奥波德·冯·兰克

1

自从历史在1880年代成为一门遵循兰克学派原则的学科之后，在美国历史学家有关兰克的形象中就存在两个误解。兰克曾被看作是非理论的典范，而且对很多人来说，他是一位政治中立的历史学家。尽管他的保守派偏见已为人注意到，但是人们仍然认为他的这些偏见并没有在他的历史叙述中体现出来。[1]

历史学的研究生教育在美国大学兴起之时，正值哲学上的自然主义和实证主义一统思想领域的时期。在给予历史研究以学术尊重的努力中，一些曾受孔德和巴克尔影响的作家，如安德鲁·怀特、约翰·菲斯克、亨利·亚当斯和布鲁克斯·亚当斯，将科学的历史学看作是把与自然科学的一般法则相类似的法则应用于历史过程中。更多的作者则意识到考察独特状况的历史描述与自然科学的话语是不同的，后者以一般性的和典型的真理为目的。由此，他们试图解释历史著作的科学特点，以及它确立客观的、不受哲学思考影响的事实的方法。对于这一新的历史学家学派来说,兰克是“科学的历史学之父”[2],正像约翰·霍普金斯大学的 H. B. 亚当斯在当时所指出的,他“决心严格遵循历史事实, 64
不说教,不讲任何道德,不修饰任何故事,而是仅仅讲述历史真理”。他的唯一目标就是依照事物真实发生的情况描述它们(“*wie es eigentlich gewesen*”)。[3]

因此在美国兰克被与这样一种历史科学观相等同,即不仅排斥哲学思考,而且排斥理论思考。他被认为已将历史科学主要看作是一种把批判方法应用于史料评估的技术。如果认真实施的话,这一方法将必然只承认专题研究是科学的。正如伊默尔顿教授在把兰克称为“真正历史方法学说的”奠基人之后所评论的:“如果人们必须在主要特点是思想的历史学派和以可获得的最大数量书面事实为基础的历史学派之间做选择,那么我们无须犹豫……训练已取代了才华,而整个世界今天正为此而受益。”[4] 与此相似,乔治·B. 亚当斯告诉美国历史协会——在 1908 年的主席演讲中,他试图为受到社会科学家猛烈攻击的“我们的首要的领路人”辩护——理论问题必须被留给“诗人、哲学家和神学家”。[5] 这种非哲学的、只关心事实、拒绝一切理论的兰克形象被“新历史学家们”所接受,他们否定旧的“科学”传统,并强调社会因素在人类历史中的相互影响。弗里德里克·特纳和 J. H. 鲁滨孙对“科学”学派所创造的兰克形象进行了批评。自然主义的兰克形象则延续下来。就在几年以前,像瓦尔特·P. 韦布这样的著名历史学家还认为兰克“是赖尔、华莱士、达尔文和勒南的同时代人,他们在各自领域里应用分析和批判的方法取得了惊人成就。他把课堂转变为实验室,使用档案而不是‘讹误百出的材料’”[6]。

在某种程度上,兰克的个体化方法为不具反思品格的职业历史写作铺平了道路,后者不仅成为世纪末美国历史研究的特点,而且在 19 世纪下半叶的德国很多历史与法律研究中体现出来。[7]此外,尽管兰克关注对史料的批判检验,但 19 世纪的德国历史学

家可能没有像兰克那样对其历史实践的理论基础多加注意(德罗
65 伊森可能是个例外)。而且没有一个人能像他那样成功地将自己的历史进程观念、知识论与政治观点结合在一起。兰克的方法论思考的哲学背景在美国很少为人理解,尤其是当他的基本的形而上学和宗教假设受到质疑时,这一点甚至在德国思想中也是如此。确实,对于大西洋两岸的广大学究气十足的历史学家来说,兰克遗产没有什么流传下来,除了兰克曾经常常批判的没有灵魂的实证主义。

2

兰克对于德国历史研究的主要贡献是否就是对史料的新的批判考察,或是把讲习班制度引入历史教育之中,对此人们可以持怀疑态度。兰克并不是把所谓的"新"批判方法运用于检验史料的首位历史学家。弗里德里希·奥古斯特·沃尔夫(1759—1824)和奥古斯特·博克(1785—1867)已经把严格的语言学批判方法应用于对古典文本的考察之中。在最近论述哥廷根学派的一章中,赫伯特·巴特菲尔德已经追溯了现代历史研究方法的18世纪背景。[8] 当兰克将批判方法应用于现代历史文本中时,他是有意识地借鉴了巴特霍尔德·格奥尔格·尼布尔在研究罗马史时使用的批判方法。对历史思想来说可能更有意义的——如果说对历史实践来说并非如此的话——是1832—1836年间兰克在编辑《历史-政治杂志》(*Historisch-Politische Zeitschrift*)时对历史学派的基本哲学概念的发展。

1824年兰克出版了他的第一部著作《罗马和日耳曼民族史》。在其讲究研究方法的著名附录"近代历史学家批判"中,他把尼布尔的批判原则应用于对近代史料的讨论之中。当时,存在于哲学和历史学派之间的界线——萨维尼曾做了非常好的界定——已经使柏林大学分裂为两个敌对阵营。一方以黑格尔为中心;另一方则包括很多法学家。弗里德里希·卡尔·冯·萨维尼和卡尔·弗里德里希·埃希霍恩,他们是历史学派的奠基人,与尼布 66
尔、语言学家博克、波普、拉赫曼以及神学家施莱尔马赫一样属于第二阵营。将这两个学派区分开来的,是他们有关真理与现实的不同概念。如黑格尔所坚持的,现象世界中的多样性仅仅是一种潜在的理性原则的体现吗?如果是这样,那么真理就只能通过将这一多样性化约为理性概念来实现。抑或这一多样性现实本身以及任何将它化约为某种概念框架的尝试是否都违背了生活内在的丰富与个性呢?

两个学派都确信在历史研究的现象背后存在着一种形而上的实在,而所有研究的目的就是把握这一实在。与黑格尔一样,尼布尔、萨维尼和兰克都赞同真正的哲学与真正的历史在本质上是一体的。他们与黑格尔的不同在于他们相信这一根本现实只能通过历史研究来加以认识,因为它是更为复杂、更有活力和难以捉摸的,而且其中自发性和独特性所占的空间比黑格尔的泛逻辑主义的宇宙观所许可的要更为广阔。简言之,只有历史为那些哲学的根本问题提供了答案。"历史,"萨维尼和埃希霍恩在《法律史杂志》(*Zeitschrift für geschichtliche Rechtswissenschaft*)第一卷导论中指出,"绝不仅仅是收集例证,而是通往有关我们自己状况(*Zustand*)的真正知识(*Erkenntnis*)的唯一途径"。萨维尼强调,这并不意味着过去要高于现在。[9] 相反,历史学派承认每个时代的价值和自律,而且只强调将现实与过去连接在一起的鲜活联系应该得到认识。在法律层面,这意味着没有抽象、哲学的法律,没有能被编纂的自然法;相反,每一法律都是与民族的整个历史发展密不可分的。法学家必须将法律中那些已经衰退并不再构成现实的鲜活部分的内容消除。[10] 如果说萨维尼因此而承认传统中的变化因素的话,他同时也否认进步的可能性。因为历史不是静止的,而每一时代也不是线性的完成过程中的一个阶段。相反,每一时代本身都代表了一种目的和价值。

两个学派之间的不同,在利奥波德·兰克与亨利希·利奥的
67 激烈争论中得到了很好体现,后者是黑格尔的一位年轻信徒,曾撰文对兰克的首部著作及其附录做了评论。[11]不过,利奥挑战的并不是兰克所坚持的方法论的正确与否,而是针对他的历史观。事实上,利奥将自己的批评建立在兰克本应接受的立场基础上。他只是否定这些批评的公正。兰克的文体是糟糕的,利奥抱怨道;他在自己的描述中加入了感情色彩,而且在使用材料时缺乏批评性的判断。[12]在两个人的相互批评中,真正的争论核心是他们对待马基雅维里的态度,而这涉及某种带有哲学特性的两个基本问题:a 将伦理标准应用于历史人物的评价是否合理,以及 b 历史人物应该依照他们自己的利益还是根据他们在世界历史中的地位来加以研究。兰克试图避免对马基雅维里做道德判断,而是根据这位佛罗伦萨人所处的时代来考察他。他承认在马基雅维里的教诲中存在一些“令人震惊的”东西(*Entsetzliches*)。不过,兰克坚持认为,《君主论》不应被看作是实践政治的一本“总的教科书”。相反,马基雅维里的教诲是针对独特历史环境的。[13]对于几个世纪以来该书的读者们将这些教诲作为政治行为的普遍格言来加以运用的做法,兰克感到不寒而栗。但是他又指出,作为在独特环境中被使用的手段,它们应该为人所理解。正像兰克为《罗马和日耳曼民族史》写的序中所提出的,历史的任务并不是“评判过去”,而是更为谦卑的,“仅仅是描述真实发生的过去”(*wie es eigentlich gewesen*)。[14]我们必须“是公正的”,兰克指出。“他(马基雅维里)在寻找解救意大利的办法。但是在他看来情况是如此令人失望,以至于他大胆地开出了毒药……唯有残酷的手段”才能解救“一个腐败透顶的意大利”[15]。

另一方面,对利奥来说,这位佛罗伦萨历史学家必须从道德

标准和作为一个世界历史人物两方面来加以评判。在其翻译的马基雅维里书信集的导论中,利奥把后者描绘成一个不讲道德的人,他像一个外部观察者一样看待善与恶,并在没有真正亲身参与的情况下追求最邪恶的感官快乐,“精神上脱离了一切永恒的东西”[16]。马基雅维里,利奥接着说道,知道人们带着将土耳其人从欧洲驱逐出去的希望来奉承法国、勃艮第或是德国的君主们,因此意大利的君主们也被他用净化祖国的景象来加以奉承。[17]马 68
基雅维里的爱国主义只是实现个人目的的工具。但是,与此人作为现代国家的新时代助产士的“世界历史意义”——他提出了现代国家的基本原则,但本人并没有意识到自己的伟大任务——相比,所有这些都是不重要的,利奥总结道。[18]

因此,兰克主张的完全依据历史著作所体现的“赤裸的真理”的程度来判断它们价值的标准,对于利奥来说是错误的。因为他坚持认为真理不是在每个细节的表述中被找到的,而是在一个考虑发展的背景中被发现的。真正的风景画并不是画家已清点完每一片草叶的画——它们在他完成绘画之前就已经改变了——而是“没有丝毫拘泥于细节”地处置观察者面前的鲜活场景。历史就与此类似。“历史中的真理是生命与精神的过程。历史研究中的真理就在于描述这一体现在各种事件中的过程。这一描述无须显露出哲学家的影响,尽管真正的历史学家和哲学家在每一阶段都相遇。”[19]

不过,将他的赤裸真理观念与“复制和制作解剖学的载物玻璃片的愚蠢想法”[20]等同起来,对兰克来说似乎是丑化其研究方法。兰克相信自己与利奥一样也探询普遍真理,但是他主张这一真理只能通过个别来理解。通过使自己专注于个别,他就试图“直截了当地”表述“一般,而没有过多的曲折”。个体现象只是在其外表上是个别的;在其内部,就像莱布尼茨已经指出的,个体事件包含了一些更深的东西,“一种普遍真理、意义和精神”。通过外延推理是无法理解这种普遍真理的，而只有以一种更直接的方式，这种方式是与诗人或艺术家使用的方法类似的。“在事件中，而且通过事件，我曾试图刻画事件的进程和精神，并界定它的特点……我清楚自己取得的成功是多么有限。但是他不应该斥责我。”在对利奥的回复中，兰克继续道，“他的思想局限于使这一（黑格尔哲学）学派的总结公式永久长存。我不会责骂他。我们俩走在完全不同的道路上。”[21]

69 但是如果实在是由不能被化约为共同标准的众多个体特点组成的，那么历史似乎就失去了意义。兰克在上帝那里找到了一个共同标准，因此他反对黑格尔的泛神论，后者把上帝与历史的整个过程相等同。他信仰基督教的万有在神论，这一思想认为上帝是超越世界的，但同时又在其中无所不能。因此，面对利奥有关带有感情色彩和迷信的指责，兰克坚持自己的这一主张，即“每一时代在其决定性时刻都有一些事物出现，我们称之为偶然（*Zufall*）或是命运（*Geschick*），但其实它们是上帝的手指”[22]。仅上帝的存在这一点就阻止了在完全的命运决定论和“一切都是偶然的唯物主义观念”之间做选择。对兰克来说——在这方面也是对整个历史学派而言——在一个其价值和真理是与历史个体而不是与普遍的人类规范联系在一起的世界里，只有上帝提供了统一的纽带。内在于兰克所信仰的这种历史主义中的往往是这一危险，即如果基督教信仰被动摇，历史将失去其意义，而人也将面临价值混乱的状态。

尽管兰克做了辩护，但是利奥有关《罗马和日耳曼民族史》类似于一堆没有分类的细节的指责并非全无道理。兰克在其针对利奥的回复中所声明的历史主义立场在这一著作中并没有多少应用。事实上，兰克对于在个别中寻找一般所做甚少。有一个重要思想赋予这部著作以某种内部一致性，这就是作为一个历史统一体的罗马和日耳曼民族是与组成它的各个民族不同的，而且也是与作为一个整体的欧洲或基督教世界不同的。该书试图考察在1494—1514年的关键二十年里出现的由诸大国组成的近代国际体系。正如最近一位美国批评者所指出的:“题目中所使用的复数形式表明书中充满毫无关联的事件与发展,其中绝大多数是战争和外交政策。它有如一个荒芜的花园,园丁尚未使其有序、整洁和茁壮生长。”[23]《16和17世纪的奥斯曼帝国和西班牙帝国》(1827年)或是《塞尔维亚革命》(1829年)也没有体现任何哲学含意或是目的。兰克只是在1830年代转向当时的政治问题时,才将自己在给利奥的答复中曾含糊表达的带有哲学意味的历史观做了进一步发展。

3 70

兰克只是在1832—1836年编辑《历史-政治杂志》的四年里对其历史研究活动所潜在的理论问题做了系统考察。此外,除了那些散落于他的史书和通信中的零星评论,他很少提供理论思考。一个引人注目的例外是他1854年给巴伐利亚国王马克西米利安所做的讲座“近代历史的各个时代”的简短导论。[24]但是在这一时期《历史-政治杂志》上的文章,以及他的讲座笔记[25]和就职讲演“论历史与政治的相似性与差异”[26]中,兰克提出了19世纪历史研究中最为系统和一致的历史主义原则。其中绝大部分是直接维护复辟时期普鲁士的制度和他自己的喜好。

《历史-政治杂志》是由当时的外交大臣冯·勃恩斯托夫伯爵提议创立的。创办这一杂志,冯·勃恩斯托夫有两个目的。首先他希望在面对来自左派的为数众多的自由主义批评时,能有一个机构为开明的普鲁士官僚体系的政策进行辩护。同时他也希望将普鲁士政府的立场与反动的右派区分开来。1831年秋,这一反动右派——包括拉多维茨、冯·罗默和吉拉赫兄弟等著名人士——已经创立了《柏林政治周刊》(*Berliner Politisches Wochenblatt*)以宣扬卡尔·路德维希·冯·霍勒晚年的封建学说。[27]与这一周刊联系在一起的那些人认为开明专制是自由主义的前兆。他们不信任普鲁士官僚体系。他们的统治理想是绝对主义之前的梅克伦堡式宪法,其中政治权力被留给或是归还给社会中的贵族和上流阶层。冯·勃恩斯托夫和他在这一事项中所咨询的人——尤其是萨维尼和冯·勃恩斯托夫的主要顾问卡尔·弗里德里希·埃希霍恩[28],以及汉堡的出版商佩特赫斯——代表了一种更为开明的立场。他们认识到了中产阶级正在上升的地位,以及对普鲁士来说有必要采取积极的领导措施以满足这一阶级的民族与经济需要。同时,冯·勃恩斯托夫及其朋友希望
71 在普鲁士和德意志现存的政治结构框架中进行这项事业,借助友善的、相对进步的普鲁士官僚体系以及对政治自由主义的最小程度的让步。对国王绝对主义已习以为常,而且惯于服从而不是深思熟虑的这些人,可能低估了自由与民族情感的力量,同时可能也低估了旧制度的广大利益阶层的顽固反抗。

兰克自己的政治倾向与这一计划正相符合。他相对来说并未受到解放战争的民族主义热情的影响。他所具有的强烈的路德派虔诚在教派意义上并不是狭隘的。不过,它增强了他对作为上帝设计一部分的现有政权(*Obrigkeit*)的尊重。那时他还不是一个执着于自己的保守派观点的教条主义者,就像他在日后的岁月中所表现的。尽管自从他 1825 年来到柏林大学以后就已成为萨维尼、尼布尔和施莱尔马赫的密友,但是他待在柏林的头三年里,与以凡哈根·冯·恩斯为首的自由派的关系要比他日后所愿意承认的更为密切。[29]在已经取得他所要求的评论时的完全表述自由——包括不把杂志提交书报审查的特权——后,兰克认为自己的任务是在《柏林政治周刊》和自由主义这两端之间保持同等距离。以后,他曾如此评论这一时期:“我曾如此唐突地要维护一

种第三条道路，该道路处于当时在任何公共和私下讨论中都相冲突的两种观点之间。这一新道路——维持以过去为基础的现状——的目的是开启未来，其中人们将能公正对待新观念，只要它们包含了真理。”[30]兰克是否使自己与反动派明确区分则是值得怀疑的。在《历史-政治杂志》里，他的批评几乎完全针对自由派。兰克似乎已使佩特赫斯失望，后者在1832年第一卷出版后就停止了对杂志的资助。[31]不过，兰克得到了同年接替冯·勃恩斯托夫任外交大臣的非常保守的安希隆的支持。[32]

因此，《历史-政治杂志》发表的所有文章几乎都与对自由主义及其理论基础的批评有关。但是兰克并不满足于强调历史方法对于理解政治力量的经验性运作的必要性。相反，他在给该杂 72
志写的文章，以及此时撰写的有关历史研究方法和范围的讲演稿中，强调历史作为通往哲学真理之指南的作用。通过历史，他试图揭示能够为保守的政治理论提供基础的潜藏于国家之中的形而上实在。

有三个观点在他这一时期的论文和讲演中反复出现，并且使它们具有了很大程度的一致性。第一个观点是反对将抽象原则应用于政治中，并将“理论”与自由主义和法国革命思想相等同。第二个观点则认为，尽管所有存在都只能通过它自己的历史而被人理解，但是在每一独特现象的短暂外表之后隐藏着一个普遍真理。最后一个观点是，认为历史中存在的国家是潜在的各种理念的具体表现。

1. 兰克在《历史-政治杂志》导言中的警告——不能从抽象理论的立场来考察政治和社会制度，而是必须依据它们的具体存在来考察——作为历史研究的一个几乎无可争辩的格言，在方法论层面上是可以理解的。他有关政治与社会价值必须在它们起作用的制度背景中来加以理解的要求也是如此。他指出“一项事业或是一个制度极少被依据它自己所处的状况来加以检验，通常人们满足于应用理论的测量尺"[33]。作为历史学家,他必须中止评判。"人们对于任何人的评判只有依据那个人自己的立场及其固有目标来做出,才有可能得出纯粹的评判。"[34]但是当兰克像他之前的赫尔德、洪堡和萨维尼那样,坚持认为指引社会或是个人的原则与理想具有客观价值时,要想跟上他的思路就更困难了。兰克并没有把它们看作是对学者没有道德意义的纯客观的历史资料。对他来说,历史的所有产物和在历史社会的背景中活动的一切都有具体的、客观的价值。这一立场包含一种对待历史和自然的极端乐观主义思想,这一思想是兰克与历史学派的其他支持者以及浪漫主义传统中的很多思想家所共同具有的。它假设在自然中没有真正的恶。但是通过强调一切历史现象都拥有客观价
73 值,它就包含了一种激进的伦理相对主义的萌芽。

一旦我们像兰克那样假定所有植根于历史中的制度或观念都是有价值的,那么评判政治决策的基础就确立了。历史学家无法通过抽象、普遍的伦理标准来衡量政治决策,他所能做的是揭示这些行为在何种程度上遵循了国家发展的历史轨迹。"真正的政治,"兰克指出,"始终关注什么构成了实际利益、什么是必要的和什么能被实施"。这一政治"在任何时候都不会为了可能的欺骗性前景而放弃自己的职责。相反,这一政治的目的是平静的进步(*Fortgang*)和逐渐但确定的发展"。[35]这种形式的真正政治是依照实际存在的和占主导地位的趋势为基础进行的。它避免创新和有计划的改革。因为对我们的时代来说没有什么比以下要求更为迫切的,这就是"提醒我们自己注意存在于有规律的(*gesetzmässig*)进步和缺乏耐心的、破坏性的变革之间的差异,以及明智的保存(现有制度)和片面地维护已经失去生命力的过时组织之间的不同"。

即使兰克知道政治家们在遵循国家的实际与必要的利益时不能受伦理学说引导,他依然极端相信政治家们对于这些历史必

要性的追求不能与“不变的永恒原则”相矛盾。因为“有眼光的人在历史的各个时期都知道什么是好的和伟大的,什么是被允许的和正确的,什么构成了进步以及什么是衰退。它的粗线条轮廓铭刻在人的内心之中。对我们来说仅仅思索就足以理解它”[36]。

从这一历史发展观中产生了这样一个明显结论,即国外所生成发展的自由制度不适用于德国。因为正像兰克所指出的,“每个民族都有它自己的政治”[37]。德国人的任务是创造一个与民族精神相符的真正的德意志国家。[38]法国已经展现了将外国——英国,尤其是北美——政治观念纳入自己的传统制度所产生的恶劣影响。[39]法国革命的危险更多的是在于“貌似普遍有效的学说”的传播,而不是法国军队的强大。[40]在国家和民族特点的多样性的背后,兰克看到了一种神的目的:通过各个不同民族,上帝令“人的理念”得以体现。国家的理念在不同国家中获得体现。如果国家 74
只有一种可能的和正确的形式,那么唯一有意义的统治形式就是普世的君主制。然而情况并非如此。每个伟大民族的任务,“它存在的条件(就是)为人类精神提供一种新的表现形式,以它自己的新形式表现这一形式,并且重新展示它。这是上帝赋予它的任务”。自法国启蒙运动以来在德国出现的一切伟大事物,都不是通过模仿而完成的,而是通过反对法国的形式和观念而实现的。[41]

这一立场与洪堡并没有很大不同。甚至兰克为自己所处时代提出的一些政治要求也是与洪堡相似的。与洪堡一样,他看到了创立一个统一的德意志国家——在其中各教省和邦将丧失自己的特点——的危险。[42]更为紧密的联系需要被确立,尤其是在防务、商业关系以及控制新闻出版方面,同时并不创立一套统一的制度。因为德国就是存在多样性的。“谁能在概念上或是言语中界定什么是德国的?”[43]“这就好像他们希望描述属,但同时又摧毁各个类。属只是在各个类中体现出来的。它没有任何其他体现自己的方式。”摧毁差异就将抹杀活生生的现实。[44]兰克与洪堡的不同在于他远没有将当时的德意志政府与历史趋势相等同。因此他把德国描绘成通过它的正统王侯们来形成“一个家庭”。[45]与右翼的霍勒和斯坦因或洪堡这样的自由派不同，兰克并不质疑18世纪的德意志开明专制君主所进行的中央集权改革。他无条件地接受了普鲁士的官僚结构，并且指出普鲁士的威望所依赖的军事力量“要求它的各项需要必须在没有任何削减或是中断的情况下被满足；它要求统一和严格服从”[46]。他反对为普鲁士制定宪法，并且对斯坦因和洪堡所要求的代表各个等级（*Ständeversammlung*）[47]的普鲁士议会加以反驳。

在他的文章中完全缺乏的是对于更大的地方自治的要求，而这是当时自由派甚至保守派政治纲领的特点。兰克在任何地方都没有承认个人相对于国家所具有的权利，而洪堡和霍勒已从相
75 对立的政治立场出发维护了这些权利。在他的普鲁士概念中，既没有保守派的“自由”（*Libertäten*）观，也没有自由派的健全个人的观念。虽然兰克承认卡尔斯巴德法令——1819年由德意志各国通过，旨在镇压由于科策布*被暗杀而产生的“骚动”——是紧急措施，它过于严厉而不能作为永久法令存在，但是他认为书报审查是必要的。确实，他承认学者必须具有探究真理的充分自由，但是科学真理的传播必须与政治舆论的传播相区分。政治出版，一旦不受控制，就将不仅散播“学说和观念”，而且还会煽起激情和体现不同利益，“结果针对最高当局的强有力的抵抗立刻被组织起来，造成各部分之间的冲突”。他继续指出，这种体现多元社会的情况是否与“公共福利”相一致是值得怀疑的。言论出版自由的捍卫者们“将不得不证明这一情况是各民族的人所希望的；它对于尚在形成过程中的年轻国家也是有用的和有益的”[48]。

霍勒、兰克或是威廉·冯·洪堡这些人所坚持的这些有关普

* Koetzebue，德国剧作家。

鲁士国家结构的不同思想,体现了内在于历史主义倾向中的一个基本困境。政治与其他价值可以在它们起作用的历史背景中被清楚地和无可置疑地认识到,这一点曾经是历史学派的一个基本假设。普鲁士国家将要遵循的伦理是由普鲁士的本性和它作为一个国家的历史所决定的。当然,这意味着每一个国家或民族都是一个有着某种传统的有机组织。如果这一传统能够被辨认,那么人们就能将无关紧要的内容与国家区分开来。但是如果在这相同的社会集团中存在几个不同的传统,那么会产生什么样的情况?那个朴素假设——占主导地位的政治力量只是那些有着历史根源的力量,因此也是能够宣称具有合法性的唯一力量——将证明比兰克所承认的更成问题。没有一个重要思想家无条件地坚持这一立场。兰克对合法与不合法统治者做了与保守派思想相同的区分。在认识到变化的现实的同时,他承认在现存国家中有一些陈旧的和没有生命力的因素。[49]此外,一个政府可以把两种相对立的力量结合在一起。在兰克看来,法国波旁王朝复辟时期的宪章就是如此,它把君主制和立宪政府这两种不可调和的原则 76
结合到一起。[50]

兰克所不承认的是历史学家能够探究一个社会的价值与制度的历史背景,以及他能够描述某一既定时刻社会中相对立的力量;不过,当他把某些力量看作是那些单独体现民族的历史方向的力量时,他也做了一个武断的选择。即使他能把重塑社会的革命努力看作是无机的和非历史的而加以排斥,他仍然面对多元的传统和利益。自柏克以来的历史学派传统的作者们在指引社会变化的审慎尝试与自然的有机发展之间所做的虔诚区分也是值得怀疑的。面对存在于任何社会中的相对立的利益、传统和价值,政治家被迫有意识地指引国家走在一个明确的方向上。他不仅能遵循历史的方向——就像兰克曾经满怀希望地假设的,而且必须决定是否主张支持普鲁士国家力量、恢复或保留封建特权,抑或扩大代议制度。

2. 就像我们已经指出的，兰克的经验主义往往被误解，而且这不仅仅发生在美国。经验主义是指一种方法论立场，同时也涉及有关实在的一种哲学观。经验主义者坚持认为，知识只能通过感性材料和源自这些材料的归纳推理而获得。经验主义通常意味着一种哲学上的唯名论思想。绝大多数经验主义者主张只有现象是真实的，或者说知识不能超越现象。在哲学层面上，兰克并不是经验主义者。他的立场更接近于哲学上的实在论。[51]正是因为他在历史现象背后看到了一个更深的实在，所以他在现象中仅仅看到了形而上学力量的具体表现。在方法论层面上，兰克只在有限的程度上才是一个经验主义者。尽管他坚持认为对独特事件客观的、批判的观察是一切历史研究的起点，但是兰克从不认为只有这些材料是获得知识的途径。相反，对于这些材料的直观理解将开启隐约认识感性世界的短暂表象之下的实在的可能
77 性。因此兰克对于客观性的渴望必须被理解为并不仅仅是要求把个人的主观愿望和偏见从历史认识中排除出去。虽然兰克与经验主义者一样赞同历史学家研究的目标必须是确立什么是真实发生的（*wie es eigentlich gewesen*），但是对他来说通过历史事件并不能穷尽这种历史实在。相反，兰克假设在这些事件之后存在一种客观秩序。“历史学家只是普遍精神的喉舌，后者通过它来发言，并且呈现真实形式（*sich selber vergegenwärtigt*）。”[52]他的公正性（*Unpartheilichkeit*）并不在于不带自己观点地来考察重大的“力量与思想斗争”，而是“只体现在这一方面，即他承认（历史中）积极力量所占的地位，并且公正对待每一力量独特的关系。他看到这些（力量）以独特的自我出现，并且相互对立和斗争。在这些冲突中，统治世界的各种事件和命运就被完成了”[53]。事实上，兰克与黑格尔的差别并不很大。[54]两人之间的鲜明区别在于，兰克坚持主张关于客观秩序的知识只能通过对个体事件——它

永远不能以抽象概念加以考察——的全面研究来获得，而且他确信宇宙的计划是人无法理解的，人只能在直观上感觉(*ahnden*)它的梗概。“因为尽管所有精神(*geistiges Wesen*)都是与上帝有关联的，但是人类精神并不等同于上帝。”就像兰克引用圣奥古斯丁的话：“人类精神见证了圣灵亮光，但并不是圣灵亮光。真正的圣灵亮光是福音，它是上帝，而且创造了万物。”[55]

在1831年所做的有关“普遍史的观念”的一系列讲演中，兰克发展了自己有关历史学的方法与目的的思想。历史作为一门科学，与哲学一样具有理解“存在的核心”的任务；而在其“使已然消失的生命再生”的方式上，它又和艺术类似。它与艺术的不同则在于它涉及的是“实在”之物，而非“观念”之物，是一个需要进行经验性研究的主题。历史思想在针对一个“真实”的主题时既需要哲学思想的，又需要艺术思想的元素。[56]

哲学与历史最重要的不同在于研究方法。哲学家从一般概念的角度出发考察实在。他试图将全部生活包含在一个“统一概念”(*Einheitsbegriff*)之中，把生活与历史图式化。历史学家则从 78
“存在的状况”(*Bedingung der Existenz*)出发。[57]对哲学家来说，个体只是整体的一部分；对历史学家来说，个体则是值得注意的。两种科学都辩称自己的研究方法是唯一真实的。历史学家已对非历史的真理的可能性提出了质疑。他们认为哲学认识是有时间限制的。

> (历史)并不想承认哲学是绝对之物(*Unbedingt*)，而认为它只是时间中的现象。历史假设哲学史是哲学的最恰当的形式；人类可以认识的绝对真理在那些产生于不同时代的理论中被发现，而无论这些理论可能是多么矛盾。历史更进一步，假设哲学——尤其是当它试图界定学说时——只是民族认识(*nazionalen Erkenntnis*)的语言形式的表现。历史学

> 家拒绝认为哲学具有任何绝对有效性。[58]

此处兰克充分注意到了内在于历史研究方法中的彻底相对主义的可能性。但是他并没有得出完全相对主义的结论。正如他所写的："当哲学家以他自己领域的视角看待历史时，他只是在进步、发展和整体中寻找无限。历史学家则在每一个存在中寻找无限，在每一个存在中寻找来自上帝的永恒因素，这种永恒因素是它的生活原则。"由此，兰克指出，"历史学家倾向于转向个体。他重视个体利益。他认可有益和持久之物。他反对分裂性的改变。他认识到即使在错误中也有部分真理。"

但是我们能够相信存在确实具有一种神圣基础吗？"没有必要详尽证明在个体中存在一种永恒因素，"兰克回答道，"因为我们的努力是建立在这一宗教基础上的。我们相信一切都不能离开上帝而存在，或者是没有它而生存。尽管我们已将自己从某些狭隘的神学思想中解放出来，但是我们承认自己的所有努力都有一个更高的宗教源泉。"[59]但是兰克从未自问一旦他如此强烈相信
79 的宗教基础被怀疑摧毁了，那么剩下来的是什么？

从这一对于历史实在的形而上学基础的信仰出发，兰克提出了一些方法论要求。首先是"对于真理的纯粹的爱"。因为我们承认在我们希望理解的事件、形势或人物中存在"一个更高的实在"，我们就必须尊重确实所发生的事情。但是这并不意味着"我们将止步于各种现象"。因为"那时我们将仅仅理解某些外在事物，尽管我们自己的原则把我们引向那些内在事物"[60]。由此产生了对于以材料——没有它们我们将无法取得历史认识——为基础的全面、深入研究的需要。因为历史理解并不是一个所有人都具有同等能力的机械行为。由此，兰克的认识论与经验主义的认识论的不同就很清楚了。因为历史学家所研究的"本质"(*Wesen*)和"内容"(*Inhalt*)是只能通过精神领悟(*geistige Apperception*)

加以理解的精神统一体(*geistige Einheiten*)。[61]但领悟并不是描述或解释的经验性行为。相反,它涉及的是某种程度上每个人都有的天才的程度,但是每个人的程度很不一样。[62]由此历史学家仍然有对普遍兴趣的要求、对于建立因果关系和公正性的关注,以及对整体背景的探求。兰克把这一点看作是“确定的”,即在所研究的历史事件、人物和制度的表面现象背后,往往存在一个整体(*Totalität*,*Totales*),一个完整的精神性的实在。

> 整体(*Totales*)是和其每一时期的每一外部表现一样确定的。我们必须充分注意它……(如果我们正在研究)一个民族,我们并不是对它作为一个活的事物而赖以表现自己的一切个体细节感兴趣。而是它的理念通过其作为整体的发展而向我们讲述了它的行为、制度和文学。[63]

理解这一任务必须始终从完全投身于题材中开始,“精确研究、逐渐理解和文献研究”。投身于题材后,我们才可能通过直观(*Divination*)行为来考察精神本质。确实,人所知太少,以至于不能理解世界历史的意义。

“我认为不可能完全解决问题,”兰克指出,“只有上帝了解世 80
界历史。我们只能发现它的矛盾之处。正像一位印度诗人指出的,它的‘和谐之处只有神知道,而人是不知道的’。我们只能直观地考察它,而且是隔着一段距离。不过我们能够理解一致性、连续性(*Fortgang*)和发展。”[64]“因此,”兰克总结道,“我们作为历史学家的道路将我们引向哲学问题。如果哲学是它应该成为的样子,而历史又是十分清楚和完备,那么两个学科将完全一致。”[65]

3. 以这一历史观为基础,兰克就能够建立一套政治的形而上学。这一历史观的引人注目之处是它强烈的乐观主义。尽管兰克拒绝黑格尔哲学所主张的历史发展能以理性的方式加以解释的思想，但是他同样相信历史是一个有意义的过程。在某种意义上，他的乐观主义比黑格尔的乐观主义更进一步。因为黑格尔在一切历史——过去的和现在的——中看到了还没有被克服的人类非理性和不完善的迹象。然而对兰克来说，“每个时代都直接通往上帝”。[66]这种乐观主义以几种方式表达自己。对兰克来说历史是有意义的。尽管他承认任何时代的人都只能看到全部实在的一小部分，但兰克从未像后来的历史学家那样受到对客观知识的怀疑的困扰。以宗教信仰为基础，他公开假设在历史中存在有意义的单位(*geistige Einheiten*)，它们是无法以实证研究加以探询的。他进一步假设这些有意义的单位——个人、制度、国家和民族，并不仅仅是道德中立的，而是作为上帝意志的表现反映了实际价值。由此他得出结论：国家是如此有意义的单位，以至于它们本身就是目的，而且在追求自己的切身利益时，它们所做的只能是好事。

兰克所坚持的宇宙中存在一种适用于政治领域的伦理秩序的信仰，也是与绝大多数犹太-基督教传统信仰相一致的。但是对于人与人类制度中的恶的承认，在兰克那里是几乎完全没有的，尽管他明确信仰基督教；而且它在绝大多数浪漫主义思想中也是没有的。[67]圣经预言者，以及斯多噶学派、基督教和启蒙运动
81 的自然法思想家们，往往主张一种道德法则和实际现实间的二元论。这一冲突要求有道德的人的积极干预，以使人类制度与公正要求相和谐，即使人性的局限只能大致实现这一理想。对兰克来说，在政治世界里有一种自动和谐在起作用，如果它被扰乱了的话，它会重新恢复正当的秩序。因此，在“强国”这篇著名的文章中，他把各大国间的力量均衡描绘成欧洲秩序的核心成分，不能被任何大国的霸权要求所破坏。“确实，世界不断出现的动荡破坏了这一法律和秩序体系”，就像法国人的野心所造成的那样。“但是在它们被平息之后，这一体系又重新确立，而所有努力的目

的就是使它再次完善。”[68]各国之间的斗争并不仅仅是毫无意义的力量冲突。

> 世界历史并不像一开始所表现的那样呈现出如此的混乱、战争,以及国家与民族间的无计划的更替。历史也并不只是考察文明的往往不确定的进步。存在着各种力量,它们确实是精神性、给予生命和创造性的力量,并不只是生命本身,而且还有道德能量,我们看到了它的发展。虽然它们不能用抽象术语加以界定或是提出,但人们还是能够观察和认识它们。人们可以产生一种对于它们存在的同情。它们展开,获得整个世界,以各种形式表现出来,相互争论、妨碍和压制。世界历史的秘密就在于它们的互动和更替、它们的生命、衰落或是再生,而当再生之时它们就包含了甚至更大的丰富性、更高的重要性和更广阔的范围。[69]

这将兰克引向有关权力的精神性的概念问题,这一论题在他的著作中不断出现,但是最系统的论述是在《历史-政治杂志》中的“政治对话”里。国家不应作为抽象概念来加以考察,而应作为处于历史发展中的具体存在的独特国家。国家并不只是权力的实际集中;它拥有一个“积极的精神内容”,以及不能用一般性的抽象术语加以表述的理念,因为它具体地关联到特定的国家。这
一“激励并支配着整体的理念”[70]将国家塑造成一个与其他所有国 82
家完全不同的有机单位。“有一个因素,使得国家不是普遍性范畴之下的分类,而是一个活生生的事物,一个个体,一个独一无二的自我。”[71]当然,这一独特性阻碍了不同制度或是观念的成功移植。在其具体的独特存在中,国家是真实的;同时,在它的基本理念中又包含了一种一般性因素,后者超越了具体国家的短暂现实,但是又只能在具体国家中获得表现。因此,依照兰克的术语,

国家是“实在的和精神性的”(*real-geistig*)，具有“无法想象的独特性”。[72]因此每个独立国家都有自己的独特趋势，它是由来自上帝的理念决定的。在国家本身中，兰克写道，“我看到的并不是有关国家的契约理论所创造出来的转瞬即逝的集合，就像云彩的形成一样，而是精神性的实体，是人类心灵的原创性的创造——我可以说那就是上帝的思想。”[73]

从以上论述中产生了两个重要结论：权力和斗争的精神化，以及个人利益服从国家利益。依照兰克的观点，国家行为是由它的理念决定的。这一理念处于冲突之中，而且最终与军事力量的冲突有关。国家是从斗争中产生的；它的存在和发展都与斗争纠缠在一起。“正如我们所知道的，世界已经被瓜分。要成为某种人，你必须通过自己的努力来成长。你必须获得真正的独立。你的权利不会被自动给你。你必须为它们而战斗。”但是只有暴力是重要的吗？卡尔在《政治对话》中这样问弗里德里希。不，弗里德里希回答道。欧洲共同体的基础已经存在，尽管这一共同体需要“道德能量”以实现“普世意义”。如同黑格尔相信历史进程中善通过武装斗争而胜利一样，兰克让弗里德里希指出：“但是严肃地说，你将难以举出几场重要的战争以证明真正的道德能量没有取得最终胜利。”[74]在某种重要层面上，兰克的国家被限制在其野心之中：他承认一个欧洲共同体，而且承认所有大国在维持这一共同体并促进欧洲大家庭的丰富与多样中的作用。

83　因此，对兰克来说，一个国家的充分发展是取决于它相对于其他国家的独立程度的。外交政策和军事力量是国家的首要考虑。它的“最高法则”必须使其国内生活服从于这些需要。[75]有关国家内部结构的主张必须排在外交政策考虑之后。在公共讨论中，国内政治的异见必须被超越，就像法国革命前的情况一样，“政治再次被交到它所从属的权力和外交事务领域。”[76]

因此个体明显是服从国家需要的。作为上帝理念的国家以其自身为目的。“把它们作为保护个人——他们可能已联合起来以保护自己的私有财产——的制度来解释将是可笑的。”[77]个人只是在国家中存在。在好的(*rechten*)国家里,对个体公民来说,“纯粹私生活”并不存在。“我们的活动首先属于我们的共同体。”[78]

因此对兰克来说,自由派或是民主派传统意义上理解的自由概念需要重新界定。在《政治对话》中,弗里德里希认为人完全是一个“政治动物”,他的性格在与共同体的关系中形成和发展。国家是一个“精神统一体”,它的基本观念“渗透到每个人中,后者由此感到它的一些精神力量,认为自己是热爱它的一个整体的成员,而且从属于共同体的感觉比从属于省、地方的感觉或是个人孤立感更加强烈”[79]。在这一意义上,国家与家庭相似,“与生俱来的亲属关系不需要社会契约。在父母和孩子之间、同一家庭的兄弟和成员之间,不需要契约”。[80]因此也不需要有关个人权利的书面保证。在每一个健康的国家中,自由是与服从相一致的。“在一个更高层面上,强迫将被转变为志愿的个人主动。责任将成为自由。”一旦这被实现,国家就能完成其国内政策的最高目的:以公民志愿合作为基础的社会团结。[81]

兰克理解的好的国家组织形式是君主制,其中“合适的人被放在合适的位置上”[82]。要求被统治者参与统治事务,或是认为统治阶级是一个与他们所统治的那些阶级不同的集团,这些都是误解了社会中劳动分工的作用。统治者代表了“整个民族中选出的 84
最能干的人,他们为了这一任务而已经培养了能力”[83]。

潜在于兰克君主制信念之下的是一种乐观思想,即任其自然的话,“始终是完整的自然就保证了这些(能干的人)始终在那里。重要的是找到他们”[84]。考虑到“人的倾向是滥用权力”,卡尔问政府权力是否不应被限制。对于弗里德里希——他承认这种政府形式可能以各种方式堕落——来说,这似乎是没有必要的。国家将不仅仅放弃控制那些生活领域——“其中没有什么比自发的表达更被渴望”，而且对弗里德里希来说似乎显而易见的是，这一类型的政府是“符合事物的特性的，也是我们君主制观念所要求的”[85]。

人们不禁感觉到在兰克《政治对话》的论述里存在一个很深的矛盾。一方面，兰克的目的不是描述“最好的国家”，而是“仅仅理解我们眼前的国家”[86]。另一方面，他不断寻找好的国家、自然的国家。如果所有现存国家都是有神圣起源的，那么正像卡尔所提问的，不是“所有国家都同样完善了吗？”换句话说，北美共和国、法国七月王朝，作为历史力量的产物，不是与普鲁士君主国具有同样的价值吗？如果兰克坚持历史学家或政治思想家应该在历史中发现国家，而不是把抽象标准应用于它的要求，那么他应该让弗里德里希肯定地答复卡尔。而他现在却区分了“我们归之于神圣起源的”国家“理念”和“它的实现，它在世界中的具体形式”。[87]因此存在着健康的和病态的国家。前一类型——他将之与“拥有所有力量和肢体的”身体相比较——在他来说显然并不是指限制了政治权力领域的自由国家。

事实上，兰克有关国家的研究似乎与实际存在的历史国家关系不大。他并不倾向于根据国家的功能、其中的权力运行或是利益冲突来研究它们。正像西奥多·H.冯·劳教授所指出的，对兰克来说，实际政治涉及训练政府的文官和专家。[88]政治理论考察
85 “国家”，但是国家是抽象的，脱离并且超越真实政府的实际活动而存在。当被看作是一个形而上的实在时，它能被用于要求君主制对于个人的优先性。兰克的国家观只是从政治、军事方面加以狭隘理解，因此它似乎更适用于16、17和18世纪的绝对君主制，而不是一般意义上的国家。

确实，兰克在拒绝个人权利的抽象理论方面是有道理的。但是他以国家权利的抽象理论取代了它的地位。尽管他强调国家作为历史产物所具有的个体特点，但在实践中他的国家具有惊人的相似性。就像恩斯特·绪林在最近有关黑格尔和兰克的世界

历史概念中东方的地位的研究中所指出的,在描述一个民族的个体特点上兰克似乎远不如黑格尔。[89]事实上,所有兰克的国家都是受相对不受内部发展影响的国家理性(*raison d'etat*)的抽象要求指引的。在这种把国家与外交政策的紧密一体化中,兰克的国家观似乎比萨维尼或威廉·冯·洪堡的国家观更抽象和僵硬。由于以这种方式看待政治力量,兰克对于法国革命以来在欧洲社会中起作用的新力量也就没有什么理解。

1836年以后,除了散落于著述中的零星评论外,兰克的写作很少涉及历史或是政治理论。有两个值得注意的例外:1854年给国王马克西米利安做的讲演,其中他否认存在线性的道德进步,并且谈到了所有时代在上帝面前的直接性;以及"政治备忘录"[90],其中他就1848—1851年的革命事件向普鲁士国王弗里德里希·威廉四世提出了建议。这些备忘录表明兰克的政治观点没有什么变化[91],尽管他当时已认识到一部宪法是不可避免的。由于害怕社会动乱——他认为那隐藏在1848年许可的普选的背后,他强烈要求引入有限的选举制,并且把最终的政治控制留给国王。仅仅普鲁士军队就阻止了革命取得成功。对他来说,国王和军队是德国仅有的稳定力量。"只有当破坏性的议会多数派取得对军队的控制时,革命才会在德国最终胜利。只有那时一个制宪议会才能像1789年的法国议会一样拥有同样权力。"[92]在政府责任之 86
后,潜伏着由"工匠和做零工的工人"统治的威胁。[93]由于害怕法国观念的传播,他认为一部共同的德国新闻法是有必要的。[94]他不愿支持政治权利的扩大;不过,他承认国家的社会责任。兰克鼓吹工作权,这不是源自人道主义或是道德考虑,而是出于普鲁士国家需要工人在军队中服务的军事需要观点。

> 可以想象,国家在和平时期会雇用那些适合服兵役的工人进行军事训练。就像军事上最初的大批志愿者被转变成

> 一支训练有素的军队一样，没有技能的工人们的活动现在需要被组织起来。人们可以为那些仍然需要进行的公共工程组建工人队伍，如建筑项目、防洪、开垦土地等。另一方面，只有有限的政治权利可以给予那些非政治阶级。[95]

对于俾斯麦的政策，兰克没有多少热情。甚至在 1849 年以后，他仍然期望一个由普鲁士和奥地利联合领导的强有力同盟(*Bund*)，它使得政治多样性成为可能，而且并没有威胁到传统的多元主义，他认为后者对于德国民族性的文化发展是非常重要的。俾斯麦对自由派所做的让步甚至使他更加不安，尽管他从未公开反对这一让步。当他在 1879 年为俾斯麦与民族自由派决裂而欢呼时，并不是由于他将俾斯麦看作是德意志帝国的创立者，而是因为后者使得欧洲免受社会革命。[96]

尽管在 1836 年后缺乏理论上的系统表述，但是兰克的大量历史著作也反映了他在 1831—1836 年间的文章中所表达的观点。尽管他完全依靠档案，但是他的历史书并不是非常专门的专题著作。他试图探寻自己通常以狭隘的政治术语界定的占主导地位的趋势。兰克使用官方材料，并且试图从政府立场出发评价各个事件。因此，就像爱德华·弗伊特在讨论 17 世纪的英国革
87 命时曾指出的，兰克忽视了重大的经济转型，而没有它们，当时的各个事件是无法理解的，因为这些变化在外交文件中并没有记载。[97]

鲁道夫·菲尔豪斯对这种观点提出质疑。在最近的研究中，菲尔豪斯已试图为兰克不断受到的指责辩护，这些指责认为兰克忽视了社会与经济力量在历史中的作用，而且对于 19 世纪正在出现的重大社会力量也不理解。[98]菲尔豪斯辩称兰克并不具有狭隘的、政治的社会观——其中只有构成政府(*Obrigkeit*)的有教养的精英是重要的。“有关他的著作的任何阅读都会留下……这一

印象,即兰克并没有忽视(*wegretouchiert*)大众,而是认真地将他们看作是历史运动中的重要因素。"兰克"写作的字里行间都贯穿着这一认识,即历史生活并不只是由少数几个伟人的思想和行为所决定的,它同样也是由很多人的利益、需要、能力、恐惧和渴望所决定的"[99]。菲尔豪斯正确指出了兰克并不是完全无视社会与阶级冲突的。不过,菲尔豪斯的文献材料并没有真正改变传统的兰克形象。事实上,19 世纪 30 年代兰克在其日记中就已主张世界历史的写作应该强调人口的发展、经济与文化活动;中世纪的殖民、骑士团、修建教堂、艺术和宗教;18 世纪的农业和公共工程以及 19 世纪"工业和公路的巨大发展"。不过,这只是一个孤立的意见。[100]

正如汉斯·施莱尔所指出的,列举兰克关注经济和社会问题的事例的尝试,只会突出这些问题在兰克的历史编纂中处于多么边缘的位置,以及他对于 19 世纪社会力量的理解是多么有限。[101]菲尔豪斯本人也承认兰克对于工人阶级的经济状况所知甚少,而且对于他所处时代的社会问题没有什么理解。[102]兰克与他同时代的很多人相类似,都认为混乱的大众正在威胁一切文化和文明,而且他也未能认识到工业的重要性。他看到了很多社会变化,其中"第三等级"的兴起是最重要的。菲尔豪斯承认,对兰克来说,核心的社会问题是一个政治问题,即在将资产阶级纳入到旧的国家框架中的同时,把缺乏承担政治责任的一切必要条件的大众排除出去。[103]兰克的国家观依然是一个静止的概念。大陆的君主制 88
强国——正如在王侯们和各等级间的斗争中以及在 16—18 世纪的宗教内战中所兴起的——对他来说依然是一个典范,存在于历史中的各个国家将据此被加以评判。[104]这种国家观反映了兰克对于合法性的迷恋、宗教虔信,以及德国唯心主义政治思想对他的影响。但是这种国家观对于理解绝对主义之前的国家或是 19 世纪出现的政治力量仍然是不够的。

在一个历史编纂中民族情感不断上升的时代里,兰克并没有放弃他对欧洲共同体的信仰，这一点是值得赞扬的。对他来说，国家和民族永远也不是一致的，尽管他承认民族形成国家的趋势，而且认识到19世纪的国家从民族情感的上升中所获得的力量。就其在更广阔的欧洲背景中的互动关系而言，兰克研究了所有他称之为日耳曼-罗马世界大国。

反常的是，兰克在德国名声的增长适值这样一个时代，即1848年革命以后的时期，当时对绝大多数历史学家来说，他已属于一个过去的时代了。尽管他的政治信念和他的历史研究(或者可能正因为这些信念)是相对远离时代问题的。亨利希·冯·西贝尔批评他缺乏道德参与[105]，亨利希·冯·特莱奇克则指出他对待大众的贵族式蔑视态度，而在他的以宫廷和大臣官邸为中心的历史里，大众似乎是不存在的。[106]不过，至少通过三种重要方式，兰克似乎与这一时代密切联系在一起，并且对他的同时代人产生了影响。首先是他对档案——绝大多数是外交档案——的批判使用。其次，新一代民族主义历史学家，包括西贝尔和特莱奇克，将追随他强调国家尤其是外交事务在历史中的核心地位。因此尽管他们批评兰克，新一代历史学家还是在很大程度上吸收了他把大国间的斗争看作是历史中心的思想。即使对更新一代的民族自由派来说，国家包含了大众和民族力量，但本质上他们还是以18世纪普鲁士的官僚与军事传统来理解国家力量。最后，兰克像黑格尔一样，把国家看作是一个伦理上善的事物。这种权力的精神化有助于为支持实力政治(*Realpolitik*)的历史学家们的主张铺平道路，而兰克对于这种政治将有保留地遵循。1890年后的几十年出现了所谓的兰克复兴，这是一种把兰克主张的各大国间相互作用和平衡的思想扩大到整个世界舞台的尝试。而使历史研究摆脱政治介入、回归兰克史学所主张的客观和中立(*Überparteilichkeit*)的努力则相对地并不成功。这一方面我们将在本书的后面部分讨论。[107]

注释

1. 有关美国历史学界对兰克的解释的讨论,以及研究兰克的大量德语著述,参见格奥尔格·伊格尔斯,"美国与德国历史思想中的兰克形象",载《历史与理论》(Georg G. Iggers,"The Image of Ranke in American and German Historical Thought",*History and Theory*,Ⅱ(1962),pp. 17—40)。
2. 赫伯特·B. 亚当斯在刊于《约翰·霍普金斯大学历史与政治科学研究》的 308
"历史研究新方法"一文("New Methods of Study in History",in *Johns Hopkins University Studies in History and Political Science*,Ⅱ,1884,p. 65),以及收于 A. D. 怀特、W. F. 艾伦主编的《历史教学方法》的"约翰·霍普金斯大学及其前身史密斯学院采用的独特历史研究方法"("Special Methods of Historical Studies as Pursued at the Johns Hopkins University and formerly at Smith College",in A. D. White,W. F. Allen et al.,*Methods of Teaching History*,Boston,1885,p. 143)中使用了这一表述。
3. "利奥波德·冯·兰克",见《美国历史协会论文集》("Leopold von Ranke" in *American Historical Association Papers*,Ⅲ,1888,pp. 104—105)。
4. "高等历史教育实用方法",见《历史教学方法》("The Practice Method in Higher Historical Instruction",in *Methods of Teaching History*,Boston,1885,p. 42)。
5. "历史和历史哲学",见《美国历史评论》("History and the Philosophy of History",in *American Historical Review*,ⅩⅣ,1908—1909,pp. 223—236)。
6. 瓦尔特·P. 韦布:"历史讲习班:它的外表与内部精神",见《密西西比河谷地区历史评论》(Walter P. Webb,"The Historical Seminar:Its Outer Shell and Its Inner Spirit",in *Mississippi Valley Historical Review*,ⅩLⅡ,1955—1956,p. 11)。
7. 参见阿尔弗雷德·赫斯在《西奥多·蒙森与19世纪》(Alfred Heuss,*Theodor Mommsen und das 19. Jahrhundert*,Kiel,1956)中对蒙森为什么没有撰写《罗马史》第四卷的论述中,对德国司法和历史研究中的新实证主义的讨论。
8. 《人论自己的过去》(*Man on His Past*,Cambridge,1954);参见安德雷斯·克劳斯:《理性与历史》(Andreas Kraus,*Vernunft und Geschichte*,op. cit.)。
9. "关于杂志的目的",《法律史杂志》("Über den Zweck dieser Zeitschrift",*Zeitschrift für geschichtliche Rechtswissenschaft*,1815,Ⅰ,pp. 1—17)。
10. 参见"罗马法的教育价值",见埃里克·沃尔夫编《德国法学史书目》("Der

Bildungswert des römischen Rechts", in *Quellenbuch zur Geschichte der deutschen Rechtswissenschaft*, Erik Wolf, ed., Frankfurt, 1949）；另见弗里德里希·卡尔·冯·萨维尼，《论我们时代的职业立法和法学》（Friedrich Carl von Savigny, *Vom Beruf unserer Zeit für Gesetzgebung und Rechtswissenschaft*, 2nd ed., Heidelberg, 1828）。

11.《罗马和日耳曼民族史》（*Geschichten der romanischen und germanischen Völker*，题目是复数这一点值得注意）和《近代历史学家批判》（*Zur Kritik neuerer Geschichtschreiber*）是分别出版的。两书都收入兰克的《全集》（*Sämmtliche Werke*，以下将引作 *SW*, Leipzig, 1873—1890, vols., 33—34）；《批判》一书做了大量修改，因此我们引用的是 1824 年莱比锡和柏林版。在《批判》的附录中，第 182—202 页是关于"马基雅维里，尤其是他的政治著作"。亨利希·利奥是在他翻译的马基雅维里书信集《佛罗伦萨的首相和历史学家尼可洛·马基雅维里致其友的书信》的导论（*Die Briefe des Florentinischen Kanzlers und Geschichtschreibers Niccolò di Bernardo dei Machiavelli an seine Freunde*, Berlin, 1826）中。兰克开始是在一封表明收到其译著的信中私下答复利奥的，其中回答了利奥的一些指责。而且表示希望他们之间的分歧不至于导致一场公开争论（1826
309 年 4 月 21 日，*SW* 53/54, pp. 155—157）。但是利奥在《耶拿文学汇报》（*Jenaer Allgemeine Literatur-Zeitung*）上就《民族史》和《批判》发表了一篇措辞严厉的评论；兰克在《哈勒文学报》（*Hallische Literaturzeitung*, *SW*, 53/54, pp. 659—666）上做了回应。

12.《普遍文学报补编》（*Ergänzungsblätter zur Jenaischen Allgemeinen Literatur-Zeitung*, 1828, vols. 129—136）。

13. 同上。另见梅尼克在《近代历史中的国家理性观念》（*Die Idee der Staatsräson in der neueren Geschichte*, München, 1957, pp. 445—447）中对兰克依据自己的伦理与权力关系思想而对待马基雅维里的讨论。

14.《全集》，33/34，第 vii 页。

15.《批判》，第 202，206 页。

16.《书信》，第 xxiii 页。

17. 同上书，第 xv 页。

18. 同上书，第 v—viii 页。

19.《补编》，第 138—139 页。

20.《全集》，53/54，第 663 页。

21. 同上书，第 665 页。

22. 同上书，第 665—666 页。

23. 西奥多·冯·劳:《利奥波德·兰克:成长岁月》(Theodore H. von Laue, *Leopold Ranke, The Formative Years*, Princeton, 1950, p. 109)。

24.《近代历史的各个时代》,见《世界史》(*Über die Epochen der neueren Geschichte* in *der Weltgeschichte*, Ⅸ, ii, Leipzig, 1888)。另见西奥多·谢德尔:"冯·兰克的'近代历史的各个时代'的产生",见《历史杂志》(Theodor Schieder, "Die Entstehung von Rankes 'Epochen der neueren Geschichte'", in *HZ*, 199, 1964, pp. 1—30)。

25. 尤其是在马堡的"西德意志图书馆"的"遗址"(Nachlass)中进行的有关世界历史观念的讲座,其中部分刊载于埃伯哈德·凯塞尔的"兰克的世界历史观念"(Eberhard Kessel, "Rankes Idee der Universalhistorie", in *HZ*, 178, 1954, pp. 290—308),以及埃里希·米尔伯的《利奥波德·兰克论自己的历史理论和方法以及当时的思想潮流》(Erich Mulbe, *Selbstzeugnisse über seine historische Theorie und Methode im Zusammenhang der zeitgenössischen Geistesrichtungen*, Berlin dissertation, 1930, pp, 124—132)。这些讲座可能是在 1831 年举行的。此外值得注意的是格奥尔格·维茨(Georg Waitz)有关 1835—1836 年冬季学期兰克的一次"讲座"的手写笔记。这些笔记是哥廷根大学"历史讲习班"(Historisches Seminar)的笔记。

26."论历史与政治的相似性与差异"("Über die Verwandtschaft und den Unterschied der Historie und der Politik"),这是 1836 年兰克担任柏林大学正教授时的就职讲演,从拉丁文翻译而来(*SW* 24, pp. 280—293)。

27. 有关这两份杂志的创立情况 C. 瓦伦特拉普做了考察,"兰克的《历史-政治杂志》和《柏林政治周刊》",见《历史杂志》(C. Varrentrapp, "Rankes Historisch-Politische Zeitschrift und das Berliner Politische Wochenblatt", in *HZ*, 99, 1907, pp. 35—119)。兰克在其自传性的"1875 年 12 月的口述" 310
("Diktat vom December 1875". *SW* 53/54, pp. 49—51)中对《历史-政治杂志》的创立做了回忆。

28. 约翰·阿尔布莱希特·埃希霍恩(Johann Albrecht Eichhorn)是曾在普鲁士政府中担任各种职务的高级官员,不应把他和法律史学家卡尔·弗里德里希·埃希霍恩(Karl Friedrich Eichhorn)混淆起来,后者我们已将其作为历史法学派的创始人之一来引用。

29. 有关兰克与以凡哈根·冯·恩斯为首的自由派的联系的讨论,见威廉·蒙森:《斯坦因、兰克、俾斯麦:19 世纪政治和社会运动》(Wilhelm Mommsen, *Stein, Ranke, Bismarck. Ein Beitrag zur politischen und sozialen Bewegung des 19. Jahrhunderts*, München, 1954);另见,冯·劳,第 31—32 页和兰克的"口述"(*SW* 53/54, p. 50)。

30.《全集》,53/54,第 50 页。

31. 这部分是由于兰克对当时政治问题的沉闷的、学究气的考察未能吸引广大读者;见冯·劳,第 81 页。

32. 参见"口述"(*SW* 53/54,pp. 50—51)。

33.《历史-政治杂志》(*Historisch-Politische Zeitschrift*, Ⅰ,1832,p. 1);也见《全集》,53/54,第 3 页。

34.《全集》,第 3—4 页。

35. 同上书,第 3 页。

36. 同上书,第 4 页。

37. 有关"法国和德国"("Frankreich und Deutschland")的文章,第 72 页。

38. 同上文,第 71 页。

39. 同上文,第 72 页。

40. 参见"法国复辟王朝"("Über die Restauration in Frankreich"),第 9 页。

41. 同上文,第 73 页。

42. 尤其见"德意志的分裂和统一"("Über die Trennung und die Einheit Deutschlands")。

43. 同上文,第 172 页。

44. 同上文,第 152 页。

45. 参见"法国和德国",第 66—67 页。

46. 参见"德意志的分裂和统一",第 150 页。

47. 同上文,第 148—149 页。

48. 同上文,第 162 页。

49. 参见"序言"("Einleitung"),第 4—5 页。

50. 参见"法国复辟王朝",第 8—60 页。

51. 有关兰克的认识论和所谓的经验主义有大量研究著作,包括约希姆·瓦赫在《理解》卷 3(Joachim Wach, *Das Verstehen*, Ⅲ, pp. 89—133)中的考察。在兰克稳定的回归生活、不喜欢先验主义和寻求理解事物本身方面,瓦赫看到了一种延续至狄尔泰的传统的开始。德国有关兰克的几乎
311 所有讨论都强调他的哲学目的(见格奥尔格·G. 伊格尔斯,"兰克形象")。最近的研究已在兰克思想中看到一种强烈的新柏拉图思想成分,例如卡尔·亨利希斯:《兰克与歌德时代的历史神学》(Carl Hinrichs, *Ranke und die Geschichtstheologie der Goethezeit*, Göttingen, 1954);梅尼克,《历史主义的形成》和默里茨·里特尔,《历史科学的发展》(Moriz Ritter, *Die Entwicklung der Geschichtswissenschaft*, München, 1919, pp. 413—414)。

52. 1831 年的讲座"世界历史观念"("Über die Idee der Universalhistorie"),刊于埃伯哈德·凯塞尔的"兰克的世界历史观念",《历史杂志》(*HZ* 178,1954,p. 284)。
53.《德意志国家和王公贵族》的"序言",见《全集》,31/32("Vorwort"to *Die deutschen Mächte und der Fürstenbund* in *SW* 31/32,p viii)。
54. 几乎所有关于兰克的研究都试图指出他与黑格尔之间的相似性和差异(见格奥尔格·G. 伊格尔斯,"兰克形象")。有关这一问题的最全面研究是恩斯特·西蒙的《兰克与黑格尔》(Ernst Simon,*Ranke und Hegel*,München,1928)。
55. 参见"与弗里德里希·威廉四世的通信"中的评论,《全集》,49/50("Aus dem Briefwechsel Friedrich Wilhelms Ⅳ mit Bunsen,"*SW* 49/50,pp. 392—393)。另见吉哈德·马苏尔:《兰克的世界史概念》(Gerhard Masur,*Rankes Begriff der Weltgeschichte*,München,1926,p 58)。
56. 埃伯哈德·凯塞尔,前引文,第 290—292 页。
57. 同上文,第 294 页。
58. 同上文,第 295 页。
59. 同上。
60. 同上文,第 296 页。
61. 同上。
62. 同上文,第 296—297 页。
63. 同上文,第 302 页。
64. 同上。
65. 同上文,第 302 页。
66.《世界史》(*Weltgeschichte*,9. Teil,2. Abt. ,p. 5)。
67. 通常这一点并没有被很多强调基督教或是路德教神学对于兰克思想的影响的学者充分理解。
68."强国",见《全集》,24("Die grossen Mächte",in *SW* 24,p 10)。英文翻译见冯·劳,第 181—281 页。
69. 同上,第 39—40 页。
70."政治对话",见《全集》,49/50("Das politische Gespräch",in *SW* 49/50,p. 321);英文翻译见冯·劳,第 152—180 页。
71. 同上文,第 323 页。
72. 同上文,第 325 页。
73. 同上文,第 329 页。
74. 同上文,第 327 页。

75. 同上文，第 328 页。

76. 同上文，第 332 页。

312 77. 同上文，第 328 页。

78. 同上文，第 333 页。

79. 同上文，第 334 页。

80. 同上文，第 338 页。

81. 同上文，第 334 页。

82. 同上文，第 335 页。

83. 同上文，第 336 页。

84. 同上。

85. 同上。

86. 同上文，第 333 页。

87. 同上文，第 337 页。

88. 同上文，第 95 页。

89.《黑格尔和兰克的世界历史概念中东方的地位》(*Die weltgeschichtliche Erfassung des Orients bei Hegel und Ranke*, Göttingen, 1958, p. 271)；参见西贝尔在刊于《报告和论文》中的“纪念讲话”(“Gedächtnisrede”, in *Vorträge und Abhandlungen*, München, 1897, p. 305)里关于兰克的类似评论。

90.“1848—1851 年政治备忘录”(“Politische Denkschriften aus den Jahren 1848—1851. Bestimmt für König Friedrich Wilhelms IV, gerichtet an dessen Flügeladjutanten Edwin Freiherrn von Manteuffel”)，见《全集》，49/50(*SW*, 49/50, pp. 583—623)。

91. 有关兰克政治观念演进的较好讨论见蒙森，《斯坦因、兰克、俾斯麦》；另见奥托·迪特尔：《作为政治家的路德维希·冯·兰克》(Otto Diether, *Ludwig von Ranke als Politiker*, Leipzig, 1911 *)，该书受到弗里德里希·梅尼克的批判，见其“对兰克的评价”(1913 年)，刊于《创造之镜，有关德国历史学家和历史观的研究》(Friedrich Meinecke, “Zur Beurteilung Rankes”, in *Schaffender Spiegel*, *Studien zur deutschen Geschichtsschreibung und Geschichtsauffassung*, Stuttgart, 1948)。针对迪特尔的指责——兰克在考察政治时是唯智论的，而且没有注意到体现 18 世纪前景的新社会力量，梅尼克为兰克做了辩护。“兰克，”梅尼克宣称，“在风暴来临之

* 此处路德维希疑为利奥波德之误。

前突破了平静时代的限制,通过在他的历史著作中重新赋予国家和现实权力政治的无条件自决观念以一种崇高地位,而这是与所有右翼和左翼意识形态学说不同的。”有关兰克社会观的分析,尤其见鲁道夫·菲尔豪斯的《兰克与社会世界》(Rudolf Vierhaus, *Ranke und die soziale Welt*, München, 1957),其中拒绝认为兰克在其历史著作中忽视了社会力量的说法,但是承认他对于 19 世纪欧洲社会的经济和技术转变没有怎么注意或是没有多少兴趣。

92.《全集》,49/50,第 605 页。

93. 同上书,第 588 页;参见 1830 年革命期间已有的非常类似的感情表述:“对于那些想统治我们的工匠和街头顽童,我们能忍受吗?”见 1830 年 10 月 4 日兰克从威尼斯写给亨利希·里特尔的信(《全集》,53/54,第 242 页)。

94.《全集》,49/50,第 603 页。 313

95. 同上书,第 597—598 页。

96. 参见蒙森:《斯坦因、兰克、俾斯麦》,第 170—171 页。

97.《近代史学史》(*Geschichte der neueren Historiographie*, München, 1936),第 481 页。

98.《兰克与社会世界》,第 1—2 页。

99. 同上书,第 116 页。

100.《日记》,瓦尔特·彼得·富克斯编选(*Tagebücher*, Walther Peter Fuchs, ed., München, 1964),第 239 页。

101. “兰克复兴”,见约希姆·斯特莱桑德主编,《德国历史科学研究》(Joachim Streisand ed., *Studien über die deutsche Geschichtswissenschaft*, Berlin, 1963—1965, Ⅱ, p. 130)。

102.《兰克与社会世界》,第 125 页。

103. 同上。

104. 参见同上书,第 78 页。

105.《小历史论文》(*Kleinere historische Schriften I*, Stuttgart, 1880—1897, p. 358)。

106.《19 世纪德国史》(*Deutsche Geschichte des neunzehnten Jahrhunderts* Ⅳ, Leipzig, 1889, p. 467);另见第 4 版(Leipzig, 1899, pp. 413—414)。

107. 见第 130、199、230 页。

90

第五章　历史乐观主义的顶峰：“普鲁士学派”

1

兰克在柏林大学一直任教至1871年。1886年他去世时已是91岁高龄。他作为当时德国伟大历史学家的名声是在19世纪进程中缓慢而无可争辩地确立的。但是他的学生们充满敬意地承认他对于批判方法的重要贡献，而且他们日渐将其看作是属于过去时代的一个纪念碑，尽管是活的纪念碑。兰克的政治理想始终是复辟时期温和保守派的理想。大体上，他接受了革命前政治结构的那些好的方面：开明的官僚制国家，以五大正统君主国之间利益平衡为主导的欧洲政治共同体。他并非完全没有注意到革命和拿破仑战争所带来的激动人心的民族情感。兰克把它们看作是通过使民众在情感上效忠于王朝而增强传统秩序的因素，而不是一个要求完全改变欧洲各民族的国内与国际事务的新力量的产生。对他来说，历史学家的任务是细心观察各种历史力量的活动（尽管可能并不像他的批评者所宣称的不带感情），而将统治的责任留给政治家。他们能够在历史学家所揭示的历史变化的公正图画中找到智慧和指引。[1]

但是毫无疑问,兰克低估了时代的社会与经济转变,而且误 91
解了民族主义的狂热性。对两代历史学家来说——他们深深卷入了要求自由化和民族统一的斗争中——兰克的历史客观性理想似乎表达了某种令人遗憾的道德中立。[2] 这些更年轻的作者们日益致力于把批判方法仔细地应用于对材料的分析中,不过他们并不把研究过去本身看作是一种目的,而是认为它是实现当时政治与伦理要求——自由的民族国家——的一种手段。几乎所有重要的德国历史学家在政治上都很活跃。在1848年以前的时期里,卡尔·罗特克和卡尔·韦尔克是议会成员;F. C. 达尔曼和格奥尔格·吉维努斯是1837年被驱逐出哥廷根大学的“哥廷根七君子”的成员,原因是他们抗议国王恩斯特·奥古斯特取消汉诺威宪法。弗里德里希·克里斯托弗·达尔曼、古斯塔夫·德罗伊森、卡尔·韦尔克、格奥尔格·维茨、格奥尔格·吉维努斯、马克斯·丹克尔和鲁道夫·海姆在1848年革命期间是法兰克福国民议会成员。路德维希·豪塞尔是巴登州议会成员,西奥多·蒙森则是石勒苏益格-荷尔斯泰因一家政治报纸的编辑。[3]

当1857年政府领导权从患有精神病的普鲁士国王弗里德里希·威廉四世转到他的弟弟威廉亲王,从而标志着革命后的反动时期结束时,这些人中的一些人创立了《普鲁士年鉴》,通过它来要求在经过改革的立宪的普鲁士领导下实现德国统一。在这方面,他们得到了那些为杂志写稿的更为年轻的历史学家的支持,如亨利希·西贝尔、亨利希·特莱奇克、赫尔曼·鲍姆伽登和哲学家威廉·狄尔泰。[4] 德国历史学家在德国历史事件进程中所起的作用,从未像在1830—1871年这段实现民族统一的决定性岁月中那样积极。若不对历史学家所起的中心作用予以充分注意,那么德国历史和德国自由主义历史就是无从撰写的。

不过,德国的统一是以牺牲重要的自由原则而实现的,尤其是议会控制外交和军事事务以及内阁责任制的原则。在新的帝国(*Reich*)中,程度很高的专制统治是与立宪形式结合在一起的,
92 它赋予议会——其中只有一个议院是由民众投票选举的——非常有限的控制权。研究德国历史的学者们把德国自由派对民族原则与普鲁士政权的妥协看作是“德国自由主义悲剧”[5] 的核心,以及德国未能形成负责任的立宪政府的原因。1848 年,德国温和自由派乃至民主派,曾经希望依靠普鲁士军队使石勒苏益格-荷尔斯泰因地区的德意志各公国摆脱丹麦统治。他们尤其试图阻止在石勒苏益格实施自由的丹麦宪法,并且寄希望于普鲁士有效维持波兰的波兹南地区为德意志同盟的一部分。尽管他们不喜欢普鲁士的反动行为,但是自由派中一些更为激进的人,如格奥尔格·吉维努斯和西南德意志的自由派卡尔·韦尔克,把普鲁士军队看作是免受社会革命的更为严重的威胁的唯一有效保障。[6]1848 年革命的失败,已使得这些自由派对于通过包括奥地利在内的所有德意志各邦的同意而实现统一的可能性不再抱有幻想。因此,他们现在转向了依靠普鲁士军队和外交力量来实现的“小德意志统一道路”。但是他们认为,只有一个进步的、自由的普鲁士才能完成这一任务。当俾斯麦在 1862 年违反普鲁士宪法——不顾下议院的反对而实施军队改革时,以《普鲁士年鉴》为中心的那些人提出抗议。到了 1866 年,在普鲁士取得对丹麦和奥地利的胜利后,这些人都与俾斯麦和解了,只有吉维努斯例外。

在 1848 年以及 1862—1867 年间发生了什么?对于德国自由主义的失败有各种不同解释。有一种观点认为德国自由主义的悲剧在于德国自由派,包括自由派历史学家,将他们的自由派原则屈服于民族主义情感和军事力量。从西方国家所理解的古典自由主义的立场出发,这样一种原则上的妥协毫无疑问是发生了。仍然与德国民族传统有密切联系的历史学家们,曾经反驳这一解释,因为他们相信除了俾斯麦式国家之外别无选择。瓦尔

特·布斯曼指出在缺乏自由国家的情况下,自由派历史学家们“首先不得不创造出一个他们希望解放的国家”。第三种可能是历史学家们既没有牺牲自己的原则,也没有向不可避免的必然性 93
屈服。相反,他们的自由观在1848年以前已经和西方自由派的观念如此不同,以至于当他们在1848年及其后使自由主义原则屈服于民族主义原则时,他们并没有违背自己的自由主义原则,而是与它们相一致的。正如列奥纳德·克里格曾指出的,他们建立在更古老的民族假设基础上的独特自由观念,并不认为王侯权力和国家力量是政治自由的截然相反的对立面,而是它的历史伙伴。[7]

尽管存在个人差异,但是上面提到的所有历史学家都具有相似的政治信仰,而且属于德国历史学家所认为的“温和的”或“古典的”自由主义政治思想潮流。[8] 他们在法兰克福组成“卡西诺”(根据他们聚会的旅馆而得名),这是一个松散的集团党派,其中大学教授占主导地位。他们这个集团领导了“小德意志”运动,而且为1860年代民族自由党的形成做了准备。他们也具有西方自由主义的很多基本政治要求,而且反对王权绝对主义。他们要求宪法、法治国家(*Rechtsstaat*)和以法律为基础的国家。此外,他们要求由选区而不是传统的代表等级选出代议制政府组织。他们提倡法律面前人人平等,支持废除残存的法律不平等,例如针对犹太人的限制。[9] 而且,他们认为新闻出版和研究的自由是自由国家的基础,并认为个人权利是重要的。此外,有必要指出无论达尔曼还是德罗伊森,当他们是法兰克福国民议会立宪委员会的成员时,他们从不赞同制定一份书面的权利宣言。与这一世纪中期英国和法国的自由派相似,他们通常也反对普选,而且对社会主义和民主制疑心重重,尽管蒙森和吉维努斯对人民主权观念有些同情。[10] 与英国和法国自由派的情况一样,他们也认为立宪君主制是面对大众的专制时对法治的最好保护。与他们的西方同行不同，他们对于这一君主制中议会至高无上地位的必要性并不怎么确信。他们与中产阶级具有共同的政治和经济利益。

94 或许，自由派教授、有学识的职业中产阶级成员，即所谓“有文化和受过教育的资产阶级”（*Bildungsbürgertum*），与“产业资产阶级”——正在兴起的商业、金融和工业中产阶级，有产业的资产阶级——相比，在 1848 年之后更加全心全意地支持这些要求。[11]因为 1849 年反动并没有带来对旧秩序的回归。普鲁士君主制不仅颁布了宪法，而且总体上遵循了自由经济路线。正像《普鲁士年鉴》于 1866 年所指出的：“在原则问题上，政治经济学从未像抽象的政治或立宪理论那样与俾斯麦产生冲突。”[12]在某种程度上，强大的君主制针对日益增强的——尽管是没有根据的——对工人阶级骚乱的害怕所提供的安全保护，为中产阶级弥补了没有赋予议会有效权力的缺陷。

较之他们的政治纲领，使德国“古典自由派”与西方古典自由主义差异更大的，是他们关于国家和历史发展的观念。与西方自由派不同，他们不仅拒绝自然法理论——对绝大多数英国和法国思想家来说，它已成了问题——而且还拒绝个人优先的学说。他们以历史力量的优先性取代它们的地位。对西方自由主义思想来说，即使当它已经摆脱原初社会契约的虚幻时，国家也依然是实现个人幸福的一个工具。对于像 J. S. 穆勒这样的人来说，它始终是一个必要的恶，其功能应被最大程度地限制，从而使得个人力量能尽可能地发挥作用。

德国“温和自由派”从未具有这种有关国家的怀疑主义。他们不仅把国家看作历史力量的一个自然产物，而且认为它是一个有积极作用的好的事物，是一种伦理价值，没有它，文化和道德就是不可能的。通过把国家看作历史的产物，他们就从和历史学派的保守人士非常不同的方面考察历史。他们与西方自由派一样具有这一信仰，即现存的国家仍然是不完善的，但是能够使之完善。不过,在西方的进步观念中,自然法理论的根源还是明显的。约翰·斯图尔特·穆勒、埃德加·基内甚至赫伯特·斯宾塞假设存在人们能够审慎地争取的理性的伦理与政治规范。德国“温和
自由派”比萨维尼或兰克更加注意现实要求。他们打算积极推进 95
这些要求,但是他们也认为,普世真理的发展方向更多地是由每个社会中的内在发展趋势而不是由人的理性认识或道德要求决定的。

在这一意义上,德国自由主义理论中存在大量黑格尔和历史学派的思想成分。德国自由派历史学家中没有一个人认为自己是黑格尔哲学的信徒,甚至德罗伊森也是如此,虽然他可能是受黑格尔影响最深的。所有人都拒绝黑格尔体系的哲学和他有关历史的方案设计。但是他们都或多或少有意识地接受了他有关国家的道德性和历史的有意义发展的思想。[13]因此对于直线发展的进步,基本上他们比自己所批评的西方理论家更加乐观。西方自由派理论家假设在现代政治生活中存在非理性因素和滥用权力的现象;权力和权利往往是冲突的。因此他们倾向于谨慎地看待政治权力,并不认为它是一种神圣计划的显现,而是人类——除非受到控制,否则他们将试图滥用自己的权力——手中的一个工具。

尽管德国历史学家指责西方思想家未能理解政治社会中的权力现实,但是依据相互冲突的个人和集团利益的西方国家观,毫无疑问体现了对政治权力的更为现实主义的理解,如其现实运转一样。确实,他们清楚地认识到权力的恶魔特点。正是由于如此多的西方思想家在自然法思想模式的不断影响下,趋向于区分实然的国家和应然的国家,所以他们能够更加以经验为依据和不带感情地考察国家。在某种意义上,他们往往未能充分强调社会中人的相互关系以及传统对于政治改革的限制。但是甚至这一失误也更多地是某些 18 世纪哲人们(*philosophes*)的教条自由主

义的特点，而不是 19 世纪英国或美国的运动中的更为实用主义的取径的特点。

在形成一种协调一致的政治理论方面，德国温和自由派比西方古典自由派、黑格尔哲学的信徒或历史权利的鼓吹者来说更为困难。与萨维尼不同，或者说在较低的程度上与兰克也不同，像
96 德罗伊森和西贝尔这样的人是不能仅仅因为现存的制度是历史的产物就接受它们是好的；他们也不能接受这些制度是历史发展的必然产物。与托马斯·杰斐逊和约翰·斯图尔特·穆勒相似，他们寻求“正当的”制度，并且要求历史学家具有强烈的伦理信念，它们将是有意义的，只要存在实施它们的可能性。因此承认历史发展的力量和逻辑的德国政治史家，试图将伦理与权力、自由和必然协调在一起。他们强调伟人在社会变化中的作用，如亚历山大大帝或是拿破仑的英雄个性。但是他们也强调，这些英雄的天才很大程度在于他们理解历史趋势和把握时代的独特机会的不同寻常的能力。虽然他们将国家与权力相等同，但是他们也不仅仅把权力看作是力量，而且认为它是一个促进国家之伦理目的的工具。这些目的可能被隐藏了，而且它们的实现明显需要运用邪恶。但是这种邪恶只是黑格尔所说的“理性的狡计”（*List der Vernunft*），通过它，内在于历史中的精神向一个更完善和理性的国家前进。正像特莱奇克在描述 1799 年雾月 18 日拿破仑夺取政权时所指出的：“现在我们知道那天的行动是一场缺乏准备的政变，实施时既缺乏技巧，也没有把握，而其中的残酷和谎言达到了不可宽恕的程度。然而它的成功却是它所具有的历史必然性和伟大的最确凿证据。”[14] 因此成功就是它的伦理上的正当理由。但是这种对于权力的强调在精神上还是有别于日后的现实主义者的实证主义，后者在历史中只看到争取民族或种族生存的斗争。这一时期的所有德国政治史家，包括特莱奇克，相信有比这一斗争更高的目的；历史走向这样一个社会，其中人将更自由

和更幸福。不过,他们愿意为了过程而牺牲个人。

2

人们习惯于区分1848年之前的西南德意志和北德意志的自
由主义。在已成为拿破仑的莱茵联盟一部分的西南德意志各邦
里,法国革命思想比在普鲁士更为巩固。在他们的改革中,斯坦 97
因、哈登堡和洪堡更多地关注英国模式而不是法国模式。在较小的各邦里,正在兴起的中产阶级的政治影响受土地贵族——他们构成了普鲁士军队和官僚体系中的骨干成员——控制较弱。不过在1815年后的岁月里,在普鲁士没有实现的代议制承诺,在巴伐利亚、巴登和符腾堡成为现实。这些中等规模的立宪邦国的自由主义运动已被描述为在精神上肯定自然法的亲法国地区。更倾向于英国的普鲁士自由主义则强调法律的历史根源。

这一差别可能已被过度强调。[15]卡尔·冯·罗特克——可能是对温和派和雅各宾派时期的法国革命做评判时坦率表示支持的南部唯一著名历史学家——对自然法理论加以肯定。法国思想有很多面,罗特克在弗赖堡的同事卡尔·西奥多·韦尔克,把他对孟德斯鸠有关决定宪法的历史和地理特点的认识的赞美与他对英国制度的偏爱结合在一起。对很大一部分南德意志思想来说,英国是一个样板,但是很多在政治上对于英国的同情完全误解了英国的国家概念。据认为,法国革命思想把国家看作是为了保护个体——被认为是与社会没有紧密联系的原子——权利而依据抽象的和非历史的原则创造的一个机械装置。另一方面,英国宪法被德国历史学家看作是将个人与共同体联系在一起的几个世纪演进的产物。确实,两种思想都过于简单化了。民主制理想——包含在卢梭的《社会契约论》中,并且在某种程度上由法国革命加以实践——假定民族是高于个人的。英国的发展逐渐

走向一个其功能受到限制的国家，不仅为传统的团体，而且为私人协会和个人留下了此前不曾有过的自由。与罗伯斯庇尔时期的法国相比，19 世纪 20 年代和 30 年代改革时期的英国对国家与个人间的界线做了更为清楚的界定。德国自由观念的更为真实的源泉在于曾指引斯坦因和洪堡的德国的团体（*ständische*）自由的概念。[16]

98 不过对德国公众来说，法国革命不仅代表了大众统治，而且也反常地体现了自然法理论在政治上的应用：理性高于历史，个人权利高于社会需要。因此随着在某种程度上统一的理想开始遮蔽自由的理想，德国自由主义也日益远离法国理想，并变得不仅尖锐批评革命，而且敌视法兰西民族。[17]这种事态的转变在 1848 年失败之前很久就已开始了；事实上，几乎是在德国自由主义运动开始支持民族统一时就已如此。它不仅涉及个人自由屈服于德国统一，而且还与权利和公正服从民族利益和权力有关。

只有卡尔·冯·罗特克把伦理置于权力之上。不过出生于 1775 年的罗特克——比兰克早二十年——属于另一个时代。作为法国革命的热情支持者，罗特克将他的《世界史》——第一卷出版于 1812 年——献给反对拿破仑的“争取权利和自决的斗争”，在拿破仑之后的反动时期里，罗特克继续这一斗争。他坦率承认自己的《世界史》的目的不是科学地解释过去，而是着眼于实用地传播伦理的政治。[18]1818 年他将自己在弗赖堡大学的历史教席换成政治科学和自然法教席。他的同行、历史学家和议员卡尔·韦尔克，1832 年由于在巴登议会内外积极争取自由改革的斗争而失去了职位。罗特克与韦尔克一起编辑《国家辞典》（*Staatslexikon*），这部政治百科全书在 19 世纪三四十年代成为中产阶级家庭的权威著作。对可应用于现有政治制度的“理性法则”的现实性深信不疑的罗特克，把历史看作是迈向一个公正社会的不断进步。在他的观念里,立宪政府“在理论上全然、在实践上至少大致”与“纯粹理性的公法体系(*Staatsrecht*)”相一致。他所主张的宪法与洛克以降的古典自由主义理论家提倡的宪法相似。他主张,政府是一个契约。主权在通过自己的代表进行统治的人民手中。

与卢梭形成显著对比的是,罗特克强调在政府中分权和保障 99
个人权利的必要性。内阁成员要对议会负责。虽然他和卢梭一样乐观地假定,作为何为权利之解释者的“公意”将在行动上和个人的意志与幸福相和谐,但是他使民主国家服从于一个更高法则。在这一意义上,他的理性国家概念——作为使用正确手段的法则的工具——与革命运动的那些概念是不同的,后者希望用目的来证明手段。[19]因此当罗特克在巴登集会(1832 年 6 月在巴登举行的自由民族主义派大学生和教授的示威)上站出来,对把民族归属作为最高价值的行为加以警告时,他的行动是和其信念相一致的。统一不能以牺牲公民自由为代价来实现。他宣称,“宁要没有统一的自由,也不要没有自由的统一。”[20]通过普鲁士或奥地利王朝的领导而不是通过群众施压完成的统一,其价值是值得怀疑的,他如此警告道。

与此形成鲜明对比的是,另一位南德意志人,斯瓦比亚的公法学家和自由主义反对派成员保罗·阿哈修斯·普菲茨尔,同年在其《德国自由主义的目标和任务》[21]中警告说,民族统一绝不能屈服于政治自由。“绝大多数有思考能力的人都承认需要公民自由,”他抱怨道,“但是他们并没有认识到这一更大的必要性,即永远也不应该为了政治自由而随意牺牲民族独立。”[22]他指出,是否立宪的德意志各邦中“更大的个人自由”会促进统一事业,这一点是值得怀疑的。另一方面,一旦实现了统一,自由也将随之获得。维护自由需要有一个强大的统一国家的保护。[23]

普菲茨尔强调自由不能被理解为一种抽象的人类价值。相反,它往往是与民族性交织在一起的。每一民族都有其独特的使命(*Lebensaufgabe*)。民族间的差别将永远不会消除。作为“精神和思想之乡”的德国与“运动和肤浅之土”的法国之间的差异将始终存在。“从今以后民族性和个人自由必须携手前进。”[24]民族统一要求有一部德国宪法,它只有提供一个代表整个德意志民族的
100 议会机构才可能是真正民族的。德国自由派必须要求出版自由。不过,这些权利并不是源自于“理性和法哲学的普遍原则或是时代精神和德国今天已经达到的文化水平的要求,而是源自完全于实在法和明确存在的前提中发现的理性。”

普菲茨尔尤其将这一权利置于神圣罗马帝国的历史宪法的基础之上,他坚持认为莱茵联盟的王公们在1806年时没有权利废除它,除非它被一个德意志人民普遍接受的新宪法所取代。[25]“政治理性主义,”他抱怨道,“以法律概念反对自然法,在放弃历史道路中看到了我们时代所有野心的必要特点,排斥具体,蔑视实际存在的状况,假设人拥有远比实际上要多的创造力,而且比实际情况更为独立。”真正的自由并不在于“怀着恨意以片面的抽象来抵抗环境和事物实际状况的力量,而是认清命运在世界历史中所指引的道路并且遵循着它来行动,这样,必然性的重负就会变得更加轻缓,而它的束缚也会变得更加轻柔”[26]。

如果自由在于认识和遵循历史必然性的道路,那么政治行为和伦理之间的关系就必须从一个与传统道德观点不同的立场加以考察。因为历史进程不能以抽象原则加以评判;这些原则也不能决定历史环境所要求的政治行为的进程。事实上,仅仅具有政治权力就构成一种道德和政治权利。“强者的权利也是一种权利”,普菲茨尔在为普鲁士在德国所占的主导地位进行辩护时这样写道。[27]

弗里德里希·克里斯托弗·达尔曼在其1835年出版的《仅从现状的根源和情况来考察的政治》中,以有些相似的方式承认,在国家决策中政治利益的考虑必须放在权利和公正之前。达尔

曼是位 1785 年出生于波罗的海边的维斯马的北德意志人,1813 年后在基尔任教,在其职业生涯的早期,他成为针对丹麦君主制的德裔石勒苏益格-荷尔斯泰因人权利的积极代言人。[28]在政治要求上,达尔曼比普菲茨尔更加保守。达尔曼虽然不相信人民主 101
权,但他是把英国宪法作为德国之榜样的主要支持者。不过,他所提倡的立宪政府是与这样一种国家理论联系在一起的,即国家是个有机统一体,它在一出宏大的历史剧中扮演着给定的角色,此种概念甚至与柏克也是不同的。当然,包括自由派在内的英国政治理论家曾经非常注意英国自由的历史根源。但是以下的转变是一个很大的进步,即从认为国家是一个“身体和精神统一的人格”[29]转到“忠实于自己更高目的(*Bestimmung*)的人必定带来目的和个人的种种牺牲,如果不做这样的牺牲,那么他的更高目的本身就牺牲了”。[30]尽管国家并不是和“神圣秩序”(*göttliche Ordnung*)相一致的,但是在达尔曼的观念里没有什么东西“在地球上比政治秩序更接近神圣秩序”[31]。他承认国家本身并不是目的,而是服务于一个“更高秩序”。达尔曼信仰“人类宏大的共同事业,其中各个国家只是提供了预备性工作,并且,在历史的终点一切人类的事物都会外在地完成”。总之,他相信进步。[32]此种状况是与一个历史学家或政治学家能够观察但不能解释的秘密相关联的;也就是说,存在于个人与政治伦理间的矛盾,以及存在于“和个人道德法则相适应的善”的事物,与“和国家命令相适应的正确的”事物之间的矛盾。[33]因为国家不仅要管理国内政治,而且还要处理国际关系。达尔曼暗示,为了实现神圣计划,主权国家间的冲突是必要的,这一点使人回想起黑格尔。“想要一个世界国家或是囊括全部人类的国家的人……就会使在各个国家中组织起来的人类丧失了在国家中达到文化发展最高阶段的前景,它的起源是在家庭,而在由各个国家组成的家庭中它使自己得到完善。”[34]由于国家在事物的“更高秩序”和神秘的伦理二元论中的地位，所以“国家自然关注创造法律和公正的条件，但是这并不是国家的最终目的”[35]。

因此，人们无从讨论普遍适用的政治原则或是好的政府形式。达尔曼指出，尝试解释何为国家的政治理论被“时代潮流”吞
102 没了。政治学顶多能指出政治社会中什么是错的和病态的；但从未能指出什么是正确的。[36]国家只能从历史的观点加以考察。因此拉法耶特界定人权的尝试在达尔曼看来是荒谬的。[37]不过，达尔曼还是在“好的”与“坏的”国家之间做了区分。“好的国家”，尽管高于个人，但只是依据“公共福利”所要求的最低限度来限制个人的行动和财产。[38]这一国家似乎明显是与英国君主制相似的，或至少是与达尔曼的国家观相似的。他承认王室特权某种程度上在19世纪已不再存在。事实上，尽管达尔曼坚持以历史的方法考察政治价值，但他写的英国和法国革命的历史[39]——他在书中宣扬自己的立宪观念——为日后的历史学家们所批评，他们认为这些书比英国和法国自由派历史学家所写的书更加教条。[40]

以与普菲茨尔和达尔曼相似的方式，格奥尔格·吉维努斯——达尔曼在哥廷根的同事和终生朋友，尽管两人在政治观点上有分歧——在其1846—1847年作于海德堡的讲座“历史基础上的政治”中，主张“我们必须像关心获取权力那样关注占有自由”[41]。因此1848年时，三人都愿意为了维护德国在普鲁士控制的波兰领土上的最高地位而求助于普鲁士。正像达尔曼在当时所写的：“那些建议各民族不受一种无条件的人文主义崇拜影响的人是很正确的。一个民族不仅有权利，而且有责任是自私的。”[42]吉维努斯的立场与他1837年在《历史科学的基础》中已形成的有关历史的理论观点确实是一致的。[43]在此书中，吉维努斯已经仔细区分了哲学家的方法和历史学家的方法。历史学家，他警告道，不应该像康德或是赫尔德所做的那样把某一目的或是方向纳入历史进程之中。[44]与诗人或哲学家不同，他应该从真实的历史

世界开始。[45]一旦他埋头于所研究的问题之中,他就能理解作为这一现实之基础的那些观念,在这一点上吉维努斯是与洪堡一致的。在事件的明显混乱中,他将直观地理解(*ahnen*)统治世界的计划梗概。[46]

尽管吉维努斯暗含着否定黑格尔的意思,但是与包含在洪堡 103
的论文“论历史写作者的任务”中的个性学说——他自己的观点与之相一致——相比,他的理念学说与黑格尔的历史发展观有着更为密切的关系。[47]吉维努斯并没有像洪堡那样解释理念;也就是说,概括一个人或一种制度的独特性与根本特点的东西,不能从一般性的方面来加以界定,或被看作是一个统一整体的一部分。对他来说,理念是赋予“大量混乱的”事件以秩序和方向的重要趋势。吉维努斯小心地使自己避免寻找一种协调性理念,通过这种理念,历史可能被转变成一种体系。人的起源和终结的问题被认为并不属于历史学家考察的范围。历史学家寻求理解独特历史运动的方向。这一任务对政治家来说是非常重要的,因为人不能决定事件的进程。他坚持认为自由只存在于重大历史力量即理念的框架之中。伟大人物是这样一些人,他们,尤其是在发展的较早时期,具体体现了各种理念,并且推进了它们。

> 当有思想的历史学家试图在事件中发现这些理念时,他只是像有思想的人通常所做的一样。因为后者必须明白,当他们介入公共事务时,他们必须明智地将自己与所处时代变化着的各种理念联系在一起。因为只有当我们的行动与这些理念相和谐时,我们的行动才会成功。当我们违背这些理念时,我们的努力就将毫无结果。[48]

当然,这意味着伦理价值不能被看作是衡量历史制度的标准,而是历史中主导性的趋势本身反映了伦理价值,而且在道德和成功之间没有根本冲突。

3

尽管存在个人差异，但是 19 世纪中期的所有德国“政治”历史学家在有关社会和历史进程的特性问题上有一些共同的基本概念。正如最近一位研究 1848 年法兰克福国民议会中的德国自
104 由派的学者所指出的，他们都假定在个人的个体自由及其在共同体中的成员资格之间存在一种“预先设定的和谐”。[49]通过批评 18 世纪的法国自由主义思想，他们就正确地认识到抽象的自由是没有意义的，它必须依据具体的社会制度加以界定。然而他们并不希望指出源自国家或是社会的对个人自由的威胁。他们认为将社会和个人之间的冲突最小化是可能的，只要依照路德派传统把自由看作本质特点是精神的和非政治的事物、认为信仰自由是最重要的自由。[50]第二点共同信仰是假设政治、法律和道德都有一个“共同的源泉”，“道德正逐渐变得更加政治化，而政治则更加道德化”[51]。这些假设的基础是这一坚定信念，即历史中存在一个计划；人类社会正以不可抗拒的力量迈向这样一个国家，其中伦理和权力、个人权利与社会一致间的冲突残余将被最小化；并且存在这样一个过程，其中各个民族将作为有组织的政治团体发挥决定性作用。

约翰·古斯塔夫·德罗伊森（1808—1884 年）乃是所谓历史学家中的“普鲁士学派”的创始人。他不仅依据这些假设撰写历史，而且他是同行中唯一通过其《历史原理纲要》[52]以及有关历史体系与方法的相应讲座[53]试图全面分析历史实践之理论前提的人。尽管在他的著作里，重点有一些转变，这尤其体现在经历了 1848 年的挫折以后，他在政治中日益承认武力的作用，但是在德罗伊森的思想中存在着明显的统一性。正如我们已讨论过的其

他“政治”历史学家的情况所反映的,1848 年事件对于他思想发展的影响要远远弱于一些批评者所认为的程度。他的基本政治概念,尤其是他对国家高于个人利益或道德考量的认识,自其 19 世纪 30 年代职业生涯肇始起就没有变化过。

我们已讨论的历史学家没有一个是黑格尔哲学的信徒。他们都承认历史方法与抽象的哲学方法是不相容的。[54]不过青年时期的德罗伊森在某种程度上使我们更多地回想起黑格尔——他曾指责后者是异教——而不是基督教神学所理解的“上帝的全能统治”。105
“我是如此信奉上帝的全能统治,以至于我相信如果他不愿意,那么哪怕是一根头发都不会从头上掉下来。”他在 1836 年写给出版商弗里德里希·佩特赫斯的信中这样说。他比黑格尔更为谦卑,承认“我们理解力的有限使得我们无法洞察这一不可思议的秘密”。

> ……我们相信在任何事物中,哪怕是最细微的细节中,上帝的永恒指引都强有力地、引人注目地发挥着作用。人及其自由意志、自然法则及其中断、偶然性的看似专断的作用……所有这一切都只是我们信仰的伟大和普遍的必然性的工具。追寻这一必然性的痕迹、与它和谐相处、谦卑地服从它是我们知识的唯一有价值内容,也是我们行动的唯一坚实基础。

因此在德罗伊森看来,兰克和施罗塞尔研究历史的方法并不是真正历史的。德罗伊森认为,如果说施罗塞尔曾试图使历史成为道德评判或个人活动概要的话,那么兰克则基本没有超越收集事实。德罗伊森写信给佩特赫斯说,利奥的方法原本会成为他自己的方法,如果利奥没有如此片面地遵循“发展的方向”(*Richtung der Entwicklung*),而未能对现象给予足够注意的话。[55]十年后,他又以类似的形式承认自己相信“一只神圣的手牵引着我们，它指引了大人物和小人物的命运”，而且他认为历史科学的更高任务就是“证实这一信仰”。我们可以称历史是一门科学，德罗伊森主张，因为它“在汹涌澎湃的波涛中看到和发现了方向、目标和计划”[56]。尽管日后他称洪堡是自己的《历史原理纲要》一书的主要灵感来源[57]，但是他相信历史反映了一个伟大的指导性思想，而不是多种观念和趋势。通过一种辩证的方式，思想挑战并改变了自然，成为它的一部分，而且在“否定中”创造了新理想，为新的否定做了准备。[58]

这种对于更高目的的信念渗透在德罗伊森所写的历史书中。在他 1833 年写的《亚历山大大帝传》——紧接着的是两卷有关古希腊历史的书——中，亚历山大这一英雄人物成为一个伟大的历
106 史目的，也即古代异教徒世界的统一——它为基督教的传播奠定了基础——的工具。当德罗伊森把领导权赋予马其顿军事王国，而不是赋予文化上更积极的希腊各城邦时，与后世的德国情形的类比是显而易见的。只是在马其顿将军们的帮助下，希腊文化才能传遍东方。[59]《解放战争》——起初是 1842—1843 年做的讲演——虽然追溯了现代自由观念在美国和法国革命中的发展，但最重要的是有关这一观念在普鲁士改革运动中的发展。《普鲁士政治史》——1855 年开始写作，但未完成——试图阐述这一很成问题的论点，即从 15 世纪以来，意识到普鲁士的德国使命的普鲁士统治者采取了一条一致的行动路线。德罗伊森宣称，通过追求自己的利益——它们也是德国的利益——以及依赖它自己的力量，普鲁士能够最好地为德国统一效力。

但是普鲁士的历史使命并不意味着 1843 年时的普鲁士政府就是神圣的命中注定的国家，对此德罗伊森也表示赞同。德罗伊森著作中反复出现的“神圣秩序”(*göttliche Weltordnung*)、“上帝对世界的统治”(*Gottes Weltregierung*)的观念，意味着存在连续不断的发展，并不是过去的各种制度，而是那些与历史进程相符

的制度才是合法的。[60]与其他任何国家相比,普鲁士更是以一种发展的而不是静止的原则为基础。使这一原则发展到一个很高的程度曾是霍亨索伦王朝的任务。正是1806年后的改革而不是1815年的复辟标志着普鲁士的复兴。[61]

因此对德罗伊森来说,至少到1848年为止,在道德和非道德的统治之间、只依赖权力(*Macht*)的政府和那些依靠道德基础的政府之间是存在真正区别的。只有后者才是真正的国家。依据德罗伊森的观点,国家需要得到它们所统治的人的同意。革命时代的重大成就是人民与政府相一致的国家的出现。1844年时,普鲁士徘徊于是否“应该成为一个国家或是强国(*Macht*),德国的或是欧洲的,公民的(*staatsbürgerlich*)或是王朝的”之间[62]。因此德罗伊森拒绝兰克所主张的欧洲强国体系概念。德罗伊森相信,真正的国家是和它的人民联系在一起的。它的外交政策是由民族利益决定的,而且是在公共舆论面前公开实施的,而不是秘密外 107
交。它的目的在于国内事务而不是外交政策,在于形成“它的公民的自由、负责、讲伦理的政治生活”。如果国家被和它的人民联系在一起,那么普鲁士必须不再是欧洲的,而成为德国的。[63]它的首要目的是德国的统一,而不是权力平衡。但是这并不意味着普鲁士将放弃自己的力量。政治改革将使普鲁士国家更具群众基础,并由此使它得到巩固。德国将是强大的,同时又不渴求权力。美国为这样一种国家提供了最好的例证,即它由于首要兴趣并不在于权力而变得强大了。[64]

德罗伊森并不鼓吹保障了基本个人权利的英国模式的议会制国家。他承认过去两个世纪的趋势是法治国家(*Rechtsstaat*)的建立,这是一个以法律为基础的国家,其中君主和人民之间的关系得到了明确界定。所有这一切是好的。德罗伊森承认立宪政府之下的法治是需要的,但是他也警告说“法律(*Recht*)是重要的,非常重要,但它并不是一切”[65]。“庸俗自由主义”的重大错误,德罗伊森在1847年写道，在于它坚持要求一个以人民主权为基础并受个人权利的书面保障限制的政府。以人民意志进行统治并不要求“汇总所有个人意志”；立宪政府的主要目的也不是“成为人民面对王权的保障，以及可能为拒绝纳税提供最终权利”。“立宪主义的真正本质”在于“国家放弃一切不属于自己的权力”。为了得到充分发展，国家必须承认社会其他领域（*sittliche Kreise*）、伦理范围的权力。在其自身功能中，它必须将这些其他领域的“运动和有力互动包含在内”，并由此向前推进历史发展。“因为历史发展，”德罗伊森总结道，“是所有人类关系的唯一共同因素。”

当然，这反映了一种有关权力特性的明显乐观主义的思想，这一思想在他的同行中如果有，也是很少的。它使人回想起圣西门这样的乌托邦社会主义者的天真信念，即希望通过求助于统治王朝的善意来建立一个健全社会。依照德罗伊森的观点，限制权
108 力并无必要；权力将限制其自身。全能国家必须予以否定。德罗伊森认为，启蒙思想是赞成这一国家的。启蒙绝对主义的顶峰是由雅各宾派和拿破仑代表的，他们拒绝尊重国家之外的文化活动领域的存在和独立性。德罗伊森有关权力的仁慈性的观念是以他对于历史发展的乐观主义为基础的。个人的直觉，“它们本身也是历史进步发展的结果”，不断被转变成整个共同体的制度和共同态度。由此德罗伊森得出结论，一个政体的力量在于其政府的力量，而后者又取决于政府对它“真正任务”的认识。因此一个强有力的政府比一部书面宪法提供了有关法律和个人自由的更有效保障。[66]

德罗伊森在法兰克福与达尔曼一起反对一部书面人权宣言的行为并不令人惊讶。难以令人信服、思想上有点不诚实、不愿承认对他来说比自由更加重要的民族性，这些是德罗伊森反对已拟就的丹麦宪法的理由。为保护传统等级，他援引历史权利原

则,而他在别的地方曾不断否定这一原则以支持历史发展权。[67]他反对为整个普鲁士建立代议制机构和对丹麦宪法的攻击是以很不相同的理由为基础的。德罗伊森担心普鲁士转变成一个立宪国家可能会使德国统一推迟。1848 年事件告诉他,只有一个强大的普鲁士国家才能实现统一。认识到德国不可能通过法兰克福国民议会获得统一后,他现在认为强大的普鲁士国家是唯一的解决办法。“德国统一不能通过‘自由’或‘民族决议’而产生,”他指出,“德国统一的创造需要有一个能够挑战其他强国的政权。”[68]现在重要的是普鲁士是否强大,而不是它是否实施国内改革。普鲁士的利益是与德国的利益相一致的。在 1848 年挫折之后,政治必须完全与权力有关。“对于我们是否有陪审团或我们的市镇是否是依据普选而选出代表的,我毫不在乎。”1851 年他在写给一位熟人的信中这样说。[69]不过,尽管他早先曾赞赏冯·斯坦因男爵的改革,但他从不认为这些制度对于一个自由社会来说具有极大的 109
重要性。事实上,1848 年事件是否像历史学家们通常所主张的那样在德罗伊森思想中产生了深刻变化,是值得怀疑的。当德罗伊森把作为伦理统一体的国家和作为权力的国家作对比时,他确实曾很明确地区分了国家过去是什么样以及它应该是什么样。现在他强调国家就是权力。但是他仍然在国家权力中看到了一个必须与“野蛮力量”(*rohe Gewalt*)明确区分的伦理实在的展现。

4

日后的历史学家往往有些片面地从他们时代的立场来看待德罗伊森的《历史原理纲要》。对他们来说,试图区分历史研究方法和自然科学方法的德罗伊森是处于从洪堡到狄尔泰的思想谱系之中的。[70]在《历史原理纲要》中,尤其是在他有关巴克尔的《英国文明史》的评论中[71],德罗伊森试图阐明自然科学方法对于历史研究来说是不适用的。有关德罗伊森思想的这一解释无疑是正确的，但是它有低估存在于德罗伊森和他所反对的西方实证主义之间的一个重要共同点的倾向。正像他的《有关历史的百科全书和研究方法的讲座》[72]一书的题目所显示的，他想形成一个历史体系，并且讨论它的认识论基础。尽管他与巴克尔存在深刻的方法论上的差异，但是他与巴克尔一样认为，历史并不是以完全牺牲归纳为代价而首要关注个体真理。他与巴克尔都有这一信仰，即历史是一个有意义的、合规律的和进步的过程，对于它历史学家在很大程度上是能够理解的。

与西方实证主义者形成鲜明对比，德罗伊森和在他之前的洪堡、兰克和吉维努斯一样相信历史研究要求理解它所研究的主题，而不是做因果解释。因为与自然不同，在历史中，他争辩道，我们并不是在处理已经死亡的受“原子结构”控制的对象，而是“意志的行动”，每一行动在个体自我或共同体的共同自我中都有自己的起源。[73]这一研究对象决定了历史所使用的方法。[74]对德罗
110 伊森来说理解是可能的，因为人具有精神-肉体的二重性[75]而这是洪堡和兰克已经认识到的。人的每一外在行为都反映了一个内心过程。从这些外在的、实际中可以观察的表现出发，我们能够理解事件的本质或意义，即使没有一个外在表现充分反映了这一本质。[76]“总之，促动了人类精神或是通过感觉而得以表现的一切都是能够被理解的。”他这样写道。[77]人制造的所有工具，以及他创造的所有制度，例如法律、政府、教会，都反映了人类精神，因此是能被理解的。另一方面，在哲学与自然科学中都不可能有理解。哲学和神学思辨能够获得抽象认识（*Erkennen*），但并不是真正的理解（*eigentliches Verstehen*）。与此相似，我们可以把自然分类，以规律来解释自然现象，但是并没有理解它们。[78]

不过，德罗伊森的“理解”概念和兰克、洪堡的理解概念存在根本差异。他们都认为研究对象本身，即由人的活动组成的历史

决定了研究方法。但是德罗伊森理解的研究对象则不同。对洪堡和兰克来说,历史中的重要单位是个体。历史研究就是理解这些个体。德罗伊森则认为历史是个整体,必须被作为整体来理解;意志行动是一个总体的组成部分。历史和自然都是永无休止的运动(*rastlose Bewegung*)的舞台。这两个领域的不同在于,自然中的这一运动采取定期重复的形式,而历史中的运动则是永无休止的进步(*rastlose Steigerung*)。[79]历史的研究对象是伦理世界(*der Kosmos der sittlichen Welt*)。在任何时刻,这一世界都是一个可怕的“由交易(*Geschäften*)、情况、利益、冲突、激情等等组成的迷宫”,它可以从很多方面加以考察:技术、司法、宗教或是政治。

> ……与自然科学并不仅仅是收集物质世界的所有细节一样,历史科学也并不是对整个这一现实的逼真再现。两门科学都是人类精神观察事物的方式,是这一精神在认识上(*wissend*)来把握和占有伦理、自然世界的形式。把伦理世界看作是正在发展、转化和处于运动中的,就是历史地看待它。[80]

德罗伊森并不是因为巴克尔相信历史中存在进步而批评他, 111
而是因为巴克尔研究历史的自然主义方法是与有意义的进步不相容的。在自然中只可能存在循环,德罗伊森主张没有目的的位置。[81]

德罗伊森的“理解”(*Verstehen*)概念背后隐藏的是一种有关人的认知能力的强烈的乐观主义思想。理解,“人所能达到的认识的最完善形式”,是一个自觉行为,不能依照抽象逻辑进行。它涉及人的所有方面,他的“整个精神-物质特性”,而不仅是他通过情景加以推理的能力。它更“像一个创造活动、两个带电物体之间的火花、构思行为”。历史理解与我们理解对话相类似，我们不仅是要听或理解个别词语或句子，而且还要能够理解语境，因为所说的话反映了一个整体语境。[82]德国历史思想所认为的理解概念，暗含着人类理解是有很明确的界限的。首先，“理解”一词意味着理解是个高度主观的、个人的活动。因此不存在获取真理的普遍方法或是任何检验真理的客观标准。我们只能理解我们自己的独特状况，我们不只是面对真理本身，而且还将具体的人或共同体的特性与它们自己的主观局限相对比。这是由洪堡和兰克所发挥的理念学说引申出来的。使得兰克与洪堡免于主观主义的是他们的这一坚定信念，即我们的理解对象尽管非常不同，但是仍然反映了上帝的意志，而且体现了一个多面现实的方方面面。

到世纪末时，这种对于根本性的实在的信仰被动摇了。马克斯·韦伯不再相信它；而对狄尔泰来说，它至少也是成问题的。我们仍然能够谈论价值类型、世界观（*Weltanschauungen*）类型，但是任何超验意义上的价值或真理问题变得没有意义了。另一方面，对德罗伊森来说，“理解”方法使得客观知识仍然可能，因为他坚定地相信自己生活在一个有意义的和整全的世界中。他也承认认识始终受到我们个人局限和从属于一个国家、民族团体或是宗教的限制和影响。但是在他看来，这些影响和限制我们认识的集团是客观现实的产物。他的认识，他承认，是“我的立场
112 （*Standpunkt*）的相对真理，因为我的祖国、政治与宗教信念，以及我的认真研究使我得到了它”。他认为这一真理是优于“柔弱无力的客观性的”，后者不受任何立场约束，只能导致无益的概括。

> 当然，我并不想依据自己的任意主观性或是渺小的个性来解决历史表现的重大任务。但是当我从自己的人民、国家和宗教的立场出发看过去时，我就站在自我之上了。由此我就从一个更高的自我出发思考了，而我渺小的个人已经融化

> 在这更高的自我之中。[83]

这一观点——认为一切认识都带有从属于一个历史集团的人的色彩——将是非常相对主义的，如果德罗伊森不认为在历史中是有客观力量在起作用，而且在某种程度上至少历史学家是能够超越自己的狭隘处境而瞥见这些力量的。而德罗伊森有关理解的四个必要阶段的讨论中就蕴涵了这种可能。首先，一切历史研究都必须从批判性地重建事实开始，尽管必须牢记的是，一桩历史事件，例如一场战斗，并不是由硬邦邦的事实而是由意志行动组成的。[84]

解释的第二步在于研究这些行动发生的条件。第三，也是更重要的一步是心理解释，它尝试重建意志行动。但是这还并不构成理解。要达到理解，我们必须实施第四步，这就是“对填补心理解释所留下的空白的那些观念加以解释”。这些观念并不是抽象思想；相反，它们是在家庭、教会、社会或国家这样的具体社会结构中表现自身的道德力量(*sittliche Mächte*)。[85]这些道德力量使人成为他现在这样，德罗伊森指出。历史本质上就是这些力量进步的故事。[86]此外，正是这些力量，而不是个人深思熟虑的行动，创造了历史中出现的具体制度。

> 历史研究明白个人是中介，但也只是中介，这些事物通
> 过他们起作用，个人的天赋、他们的愿望、他们内心深处的自 113
> 我(*eigenste Totalität*)只是事物不断发展(*Werden*)中的阶
> 段和环节，事物的发展是不受那些人的善或恶的意志支配
> 的，而正是通过他们，这些事物完成了自己的目的(*durch
> welche sie sich vollziehen*)。[87]

因此，历史学家首要关注的是对历史中起作用的重大社会力

量的理解。[88]因为“一切人类的存在和活动仅仅是这些道德力量的反映和外在体现”[89]。对历史学家来说关键的只是那些具有“历史的”而不是个人的重要性的东西。他必须知道何时“私人事务”(*Geschäfte*)成为“历史”(*Geschichte*)。因为波希米亚国王乔治·波第布拉德(George Podiebrad)的历史意义并不在于

> 他日复一日的所作所为,而是在于他的行动对于整个历史发展的影响。我们并不想了解他个人,而是想研究和阐明他的历史重要性。[90]

与德罗伊森作为一个整体体系的历史概念相关的是他的历史乐观主义。在伦理和社会之间不可能有任何真正的冲突,因为社会构成了伦理观念的具体表现。另一方面,这些观念不可能在抽象中形成,而只可能在社会制度的框架中形成。德罗伊森区分了三种伦理共同体类型,其中每一类型都有四个阶段。人与动物的不同在于他的本能要求将他引向精神共同体(*seelische Gemeinschaft*)。[91]这些自然共同体是家庭、邻里、部落和民族(*Volk*)。它们满足了自然和生理需要,但同时又具有更高的精神意义。“理想的共同体”(*ideale Gemeinsamkeiten*)是较不紧密地结合在一起的;也就是说,语言、艺术、科学和宗教。要在相冲突的利益中保持和谐,“实际的共同体”也即社会控制制度就是必要的。德罗伊森区分了四种实际共同体:社会领域、福利(经济)、法律和权力(国家)。[92]个人的道德程度是与他自己和共同体的一致
114 程度相应的。[93]因此,没有脱离社会的道德,也没有普遍的伦理原则。所有伦理都是历史性的。[94]“任何时期的伦理体系都只是这一时期有关伦理力量所达到的认识状态的系统化和综合。”所有道德评判都是“相对真理,与当时所达到的认识相适应”[95]。当然,这意味着存在持续不断的道德进步。[96]真正的恶并不存在。恶仅仅体现了

人类精神在发展的早期阶段的局限。“它从属于历史运动的架构之中,不过是作为‘在事物进程中注定要减弱和消失的东西’”[97]。

国家位于社会制度的等级之首。德罗伊森指出:“国家声称是所有伦理共同体的总和与全部组织,是它们的共同目的。”[98]但是他小心翼翼地不使伦理观念只与国家相等同,就像黑格尔曾做的一样,因为人也属于其他伦理共同体。“人生活于其中的重要伦理共同体与国家是有关系的,而且为保护国家和增强它的荣誉效力。但它们绝不是为国家而存在的,它们也不是从国家中产生的,而国家的局限性并不就是它们的局限性。”[99]国家使得这些伦理力量能够自由运作和发展。“国家作为一种公共力量,”德罗伊森指出,“保证了国家内所有伦理领域的安全。这些领域牺牲了自己的自治和自决,其程度与权力能够保卫和体现它们所必须的程度相一致。”但是另一方面,“当所有伦理领域的健康、自由和运动得到最充分的发展时,权力才是最伟大的”[100]。

德罗伊森显然心仪的是强大的立宪君主制,就像 1850 年宪法时的普鲁士。政府不受各种政党和不同利益集团的压力,它有助于决定一个议会制国家的政策。德罗伊森是如此相信历史的力量,以至于他不可能认为国家会滥用权力。为了有效运转,国家不得不以权力为基础。“在政治世界里,力量法则的有效性是和自然世界里重力法则的有效性相同的。”[101]但是国家是以大的伦理共同体为基础的。对国家的利益和伦理的要求相一致这一点深信不疑的德罗伊森,对“随着权力组织的不断发展,自由变得
更加恶化了的不幸观念”表示遗憾。[102]国家权力保障了不同社会领 115
域的自由。在这些不同领域中,只有国家处于客观公正的仲裁者地位。德罗伊森未能看到不受限制的权力的危险,因此也没能看到有必要对国家权力做有效限制。在他看来,如果政府追求国家的最佳利益,那么它就确实不会对不同利益表达自己的自由产生伤害。因此宪法是否为大众参与政府提供了可能这一点是无关紧要的。

> 各等级——无论它们以何种形式被召集起来——是否有权发表自己的意见是不重要的。是否通过团体或代表机构发表他们的观点也远不像人们所认为的那么重要。宪法的本质在于是否以及在何种程度上国家注意到了若是自己想增加权力，那么就必须追求自己真正重大的利益，而不是以一种专断方式行事。是否它在公共讨论、代表或细心周密的行政体系的基础上维护这些重大利益则是无关紧要的。[103]

国家的权力不能受到个体伦理考虑的限制。通过追求它的“真正利益”，国家的行动就符合道德，即使它似乎在行动时是与大众的个人道德概念相背离的。与原始“力量”形成鲜明对比的权力始终是合乎道德的。如果士兵

> 杀人放火是因为他被命令这样做，那么他就不是作为个人且依据个人想法行事，而是根据众多关系行事，这些关系一起形成了他的自我，而且在他的良心中交织在一起。因此他的行为是源自一个更高自我……个人常常面临这一困难。各种责任的冲突可能使他对自己可以做什么和不应该做什么提出疑问。但是当他服从自己的更高责任时，他的内心就会安宁。当他的行为是全身心地为这一更高的普遍利益而服务时，他就觉得自己超越了狭小的个人自我，仿佛他由于一个更高法则而变得崇高。[104]

116

5

在各种论文和讲演中，亨利希·冯·西贝尔（1817—1895年）试图对德罗伊森在其有关《历史原理纲要》的讲座中已经讨论过的那些问题进行考察，同时不像德罗伊森那样雄心勃勃。[105] 西贝

尔和德罗伊森的政治立场是相似的,尽管在 1860 年代的宪法危机中,西贝尔暂时比德罗伊森更左一点儿。在 1848 年的所谓法兰克福预备国会上,西贝尔处于温和自由派立场,就像他在 1860 年代的普鲁士国会中所持的立场一样。一个“自由-保守派”,正如他给自己的称呼[106],他在自己的政治生涯中始终赞成立宪政体和法治国家(*Rechtsstaat*);不过,他和德罗伊森一样,反对对君主的真正的议会限制,并害怕人民主权。因此他早年有关柏克和辉格派的研究体现了他界定自己的政治立场的尝试。他专注于《法国革命时期的历史》的岁月也是如此,该书反映的对社会力量的关注远甚于在一个“政治”导向的历史学家的其他任何著作中所能看到的程度。[107]

尽管重点偶尔转变,但西贝尔有关历史方法和历史现实结构的观点明显是和德罗伊森类似的。西贝尔也强调存在于历史和自然科学间的方法上的不同。人的行动要求“精神理解”。科学家所拥有的检验自己观察的“准确控制方法”,只在小得多的程度上适用于历史学家。[108]但是尽管有这些限制,西贝尔仍然确信历史中“确凿知识的可能性”[109],因为所有人都是“人,而且受同样的人性法则所统治”,每一历史事件都是一个整体背景的一部分。[110]

对确凿历史知识的可能性的这一信仰,以及西贝尔对人类事务中存在不断进步的深刻信念,使得一些德国批评者认为在他的历史思想和西方实证主义者的思想中存在一种亲属关系。[111]在很大程度上,这种亲属关系也适用于德罗伊森,尽管他曾攻击巴克尔。但是,即使西贝尔相信历史的客观知识是可能的,他也并不比德罗伊森更相信客观研究方法是必要的。因为我们处于大的历史背景中,我们有关历史的偏颇的和主观的看法反映了某个客观实在。和德罗伊森的理由非常相似,西贝尔也反对兰克被人认 117
为的“缺少热情”及其对技术性考虑的过分关注,还有施罗塞尔的肤浅说教。[112]毕竟历史只能通过与现实生活的关系来理解。

> 就像一个真正的历史学家不可能在没有道德信念的情况下变得成熟一样，没有一个真正的信念可能会与宗教、政治和民族这样的使世界运转的重大问题缺少一定关系。试图保持一种优雅中立的历史学家不可避免地成为没有灵魂的或是做作的。

由此西贝尔认为这是“向前迈出的重要一步”，因为在过去的几十年里，

> 每一个在我们的文献中占有重要地位的历史学家都有他自己的色彩。有信仰者和无神论者，新教徒和天主教徒，自由派和保守派，各种派别的历史学家，但是不再有任何缺乏热情与敏感的客观公正的历史学家了。[113]

对西贝尔来说，就像对于德罗伊森一样，计划的存在和进步的现实消除了个人自由和国家间以及伦理和权力间的根本冲突。西贝尔指出，自由并不仅仅是免除约束的自由，“不顾及这一意志的内容，而是意志在形式上的自决”。他遵循德国唯心主义传统把自由看作是某种积极的东西，是“实现文化和道德的自决”(*Selbstbestimmung zur Bildung und Sitte*)，“人性的无拘无束的发展”。但是西贝尔也强调，这样的自由只可能存在于一个共同体中，而且受作为道德机构的国家的指引。因此他得出结论“国家领导个人，个人服从国家，而且只有通过这种服从他们才实现了自己的自由”[114]。国家并不是个人的产物。它和它的法律是“自上而下的创造”(*eine Schöpfung von oben her*)。[115]它并不是一个“机械工具”，而是一个“鲜活的团体”(*lebendige Genossenschaft*)和一种“道德

潜能"（*sittliche Potenz*）。"国家是通过共同体的权力而实现自由"，它的任务就是"完善人类文化"[116]。因此对西贝尔来说，和黑 118
格尔的观点一样，国家的历史体现了"道德理念"的进步。深深信仰人是不断进步的西贝尔，如此提醒他的读者们：如果

> 我们根据人口的密度和生产力、性道德的纯洁、对个人生活的尊重、市民社会的安全、逐渐减小的战争规模、各个阶级所争取的幸福和教育来考察6世纪、16世纪和19世纪，我们就会相信人们根本不可能谈论倒退。可能现代会在某些方面缺乏以前时代的辉煌，但是在道德和人性的平均程度上，我们时代是优于之前一切时期的。[117]

西贝尔是如此相信国家的使命，以至于如果有必要他愿意为了它的利益而牺牲公民自由和伦理原则。他可能比德罗伊森更愿意承认在对权利与权力的考虑之间所可能出现的真正冲突。他指出除非是以"普遍理性和道德法则"为基础，否则历史上发展起来的事物无权继续下去。但是他又兴致盎然地继续道，没有几个政治机构是完全缺乏这一基础的。[118]他所谓的伦理和自然法则的具体含义并不是很清楚。一个统治者显然违背了自然法则，如果他试图将自己与历史连续性（*geschichtlich Gewordenen*）相分离或企图阻碍"新的发展潮流"。[119]即使国家的第一需要是权力（*Macht*），它也应该正确使用这一权力。[120]但是当权力和权利之间出现冲突时，后者必须屈服。因为"与事物本性站在一起的人始终是胜利的；但是如果有权利与他相对立，那么他只是艰难地制胜"。西贝尔坚持，如果必要，权利和公民自由的保障必须为了国家利益而牺牲。[121]事实上，正式限制国家的权力是危险的。

> 对国家行动设置明确障碍和试图将国家从某些生活领

> 域中排除出去是错误的……自由法则并不要求国家不关心人类存在的某些方面，而是要求国家在有意义的范围内和为了自由的利益而行动。[122]

119 如果国家的目的并不是从一开始就被消灭，那么它必须有权利依据个人为整个共同体(*Gesamtheit*)所完成的任务来决定每个个人应享有的政治自由程度。[123]但是如果历史的力量是进步的力量，那么行动路线就应该依据是否成功而不是抽象的道德规范来加以评判。在这里，西贝尔赶紧区分了表面的、暂时的回报和“实际的持久”所得。不过，成功与否依然是“最高法官……最终和决定性的上诉法庭”(*die schlechthin entscheidende Instanz*)。西贝尔总结道，通过暴力和侵占获得成功的那些天才不能以通常的道德标准加以评判。[124]

6

因此，“温和共和派”历史学家能够像他们在宪法危机时那样与俾斯麦轻易地达成和解就一点也不惊奇了。没有一个人——吉维努斯可能是例外(他并没有表示和解)——具有民主倾向。没有一个人是西方意义上的自由派。每个人都承认强大国家的必要性，并且不仅拒绝普选，而且反对立法权对君主政治的任何广泛控制。不过，他们寻求一个立宪的“法治国家”，它将确保基本的个人权利，有效推进民族统一运动，并且通常采取进步的经济和社会政策。与违背普鲁士宪法的行为在他们之中所引发的警觉相比，他们倾向于更少反对已然引发了普鲁士议会与政府间冲突的军事改革预算法案本身。可能他们绝大多数人关注的是俾斯麦被任命为首相这件事，因为他们把他看作是反动的容克(*Junker*)利益的代言人。

所有人都以怀疑的目光看待以新成立的进步党——1861年作为国会中最强大的政党出现——为中心的民主派力量。它依然是为维护国会的立宪权力而反对俾斯麦的核心。马克斯·丹克尔于1861年支持军事改革预算法案,甚至在第二年还支持俾斯麦的任命,尽管他对这个人喜忧参半。[125]与此类似,德罗伊森也从未持真正的反对立场。[126]鲁道夫·海姆在一篇解释《普鲁士年鉴》对于俾斯麦6月1日颁布的限制反对派报刊的法令的顺从态 120
度的社论中告诫道“我们所有的机构都是以这一原则为基础的,即法律(*Recht*)是政府和人民间的合作的结果”[127],而且“最高权力的胜利意志”必然是与“权利和道德”不可分的。他对俾斯麦希望解救“旧的军事普鲁士于新普鲁士——核心是资产阶级,重心将在国会中——之手”感到遗憾。[128]但是,他又承认,“如果一个天才(*Genialität*)的领导被证明是成功的,那么一个民族就宁愿忍受他的令人讨厌的、压制的甚至是非常暴力的行为……一个民族愿意牺牲一些国内自由,如果由此可以换来它在国外的权力和声誉的提高的话”。但是普鲁士国家还得通过这样的成就来“使我们今天感到的压制合法化”。[129]不是每个人都愿意遵从。被海姆的文章激怒的特莱奇克就公开宣布与《普鲁士年鉴》脱离关系。[130]西贝尔尽管愿意在军事问题上妥协,并且对进步党的教条立场感到厌恶,但他也由于俾斯麦的行动而日益转向维护宪法的反对派立场。[131]在其友德罗伊森——他承认自己并不是“冯·俾斯麦先生的赞美者”,但是承认“权力是国家的首要利益”[132]——催促下,他于1864年普鲁士和奥地利征服石勒苏益格-荷尔斯泰因后答复道:“……权利对权力的牺牲是有界限的,或许那界限是松散的,但却是不可动摇的和绝对坚实的。”[133]

在1866年普鲁士打败奥地利后,自由派历史学家中剩余的反对意见也消失了。无论是西贝尔还是以《普鲁士年鉴》为中心的那些人都不再怀疑历史是站在俾斯麦一边的。普鲁士国会和新的北德意志同盟的帝国议会中的绝大多数自由派代表现在组成了一个新的民族自由党，它与俾斯麦和好，并使得进步党相对变小和孤立了。在一篇内容广泛的“自我批评”中，赫尔曼·鲍姆伽登斥责德国自由派未能完全理解权力的重要性，而且他们不断攻击政府的行动不合宪法的行为就削弱了人民的“道德力量”。
121 “倘若说他们与这样一个政权达成了某种还能够令人忍受的和解的话，那只是对公共精神和国家的健康发展带来了更加严重的伤害。”[134]特莱奇克修订了其有关“自由”的文章，并且回到《普鲁士年鉴》。尽管在写于1861年的较早版本中，特莱奇克已承认“国家不仅仅是促进公民利益(*Lebenszwecke*)的手段”，而且还辩称“不存在对国家权力的绝对限制”，但在有关穆勒的“论自由”的讨论中，他对穆勒文章的影响做了仔细思考，尤其是它对人类进步必不可少的思想自由的捍卫。[135]在1864年版中，他更加强调了本身就是目的的国家观念、所有政治自由的有限特点和政治平等的无意义。[136]

只有吉维努斯带着恐惧和不安看待1870年与1871年发生的事件。曾对1848年普鲁士在石勒苏益格-荷尔斯泰因问题上的政策和弗里德里希·威廉四世拒绝德意志皇帝头衔感到失望的吉维努斯，成为霍亨索伦王朝领导权的毫不妥协的批评者。他于1853年指出，主导欧洲历史的法则是“从个人的精神和公民自由向几个人和很多人的精神与公民自由的有规律进步”。[137]在我们这个民主的大众时代，“个人的重大影响，无论他们是统治者还是平民”，都处于次要地位。[138]因此他在1870年11月非常忧虑地指出

> 对于以历史的眼光而不是当代的眼光看待当代的各种事件的人来说，(1870年的重大军事事件)仅乎蕴含了无数危险，因为这些事件把我们引上了一条与我们民族特性完全相

> 背的道路，而且更糟糕的是，这条道路是与整个时代的特性相背的。[139]

德罗伊森在 1866 年时曾说过，一旦德国统一了，自由化进程就必须开始。[140]到 1871 年时这似乎被遗忘了。对社会主义的发展和所谓的天主教力量感到惊愕的西贝尔，为支持俾斯麦的国内政策而重新进入州议会（*Landtag*）。只有特莱奇克和蒙森开始感觉到国家权力和自由原则之间的互不相容，尽管两人是以非常不同的形式。权力的自然主义观念正在取代把权力看作是一种伦理力量的德国唯心主义概念。奥古斯特·路德维希·冯·罗豪的《实力政治的基础》一书在 1853 年已出版。罗豪的主张—— 122
"使权力屈服于权利确实是不合理的，只有更强大者才有和应该有权力"——之中并没有什么新颖的东西。罗豪著作的主要意义在于将"实力政治"一词引入了政治学词汇中。不过就像特莱奇克日后所说的，这部书如闪电一般向他袭来，而且他把该书归入对其思想产生过最重要影响的著作之列。[141]

特莱奇克和鲍姆伽登在看待权力时都不像之前的人那样把它理想化。[142]在其论自由的文章中，特莱奇克已经提到"历史中的无情的种族斗争"，并且已嘲笑宗教是"脆弱的人类心灵的一种主观要求"。[143]在 1870 和 1880 年代，政治对他来说日益成为民族与民族间、强与弱之间的生存斗争了。在新帝国里，他不断成为一种新保守主义的代言人，这一保守主义反对社会主义者和以古斯塔夫·西摩勒为核心的"牧师社会主义者"（*Kathedersozialisten*），以及鼓吹在现有的德意志君主制框架内进行温和社会改革的"社会政治学会"（*Verein für Sozialpolitik*）。"为了几千人能够探索、绘画和统治，几百万人必须照看田地、当铁匠和做木工"[144]，他如此评论道。特莱奇克支持新生的帝国主义思想，并且要求一个强大的德国世界政策、殖民地和海军。他现在已从早年的支持犹太人解放转向反犹太人。[145]

西奥多·蒙森也热情欢迎1870—1871年的历史事件，在1870年代初作为民族自由党成员回到议会，并成为俾斯麦反对天主教会的“文化斗争”的热情支持者。1879年俾斯麦在保守派获得选举胜利后实施的保护性关税，在他看来是对民族自由原则和民族自由党的一种背叛。他于1881年作为已和民族自由党分裂的自由派的分离党候选人而被重新选入帝国国民议会，此时他开始注意到一个人民代表未能在国家事务中具有决定权的政体所具有的危险。现在在他看来，民族自由派为统一付出了太高的代价，而且俾斯麦已打碎了民族的脊梁骨。蒙森遗憾地发现在崇拜俾斯麦、半封建与军事利益主宰一个工业国家的政治生活的环境中成长起来的一代人眼里，自由主义日益变得软弱无力。在写于
123 1899年，也就是他去世前四年的遗嘱中，他满怀失望地评论道：

> 我从未有过政治地位或政治影响，也未曾以此为目的。但是在内心深处的自我，我的意思是我的心中，我始终是一个政治动物，而且想成为一个公民。但是在我们的国家里这是不可能的，在这一国度里个人，即使是最优秀的个人，也从未能够完全超越军事上的服从（*Dienst im Gliede*）和政治上的盲目崇拜。与我所属于的民族之间的这种内心疏远，已使我决心尽可能地不在自己并不尊重的德国公众面前出现。[146]

另一悲观的评论是由赫尔曼·鲍姆伽登所做的。如果说在1870年时，他还抱怨德国人始终低估权力的作用和过分强调观念的影响的话[147]，到了19世纪80年代他就重新评价俾斯麦在德国历史中的地位，并对未来深感忧虑了。他与蒙森一样，对俾斯麦在“文化斗争”中的退让和放弃自由关税政策感到失望。他甚至比蒙森更敏锐地看到了隐藏在对权力和民族性的过分美化之后

的危险,一个大众暴政时代来临的威胁。他尖锐地批评特莱奇克1883年出版的《德国史》[148],并反对特莱奇克和阿道夫·斯托克的反犹主义言论。与蒙森相比,他对俾斯麦的保守主义的批评在更大程度上是与对大众政府的恐惧——绝大多数德国"古典自由派"都曾有这种困境——结合在一起的。与他之前的兰克类似,鲍姆伽登害怕俾斯麦通过实施普选可能会产生他有一天将无法控制的精神。"似乎只有很少几个人察觉",他在1890年写信给西贝尔,"普选不仅正在威胁国家,而且还威胁到我们整个文化,并使一切事务都受大众的粗野本能的统治。"[149]

不过,在他们对俾斯麦政权的忧虑方面,蒙森和鲍姆伽登是相对孤立的,至少直至19世纪90年代以弗里德里希·瑙曼为中心的团体形成前是这样。而瑙曼团体尽管深刻意识到了德国君主制的缺陷,但仍然完全相信权力在国家里的中心地位和德国作为一个世界强国的未来。

注释

1. 利奥波德·冯·兰克:"论历史与政治的相似性与差异"("Über die Verwandtschaft und den Unterschied der Historie und der Politik,"),见《全集》(*SW* 24,pp. 288—289)。
2. 参见亨利希·冯·西贝尔:"最新德国历史著作状况"(Heinrich von Sybel,"Über den Stand der neueren deutschen Geschichtsschreibung"),见《小历史论文》(*Kleine historische Schriften*,3rd ed.,Ⅰ,Stuttgart,1880,p. 358);另见海茵茨-奥托·希伯格:《19世纪历史著作中的德国和法国,1848—1871》(Heinz-Otto Sieburg,*Deutschland und Frankreich in der Geschichtsschreibung des* 19. *Jahrhundert*,1848—1871,Wiesbaden,1958,p. 202)。
3. 参见沃尔夫冈·霍克:《圣保罗大教堂时代的自由主义思想:德罗伊森与法兰克福市中心》(Wolfgang Hock,*Liberales Denken im Zeitalter der Paulskirche. Dorysen und die Frankfurter Mitte*,Münster,1957),以及瓦尔特·布斯曼:"19世纪德国自由主义史",《历史杂志》(Walter Bussmann,"Zur Geschichte des deutschen Liberalismus im 19. Jahrhundert",*HZ*,186(1958),

pp. 527—557)。这些人中鲁道夫·海姆严格意义上并不是历史学家，而是哲学家和文学史家。

4. 有关《普鲁士年鉴》早期岁月的研究，见奥托·维斯特法尔：《德国自由主义的世界观和国家观。有关1848—1863年《普鲁士年鉴》和德国立宪自由派的研究》(Otto Westphal, *Welt-und Staatsauffassung des deutschen Liberalismus. Eine Untersuchung über die Preussischen Jahrbücher und den Konstitutionellen Liberalismus in Deutschland von 1848 bis 1863*, München, 1919)。

5. 例如弗里德里希·C. 塞尔的《德国自由主义的悲剧》(Friedrich C. Sell, *Die Tragödie des deutschen Liberalismus*, Stuttgart, 1953)。

314 6. 参见瓦尔特·布斯曼："19世纪德国自由主义史"(同注释3)。

7. 列奥纳德·克里格：《德国自由观念》，前引书，第4—5页，他指出"德国人在本质上分享了如此多西方规范和实际分类，以至于他们用西方术语来给自己的价值和行动命名，并把他们的分歧看作是处于共同西方模式中的积极的文化创造"，而他们以更陈旧的民族假设为基础的独特自由观念，把君主权力和国家力量看作是政治自由的历史伙伴而不是对立面。

8. 有时称作"自由保守主义"更恰当(见下面的注释106)；参见汉斯·罗森博格：《鲁道夫·海姆和古典自由主义的产生》(Hans Rosenberg, *Rudolf Haym und die Anfänge des Klassischen Liberalismus*, München, 1933)；另见沃尔夫冈·霍克：《圣保罗大教堂时代的自由主义思想：德罗伊森与法兰克福市中心》，前引书。

9. 不过，后来在与自由主义决裂后，亨利希·特莱奇克成为反犹主义者。与此相似，马克斯·丹克尔尽管母亲是犹太人，但仍对1880年代的反犹运动表示同情。参见《全德人物传记》(*Allgemeine Deutsche Biographie*, 1817—1844, Frankfurt, 1959)。另见以下注释145。

10. 参见阿尔弗雷德·赫斯：《西奥多·蒙森与19世纪》(Alfred Heuss, *Theodor Mommsen und das 19. Jahrhundert*, Kiel, 1956)，以及阿尔伯特·乌赫的《西奥多·蒙森：历史写作与政治》(Albert Wucher, *Theodor Mommsen, Geschichtsschreibung und Politik*, Göttingen, 1956)。洛塔尔·维克尔特的计划写三卷的传记已有前两卷问世。另见《西奥多·蒙森传》(*Theodor Mommsen. Eine Biographie*, Frankfurt, 1959—)，阿尔伯特·乌赫的《西奥多·蒙森：历史写作与政治》。

11. 参见瓦尔特·布斯曼前引文，第542页。

12. 同上文，第543页。布斯曼所引用的《普鲁士年鉴》，1866年，卷2，第46页(*Preussische Jahrbücher*, 1866, Ⅱ, p. 46)是不正确的。

13. 有关这些历史学家对待黑格尔的立场,尤其参见沃尔夫冈·霍克(同注释 3)。

14. 亨利希·冯·特莱奇克:“法国的政治生活和波拿巴主义”(1865),见《历史与政治论文》(Heinrich v. Treitschke,“Frankreichs Staatsleben und der Bonapartismus”(1865),*Historische und politische Aufsätze* Ⅲ,Leipzig,1871,p. 48)。

15 F. 冈特·埃克曾对传统上所做的过分彻底的区分提出警告,见“1848 年以前的德国自由主义中的英国和法国影响”,刊于《观念史杂志》(F. Gunter Eyck,“English and French Influences in German Liberalism before 1848”,in *Journal of the History of Ideas*,18,1957,pp. 313—341)。

16. 参见海茵茨-奥托·希伯格的《19 世纪历史著作中的德国和法国》(Heinz-Otto Sieburg,*Deutschland und Frankreich in der Geschichtsschreibung des 19. Jahrhundert*,2 vols.,Wiesbaden,1954,p. 94)。另见亨利希·赫夫特,《19 世纪的德国自治》(Heinrich Heffter,*Die deutsche Selbstverwaltung im 19. Jahrhundert*,Stuttgart,1950)。

17. 希伯格(同注释 16),第 262 页。 315

18.《从历史知识的开始到现在的历史》(*Allgemeine Geschichte vom Anfang der historischen Kenntnis bis auf unsere Zeiten*),英文译为《世界通史》(*General History of the World*,Philadelphia,1840—1841 and 1851)。

19. 见《国家辞典》中有关“运动党派和抵抗或静止党派”与“宪法”的词条(*Staatslexikon*,“Bewegungspartei und Widerstands-oder Stillstandspartei” and “Konstitution”),很大部分转载于费德里科·费德里西的《德国自由主义》(Federico Federici,*Der deutsche Liberalismus*,Zurich,1946)。参见埃克(同注释 15),第 325—328 页。

20.《论文及遗稿全集》(*Gesammelte und nachgelassene Schrifte*,Ⅳ,Pforzheim,1843,p. 400)。

21.《德国自由主义的目标和任务》,作为附录收于 P. A. 普菲茨尔的《德国通信》(*Gedanken über das Ziel und die Aufgabe des deutschen Liberalismus*,P. A. Pfizer,*Briefwechsel zweier Deutschen*,Berlin,1911,pp. 331—366)。

22. 同上书,第 336 页。

23. 同上书,第 337—338 页。

24. 同上书,第 341 页。

25. 同上书,第 346 页。

26. 同上书,第 347—349 页。
27. 同上书,第 349 页。
28. 达尔曼作为石勒苏益格-荷尔斯泰因地区各等级的永久代表团的秘书行事,并且在德国议会中维护他们的利益。1829 年他被任命到哥廷根大学执教后,他参加了 1832 年汉诺威宪法的制定工作,该宪法于 1837 年被国王恩斯特·奥古斯特废除。有关 F. C. 达尔曼,还可参见赫尔曼·海姆培尔,《两位历史学家:弗里德里希·克里斯托弗·达尔曼、雅各布·布克哈特》(Hermann Heimpel, *Zwei Historiker. Friedrich Christoph Dahlmann. Jacob Burckhardt*, Göttingen, 1962)。
29. 《从其根源和状况规模看政治》(*Die Politik auf den Grund und das Mass der gegebenen Zustände zurückgeführt*, Berlin 1924,奥托·维斯特法尔编辑并撰写导论)。
30. 同上书,第 55 页。
31. 同上。
32. 同上书,第 54—55 页。
33. 同上书,第 55 页。
34. 同上书,第 57 页。
35. 同上书,第 55 页。
36. 同上书,第 56 页。
37. 同上书,第 197 页。达尔曼也拒绝公民不服从理论。
38. 同上书,第 55—56 页。
39. 1844 年的《英国革命史》(*Geschichte der englischen Revolution*)和 1845 年的《法国革命史》(*Geschichte der französischen Revolution*)。
40. 爱德华·菲特,《现代史学史》(Eduard Fueter, *Geschichte der neueren Historiographie*, 3rd ed., München, 1936, p. 539)。
316 41. 引自瓦尔特·布斯曼(同上注释 3),第 532 页。另见克劳斯·吕策:《格奥尔格·戈特弗里德·吉维努斯,他 1853 年的〈19 世纪历史的开端〉中的政治观念》,未刊论文(Klaus Lutze, *Georg Gottfried Gervinus, seine politische Ideenwelt bis zur "Einleitung in die Geschichte des 19. Jahrhunderts"* [1853], unpublished dissertation, Freie University Berlin, 1956)。
42. 引自沃尔夫冈·霍克(同注释 3),第 103 页。
43. 《历史科学的基础》(*Grundzüge der Historik*, Leipzig, 1837)。
44. 同上书,第 63 页。
45. 同上书,第 20 页。

46. 同上书,第 65 页。

47. 同上。

48. 同上书,第 67 页。

49. 霍克,第 60 页。

50. 参见同上书,第 57 页。霍克认为这对德罗伊森来说尤其正确,而对吉维努斯来说则稍逊一些。

51. 古斯塔夫·鲁梅林(Gustav Rumelin,1815—1888 年)是政治和社会理论家,也是法兰克福国民议会中的温和自由派成员,引自霍克,第 101 页。

52.《历史科学的基础》;此后将引作《基础》(*Grundriss*);英文翻译为《历史原理纲要》,并附有一篇传记短文,译者是 E. 本杰明·安德鲁斯(*Outline of the Principles of History*, E. Benjamin Andrews, trans., Boston, 1893)。有关 J. G. 德罗伊森,见君特·比尔奇:《作为道德理念的国家》(Günter Birtsch, *Die Nation als sittliche Idee*, Köln, 1964)。

53.《历史科学:有关历史的百科全书和方法论的讲座》,鲁道夫·许布纳编(*Historik. Vorlesungen über Enzyklopädie und Methodologie der Geschichte*. Rudolf Hubner, ed., München, 1937),以下将引作《讲座》(*Vorlesungen*)。这一版也包括了《历史科学的基础》。

54. 德罗伊森致弗里德里希·佩特赫斯的信,柏林,1837 年 2 月 8 日,见《书信集》,卷 1,鲁道夫·许布纳编(*Briefwechsel*, Ⅰ, Rudolf Hübner, ed., Berlin, 1929, p. 118)。霍克列出了德罗伊森批评黑格尔的三个理由:黑格尔作为“复辟时期哲学家”的政治立场,他所谓的缺乏一个真正的基督教立场,以及他未能理解历史方法(见第 12—13 页)。

55. 致弗里德里希·佩特赫斯的信,柏林,1836 年 10 月 30 日,见《书信集》,卷 1,第 103—104 页。

56.《有关独立自由战争的讲座》,卷 1(*Vorlesungen über die Freiheitskriege*, Ⅰ, Kiel, 1846, p. 5)。

57. 参见霍克,第 14、17 页。

58.《独立自由战争》,卷 1,第 6 页。

59.《亚历山大大帝传》,1833 年,接着是《古希腊历史》,1836—1843 年。

60. 例如在费利克斯·吉尔伯特编辑的德罗伊森的《政治论文集》(Droysen, *Politische Schriften*, Felix Gilbert, ed., München, 1933)里的以下论文:“普鲁士和德意志(1847 年)”(“Preussen und Deutschland (1847)”, p. 105)以及“欧洲危机的特点”(“Zur Charakteristik der europäischen Krisis (1854)”, pp. 338—339)。

61.“普鲁士和德意志”,同上书,第 107—110 页。

62.“普鲁士政治立场(1844 年)”(Die politische Stellung Preussens(1844)),同上书,第 40 页;参见沃尔夫冈·霍克,第 122 页。

63.参见霍克,第 123 页。

64.《独立自由战争》,卷 1,序言和第 284 页。参见沃尔夫冈·霍克,第 124—125 页;另见费利克斯·吉尔伯特的作为《历史杂志》附刊的《约翰·古斯塔夫·德罗伊森和普鲁士-德意志问题》(Felix Gilbert, *Johann Gustav Droysen und die preussisch-deutsche Frage*, München, 1931, Beiheft 20 of the *HZ*),尤其是第 50—77 页。

65.“普鲁士宪法(1847)”,《政治论文集》(“Die preussische Verfassung (1847)”, *Politische Schriften*, p. 72)。参见同一论文中第 96 页的:“在国家中有些东西比规则和法律更高”。

66.“普鲁士和德意志”,同上,第 114—116 页。

67.参见沃尔夫冈·霍克,第 150—153 页。

68.引自费利克斯·吉尔伯特(同上注释 64),第 122 页。

69.致威廉·阿伦特,耶拿,1851 年 12 月 1 日,见《书信集》,卷 2,第 11 页。

70.弗里德里希·梅尼克,“约翰·古斯塔夫·德罗伊森:书信和历史学家”,见《历史杂志》(Friedrich Meinecke, “Johann Gustav Droysen. Sein Briefwechsel und seine Geschichtsschreibung”, in *HZ*, 141, 1930, p. 270)。约希姆·瓦赫在他的《理解》一书第三卷论述“德罗伊森的历史解释理论”一章(Joachim Wach, “Die Lehre von geschichtlichen Verstehen bei Droysen”, in *Das Verstehen*, Ⅲ, pp. 134—188)里,也倾向于过分强调理解在德罗伊森那里的地位,而牺牲了德罗伊森有关历史的系统观点。由此,在瓦赫的判断里,西贝尔似乎比德罗伊森更接近于实证主义者(参见卷 3,第 189—190 页)。对德罗伊森关于历史的理论观点的更为平衡的分析见恩斯特·迈斯特“J. G. 德罗伊森的‘历史科学’的历史哲学前提”,《史学季刊》(Ernst Meister, “Die geschichtsphilosophischen Voraussetzungen von J. G. Droysen's ‘Historik’, *Historische Vierteljahrschrift*, 23, 1926, pp. 26—63 and pp. 199—221”)。

71.“历史考察中科学的地位”,重刊于《基础》(*Grundriss*)(同注释 52,第 41—62 页),以及《讲座》(*Vorlesungen*, pp. 386—405)。

72.见注释 53。

73.《讲座》(*Vorlesungen*),第 12、22 页。

74.《讲座》(*Vorlesungen*),第 328 页。依照德罗伊森的观点,这一研究对象的特点是形态学的。

75.同上书,第 10 页。

76. 同上书,第 22—23 页。

77. 同上书,第 24 页。

78. 同上书,第 24 页。

79.《基础》,第 7 页;在《讲座》(*Vorlesungen*, p. 326)中措辞略有不同。

80.《基础》,第 26 页。

81. 同上书,第 59—60 页。

82.《讲座》,第 25—26 页。 318

83. 同上书,第 287 页。

84. 同上书,第 97 页。

85. 同上书,第 339—344、348—353 页。

86.《基础》,第 11 页,《讲座》,第 330 页。

87.《讲座》,第 179 页。

88. 参见同上书,第 179、183—184、202—203 页。

89. 同上书,第 184 页。

90. 同上书,第 183 页。

91. 同上书,第 349 页。

92.《基础》,第 30—34 页,《讲座》,第 202—264 页。

93.《讲座》,第 207 页。

94. 同上书,第 264 页。

95. 同上书,第 182 页。

96. 同上书,第 181 页。

97.《基础》,第 27 页,《讲座》,第 356—357 页。

98.《讲座》,第 32 页。

99. 同上书,第 262 页。

100. 同上书,第 261 页。

101. 同上书,第 352 页。

102. 同上书,第 261 页。

103. 同上书,第 260—261 页。

104. 同上书,第 266 页。

105. 尤其是 1864 年的“历史知识法则”讲座,发表于《学术讲演和论文》(“Über die Gesetze des historischen Wissens”, in *Vorträge und Aufsätze*, Berlin, 1874, pp. 1—20);1856 年的“最新德国历史著作状况”,见《小历史论文》(“Über den Stand der neueren deutschen Geschichtsschreibung”, in *Kleine historische Schriften*, Ⅰ, pp. 349—364),以及 1851 年的“基督教-日耳曼国家学说”,同上(“Die christlich-germanische

Staatslehre"(1851),*ibid.*,pp. 365—414)。有关政治的讲座虽然现在尚未出版,但是赫尔穆特·塞尔在他的论文《1862—1871 年帝国奠基时代变动中的亨利希·冯·西贝尔的国家观念》(Hellmut Seier,*Die Staatsidee Heinrich von Sybels in den Wandlungen der Reichsgürndungszeit* 1862—1871,Freie Universität Berlin,1956)中已做分析,另见他的文章"西贝尔对于自由主义的政治和'国家形成'的连续性的解释",见《历史杂志》("Sybels Vorlesung über Politik und die Kontinuität des 'staatsbildenden' Liberalismus",in *HZ*,187,1959,pp. 90—112)。

106. 在"最新德国历史著作状况"中,西贝尔指出几乎所有当时德国知名的历史学家都属于"自由-保守派圈子,它是由两个中心,即温和的辉格派与自由的托利派融合而成的,如果我们允许使用议会术语的话。"他在这一倾向的历史学家中包括了蒙森、丹克尔、维茨、吉斯布莱西特、德罗伊森和豪塞尔,以及吉维努斯和霍普夫纳,尽管两人由于所研究的对象
319 而分别有些偏向左派和右派(《小历史论文》,卷 1,第 362—363 页)。有关"自由保守主义",另见上面注释 8。有关西贝尔,也请参见赫尔穆特·塞尔的《帝国奠基时代变动中的亨利希·冯·西贝尔的国家观念》(Hellmut Seier,*Die Staatsidee Heinrich von Sybels in den Wandlungen der Reichsgründungszeit*,Lübeck,1961),以及汉斯·希莱尔:《西贝尔与特莱奇克:大资产阶级历史意识形态历史-政治思想中的反民主主义和军国主义》(Hans Schleier,*Sybel und Treitschke. Antidemokratismus und Militarismus im historisch-politischen Denken grossbourgeoiser Geschichtsideologen*,Berlin,1965),后者是以马克思主义观点撰写的。

107. 亨利希·冯·西贝尔在《革命史》中对于社会力量的关注尤为弗伊特(第 537—538 页)强调。西贝尔的名字与他和天主教的奥地利历史学家尤利亚斯·费克所进行的有关中世纪的神圣罗马帝国的特点和使命的争论密切相连。从"小德意志"(kleindeutsch)和新教观点出发著述的西贝尔宣称帝国政策的普世抱负,它与勃艮第、意大利和教皇国的关系对德意志民族利益是有害的。而从一个天主教徒和"大德意志"(grossdeutsch)立场加以判断的费克,则为中世纪帝国的欧洲概念辩护。有关"西贝尔-费克"争论已有大量著述,我们在此就无须细说。有关这一争论的研究,见亨利希·冯·斯瑞比克的《精神与历史》第二卷(Heinrich von Srbik,*Geist und Geschichte*,Ⅱ,pp. 33—34),以及戈特弗里德·科赫"西贝尔和费克之间有关中世纪帝国政策在现代历史学中的评价的争论",见约希姆·斯特莱桑主编的《德国历史科学研究》(Gottfried Koch,"Der Streit zwischen Sybel und Ficker und die

Einschätzung der mittelalterlichen Kaiserpolitik in der modernen Historiographie”, in Joachim Streisand ed., *Studien über die deutsche Geschichtswissenschaft*, Ⅰ, pp. 311—336)。

108.“历史知识法则”,第 3—6 页。

109. 同上文,第 20 页。

110. 同上文,第 10—11 页。

111. 参见瓦赫:《解释》,卷 3,第 189—205 页;海茵茨-奥托·希伯格:《19 世纪历史著作中的德国和法国,1848—1871 年》(同注释 2),第 205 页。

112.“最新德国历史著作状况”,第 358—359 页。

113. 同上文,第 355—356 页。

114. 赫尔穆特·塞尔:《国家观念》(同注释 105),第 41—42 页。

115.“基督教-日耳曼国家学说”,第 374 页。

116. 赫尔穆特·塞尔:“西贝尔的解释”,第 103、105 页。

117.“基督教-日耳曼国家学说”,第 409 页。

118. 赫尔穆特·塞尔:“西贝尔的解释”,第 98—99 页。

119.“基督教-日耳曼国家学说”,第 374 页。

120. 引自塞尔:“西贝尔的解释”,第 105—106 页:“第一个要求始终是国家……拥有权力;其次,它正确使用自己的权力;第三,它促进了道德生活和个人的精神才能的发展;最后也是最主要的要求是国家带来(ver- 320
wirklichen)了以其成员的自由赞同为基础的道德生活”。

121. 同上文,第 106 页。

122. 同上文,第 107 页。

123. 同上文,第 111—112 页。

124. 赫尔穆特·塞尔:《国家观念》,第 51—52 页。

125. 参见 H. v. 彼得斯多夫:“马克斯. D. 丹克尔”,《全德人物传记》(*Allgemeine Deutsche Biographie* 48, Leipzig, 1904, p. 184)。

126. 参见 O. 辛策:“约翰·古斯塔夫·德罗伊森”(O. Hintze, “Johann Gustav D. Droysen”),同上书,第 112—113 页。

127.《普鲁士年鉴》(*Preussische Jahrbücher*, Ⅺ, 1863, pp. 635—636)。

128. 同上书,第 632 页。

129. 同上书,第 636—637 页。

130. 参见安德雷斯·多帕伦:《亨利希·冯·特莱奇克》(Andreas Dorpalen, *Heinrich von Treitschke*, New Haven, 1957, pp. 77—78)。有关特莱奇克政治观点的讨论,又见 W. 布斯曼的“作为政治家的特莱奇克”,见《历史杂志》(W. Bussmann, “Treitschke als Politiker” in *HZ*, 177, 1954, pp.

249—279);他的文章"亨利希·冯·特莱奇克",见《伟大的德国人》("Heinrich von Treitschk" in, *Die Grossen Deutschen*, Berlin, 1957, Ⅴ, pp. 368—379),以及他的《特莱奇克:他的世界与历史观》(Walter Bussmann, *Treitschke: Sein Welt-und Geschichtsbild*, Göttingen, 1952);另见特莱奇克写给海姆的信,莱比锡,1863年7月17日和19日,见《亨利希·冯·特莱奇克通信集》(*Heinrich von Treitschkes Briefe*, Leipzig, 1912—1920, Ⅲ, pp. 273—277),以及特莱奇克的文章"德国新闻界的沉默",1863年7月17日首次发表于古斯塔夫·弗赖塔格的《边界信使》("Das Schweigen der Presse in Deutschland", in Gustav Freytag's *Grenzboten*),也收于《历史和政治论文》(*Historische und politische Aufsätze*, Ⅳ, Leipzig, 1897, pp. 126—137)。有关特莱奇克的马克思主义评价,见汉斯·希莱尔《西贝尔与特莱奇克》(Hans Schleier, *Sybel und Treitschk*)(同注释106)。

131. 参见P. 巴约:"亨利希·冯·西贝尔",见《全德人物传记》(P. Bailleu, "Heinrich v. Sybel", in *Allgemeine Deutsche Biographie* 54, Leipzig, 1908, p. 660)。

132. 柏林,1864年6月12日;德罗伊森:《通信集》(*Briefwechsel*, Ⅱ, p. 841)。

133. 波恩,1864年6月19日;同上,卷2,848:"我赞同你的观点,权力、利益对每个国家来说都必须是首要的。但是我也认为你应该承认对一个国家来说它们不是唯一的。因为它们是首要的,所以我乐意为它们做很重大和很痛苦的让步。但是由于它们自身既不能也不可以填满整个世界,所以我不能把这些让步扩大到公正原则(Rechtsprinzip)被取消的程度。"

134. "德国自由主义:自我批评",《历史和政治论文与谈话》("Der deutsche Liberalismus. Eine Selbstkritik", *Historische und politische Aufsätze und Reden*, Strassburg, 1894, p. 175);为《普鲁士年鉴》而写的(*Preussische Jahrbücher*, 1866, pp. 455—515)。

135. "论自由",《普鲁士年鉴》("Die Freiheit", *Preussische Jahrbücher*, 7, 1861, pp. 381—403)。

321 136.《历史和政治论文》(*Historische und politische Aufsätze*, Ⅰ, Leipzig, 1867, pp. 596—635)。在他的收于《社会科学》中的"大学任教资格论文"("Habilitationsschrift" in *Die Gesellschaftswissenschaft*, 1859)里,特莱奇克已反驳政治科学家罗伯特·冯·默勒,认为有关社会的科学不能和对国家或历史的研究相分离。

137.《19世纪历史的开端》(*Einleitung in die Geschichte des neunzehnten*

Jahrhunderts, Leipzig, 1853, p. 13)。

138. 同上书,第 165 页。

139. “序言”,《德国诗歌史》(“Vorwort”, *Geschichte der deutschen Dichtung*, 5th ed., Leipzig, 1871, Ⅰ, vii)。

140.《全德人物传记》(同注释 126,第 113 页)。

141. 参见安德雷斯·多帕伦:《特莱奇克》。

142. 参见赫尔曼·鲍姆伽登,第 111 页。

143.《普鲁士年鉴》(*Preussische Jahrbücher*, Ⅶ, 1861, pp. 381. 392)。

144. 见多帕伦:《特莱奇克》,第 199 页。

145. 参见多帕伦。他的反犹思想导致 75 位柏林教授在 1880 年发表了一份有力宣言,以及西奥多·蒙森的文章“我们犹太教的言语”(1880 年柏林),也刊于《谈话和论文》(Theodor Mommsen, “Auch ein Wort über unser Judentum”, in *Reden und Aufsätze*, Berlin, 1905, pp. 410—426)。有关特莱奇克、蒙森和其他人在当时关于反犹主义的著名争论中的文章汇编,见最近出版的平装本《柏林反犹主义争论》,瓦尔特·伯赫里赫编辑(*Der Berliner Antisemitismusstreit*, Walter Boehlich, ed., Frankfurt, 1965)。

146. 重刊于 A. 赫斯:《西奥多·蒙森》,第 282 页,以及 A. 乌赫的《西奥多·蒙森》,第 218—219 页。

147. “我们如何重又成为一个民族”(“Wie wir wieder ein Volk geworden sind”),见《历史和政治论文与谈话》(*Historische und politische Aufsätze und Reden*, Strassburg, 1894, pp. 276—277)。有关鲍姆伽登政治思想的讨论,另见埃里希·马克斯(Erich Marks)在上引书中的传记性文章,以及 W. 维甘德写的传记,见《全德人物传记》,卷 55,第 437—451 页。又见鲁道夫·海姆,“赫尔曼·鲍姆伽登”,见《论文集》(Rudolf Haym, “Hermann Baumgarten”, in *Gesammelte Aufsätze*, Berlin, 1903, pp. 609—628)。

148.《特莱奇克的德国史》(*Treitschke's Deutsche Geschichte*, Strassburg, 1883)。

149.《历史和政治论文》(同注释 147),第 cxviii 页。

124 # 第六章 “历史主义的危机”(一)：哲学批判——柯亨、狄尔泰、文德尔班、李凯尔特、韦伯

1

近年来，越来越多的思想史家在第一次世界大战爆发前四分之一个世纪的欧洲社会思想中，诊断出了一场深刻的危机。诸如斯图尔特·休斯，吉哈德·马苏尔和阿诺德·布莱西特这样的著作家们[1]，把社会哲学家、社会科学家和文人们日益意识到的人类知识的局限性以及关于人类行为和社会过程的所有认识的主观性，视为这一危机的核心部分。在 19 世纪的进程中，实证主义逐步地摧毁了传统的宗教和形而上学的世界图景。然而，实证主义者们仍然假设，宇宙乃是由数理规律所主宰的一个整一的系统，而自然科学的方法将同样揭示出物理实在和社会实在的规律性结构。

在 19 世纪晚期和 20 世纪初期，实证主义关于人和宇宙的图景本身遭到了来自许多方向的攻击。新起的心理学家(弗洛伊德和荣格)、哲学家(尼采、狄尔泰和柏格森)、诗人和小说家(波德莱尔、陀思妥耶夫斯基和普鲁斯特)，所有这些人都揭示了人类根本

上的非理性的性质。历史学家和社会科学家们越发放弃了他们对于何者构成为社会或历史的问题的关注;取而代之的是,他们在追问,一门有关历史或社会的科学如何才成其为可能。他们倾向于把所有超出基于经验数据的建构的知识,都视为受到了人类 125
主观性的浸染。对任何终极性问题的解决都变得是不可能的了;存在的世界与意义的世界之间的鸿沟已经历历可见。[2] 牛顿式物理宇宙图景在世纪转折之际的崩塌,再加上诸种非欧几何的建立,似乎更加突出地显露了人类知识的局限性。基于严格归纳法之外的任何对于实在的解释,都注定了不过是诗或者想象。人们觉得,唯有对于经验数据的依赖,才能从根本上揭示出一个没有意义的宇宙。在某种意义上,对于实证主义的攻击,通过打破它还残留着的形而上学的种种假设,而把实证主义推向了它自身的逻辑结论。

现代科学和哲学思想中的这一危机,起自对于意识的自我审察,根本上标志着传统意义上的哲学的终结。伴随着形而上学架构的倒塌,从逻辑上说,只有三个任务还保留给了哲学思想,这其中没有任何一个以任何追根究底的方式涉及对真理或价值的寻求。哲学家可以转向历史,追溯哲学见解经历各个时代所发生的变迁,或者表述某个时代、某个民族或某种传统的主导性的观念。超出对观念的纯然历史性的描述,他还可以保留哲学家所具有的普遍性关切的某些东西,如狄尔泰的情形。在比较研究的基础上,他可以将主导了人类思想史的有关生命之谜的永恒问题和哲学解答的类型进行分类。再就是,哲学可以成为研究人类知识的条件的纯粹逻辑学和认识论。恩斯特·特勒尔奇观察到,将人类历史视为一个有意义的过程来进行探讨的实质意义上的历史哲学,已经全然让位给了作为历史思想的逻辑学和认识论的纯粹形式意义上的历史哲学。[3]

此种对于人类理性局限性的认识,一旦被推至其逻辑结论,就会牵涉到一种知识方面的极端相对主义的立场。无论如何，像狄尔泰和弗洛伊德这样的人，将思想看作是生命的一种表现，而不是作为一个理性的过程在起作用，他们并不情愿得出这样的结论：对于物理世界，或者就此而论对于社会和文化世界的客观知
126 识乃是不可能的。其实，在世纪之交对于实证主义的攻击，其急先锋中就包括了威廉·狄尔泰、马克斯·韦伯和西格蒙德·弗洛伊德这样的对于经验事实和实证主义者持同样看法的人。正是秉承实证主义的精神，他们期望将现代思想从其最后遗留的思辨假设中解救出来。即使是 1900 年代早期的对物理学理论的革命性的重新阐发，也并没有触动对于科学的信念，即视科学为获取对于存在世界的知识的手段。尤其是在德国的社会理论家们所坚执的看法——价值可以当作事实、当作文化—历史语境中的部分来加以研究，但是，价值并不在任何终极意义上存在着，而且科学无法对价值问题提供任何解决方法——中，在价值领域中，出现了严峻的危机。人们所强调的是，价值的根基在于情感而非认知。由于信念的无政府状态，现代人陡然面对着绝对价值的崩塌。威廉·狄尔泰胆战心惊地预见到，这会是他自己的思想所导致的结果。[4] 政治决断在理论上被简化为任意独断之事或主观主义的决定。[5] 自由-人道至上的政治理想要在自然法或科学中寻求自身正当性的种种努力都逝去了；自由主义、民主制或社会主义也无法在某种进步理论中找到支持自己的根据。因为在一个不知道有什么绝对规范的世界中，朝着合理方向的进步乃是不可能的。阿诺德·布莱西特发现，西方政治思想中真正的危机，“不能到各种不同意识形态的崭露头角中，而要到前此大约二十年所发生的事情中——认为在各种终极价值之间不可能做出什么科学的抉择这一理论见解的出现——去找寻。”[6]

我们从当代的有利位置出发，来从过去尤其是第一次世界大战爆发的前夕，寻找我们文化病症的根源。某些根源确实就在那

里。然而我们可能会很容易地就被诱导到有关这一时期的一种片面的观点,从过去半个世纪的巨变和浩劫的视角来看待它。世纪之交,伦理相对主义、非理性主义和文化悲观主义在社会思想中所扮演的角色,或许在某些晚近的文献中被过分戏剧化了。究竟伦理和政治价值上的现代相对主义是否主要是作为那一时期的方法论探讨的一个结果而产生的,这一点还大有疑问。在分别适用于文化科学和自然科学的方法中间所做出的有名区分,并非突然肇始于狄尔泰和文德尔班,而是可以追溯到起源于德国历史 127
学派对自然法传统的反抗的某种思想路线。19 世纪的进程中,或许比之实证主义著作家对于宗教和形而上学的祛魅重要得多的,乃是德国以历史为取向的著作家们执着于不是以真理或善的绝对规范来处理观念和价值,而是视之为某一特定时代、文化或民族的表现。使得洪堡、兰克和德罗伊森与极端的相对主义分别开来的,是他们坚定不移地相信,规范和体制的丰富多彩的变化并不是一个混沌的宇宙的反映;毋宁说,这些显露出来的,是一个在历史中展开它自身的最为根本而富有意义的统一体的许许多多的方面。对于历史具有意义的信念,是所有在世纪之交进行方法论探讨的著作家们所共有的信念:威廉·狄尔泰、威廉·文德尔班和亨利希·李凯尔特,以及弗里德里希·梅尼克和恩斯特·特勒尔奇。看起来,只有马克斯·韦伯察觉到了价值与事实之间的深刻鸿沟。

今天,当我们审视 1890—1914 年这段时期时,我们会尤其注意到其中正在滋长的悲观主义和非理性主义的潮流。但是,在同样的年代,也能够看到现代乐观主义所达到的高峰,看到一种几乎是漫无限制的对于科学和文明的信心。在威廉治下的德国尤其是这样。[7] 我们切不可被德国社会思想家们对法国和英国实证主义的进步理论的批判所误导。正如我们在德罗伊森的《历史学原理纲要》中所看到的,德国历史传统对于历史发展的信念蕴涵着一种关于文明和未来的乐观主义，那至少与更加正统的有关进步和进化的西方理论同样彰明较著。它蕴涵着对于历史的力量以及德国在现代世界的特殊贡献和使命的深厚信心。也许，对于在其特殊的德国形式中的文化（*Kultur*）的有益于人的力量，从来就不曾有过如此巨大的信心。对于这一文明，人们想到的不仅是歌德、康德和贝多芬，而且还有伟大的科学和技术成就。那些从事于方法论探讨的人们中间，没有一个是文化悲观主义者。所有这些人都对德国的命运和 1870—1871 年的正当性深信不疑*。狄尔泰和文德尔班仍然是十足的民族自由主义者。诸如马克斯·韦伯，恩斯特·特勒尔奇以及 1900 年以后的弗里德里希·
128 梅尼克等人，的确清晰地意识到随着工业化而来的帝国内部存在着的种种社会不公。他们还呼吁人们注意到一部不民主的宪法——它允许半封建的容克地主的利益在一个现代技术社会中占据了不适当的影响力——所具有的危险政治蕴涵。这样一部宪法给威廉二世这么一位政治上的半吊子的奇思异想留下了广阔的空间。

不管怎么说，这些人都坚信德国政治发展根本上的正当性，以及在传统架构内进行改革的可能性。他们在弗里德里希·瑙曼“为了民族国家而赢得工人”的努力之下团结在一起，不是因为他们把创造民族和谐本身就当成一个目的，而是因为他们将阶级和解视作“德国作为世界强国而扩张的先决条件（*conditio sine qua non*）”[8]。简而言之，就像更早时候自由派的历史学家们都具有西方的政治理想一样，韦伯、特勒尔奇和梅尼克，以及哲学家赫尔曼·柯亨和保罗·纳托尔普都支持类似于在西方国家盛行的那种民主的甚而是比较温和的社会主义的观念。然而，他们把这些理想从属于德国国家的实力利益。他们对于个人利益与国家

---

* 指普法战争普鲁士获得胜利，并最后完成德国统一。

理性、伦理与权力之间的和谐所持有的信念，只是在第一次世界大战中才遭到了动摇。这一时期全部的历史学家和理论家们满怀着对于德国民族传统价值的坚定信念而迈进了第一次世界大战，其间没有出现过哪怕是一个不谐和音。

的确，1870 年之后数十年的德国历史思想引人注目地保持了对于悲观主义思想潮流的免疫力。1860 年代的各种事件，强化了德国历史学家把历史视为一个有意义过程的信念。全部的德国历史似乎都在指向第二帝国的方向。自然科学日渐提高的声誉和关于宇宙的自然主义观念的普及，动摇了德国唯心主义的哲学体系，但并没有触动它有关国家或社会的基本理论。自然科学所取得的胜利并未削弱对于历史的信心，而是强化了对于历史变迁所具有的进步性质的信念。

到 1870 年，许多思想家和艺术家都抱有同样的疑虑，认为现代文明正在逼近一场深刻的危机，然而值得注意的是，很少有历史学家置身其中。这种新起的悲观主义的一个重要的方面就在于，认为历史并不是一个有目的的过程。叔本华已经否认了历史 129
学具有科学的性质，并认为从研究历史中无从得到什么真正的智慧。[9] 尼采就历史对于生命的价值提出了质疑。[10] 身处瑞士的雅各布・布克哈特在对世界历史中是否呈现出了某种智慧的“简捷安排”发出疑问时，似乎在德语历史学家中孤立无援。他提醒说，兰克和黑格尔两人都犯了这同样的错误。历史学家无法在历史中追溯出有意义的发展，或者甚至无法从发生学的角度来研究过去。他只能够满足于“从尽可能多的方向观察和切开历史的剖面”。只有“反复出现的、持久的、典型的东西”才能被理解，而这正是布克哈特在意大利的文艺复兴或君士坦丁时代所找寻的。[11]

1870—1914 年间的德国历史学家们也没有表现出对现代欧洲文明陷入了一场危机的恐惧。发出警告的孤立声音早些时候就曾响起过。哲学家恩斯特・冯・拉索克斯对于支配着纷繁复杂的历史性制度与观念的有机发展的神圣规律深信不疑，他在其《历史哲学》(1856)[12]一书中倡导这样的信念：西方文化已临近另一个周期的终结。与其他地方的保守派思想家一样，他将欧洲宗教意识的衰颓视作西方没落的主要征兆。几年之后，他与俄罗斯斯拉夫主义者尼古拉·丹尼雷夫斯基一同期盼着，宗教与文化复兴将来自斯拉夫各民族。很少有人读过拉索克斯；但雅各布·布克哈特是一个值得注意的例外。[13]相似的情形是，1854 年，德罗伊森在克里米亚战争期间一个沮丧的时刻，将自然主义、唯物主义和现代资本主义——以它的金钱统治和它所导致的大众贫困化——的发展，看作欧洲在世界上的政治支配地位即将崩溃的一个信号。[14]然而，与布克哈特相反，德国历史学家们令人吃惊地并不担忧方兴未艾的技术和大众社会，那是这一世纪早期一群为数不多但相当重要的英国和法国著作家所深切关注的一桩事情。其中既包括诸如约瑟夫·德·迈斯特和托马斯·卡莱尔这样的保守派，也包括像是约翰·斯图尔特·穆勒和阿历克西·德·托克维尔所代表的自由派。[15]布克哈特满怀阴郁地迎接 1870—1871 年的事件。一切似乎都在指向一种世界范围内的专制独裁，指向“可怖的简单化之士”(*terribles simplificateurs*)的胜利，他们自 1789 年以来就降临到了欧洲，就像帖木儿*一样扫荡着种种传
130 统，并代之以空洞无物的乌托邦，人类的生命和人文价值为此而被毫不怜惜地牺牲掉。[16]

另外一种形式的悲观主义本来可以在对于 1870 年之后德国的政治危机的意识中表现出来。然而，见解与众不同者，又一次为数寥寥。历史学家们都是民族自由主义者，罕有例外。可是，与 1870 年之前相比，重心却有明显的转移。更晚近以来，历史学

---

* Tamerlane，又作 Timur，突厥化蒙古族贵族出身，帖木儿帝国创建者，先后征服过中亚、近东、南亚的大量地域。

家们在谈论一场兰克的复兴。[17]统一之前的时期中,普鲁士历史学家们的自由-伦理的持守已经成了明日黄花。新一代人,其中包括马克斯·伦茨,赫尔曼·昂肯,埃里希·马尔克斯,菲利克斯·拉赫法尔和别的人,明确地想要返回到兰克的客观性和“不偏不倚”(*Uberparteilichkeit*)的理想。历史学要从伦理学中解放出来。对于大德意志有着强烈同情心的亨利希·冯·斯瑞比克,后来在“兰克的复兴”中看到了“科学的平衡的重新获得”,而那是自由派的民族主义历史学家们所丧失了的。[18]历史学家再次成为了在历史中发生作用的巨大力量的不偏不倚的旁观者。不管怎么说,就其基本取向而言,新兰克派的历史学家们延续了普鲁士学派的传统。历史中的关键性力量仍然是“权力国家”(*Machtstaat*)。他们比之普鲁士学派的历史学家们有过之而无不及,将重心转移到了外交政策上的需要。国家争取权力的斗争不仅仅表现为一个客观的事实,而且本身就是目的。新兰克学派将兰克关于欧洲列强的相互抗衡的观念扩展到了殖民地的舞台上。新史学就这样为“世界政治”(*Weltpolitik*)和帝国主义提供了一个理论基础。1890年之后,对于帝国的社会和政治弊病的意识确实在增长。然而,没有一个名声显赫的德国史学家,即使是像古斯塔夫·西摩勒、弗里德里希·梅尼克或者卡尔·兰普雷希特这样的批评家,曾经对民族国家的正面价值及其对于政治和军事的实力和扩充的需求提出过质疑。

德国历史学家中针对历史的批判态度,还是以两种截然不同的方式显露出来了。一种体现在实证主义态度的传播之中。另一种体现在对历史作为一门科学的方法和认识论原则的重新审视之中,这主要是由哲学家来进行,又为实践的历史学家以程度不同的兴趣所跟随。实证主义作为在孔德或巴克尔意义上的那种关于历史的哲学概念,在德国史学家中并没有什么重要代表人物。当卡尔·兰普雷希特希望通过比较研究找到历史发展的规

131 律时，最接近于实证主义立场，然而从某种角度来说，他更让人想起的是赫尔德或黑格尔或者甚至是布克哈特，而不是法国或英国的样板。[19]

那一时代德国历史思想中更为重要的是这样一种态度：把事实置于理论之上，并认定只有个别地记录在档案之中的事件才是确凿可靠的。这里出现了朝向极端专业化的转折，学者们对于越来越少的事情知道得越来越多。弗里德里希·梅尼克在 1870 年之后的诸多德国历史编纂中觉察到了一种实验室的气息。[20]新的专家所对应的就是我们所讨论过的那一时期的美国史学家们；对他们来说，兰克的方法的实质就在于运用从全部哲学概念中解脱出来的批判工具。格奥尔格·冯·贝娄将 1860—1878 年这段时期视作以一种自足(*selbstgenügender*)的经验主义为其标志的德国历史学的低潮期。[21]阿尔弗雷德·赫斯描述了西奥多·蒙森的情形：他在 1850 年代撰写了他的《罗马史》的前三卷，又在很久以后写了第五卷，然而在学术背景变化之后，他却无法完成尚缺的第四卷了。蒙森对于史料一直审察精赅，坚信专业化的研究才会导向知识，这令他发现很难返回他现在看来疑虑重重的前几卷所具有的那种广阔视野中去了。[22]

无论这种新的经验主义在政治史和法律史方面如何广为传播，在历史乃是一个有意义过程的信念之下，撰写通史的决心还是保持下来了。特莱奇克在 1879 年出版了他的《德国史》的第一卷，兰普雷希特的第一卷于 1891 年面世。[23]然而，比之这两部各自意旨都非常鲜明的著作更为重要的，乃是在经济史和法律史领域内所进行的新研究。在这里，唯心主义(以及乐观主义)的观点依然保持了活力。兰普雷希特甚至特莱奇克已经反映出了对于政治史撰写过程中社会和文化因素的日益增长的意识。古斯塔夫·西摩勒(1838—1917 年)和奥托·冯·吉尔克(1841—1921 年)将道德信念与历史乃是理解人类行为与社会行为的唯一指南的信念结合在了一起。

对西摩勒来说,正如对在他之前的历史学派中的经济学家一样,经济学是一门规范性的科学,一门有关社会的科学(*Gesellschaftswissenschaft*),“要研究的不仅是人与物品,而且还有人与其同伴之间的关系。要将经济秩序看作只是全部社会生活的一个方面和不可或缺的部分,并且由此就需要从道德的角度来对它做出评判”[24]。经济学和社会科学的目标,是要对社会现象做出因 132
果性的和系统的解释。但是唯有历史研究才能为这样一门科学提供理论基础。古斯塔夫·冯·西摩勒不相信历史中有单线的进步。他的《普通经济学理论原理》的最后一章还是反映了他的观点:历史过程表明了朝着更高级的经济形式、朝着人类缓慢却稳扎稳打地日益融入到一个发展潮流进步。[25]在此信念的基础之上,他和他的“社会政治学会”(*Verein für Sozialpolitik*)的同事们就能够相信,德国国家有能力进行领导,通过一种家长制的社会改革政策来达成经济上的公正。

与此相类似,奥托·冯·吉尔克秉承着萨维尼的精神,把法律看作人类共同生活中的一个部分。抽象的法律没有意义可言。它只存在于“在历史潮流中”并且主要是在民族国家内“出现而又消失的社团(*Genossenschaften*)的具体法律形式之中”。吉尔克在他关于“自然法与德国法”的就职演说中认为,历史学派没有仅仅以一种新的思辨体系来表象世界,而是“揭示了一项真理”。吉尔克认定,以历史方法来研究法律,并不就等同于法律实证论。在某种意义上,历史上的法律乃是自然法的具体表现。塔西佗相信,日耳曼法律就其关注个人的权利而言比罗马法更接近于自然法,也许在这点上他是正确的。[26]也不能把国家看作单纯是权力工具。它还构成为一个活生生的有机共同体的一个部分。与黑格尔或前面讨论过的德国“古典-自由派”适成鲜明对照,吉尔克把国家看作是各种自治社团(*Genossenschaften*)的复杂有机体。[27]然而这些社团的原型乃是中世纪的社团，而非私人的、自愿的团体。

吉尔克指责说，对于个人权利（*Individualrecht*）的强调乃是罗马法传统的特点，迥异于日耳曼的历史性的群体概念。他声称，在日耳曼传统中，权利总是被置于社会背景中来看待，而社团被视作不是个人基于契约之上的结合，而是"真正的集体人格"（*reale Gesamtpersonen*），每一个都拥有某种集群性的构造。他在两条战线上奋战：既要反对集权的官僚国家，又要反对"自由主义
133 的个人主义"。一方面，他试图限制国家的权力，把国家看作不过是构成社会的许许多多自治社团中的一个。与其他社团在本质上（*wesensgleich*）并无不同，其功能是有限的。与此同时，吉尔克似乎早已准备好了要以某种近似于黑格尔的方式来接受国家，把它当作理性的体现，而不服从于任何更高的意志。确确实实，他像在他之前的德罗伊森，某种程度上还像黑格尔一样，认为理性决定了国家内部的社团生活的自主性。然而，他并不以民主的方式来看待国家，而是将霍亨索伦君主制视作19世纪德国的金科玉律。正如沃尔夫冈·弗里德曼所观察到的："吉尔克既是第二帝国杰出的德国爱国者，又同样是一个社团自治的真挚的支持者，他的理论是一种想要调和……那些不可调和的东西的一种不成功的努力：他想要兼顾这两者。"[28]

2

对于历史的批判态度所采取的第二种方式，是对历史研究的方法论和认识论基础重新进行审视。然而这种重新审视并不像人们通常所设想的那样，会导向在知识和道德方面的极端相对主义的立场。在第一次世界大战带来的幻灭之后，新一代思想家们对于这些较早时期的著作中的相对主义蕴涵特别感兴趣，而且常常将它们从它们整体的哲学语境中剥离出来。在近期流传甚广

或者是比较宽泛的研究中,那种过度紧密地将文德尔班和李凯尔特与狄尔泰等同起来的做法,进一步强化了这种印象。[29]

从一开始,认识论的讨论就往两个截然不同的方向进行。一方面,是围绕着威廉·文德尔班和亨利希·李凯尔特的德国新康德主义的西南学派。他们的思想在世纪转折之时对于历史学家和社会科学家们,包括马克斯·韦伯和格奥尔格·西美尔的方法论著作产生了直接的影响。另一方面,则是狄尔泰,他在第一次世界大战之后才深刻地影响了这一认识论的论争。然而,在那时,郑重其事地对待他的,主要是文学史家和艺术史家。新康德派和狄尔泰双方都同样具有康德式的关切:要在意识中发现使得科学,眼下是历史科学,成为可能的基础。可是这双方是以非常
不同的方式来思考知识的性质的。新康德派认识到,各门自然科 134
学的方法无法任意地运用于历史科学或文化科学。不管怎样,他们试图为这些研究找到它们的范畴——那是像自然科学所具有的范畴一样合理的,并且阐明适用于研究人类行为和社会行为的因果概念。他们努力地想要找到适用于这些研究所要处理的非理性内容的合理方法。李凯尔特、文德尔班和韦伯一致认为,一种对于历史和社会的客观而合理的研究方法乃是可能的。狄尔泰也在为文化研究寻求认识论基础,但是他不仅牺牲了因果概念;在往前推进的时候,他开始对一种理性方法的可能性发生了疑问。

在狄尔泰的所有著作中,都贯穿着一种困扰着他的矛盾,似乎他也想要两者兼得。他把他毕生的研究看作是要写就一部“历史理性批判”,以研究“历史意识的性质和条件”。[30]一方面,他企图为历史和文化研究提供坚实的认识论基础,并且终其一生都对这一目标能够达成保持着坚定的信念。另一方面,他对于意识的审查促使他得出了这样的结论:所有知识都彻头彻尾地是主观性的。也许正是他无法解决此种冲突这一点,才大致可以解释,他

继续完成其《精神科学导论》——他只在 1883 年出版了其中的第一卷——的全部努力何以只是零星片断的。

狄尔泰在《精神科学导论》中所贯注的意图是严格地科学的。正如他在导言中所解释的，自中世纪结束以来，个体的科学（*Einzelwissenschaften*）几乎全都从形而上学中把自身解放出来了。进入 18 世纪，只有关于历史和社会的科学还仍然被形而上学束缚着。由此以降，它们又受到了自然科学至少同样压制性的统辖。历史学派带来了“历史意识和历史科学的解放”。然而历史学派并没有能够有效地遏制自然科学方法在社会研究中的实证主义的运用，因为它缺乏一个“哲学基础”（*philosophische Grundlegung*），或者说是一个阐发得当的知识论。[31]这个“抽象学派”“忽视了抽象的部分与活生生的整体的关联”。狄尔泰相信，
135 历史学派当其拒绝所有的抽象时，也犯下了同样严重的罪过。[32]

建立于形而上学概念之上的某种历史哲学一旦被驱除，一种替代它的基础就必须在各门个体性的社会科学和历史科学的前提之间确立起系统的关联。孔德和约翰·斯图尔特·穆勒都曾试图以运用自然科学的概念于这些科学之上来回应这一问题，但在狄尔泰看来，这样做的结果，他们就损害了历史实在。这些学科所依赖的基础一定要到意识中去寻找。一切科学都有赖于经验，这是狄尔泰与经验主义者和实证主义者相通之处。然而，经验不仅只是有意识的心灵接收感官素材的一种被动的情态。因为“所有经验在它从中出现的我们意识的条件中，在我们天性的整体性之中，就有其原初的关联性（*Zusammenhang*）”[33]。康德、洛克或休谟并没有把握住这一点。他们的经验概念只适用于我们对物质自然（physical nature）的研究，而大自然（Nature）是我们永远无从真正知晓的。在大自然中我们只会经验到现象，“隐蔽的实在”的“影子”，“另一方面，我们只有通过呈现于我们内在经验的意识的事实（*Tatsachen*），才拥有如其所是（*wie sie ist*）的

实在”[34]。社会和历史科学[最好叫作“精神科学”(*Geisteswissenschaften*)]的任务是要分析这些意识素材。精神科学从知识论的角度来研究所有的历史和社会实在。因为这些科学必须考虑到,所有的思想、个人的行动和制度都是活生生的整体和过程的部分,并且只有在它们的语境中才能得到理解。各门社会科学必须将所有这些表现都联系到他们的语境。因此,狄尔泰的结论是,所有的社会科学都需要某种将心理分析和历史分析结合起来的方法。理智就如同意欲和情感,只不过是生活过程的一个方面。既然一切思想都是某个语境的一个部分,因此并不存在先天的东西。于是,哲学问题就不可能有先天的解答,而只能由“从我们存在的整体性往前推进的发展史(*Entwicklungsgeschichte*)”来加以发生论的解答。[35]

不同的知识类型将各门自然科学与精神科学区分开来。狄尔泰与德罗伊森一样相信,我们只能认识社会与人文世界,而绝不可能真正认识物质世界。就我们无法切切实实地直接把握它,而只能观察其外部的关联而论,我们所有关于物质世界的知识都 136
是“相对的”。狄尔泰同意康德的看法:我们所观察到的关系并非客观地存在于物质世界,而是我们的心灵施加于它之上的关系。然而,在精神科学中真正的知识乃是可能的。在这里,我们的知识不是相对的而是直接的。它的真理性并不在于它符合某个外在的实在。毋宁说,“我在内心所体验到的对我来说,乃是一桩意识的事实,因为我意识到了它”。这样的知识是在其最完整的意义上被体验到了的。只有当我们试图阐发我们的知识或者将它与他人交流时,它才变成了相对的。[36]

这样,狄尔泰就认为在精神科学中客观的知识乃是可能的。他相信,通过各种专门的社会科学(*Einzelwissenschaften des Geistes*,各门精神科学),“历史实在”是能够得到研究和认识的,并且,这些科学可以探求和传播关于历史世界中存续着的各种关系（比如宗教、国家和艺术），以及在革命、重要时期或社会运动中所包含的变迁过程的知识。狄尔泰阐明“精神科学的认识论基础”的努力，实质上就是一种“历史理性批判，对于人认识其自身、认识他所创造的社会和历史的能力的批判”[37]，反映了他关于人和社会的客观知识乃是可能的这一信念。狄尔泰对于这一认识过程的性质的见解，却似乎使得客观知识的可能性成了疑问，并且把所有社会科学都化约成了不过是主观主义。因为狄尔泰的认识论实际上否定了客体和主体之间的分离，并把所有思想都化约成了并非理性的过程的一种表现。这样我们就看到，他认为精神科学中的知识是直接的而非相对的。不同于自然科学，在这些科学中，学者面对的并非所研究的客体的现象或表象（*Vorstellungen*），而是他直接在经验着客体。他所研究的客体是他的意识的素材或事实。“我们意识的事实不是别的，而就是我们所意识到的东西。我们的希望和向往，我们的期待和意欲，这一内心世界本身就是物自体（*diese innere Welt ist als solche die Sache selber*）。”[38]可是，思想对于狄尔泰而言，首要的乃是一种生命功能而非认知功能。我们可以将它与某个个别的“生命单位”（*Lebenseinheit*）或某个文化系统联系在一起，但在这样做的时候，我们就将它化约成了一套意识形态；我们就否认或忽视
137 了它的真理性的内容。而且，合理性并非指向真理的指南。历史中的独特之物（*Einmalige*）无从得到合理的理解。分析破坏了生命的语境，那唯有依凭“天才的历史学家的洞见卓识”才能把握住的“个别与普遍之间的关联”[39]。

狄尔泰所面临的困境本质上类似于整个历史学派所遭遇到的那种，历史学派假定抽象的知识没有意义，人无法把握绝对的真理或价值，而是在他的认知中受制于他在历史中所处的地位。然而，历史学派找到了狄尔泰在其《精神科学导论》中所拒绝了的那种解决方法（尽管在后期的著作中他又回过头来），那就是：假

定在个体与其社会中间存在着有机的联系,而且社会与民族国家乃是更大语境的一个部分,或者是在黑格尔意义上的一个伟大计划的一部分,或者就像兰克和洪堡所说的,是一个根本实在的诸多显现中的一种。可是,对狄尔泰来说,个体中有着某种无法量度的东西是无法以任何方式与社会联系到一起的。有机物的类比行不通,并且就如同别的抽象概念一样不适用于研究社会。[40]在理论上,兰克和洪堡都会一致同意“个体是不可消逝的”(*individuum est ineffabile*);在实践中,他们把各种社会团体的实在视作是真正的历史个体。在狄尔泰看来(至少在他著述的早期阶段),“民族魂”(*Volksseele*)或者“民族精神”(*Volksgeist*),民族或者社会有机体的概念,是无法用于历史的“神秘主义”的概念。[41]社会实在是被种种文化系统和制度的巨大的繁复性所充塞着的,每个个体都发现自己参与到很多此类系统之中。[42]一个由个体所构成的群体从来就不能够等同于那些构成了它的人。即使某个人只从属于一个社会群体,总是有他内在的某种东西是没有进入那个群体的。[43]即使对家庭这样自然的体制来说,也是这样的情形;因为“个体在其最终的深度上是为他自身而存在着的”[44]。于是,无论国家可以如何深刻地进入个人的生活,“国家也只是部分地和相对地将个人联系起来,并使他们从属于它。他们之中有某些东西仅仅是由上帝之手来掌控的”[45]。

因而,对狄尔泰来说,所有对于社会群体或社会运动的心理学研究就个人所具有的自生自发的性质而论都是有局限性的。人类意志中总是有某种因素是不能纳入到事物的自然秩序之中 138
的。[46]狄尔泰也无法转向另一个解决方法,也即自然法的解决方法。自然法在其斯多噶派、基督教和启蒙运动的形式中,承认在个体的多样性中有着某种共同的合理性因素。狄尔泰也在人性中看到了某种一致性;[47]这种一致性不在人的认知官能中,而在人作为生命和意志的一个单位的总体构成中。的确,按照狄尔泰的观点,倘若人在生活中发现了一个有意义的语境(*Zusammenhang*)(并且作为一个活生生的存在,他得在实在中找到这样一种秩序)的话,那也是出于他那高度个人化的生命体验才做到的。[48]

这样,一个深刻的矛盾就贯穿于《精神科学导论》。狄尔泰坚定不移地相信,对历史和社会进行科学的研究乃是可能的,但他也认为,一切认知都是高度个人化的。一方面,狄尔泰并没有把他自己从历史学派关于历史乃是一个客观进程的信仰中完全解放出来。另一方面,他无法再像兰克或者德罗伊森那样去信仰作用于历史之中的神圣天意。他将这样一种信仰看作是形而上学的,缺乏科学价值。与历史学派一样,他也认定历史乃是通向有关社会实在和人类实在的知识的指南。对这个方面的兴趣体现在他对自然法的探讨上。他相信,实证主义的法律观犯了一个错误,即认为法律是可以任意地创造出来的。法律不是被创造出来的,而是被发现出来的。在此意义上,它们代表了自然法,尽管不是作为与某个社会和历史语境相隔绝的抽象的法。[49]他甚至更加顽强地坚信,人类的理智是在稳步地增进着。这里,来自奥古斯特·孔德的影响清晰可辨。在《精神科学导论》第一卷中,狄尔泰以超过三分之二的篇幅追溯了人类理智从宗教和形而上学中逐步获得解放的过程。这一进程为西方文明的历史提供了一个框架和统一性。在各个别科学内部的科学方法论的发展中,狄尔泰看到了真正的"进步"(*Fortschritt*)。[50]他乐观地评论说,这些科学正在逐步逼近对"社会学、精神哲学或历史学所提出的那些问题"的解决,"那终究是能够得到一个解决的"[51]。另一方面,他认为,任何想到历史中寻找意义的努力都是徒劳。"我们用来表达历史意义的每一个表白,都不过是对我们扰攘不安的内心生活的一个反映。"[52]

139 在后来的文章和片断中,狄尔泰试图解决一个矛盾:一方面是他对于客观知识的可能性的信念;另一方面则是一切认识的主观起源,那是把主体和客体都放到一个共同的基础即生命上来考察就能看到的。他相信,生命以无数的形式呈现在我们面前,然而它所表明的还是同样一些基本的特性。[53]在精神科学中理解之所以成其为可能,是因为生命在诸如家庭、公民社会、国家和法律、艺术、宗教和哲学这样一些体制中“客体化”了它自身。作为生命和精神的产物,这些体制是可以被人理解的。它们不是被主观的心灵任意地创造出来的,而是代表着“生命的客体化”。狄尔泰意识到了他多么地接近黑格尔的客观精神的概念。在黑格尔看来,这些体制乃是绝对精神也即理性在历史中渐次展开自身时的具体形式。但是,狄尔泰认为,这样一种对于生命和历史中的合理性的信仰而今已经站不住脚了。“当前对于人类存在的分析”已经说明了人类生命的非理性。

> 因此我们就不能通过理性(*aus der Vernunft*)来理解客观精神,而是得返回到那在各个共同体中有其连续性的生命单位的结构性关系(*Strukturzusammenhang der Lebenseinheiten*)的系统之中。我们不能将客观精神嵌入一个观念系统(*ideale Konstruktion*),而是必须到历史中去寻找其实在性的基础。[54]

因为客体化形式中的生命就是结构。系统的精神科学的使命必定就是去分析这些基本结构。

这样就有了一个客观的主题。存在着诸如经济学、艺术、宗教、法律、语言等等具体的“文化系统”(多少与德罗伊森的道德共同体相对应),其中每一个都是一个有着共同目的和共同体制的单位。这些体制中最为核心而又赋予了它们以凝聚力的就是国家的有组织的力量。狄尔泰同意康德和黑格尔所说的,国家终究是需要武力和强制甚而是野蛮的,因为只有国家的存在才使得文化成为可能。[55]

问题就在于学者如何来辨识这些结构。每一个结构都是由其自身的内在规律所主宰的一个系统(*Wirkungszusammenhang*)[56]，然而这些自主的系统彼此之间却是相互和谐的。它们都反映了
140 一个民族或一个时代的精神和价值。没有单一的社会要素，例如经济，会带来各个文化系统之间的这种"和谐"。毋宁说，一个民族内部的社会生活的一切方面的相似性来自于"无法穷尽地描述的一个共同的深厚的(源泉)"[57]。社会生活和理智生活的每一个方面都会接受来自某一个特定时刻的某个特定民族的某个特定的人类品格的印记。[58]因而，对于狄尔泰，就像对于黑格尔和德罗伊森一样，所有的社会体制和文化体制都是精神的产物。作为精神的活动，它们要想被人们理解，就只有通过某种主观的领会行动、通过"体验、表现和理解"(*Erleben*，*Ausdruck und Verstehen*)。[59]不管怎么说，社会体制所具有的精神性和理解所具有的主观性都绝不会损害体制的客观性、历史的真正的和客观的融贯性，以及文化科学中客观知识的可能性。对于狄尔泰，就如同对于黑格尔或者兰克，历史是一个真实的进程。它不是主观心灵的一种构造，纵然狄尔泰在历史中不再能够像黑格尔一样看到"普遍理性"的表现，而是看到了"在其整全性中的生命"[60]。狄尔泰和黑格尔一样，仍然把历史世界视作一个整体(*ein Ganzes*)[61]，即使别的进程以其自身的发展规律发生在它内部。[62]既然历史是一个整体，对于历史和社会的一种系统研究就是可能的。狄尔泰评论道，黑格尔错误地试图将"历史生活的多样性(*Mannigfaltigkeit*)"化约为过于僵化的辩证模式。拒绝将系统化概念用于历史研究的努力的另一个极端"也同样是错误的"[63]。狄尔泰与马克斯·韦伯一样，要寻求一种能够把生命的非理性纳入其中的一种研究文化科学的系统方法。

在狄尔泰看来，文化科学的首要任务因此就是要对各种结构进行分析。文化科学家不能像黑格尔或者孔德一样去关切历史

的总体方向的问题;他也不要在历史中看到互不关联的事件的繁复多样。他要关切的乃是历史中的结构性关系。[64]历史在被客观地给定了某种东西之后,对于这一主题的客观研究就有了可能。诚然,历史学家必须选择他的研究主题;然而主题本身反过来又决定了什么东西是相关的,什么东西又是不相关的。[65]对每一个历史结构来说,最根本的乃是其价值体系。历史学家研究这些价值时,不是着眼于它们的正当性,而是把它们当作某种给定的和设定的东西。[66]

同样地,精神科学可以将历史结构视作某种给定之物,视作 141
整合的系统来加以描述。它们可以表明支配着这些结构的基本价值和哲学世界观(*Weltanschauung*),并且可以将不同文化系统或时代的各种世界观进行比较和分类。它们能够确定人类心灵的某些基本特点。除此之外,它们不能越雷池半步。诚然,精神科学的基本认识乃是,思想总是一种生命功能。因而就无法从抽象真理的角度,而只能就其与某种生命处境的关联性来考察它。精神科学的使命因而就迥异于致力于寻求终极真理的传统哲学。精神科学只是试图将观念、艺术作品、政治业绩、经济活动与它们所从属的结构联系起来,并将它们与其他结构进行比较。狄尔泰在《精神科学导论》中所描述的个体自生自发的性质,为许许多多各式各样的文化系统和群体所共同具有,而绝不会被任何一个特定的系统或群体所完全包容。在某些地方狄尔泰退回到了其后期著作中更具有机论色彩的社会概念的背景之中。

按照狄尔泰的观点,就在这种有限的描述性和分类性的知识乃是可能的同时,任何根本性的答案却都是不可能的。最令人印象深刻的有关哲学之无能的论证,乃是对于西方思想的历史性研究所揭示的各种哲学体系的无政府状态。此种无政府状态的缘由正是一切思想对于生命的关联性。因为“哲学必须不是到世界之中,而是到人们当中去寻求它那种种认识的内在关联……”[67]

“世界观”不是思想的产物。它们并不是起源于纯然认知的意志，而是“源于我们的生命行动、我们的生命体验、我们的全部心理结构”（*aus dem Lebensverhalten*, *der Lebenserfahrung*, *der Struktur unserer psychischen Totalität*）。[68]然而这种世界观赖以产生的过程却并非是任意的。尽管每一种世界观都不相同，带上了不同的生命体验的色彩，但在它们的源起中却有着某种程度的一致性。所有的世界观都源起于要解决个体所面对着的那些根本问题或生命之“谜”的共同的人类需要。既然“人性总是一个样，生命体验的主要特征也就是一个样”，纵使我们去体验生命的
142 基本处境时所处的条件并不相同。所有人都面临永恒变化的实在，“一切人类事物的转瞬即逝”和死亡所具有的神秘。[69]每个个体从他自身的处境出发都试图解决这些问题，并建构起一幅世界图景（*Weltbild*）。宗教、艺术和形而上学就代表了解决这个奥秘的最高形式的努力。每个形而上学体系都号称是普遍有效的，然而由于这些体系的根源都在于各种特定的生命处境，它们之间的冲突就永远都无法获得解决。[70]

历史意识表明，哲学体系跟风俗、宗教和政府形式同样地发生着变化。因此，在“每一种人生观或世界观所声称的普遍性与历史意识”[71]之间，就有着一个显然无法解决的二律背反。哲学体系是在历史条件的限定下出现的，并且因此就是虚幻的和主观的。然而，狄尔泰兴高采烈地宣布说有一种解决方法，因为这些哲学并不就是虚假的，而纯然是“生命的鲜活性（*Lebendigkeit*）的各个层面的表征”。哲学体系之间那种明显的矛盾冲突来自于“生命的鲜活性所具有的多层面性”。“冲突的发生，是因为在科学家们的意识中客观的世界图景变得是自主的了。某一个体系在变成自主的同时，就成了形而上学”[72]。我们的历史意识曾经破坏了对于哲学体系有效性之信仰，与此同时，却又通过表明这些体系与生命的关联性，可以帮助我们克服这样一个表面看来是无

法解决的冲突——在各种哲学所声称的普遍有效性与它们中间历史性的无政府状态之间的冲突。[73]

一旦我们理解了哲学概念的功能,通往对人类进行科学研究的道路就敞开了。狄尔泰仍然坚信,客观的科学知识在精神科学的两个层面上乃是可能的。虽然社会科学和人文科学无法超出对生命的研究,它们却能够理解历史过程中生命的客观显现。它们无法解决涉及到价值问题的难题,然而它们却能够表明价值在各个具体社会语境和各种世界观之中的相关性。精神科学超越了纯然的历史研究,它通过比较的方法,可以将一切人类意识所共有的特质发掘出来。这样,通过发现那在人类解答生命之谜的永恒需要中持续不断地重现的哲学性世界图景的类型,它们就能够超越历史。

可是,狄尔泰真的解答了精神科学中知识何以可能的问题 143
吗?因为,倘若认识本质上乃是广义上的体验生命的一种直觉活动(*Erlebnis*),又有什么能够保障我们的见识不会只是历史之流中我们的需要和处境的主观表现呢?狄尔泰认为,“哲学是社会的目的性系统(*Zweckzusammenhang*)的一个随其他因素而变化的变量”[74],而且哲学研究中所采用的方法论总是被研究者的世界观所决定的。[75]可是精神科学不也是这样的吗?狄尔泰当然否认这一点。他相信,有一种对于精神科学而言恰当的方法,赋予这些研究以科学性,并使得它们与哲学徒劳无功的努力区别开来。然而,如果有这么一种方法,那思想就不会被体验(*Erlebnis*)所引导,而是又一次屈服于逻辑范畴。而这些是狄尔泰要视作与人类的思想过程格格不入而加以拒绝的。学者也不是按照逻辑的思路来思考的。就像所有人一样,他是一个生理-心理的生命单位,而非一具思想机器。如果说狄尔泰仍旧基于主观的生命体验而相信客观知识的可能性的话,那也是因为他置身于德国唯心主义传统,依旧把历史看作一个过程,并且他假定在此过程中的个人的视角主义的观察(perspectivistic perceptions)与全部的实在之间也存在着一种根本的和谐。他写道:“历史科学可能性的首要前提就在于,我自身就是一个历史性的存在,那探询历史与创造历史的乃是同一个人。”[76]使得人对于世界和人们彼此之间的理解成为可能的,并不是像康德和新康德派所设想的那样是因为人加入到了先验理性,而是因为人自身就是大自然和历史的一部分。

不过,在狄尔泰 1903 年七十寿辰时对他的学生和朋友发表的演讲中,还是有一点失望的愁绪,即使他在结语中充满期待地说他看到了问题的解决方法。

> 我致力于研究历史意识的性质和前提——一场历史理性的批判。这一使命将我带到了最为普遍的问题:倘若我们将历史意识追寻到它最终的结果,就会出现一个看似无法解
> 144 决的矛盾。每一个历史现象——无论是某一宗教、某一理想,还是某一哲学体系——的限度,因而每一种关于事物相关性的人类观念的相对性,就是历史性世界观的最后结论。一切皆在过程中流逝,没有什么东西是稳固的。另一方面,又出现了对思想的需要、对哲学的渴求,以追求普遍有效的认识。以历史眼光来看待事物的方式(*die geschichtliche Weltanschauung*,历史性的世界观),将人类精神从自然科学和哲学尚未挣脱的最后锁链中解脱出来了。可是,哪里又有克服那总是使我们扰攘不安的信念的无政府状态的办法呢?
>
> 我毕生都在研究关于这个问题的各种问题,它们把自身连结成了一个长长的链条。我看到了目标,倘若我在路边摔倒了,我希望比我更年轻的同伴和学生们能够继续走到这条道路的终点。[77]

3

与狄尔泰相似,新康德派们目睹了那些伟大的形而上学体系的坍塌,并企图为自然科学同时也为人文科学找到一个新的基础。他们也想到人类意识中去寻找这一基础,然而他们看待意识的方式与狄尔泰大相径庭。尽管后世的学者们在新康德派哲学中发现了相对主义的蕴涵,然而,为围绕着赫尔曼·柯亨(1842—1918 年)和保罗·纳托尔普(1854—1924 年)的马堡学派所首先阐发,而后又为围绕着威廉·文德尔班(1848—1915 年)和亨利希·李凯尔特(1863—1936 年)的巴登学派或西南学派所修正的新康德主义,重申了人类心灵的合理性。这种观点反映了 19 世纪晚期对于科学和科学方法的巨大信心。

对柯亨来说,就像对康德一样,使得自然科学的规律成为可能的,并不是客观自然的符合规律的性质,而是调节着我们观念的形成的人类心灵的天赋法则。赫尔曼·柯亨走得比康德更远,他拒斥了隐藏在现象世界背后的本体世界也即物自体的概念。自然规律不能被理解为心灵用以组织它所接受的感官材料的诸范畴。这些规律只是来自于纯粹思想,而独立于感官材料。在此
语境下,柯亨比之康德就更加彻底地是唯心主义,因为他只承认 145
意识是真实的。然而,这种唯心主义又很不同于贝克莱式的主观唯心主义。柯亨心目中的意识不是某个个别主体的、由心理学家来研究的那一类意识。它是“意识本身”,是纯粹的知性,并且整个世界都内在于这一先验的意识之中。柯亨和他的门徒们绝非要否认客观事实和事件的存在,但是,他们把这些东西置于意识的逻辑联系的框架中来加以理解。

如若意识是逻辑性的,而一切实在都存在于意识之内,那么一切实在就都是逻辑性的了。对柯亨来说,这就意味着自然规律

就是逻辑规律。逻辑学就以某种方式等同于自然科学的方法论。于是,实在根本上就是由没有给非理性因素留下任何余地的“逻辑关系之网”所组成的。[78]

柯亨在自然科学的方法与文化或历史科学的方法之间看到了一个分别。然而,他对于把后者称作精神科学犹疑不定。因为,与狄尔泰相反,对柯亨来说,“精神”(*Geist*)的实质在于认识。“精神就是此种意义上的人类精神……严守方法的认识的精神,科学的认识方法的精神。科学认识的精神乃是人类理性的显明标志。人类理性就是在科学推理中得到发展的。”在此语境下,自然科学也从属于精神科学。使得文化和历史研究区别于自然科学的,就是前者不仅要涉及自然的或逻辑的关系,而且还要涉及价值问题。

这些研究因而就需要两种方法:与一种有关认识的理论所需要的技术性概念相伴随的“用来定义、划界和分类的逻辑学”,以及用于分析文化内容(*Kulturgehalt*)的伦理学。[79]伦理学需要的是一种在其严密程度上比逻辑学方法并不逊色的方法。它对于价值的研究方法并非心理学的,而是先验的。伦理规范的基础不在经验,而在心灵结构之中。因此,研究者就不能满足于将世界观视为一种独特的历史现象,可以作为不能化约为理性基础的某种物自体来加以研究。他必须从逻辑学和伦理学的绝对而永恒的视角来研究这样一种世界观。[80]

146 柯亨实际上暗中否决了历史学家的传统方法:他们想要重新创造出“如其所是”(*wie es eigentlich gewesen*)的过去,并且避免做出价值判断或者确定普遍性的关联。柯亨自己转向了一种历史观,尽管他的术语是康德式的,但他那种历史观却与孔多塞的进步观惊人地相似。历史对他而言就是一个永无止境的过程,在此过程中,人们通过运用自己的理性,获得了对自然的越来越大的控制力,并且稳步趋近于某种道德性的社会组织的理想。这一进步并不是黑格尔所认为的那种宇宙性的进程。它乃是由这样一个事实所导致的：由于意识的符合逻辑的结构，人类思想必定会到达有关世界和社会的一幅理性图景。这一人类心灵和人类社会逐步逼近由理性所设定的理想的过程，是一个绵延不绝的过程，因为理想从来就不是能够完全达到的。[81]

柯亨视为符合理性的政治和社会理想，本质上乃是自由民主制的和以社会为取向的。康德的绝对命令所要求的“自主人格”需要一个社会背景。“一个民族的伦理精神的关键性标准”可以在“其组建工人政党的行为”中找到。[82]然而，柯亨显然不仅摆脱了去认识非理性力量在社会中的作用的意愿，而且没有受到对于威廉时期德国的现代文化的悲观主义情绪的笼罩。因而，他和他的很多同事就能够以对于德国的过去和未来及其文化贡献的充分信心，来面对第一次世界大战。尽管意识到了德国需要进一步的民主化，柯亨还是赞颂自己的祖国是一个进步的国家，已经在全国选举中引入了普选权，并启动了当时最为先进的社会立法。德国精神在康德哲学中体现了它自身，而 19 世纪的德国历史表征着康德伦理学在很高程度上的实现。普鲁士的军事和官僚传统并不是此种精神的对立面，而是其组成部分。这个“思想家和诗人的民族”与“国家的斗士和创造者”民族是同一而不可分割的。[83]柯亨 1914 年时说过，“路德的全民义务教育制和沙恩霍斯特*的普遍兵役制”是“为康德的唯心主义提供了训练的两种制度”[84]。

他无疑是在当时兴高采烈的气氛中过甚其辞了。不过，使得 147
柯亨轻易地将两者等同起来的，是他关于国家的伦理性质的观念[85]，那是他从未从中解脱出来过的；这使得他区别于大多数英美自由主义者和社会主义者。柯亨比之几乎任何其他的德国自由

* Gerhard Johann David von Scharnhorst，1755—1813，普鲁士将军，曾主持普鲁士军事改革。

主义思想家都更加强调，个人的整合乃是绝对命令的一项要求。与此同时，他认可国家的关键性角色，因为不仅是个人才具有权利。他着重指出："国家也是一个人格。"(*Auch der Staat ist Person*)[86]柯亨提醒说，不能把国家等同于民族。国家是一个伦理实体，而民族并不是。民族从属于国家。民族归属对国家的创建而言是工具性的。民族主义一旦被绝对化并与国家的伦理原则分隔开来，就会成为某种形式的野蛮主义。[87]

4

威廉·文德尔班引入新康德主义讨论中的新因素，是对于自然科学的方法与历史科学的方法的区别所做出的重新阐述。作为一个实践的思想史家——他在今日是因为他的《近代哲学史》而不是他的哲学思辨而知名——文德尔班特别地意识到了历史研究的特殊逻辑。然而，文德尔班绝没有否定柯亨和纳托尔普关于世界乃是理性意识的建构的基本假设。可是，当文德尔班认为，价值论的规律而非逻辑学的规律构成了客观实在的基础之时，他就在一个重要之点上修正了马堡学派。就像伦理学和美学，逻辑学也是一门规范性的科学，是一门关于人们应该如何思考的科学，并且因此对实在而言它就不是描述性的。文德尔班认为，规范是"有效的"(*gelten*)而非"真实的"(*wirklich*)。在这种意义上，自然规律就不能等同于逻辑学的规律。在逻辑与存在之间所做的区分，确实就意味着对于实在中存在着非理性因素的在更大程度上的认可，然而又绝没有给价值上的主观主义留下任何余地。因为规范的基础并不在个体心理之中，而是在意识本身之中。无论是在科学、逻辑学、伦理学还是在美学中，这些价值都是
148 绝对有效而永恒不变的，并且，单单是它们就使得生活和实在具有了意义。李凯尔特看到，它们对文德尔班来说，"就像是那应该

在永恒之中的,并没有真正如此。通过把有效的转化为真实的,我们的存在就获得了使得它真正值得我们生活的一种活生生的意义”[88]。文德尔班和李凯尔特比柯亨和纳托尔普更加专注于价值问题,他们把他们的主要注意力从自然科学的方法论和认识论问题转移到了社会科学的方法论和认识论问题。

文德尔班1894年就任斯特拉斯堡大学校长时所发表的“论历史学与自然科学”的著名就职演说的重要性,就在于它提出了各门历史科学需要一种特殊的逻辑的纲领。自然科学的方法并不适用于历史研究,历史学需要一种它自身的方法论和认识论,这种看法并不新颖,而且早已是历史学派的共有财产。文德尔班也并没有真正在讲演中提出来这样一种方法论。他在诸如哲学和数学这样的“理性”的科学与“实验性”的科学(*Erfahrungswissenschaften*)之间进行了区分。后者不是依据其研究主题(如传统之所为),而是依据其方法论被区分开来的。就如同在他之前的柯亨那样,文德尔班将自然科学与精神科学之间的区分看作是不幸的。比如说,心理学就可以作为一门自然科学来进行研究。这两类科学之间的不同,在于它们作为自身鹄的的知识的性质;它们或者是希望将事件还原为抽象的关联,或者是要“充分地和不遗余力地描述局限于时间之中的某个独一无二的事件”。一类科学寻求规律,另一类则寻求事实。

文德尔班用希腊词语把自然科学称作是“制订规律的”(nomothetic),把历史学科称作是“idiographic”(描述分别的、独特的和个别的事物的)。[89]同样的内容常常可以用二者中的任何一种方法来进行研究,就像是语言学、生理学、地质学、心理学甚至是天文学的情形。传统逻辑学的重大缺陷,就是它过分强调了自然科学的制定规律的研究方法,而忽视了对于历史实在进行的研究中所涉及的逻辑反思。[90]尽管两种类型的科学都是经验性的,但没有一种处理的是素朴意义上的经验。两者都是以科学的标准和高

度锤炼的方法来处理经验的；它们使用的是精确的计量方法或者
149 文辞分析。[91]没有一个是在处理纯然的现象。一个赤裸裸的事实对历史科学和自然科学来说，同样没有意义。两类科学关心的都是确立关联，尽管是不同类型的关联。自然科学家寻求规律，并且倾向于进行抽象。他希望将形形色色的实在还原为一个概念系统，“一个原子世界，没有色彩和声音，没有感官知觉到的各种性质所发出的尘世的气味——思想对于知觉的胜利”。历史学家既然无法使自己从概念中完全解脱，就转向了直观(*Anschauung*)。历史学的终极目标是要“从汗牛充栋的材料中”重新获得“在其生机盎然的清晰性中的过去的真实形态”，表现出“在其鲜活个性中保存着的、处于其独一无二的发展过程的全部丰富性之中的人类和人类生活的图景”[92]。尽管个别的历史事件可以而且必须纳入到普遍的科学规律之下以得到理解，然而在每个事件和每个个体中，总是有某种因素是分析无所用其技的，那是“某种无法领会的剩余物，某种无法表现或界定的东西”[93]。

文德尔班在讲演中并没有触及历史学家如何能够将历史事件与单纯的事件区分开来的问题。这显然需要一个挑选原则。倘若这一原则要到历史学家的主观兴趣中去寻找，那么历史学就必定是主观主义的。倘若历史学的主题纯粹是由自律的、独一无二的事件所构成，历史学家就不可能发现什么可以用来断定何者具有历史意义的客观标准。

文德尔班在他未完成的《哲学史》讲演集(在他身后于1916年出版)中，表现出了惊人的现实主义。历史学不只是编年。它涉及的是由各种目的所集聚起来的行动。在此意义上，人们可以谈论历史中的进步、后退或僵滞，并预设某些价值。[94]这些价值使得历史学家能够断定，什么东西是或者不是能够引发历史兴趣的。历史性的东西就是在此发展过程中有其一席之地的，非历史性的东西就是在此发展过程中没有地位的。“特殊之物如果对于人类共同体中某种更高的(*übergeordnetes*)整体来说具有意义,它本身就是有意义的。这种与某个人类共同体的关联性,乃是赋予个别事件以历史性的关键性事实。”[95]历史学家单单把具有历史意义的人物挑出来加以研究。他单单把那些“不仅到来并走上普遍 150
史的舞台,而且还将它们的特性在整体的发展中打下烙印”[96]的民族挑出来加以研究。就两者都致力于确立历史中的一致性模式(*Regelmässigkeiten*)来说,历史学家的使命有似于自然科学家。历史学家和自然科学家之间一个根本性的区别就在于,前者处理的是只能够被叙述而不能被还原为规律的东西。然而叙事需要一般性的概念。[97]历史学家处理的是“特殊”,他选择“特殊”是因其本身的缘故,而不是因为它在某个有意义的整体、某个巨大的社会统一体或者是整个人类的发展链条中有其一席之地。[98]

因而,选择原则就要到历史本身的客观主题中去寻找。文德尔班坚决地拒斥那种认为历史的真理是相对于历史学家而言的观点。历史的真理不依赖于历史学家而存在,正如即使没有任何数学家发现数学真理,数学真理仍然有效一样。“即便记忆或者重构性的想象付诸阙如或者是错误的,历史的真理作为一个客体(*Gegenstand*)也仍然保持不变;同样真确的是,那发生过的事情不会因为被遗忘就变成了未曾出现过的……因此,历史真理的有效性独立于我们的认知。”[99]文德尔班认识到,使得对于客观的历史知识的寻求变得更加复杂的,是研究人类历史的历史学家与过去的其他方面的研究者相反,从来没有面对过去的事件本身,而是基本上在与传统打交道。传统往往以两种方式扭曲我们关于过去的图景:不仅仅是由过去的胜利者从他们的角度来书写或者记忆历史,并且,历史学家本身就是某个活生生的传统的一个部分。在这个意义上“我们在历史科学中所得到的有关人类这一物种的全部记忆,其本身就是历史的产物,传统的作品,人类的集体成就,并且也就是我们文化中最弥足珍贵的部分之一”[100]。知识论的一个隐含的使命，就是要判断文化因素和传统因素在多大程度上浸染了历史知识。

不过，对文德尔班来说，使得历史学成为可能的，乃是某种客观意义上的人类发展的实在。历史学家进行研究时所基于的假定是，“历史的生命不是毫无意义的偶然事变（*Ungefähr*），不是某种缺乏理性的生物机体，而是有一种理性的意旨（*Sinn*）支配着
151 它，有一种逻各斯（*logos*）使得历史世界成为了一个和谐的宇宙”。这个信念不能够被证明，然而在理智活动数千年的过程中却变得越来越彰明较著。[101] 这一进程的统一性就在于“人道的观念”本身。这个观念就意味着，人类不仅仅是一个“动物学意义上的物种”，而是一个“真正的价值实体”（*eine werthafte Realität*）。[102]“人类作为生命的普遍性单位”这样一个实体尚未存在，但它是人们所要实现的一个使命，一个永远不会完全达到的理念。

> 人类作为一个理性的整体目的在其中发展的生命单位，从来不是作为某种已完成之物被给定的（*gegeben*），比如说，人类是一个生物种群，然而却被赋予了某种使命（*aufgegeben*），一种无可逃避的绝对必然的使命。历史因而就是人类完成这一使命的过程。[103]

于是，照这个定义，凡是有贡献于这一发展历程的，就都是历史性的。对文德尔班来说，就像对于柯亨一样，还得有一个普遍而理性的标准，它超越了历史性的体制和实在法，而作为一个可能的准绳来对各种历史性体制做出评判。文德尔班并不想回到18世纪的自然法概念。他拒绝那种认为法学家可以在某种静态的、理性的法律的基础之上创制出新法律的观点，却坚持认为，法哲学使得我们能够“去探究在何种程度上更高的理性必然性在人为创造的法律中实现了它们自身”。因为在“那不断地以不完美

的形式——这些形式受制于自然和历史所给定的条件——创造出它们的国家和法律的各个个别的民族”之上,“矗立着人类理性的集体意识的理想,那就代表了最高形式的良知”[104]。

此种理性的理想的观念——它指引着人类努力的方向,并包含着一种面对未来的乐观主义情操——与赫尔曼·柯亨的非常相似,虽然文德尔班对于当时欧洲所面临的种种危险迹象更加体察入微。和布克哈特一样,他害怕现代技术性大众社会会威胁我们文明的传统价值。在“弗里德里希·荷尔德林及其命运”中,他表达了这样的关切:降临到那位诗人身上的疯狂,也会降临到现代社会身上,因为现代文明随着它对专业化和理智化的要求,变得日益复杂,这就会将那本是古典文明遗产的人格的和谐与完整从人身上剥 152
夺。[105]作为一个深刻意识到这一遗产所赋予欧洲文明的精神统一性的受过良好教养的欧洲人,文德尔班在他 1890 年关于费希特的演讲中,为 18 世纪那种世界公民情怀的衰颓和民族分化的加剧而抱憾。[106]然而在皇帝陛下生日这一天所发表的这同一篇讲演,又是以对于普鲁士国家在 19 世纪的进程中所取得的政治和社会成就的赞颂而结束的。文德尔班对于未来所抱持的信心,远远盖过了他那些零星的黯淡观察[107],还没有被第一次世界大战的爆发所动摇。

5

文德尔班在弗莱堡的年轻同事亨利希·李凯尔特迈出了走向伦理相对主义的重要一步,尽管李凯尔特肯定会极其厌恶后来的学者们给他贴上的“历史相对主义之父”的标签。[108]因为在逻辑学和伦理学的判断所具有的永恒的和普遍的有效性方面,李凯尔特和文德尔班同样持有新康德主义的基本假设。与柯亨和文德尔班一样,李凯尔特深信,关于物质世界和历史世界的客观的科学知识乃是可能的。不过,他不仅拒斥那种认为历史是一个给历史学家提供了选择原则的真实的发展过程的看法，而且也否认哲学家可以依据超越时间限制的伦理学的抽象原则来对一个文化具体的体制、观念和价值做出评判。他与历史学派一样认为，历史学家的使命不是以他自己的价值观来评价（*werten*）历史事件或格局，而是确定这些价值观是什么，并将某个文化的体现与它的基本价值（*Wertbezogenheit*）联系起来。

这种研究路数就蕴涵着一种历史学实践中的彻头彻尾的伦理相对主义，那看起来是与李凯尔特作为一个哲学家所持有的伦理绝对主义相矛盾的。李凯尔特意识到了这一矛盾，他试图通过一种内在价值论来加以解决，那种内在价值论主张，一个文化所表达的价值乃是永恒而绝对有效的规范之体现。倘若李凯尔特
153 能够坚持他对于历史作为一个有意义过程（就像是黑格尔、洪堡或兰克所设想的）的信仰，要想捍卫这一立场本来会容易得多。他那新康德主义的伦理假设也不容许他接受新柏拉图主义关于绝对有效而永恒的理念的多元论观点。其结果就是，李凯尔特要在各个历史文化的杂多而相互冲突的价值中看到某种绝对伦理的表现的努力，看来就不过是要去调和那不可调和之物的又一次徒劳的努力。李凯尔特不愿意依循他在弗莱堡的同事马克斯·韦伯的似乎更加合理的解决方式，韦伯将社会科学家和历史学家的使命严格地限定在对历史文化中的价值关联进行研究，并且否定了对普遍有效的价值进行任何客观研究的可能性。

李凯尔特同意文德尔班所说的，历史学与自然科学之间的主要区别不是内容上的，而是方法上的。只有一个实在就囊括了所有存在着的东西，既包括了肉体，也包括了精神。必须以“一元论的方式”将实在视为一个整合的整体。精神也可以用自然科学的方法加以研究；因此，与自然相对应的不是精神，而是历史。自然*以普遍规律的方式来看待全部的存在，历史则从独一无二的

---

* 此处及下文中的自然（Nature）实际上指的是自然科学。

一度出现过的事件(*einmaliges Geschehen*)的方式来看待它。[109]

然而李凯尔特并不相信,文德尔班通过制定规律的与描述个别的两种方法之间的区分,就穷尽了历史与自然之间的分别。[110]历史并不比自然更多地描述了实在。在实在之中,一切皆在流变,一切皆有不同。历史中的理解和在自然科学中的理解一样需要将此种流变和多样性还原为概念。[111]历史学家与科学家一道,并不绘制一幅有关实在的图像(*abbilden*),而是将此图像转换(*umbilden*)并简化。唯有这样才使得非理性的实在变成为理性的。[112]兰克和文德尔班在强调说历史学家更其是以直观(*Anschaulichkeit*)而非理性概念来处理过去时,都对此产生了误解。[113]历史研究也需要一种先天的东西,一个前判断(*Vor-Urteil*),有了它的帮助,就能够将“真实发生的东西的异质的连续体”还原为概念。[114]历史学家必须能够在过去之中的本质的和非本质的东西之间、在“浸染了意义的具有历史重要性的个体性”与那些“仅仅是有所差异”的东西之间做出区分。[115]这就需要一个选择原则。

这一选择原则不是通过将一个事件、一个个体或格局与某个 154
客观历史进程联系到一起,而是通过确立它们与文化价值(*Wert-bezogenheit*)的关联而找到的。因为在某个重要的方面,自然与文化史之间的差别既是内容上的,又是价值上的。在自然中,一切都在没有人类指引的情形下自由成长;而在文化中一切都需要人类的劳作。“每一桩文化事件(*Kulturvorgänge*)都体现了人们所认识到的某些价值,或者是为了这个价值的缘故才出现了这桩事件,或者是如果事件已经发生,也是为着那种价值才得以滋长繁荣。”价值与一切文化事物(*Kulturobjekte*)连在一起。另一方面,自然过程并不具有这样的价值。我们能够以这种方式在“与价值相关的(*wertbezogene*)文化事物”和“不具备价值”的自然事物之间做出区分。李凯尔特接着又指出,研究“与价值相关的文化事物”的科学因而或许更应该称之为“文化科学”(*Kulturwissenschaft*)

而非历史学。[116]历史学家或文化科学家挑选出“在它们个别的特殊性中作为意义复合体的表现”的“个体事物”，它们“的确体现了文化价值或者与文化价值有着某种关联”。只有将这些事物与依附于某一文化的价值联系起来，他才能够构想一个可以被描述得有意义的历史个体。[117]

李凯尔特认为，历史学家因此就只在人们持有某些价值并将这些价值附着在事物之上时，才对这些价值发生兴趣。他对这些价值的有效性并不感兴趣。所以，他的研究方法并不是要做出评价（*werten*），而是要将事物与价值（*wertbeziehen*）联系起来。当然，他也可以对历史有基于他自己价值观的见解，但他并不是作为一个历史学家而持有这些见解的。他更是把某一文化的价值作为事实来研究，而不涉及他自身的价值立场。[118]因而，他就不能判定法国革命是有益于还是有损于法国，而仅仅是法国革命在法国或欧洲的历史发展中是否具有重要性，是否应该被容纳到一部欧洲史之中。[119]在为历史过程的主体们所持有的形形色色的价值中，他必须能够区分“任意武断的”和“客观的”价值。他应该围绕哪些价值来组织历史，这个问题仍然存在。他的选择是否有什么客观的标准呢？李凯尔特的回答是肯定的。在一个文化中存在着某些被普遍接受的、可以从经验上因而也就是可以客观地来认识的价值。

155 文化价值乃是普遍性的这一事实，使得历史科学中的概念形成不是任意武断的个人决断（*individuelle Willkür*），并为这些概念的客观性打下了基础。在历史上有实质性意义的东西必定不是对这个人或那个人，而是对每一个人都具有重要性的。[120]

诚然，李凯尔特在这里提出了两个令人高度质疑的假定。首先,他相信在每一个文化中都有着某些价值是在那一文化内被普遍认为正当有效的;其次,摆脱了偏见而客观地进行研究的历史学家们,必定会对这些价值究竟是什么达成一致。由此引申出来的就是,倘若历史学家们在他们对于某个历史处境的解释上出现分歧,那是由于他们不够客观。李凯尔特把这种实实在在的可能性抛在了一边,那就是:各个文化或许并不是整合的系统,而是包含了纷繁歧异的价值于其中。他也不承认,在一定程度上,历史学家在社会、心理或历史方面所处的地位可以决定他的兴趣,或者促使他去观察他所研究的历史问题的某些方面而非其整体特性。如果说,狄尔泰假定历史知识总是为观察者的个性所局限,从而是高度主观的,那么,李凯尔特就根本不考虑知识之中的心理学或社会学因素,而把认识主要视作一种理性的和客观的活动。[121]

如果历史学家要围绕某个文化中主导性的价值来组织历史,那么,普遍史当然就是不可能的。历史学家所能书写的一切,就会是各个孤立的文化的历史。要想超出这一点,就需要有所有人共有的客观价值的存在。[122]在一个文化内部,历史学家可以谈论为这个文化所独具的发展,并以其价值来对它做出估量。然而,要谈论经验性的历史中人类的进步就没有可能,因为进步乃是一个包含了价值的名词,只有在客观而普遍地有效的价值存在着的时候,它才具有意义。因而,对李凯尔特来说,进步问题属于历史哲学而非历史科学的范畴。[123]

不过,李凯尔特认识到,如若历史的整体被消解成了许许多多孤立零散的过程,其中的每一个都围绕着一套不同的价值,人们就很难去谈论文化科学或者是文化史的客观性。在自然科学中,理论也是被修正过了的,然而,我们还可以假定“自然规律是绝对有效的,即便我们并不了解任何一条规律”。不同文化所持 156
有的价值起起落落,使得情形就仿佛是“除了纯然的事实之外,有多少个不同的文化圈，就有多少种不同的历史真理。”[124]这里，李凯尔特对于真理的理解就不同于历史学派。对转瞬即逝的事件的描述不是真理。“一个科学真理必须具有一种明确的关联，也即，必须或多或少地接近于那在理论上有效的、即便是未知的东西。没有了这样的预设，谈论真理就没有任何意义。……所有的历史概念就都只对于某个明确的时间是有效的。可是，这就意味着它们并不具有真理的价值，因为它们与那有着绝对的和永恒的有效性的东西没有明确的关联。”[125]然而，如果真是这样的话，人类全部的文化和理智成就就都没有意义了；就像尼采的寓言中所说的，那不过是只在永恒时间中的一个片刻存活着的一个有理智的动物在宇宙某个偏僻角落里装腔作势的自我欺瞒而已，“宇宙史中一个最为狂妄不实的瞬间，然而只不过是一个瞬间”[126]。

可是，李凯尔特不情愿接受这一点。“如果有人愿意接受的话，这个看法倒是首尾一贯的，”他这样说道，“然而它的融贯性本身就摧毁了每一种科学（既包括自然科学又包括文化科学）的客观性……科学家本身必须假定理论价值的绝对有效性，如果他还想做一个科学家的话。”[127]与马克斯·韦伯形成鲜明对照的是[128]，李凯尔特坚持认为，对科学（即便是自然科学）的严格地价值中立的研究方法是不可能的。正如自然科学中的经验研究一定要假定“无条件地和普遍地有效的自然规律”，文化科学也必须假定文化生活中的事物和体制在或多或少的程度上所要趋近的“无条件地和普遍地有效的价值”。没有了这一条假设，任何有意义的选择原则都无从谈起。可是，李凯尔特承认，这一假设缺乏经验的基础。它更是哲学性的而非科学性的假设。我们因此就一定会得出结论说，对李凯尔特而言，“并不存在不具备某种历史哲学的历史科学”[129]。

然而，经验性的历史和超越经验的哲学又如何能够相调和呢？李凯尔特试图用一种价值理论来解决这个难题，在纷繁多样的文化价值中看到了普遍有效的价值的体现，那是与具体而独特的历史处境相调适了的。因为,他问道,自然科学本身不就是文化的产物而又仍然具有实实在在的有效性吗?其他的文化产物就不能也是这样的吗?[130]要知道,没有任何一种哲学能够“从纯然 157
的概念”就能够建构起一套完备融通的文化价值系统,“要求具有有效性的文化价值系统,只能够建基于有意义的历史生命之上,并且我们只能够通过追问,当文化生命显现于历史之中时,是什么普遍性的和形式化的价值,构成其蔚然可观和不间断地变化着的繁复多样性及其个别的意义复合体的底蕴,才能将这个文化价值系统逐步地从历史生命中提炼出来。”[131]这一理论就使得李凯尔特实质上回到了德国唯心主义对于历史具有意义以及在历史中能够找到的各种价值的有效性的信念。

在其《自然科学中概念形成的限度》中,李凯尔特更加详尽地为这一对于各个个别的历史价值的信念进行了辩护。伦理学的规范是普遍有效和永恒不变的,这一点是李凯尔特和康德的一致之处。然而,这些规范——其中最要紧的是绝对命令——是纯粹形式化的。规范永远是有效的(*gelten*),却绝不会是实在的(*wirklich*),可是价值是以两种方式与实在相关联的:它们或者是出现在作为某个主体之行为的价值判断(*Wertung*)中,或者是附着于文化事物。[132]因而,要把伦理规范看作是适用于每一个例证的类概念或属概念(*Gattungsbegriffe*),如同自然规律一样,那就大错特错了。因为“人从来不是作为某个属的样例中的一个来生活的,而只是作为一个个体而个别地生活着”。每个个体都不同,他置身于其中的处境也变化不定,因而“道德职责也一定是个别的。所以,人的最高道德义务必定就在于,培育他的个性以使得他能够履行放置在他肩上的个别的伦理职责”。绝对命令因而就一定得重新加以阐述,以将伦理规范的个别性纳入考虑:

> 倘若你希望行为得宜的话,既然在这个完全个体化的世

> 界上，没有别人具有和你完全一样的职责，你就应当在你所占据的实在中的那个个别的位置上，以你的个体性来履行唯有你才能履行的事情；并且，你应当这样来塑造你的生活，使得你的生活构成为一个这样的发展历程：它那个别的整体性能够被视为对于生命中永远不会重复的某个职责的完成。

伦理规范可以是绝对的和普遍的，并且与此同时适用于很不
158 相同的个别处境，因为它们具有高度形式化的特点。[133]我们当然还可以提出这样一个问题，即这样一种对于绝对命令的定义还具有什么样的意义。康德也把绝对命令定义为纯形式的，没有具体的内容。它从形式上要求个人“只按照这样的准则来行动，由此你同时能意愿它成为一个普遍的法则”。对李凯尔特来说，事实上，绝对命令作为永恒不变的普遍伦理规范，就说明了有多少个体，就有多少种规范，并且所有这些规范都有着同等的有效性。确实不可能找到任何具有某种具体内容的普遍性的人类道德理想。道德命令的内容永远是来自于各种文化以及尤其是各个民族的历史发展过程。[134]由于这个缘故，个人的“道德义务首要地就是作为一个民族的一员，因为我们只有作为一个民族的成员才能履行我们的大部分义务”。民族赋予了个人以“实际而明确的文化目标”，这是普遍的人性所没有做到的。反过来说，每个民族“总是有一个个别的、为别的民族所不具有的使命。任何事情都只有通过发挥民族的独特品格才能够完成”[135]。与此相类似，自然法一定得从纯粹形式的角度来考察。在具体实在的世界中，“唯有作为历史文化发展之产物的历史法则才是实实在在的法则。没有了量化的原子世界或者某种其他被实体化了的形而上学的普遍概念的存在，自然法就没有存身之处了”[136]。在纯粹形式化的观点之外，别无什么高于历史的观点存在。[137]

李凯尔特针对视他为历史主义或相对主义的指控，激烈地捍

卫自己的立场。作为研究文化价值的方法,唯有历史性的研究取向才是正确的。然而,作为一种世界观,“历史主义是一个怪物(*Unding*),是相对主义和怀疑主义的一种形式,将其推至其逻辑结论就只会导向彻底的虚无主义”[138]。

同样地,任何不参照先验的理性规范而就生命本身来解释生命的努力,就都是荒诞不经的。[139]我们的意识的理性性质本身,就要求价值是实在的而非只是任意武断的。绝对命令的应该(*Sollen*)要求我们不仅向往而且是要身体力行那善的东西。李凯尔特说,这反过来就要求,与我们纷繁多样而个别的职责相应的我们的道德行为,也要产生道德的效果。就我们自己的个别行为的情形而论,我们可以意愿绝对正当之物,但是我们无法产生出 159
绝对善的效果。因而,我们就被引导来假定某种“能够带来我们所无法带来的东西的神圣力量”的出现,“它通过行动来实现无条件的普遍价值。因此,意识到我们对于应然之物的无能为力,就要求某种客观的、善的或神圣的实在”。李凯尔特认为,这一实在是科学概念所无法充分把握的。

> 只有通过那命令我们去行动的良知,通过意识到我们只想要善却无法按照善来行动,就会提出对于某种绝不会成为我们的认识对象的东西的要求。然而,与此同时,这样的要求是无条件的,因为否则的话,所有的行动都会丧失意义。

逻辑性的思想也是不可能的,因为逻辑性的思想要求逻辑判断为真。逻辑思维本身乃是规范性行动的一种形式。

> 在一个对一切应然(*Sollen*)都极其淡漠的实在中,或者说在一个不适合于真理价值实现的世界中,所有判断都失去了它们的意义。因此,我们通过判断可以实现无条件的真理

> 价值这样一种假定，就已经是以对于某种实在的信仰为前提了，也即，使得这一价值经由我们的判断成为真实的实在。并且，因而一切认识之具有意义，就有赖于这种信念——世界以这样一种方式构成，以使得认识在其中乃是可能的——它不仅超越了一切逻辑，而且也超越了一切伦理。

李凯尔特承认说，这是一种“形而上学的信念”，然而却是我们无从回避的一种信念。并且，他就以指出拥有“对于某种绝不会成为我们认识对象的善的客观宇宙力量的信念”在哲学上的必要性，而结束了他那部篇幅浩大的《自然科学中概念形成的限度》。[140]

6

马克斯·韦伯是李凯尔特的好友，并一度在弗莱堡共事，然而韦伯却不能同样怀有这样的信念。韦伯深受李凯尔特《自然科
160 学中概念形成的限度》的影响。的确，在韦伯写于1903—1920年的关于社会科学方法论的主要论文中，贯穿着李凯尔特所集中关注的两个问题[141]：社会科学与文化科学中的价值与价值判断的问题，以及为研究文化现象而阐述一种合理的方法论的问题。他与李凯尔特一样，以“价值观念”来界定文化，“……由于并且一旦我们将经验实在与价值观念相互联系起来，经验实在就成为了‘文化’”[142]。韦伯同意李凯尔特的观点：社会科学家必须摆脱他自己的价值判断的羁绊，就文化现象的价值相关性来对这些现象进行研究。他也认识到，文化科学在处理独特的和有着质的规定性的事件时，需要不同于自然科学的研究方法。然而，他承认历史科学对于概念、理论和概括的需要，并在探讨和界定此种一般概念方面比李凯尔特走得远得多。

这样，对李凯尔特来说还存在着的伦理和理性之间脆弱的联

系,就被韦伯突如其来地切断了。在韦伯的论著中彼此相对的是两个截然不同的世界:非理性的价值世界和理性的认知世界。韦伯与狄尔泰一样,认为价值“绝非经验知识进展的产物”[143],而是有着理性和认识之外的基础的世界观。不同于狄尔泰的是,他不再看到某个统一性的宇宙实在——生命——在这些相互冲突的生命哲学中将自身体现出来。不同的价值体系之间“不可调和的冲突”乃是某种既定之事。[144]文化科学家无法在它们的背后辨识出什么更深层的意义。当价值成为经验研究的对象时,对他而言就丧失了规范的特性;它们就不再是有效的(*gültig*),而只不过是“存在着”(*seiend*)。[145]没有人能够再郑重其事地相信世界有着某种意义(*Sinn*)。[146]我们面对着的是“世界在伦理上的非理性”[147]。另一方面,置身于新康德主义最优秀的传统中,韦伯坚信合理的与客观的认识是可能的。他将自己著述中的主要部分致力于阐述对社会现象进行科学研究的方法。他对于社会科学和历史科学最重大的贡献,无疑并不是他之坚持对于社会现象和历史现象的价值中立的研究方法,而是如 H. 斯图尔特·休斯所说的,他试图“将概念的准确性引入一种传统,在那一传统中,对事实的或者是直观、或者是一种朴素的关切迄今仍然占据着无可置疑的主导 161
地位”[148]。

韦伯坚持认为文化现象的研究者要保持价值中立,这一点与他对于有关社会和历史的一种科学研究方法乃是可能的这一信念紧密相关。价值因文化和个体而异,而科学方法只有一种,并且具有普遍性。“社会科学中从方法论上看来正确的论证,倘若要达到它的目标的话,即便是一个中国人也一定得承认它的正确性,虽然另一方面,他可能对于我们的道德命令的概念充耳不闻。现在并且将来都还会是这样的情形。”[149]这当然就假定说,正确的人类思维是由不为社会或心理因素所左右的范畴支配着的。韦伯尽管广泛地阅读了弗洛伊德和狄尔泰,却依然保持了他对于不为情感力量所影响的理性的思想和认识的可能性的坚定信念。在他看来，思想并非潜意识的一种功能；如果是的话，它就偏离了本可以达到的正确理性的规范。[150] 在这个意义上，韦伯还完完全全是一个新康德主义者。对他而言，就像对于赫尔曼·柯亨，思想的正确方法被等同于科学方法，只是他像文德尔班和李凯尔特一样，比马堡学派的哲学家们更多地意识到了文化科学所要求的特殊方法。在社会科学中，“当我们从原则上将‘价值判断’和‘经验知识’区分开来时，我们就预先假设了确实存在着一种无条件地有效的知识类型”。[151] 在理想的状况下，只要一个社会研究者使用的是与“我们思想的规范”(*Normen unseres Denkens*)相吻合的方法，他的发现中就不会有什么东西是主观的。只有他对于某个研究课题的选择才是主观的。“科学真理恰恰就是那对于所有寻求真理的人来说有效的东西。”[152]

与历史学派传统中的那些著作家们一样，韦伯认识到，文化科学需要一种不同于自然科学的研究方法。阐述量化规律或因果解释并不就是社会科学的任务的全部，因为这些科学涉及文化过程和理智过程(*geistige Vorgänge*)，“对这些过程的移情的理解(*welche nacherlebend zu ‘verstehen’*)当然就是一个特殊类型的问题，而不同于一般精确自然科学的系统所能够或所想要解决的问题”[153]。韦伯同意李凯尔特的看法，也即，研究文化现象的社
162 会科学家所处理的是它们与价值观念之间的关联，而这些东西是永远也无法还原为量化的规律或因果关系的，纵然这类关系也可以成为帮助我们获得更深入理解的重要手段。[154] 这种观点并没有排除掉社会和文化现象可以从因果方面得到解释的可能性。但它确实意味着，这样一种解释(如果可能的话)不会触及到问题的核心，因为文化是充满了意义的。它是从世界事件之无意义的无限中剪切下来的一个片断，而被人在其中注入了意义(*Sinn und Bedeutung*)。科学的概括性规律将实在抽空了内容，而文化科学

必须一直要处理某种具体的和个别化的内容。“只有在意义——那是总是以个别化形式而出现的生命实在在具体的、个别的关联中对我们来说才具有的——的基础上，才谈得上有关文化过程的知识(*Kulturvorgängen*)，舍此则无从谈起。”[155]然而，正如历史学派所认为的，这并不意味着概括和理论在社会科学中就没有一席之地。在韦伯看来，没有能够理解到这一点，乃是经济学中的德国历史学派的一个严重缺陷，他们试图以对于国民经济的一种描述性方法来取代古典经济学中的规律，并且认定各个国民经济只能被理解为无法以概念界定的民族精神(*Volksgeist*)的体现。[156]韦伯与李凯尔特一致认为，在历史学和社会科学中，就如同在自然科学中一样，只有使用概念，理解才有了可能。然而，这些概念必须适合于史学家或者文化科学家的特殊任务。

在韦伯看来，使得社会科学区别于自然科学的，与其说只是它们的主题，毋宁说是它们所期望达成的知识类型。自然科学寻求以量化方式来进行一般解释。这样的解释对某些类型的人类行为和社会行为来说也许也是可能的。实际上，不将一般的科学规律运用于具体的文化现象，就不可能理解这些现象。使这些现象从属于一般范畴(*Gattungsbegriffe*)还不够，因为这些范畴不过是手段而已。文化科学所关心的不是要进行概括，而是要把握独特事物的意义(*Bedeutung*)。[157]文化现象也只有在某个语境中才能得到理解，尽管它们所需要的，并非一个可以使一切都从属于 163
它的一般概念，而是一个将它们的个别特性都纳入考虑的总体性视野。[158]人类行为的世界也并不缺少全部的一致性和规律，因为人们总的说来是在理性地行动着的。德国唯心主义和历史学错误地将人类的自由等同于不可预测性。理性的行动是遵循着法则的。韦伯说，假定“意志自由就等同于行动的非理性”乃是错误的。不可预测的行为是失去理智的表征(*Unberechenbarkeit … ist das Privileg des Verrückten*)。“另一方面，我们将对于自由的最高程度的经验感受，与那些我们意识到在理性地进行着的行动——也即这样的行动，它们不受物理的和心理的‘强制’，判断的清晰不受情感的‘纷扰’和‘偶然的’打乱——联系在一起。在这种行动中，我们以最符合于我们的知识范围，也即符合于经验规则的最适宜的手段来追求一个清楚地看到的目标。”[159]

对韦伯而言，正是人类行动中的这种理性行为的因素，使得社会科学成为了可能。社会科学主要研究的是文化价值的实际作用。它永远无法发现什么有效的价值或者道德命令。“一门经验科学无法告诉任何人他应该做些什么，而只能告诉他他能够做些什么，以及——在某些情形下——他想要做些什么。”[160]然而，既然人们总体上是在理性地行动着的，那么一门经验科学在一定程度上就可以预测、解释和理解他们的行为。作为一门经验学科，伦理学可以研究个体或群体实际选择的价值立场所导致的实际后果。这一检视可以在三个层面上进行。一是价值立场的逻辑分析。被还原成最终准则的那些被选择出来的价值是什么？这些价值立场在逻辑上是融贯的，还是其中包含着冲突的因素？二是对随“最终的价值或准则”而来的实际后果的检视；在没有其他因素干预的情况下，它们能够影响实际事件吗？最后，是一种经验伦理学，研究在某一具体情势下运用这些价值所会导致的具体结果（*faktischen Folgen*）。这就尤其会涉及手段问题以及这样的行动所导致的副作用的问题。[161]既然我们生活在一个道德上非理性的世界中，“没有任何伦理学能够回避这一事实：在数不胜数
164 的情况下，‘善’的目的的达成受制于这一点，也就是，人们必须愿意付出使用道德上可疑的或者至少是危险的手段的代价，并直面出现邪恶的副作用的可能性与或然性”[162]。

然而，在对价值进行逻辑的和经验的分析之外，如果以一般性概念来进行研究并且使用与自然科学同样严密的方法，一门关于社会行为的科学就是可能的。社会科学家显然无法以必然性

的一般规律的概念——那在孔德和巴克尔看来是在社会世界中与在自然世界中同样行之有效的——来展开工作。不过,在一个社会集团的各个成员所持有的价值立场的基础上,社会科学家就能够弄清楚,人们在理想状况下会如何以与这些价值相吻合的方式来行动。这当然就假定了人类行为中大量的合理性,然而也给对合理性的偏离留下了余地。

基于某些被择定的价值,马克斯·韦伯将这些理想状况下的理性行为称为理想类型。在某种意义上,一门语言本身也可以被界定为一种理想类型。在研究一门语言时,语言学家面对的是习惯用法在经验上的巨大的多样性。然而,他试图依据由说这种语言的人们所持有和实践的有关正确用法的见解,来界定一种理想的语法、句法和词汇,这样就使得混乱之中呈现出了秩序。虽然这种理想来自于实践,却断然不会完全与实际用法相符。可是,在很大的程度上,实践就是在这一背景中被指引并由此得到理解。语法规则既不是试图去规定人们在某种道德意义上应该如何言说,也不是要对他们实际上是在如何言说进行描述,而是试图说明他们的用法所表现出来是在遵循的法则和一致性。与此相似,像基督教这样一种体制,以其一整套的历史和文化现象,只能够作为一种理想类型来加以研究。基督教作为一种客观现实,就如同资本主义、民族、科层制、一桩历史事实等等抽象概念一样存在着。这样一些复合建构物仅仅“在未决而又不断变化着的复数的个人的意识中”“在经验上”存在着,“并且在他们的心中具有在形式、内容、明晰性和意义方面多种多样的细微差别”[163]。出于这个缘故,它们只有作为理想类型才能被把握。只有运用了这样的理想类型,对于社会过程,例如经济或政治权力的运作以及历史变迁的发生,才有可能加以领会。可是,理想类型绝非对于经验实在的描述,而只不过是理解此种实在的一个启发性手段。尽 165
管它试图在社会现象的多样性中找到共同的和典型的成分,它这样做却并非是为了像自然科学那样，将实在纳入抽象的类比概念，而是使得“文化现象的独特的个体特性（*Eigenart*）”清楚呈现出来。[164]这样的理想类型永远是探索性的。随着科学知识和理解的推进，文化理论家们不断地需要修正和更替那些他用来理解经验实在的概念。不过，这些概念和理想类型使得社会科学家能够在人类行为和社会行为中，观察到高度的合理性和一致性。[165]对于德国唯心主义或历史学派来说，人类行为的自生自发的性质和个体性，就将对于历史和文化活动的一种循规蹈矩的科学的研究方法的可能性给排除了。另一方面，就像 H. 斯图尔特·休斯所看到的，韦伯试图“将德国意味的历史和哲学与英法的和实证主义的科学严密性的概念结合起来”[166]。

可是，韦伯是否真的像他自己所认为的那样，将社会科学从主观主义的相对主义中拯救出来了呢？韦伯将完全非理性的终极价值的领域与方法和逻辑的绝对合理性区分开来。通过有意识地将价值判断从他的研究程序中驱逐出去，研究者就可以获得有关社会世界的客观知识。在这里，正如在他之前的新康德主义者一样，韦伯当然就假定了人能够符合逻辑地并且独立于心理学因素而进行理性思维。然而，即便韦伯在相信纯粹逻辑性的研究方法的可能性这一点上是对的，也还存在着这样的问题，那就是，此种方法在性质上是纯粹形式化的，它还得运用于某个内容之上。在自然科学中，这个内容就是可以在概念上还原为一般和普遍地有效的关系的自然世界。在社会科学中，研究者面对的是某种多样性，他可以通过运用理想类型将其还原为大量个别化的关系复合体。普遍有效性意义上的真理不再存在。社会研究者关注的，既非寻求普遍的人类价值，亦非普遍的人性，而是人性在具体处境中的具体价值和形式。他试图通过引入分类和类型学，给巨大的多样性赋予秩序。通过将一个文化的诸方面与另一个文
166 化进行比较，如韦伯在他关于中国、印度和近代西方的科层制和

经济理性化的比较研究中所做的,研究者或许就能够更加清晰地判定某个特定的文明或者某些理想或特质的独特品格。有人也许会像卡罗·安托尼一样论证说,这样一种方法并不能提供任何科学意义上的真理;毋宁说,它将历史消解成了某种其他思想的抽象形式。[167]在社会科学中仍然还保留着的唯一真理,就是有关正确方法的真理。

然而,倘若我们假定,对于在其丰富的多样性中的具体社会实在的概念性表述,乃是我们能够最接近于关于人类实在的"客观"知识的形式,我们就会提出这样的疑问,即,韦伯的方法论前提是否能够使得客观的认识成为可能。在韦伯看来这不成问题。社会科学家面对的问题,是要从浩如烟海的社会实在中挑选出自己的研究对象。一旦他做出了选择,他就可以将合理的方法用于自己的研究主题。韦伯承认,这一选择是基于主观兴趣和观察者的价值而做出的。的确,"没有研究者的评价观点(*Wertideen*)就不会有对于研究主题的选择原则,也不会有对于具体而个别的实在的有意义的知识"。所有"关于文化性实在的知识,如我们所看到的,永远是从某一个具体的特殊视角出发的知识"[168]。因而,尽管韦伯将社会科学视作"一门关于实在的科学"(*Wirklichkeitwissenschaft*),他却承认,并不存在什么"摆脱了特定的和'片面的'观点的……对于文化生命的'客观'的科学分析"[169]。

然而,这并不意味着,"在文化科学领域内的科学研究只能够得出各种'主观的'——在对于某个人有效、对于别的人却不然的意义上——结果。只是某个人对它们发生兴趣,别的人却不然,其间的程度有所不同"[170]。研究者只能获得实在的一个非常有限的视角。自然科学中出现的也是同样的情形,但又有一点差别。自然科学家从他在时空中被限定的位置出发,还是能够发现有着普遍价值的关联。由于他的观点只是出自某个视角的,他所阐发来解释自然现象的概念就需要不断修正。然而,因为自然有着共

同的特性，我们就可以谈论自然科学理论中的进步。在韦伯所理解的社会科学中，这一点只在小得多的程度上才是可能的。在韦
167 伯看来，人类社会中并没有什么共同的关联，比如某种恒久的人性或者某个恒久而客观的道德体系。每一种文化都极其纷繁复杂，研究者总是只能挑出其中一个非常有限的方面，而那个方面并不必然就与其余的方面有着逻辑的或者有机的关联。其结果可能就是，社会科学的历史就不会表现为在更加广泛和连贯的解释性理论的发展方面的进步，而不过是一种各种解释杂相混存的无序状态。这些解释中的每一种在方法论上都可以是正确的；然而，由于存在着选择的客观标准，人们所探索的社会实在的那些方面相对于研究领域内的核心问题而言就无足轻重，或者与对于同一组社会现象的其他各种解释就很少有或者完全没有任何关联。在实践中将韦伯从这样一个困境中解脱出来的，是他对于在所有文化群体的人们中所表现出来的高度合理性的坚定信念。

从韦伯有关科学与伦理的关系的看法中，可以得出他有关政治之性质的某些显而易见的意旨。韦伯将他这些观点最雄辩不过地发挥在他靠近生命终点时所发表的经典讲演“以政治为业”[171]之中，然而它们也包含在韦伯的很多政治论述中。一方面，科学不能够发现任何政治规范；另一方面，人们无可逃避地会持有某些价值立场并据此来行动。其结果如我们所看到的，就是各种世界观和理想之间永恒的争斗。[172]最终决定政治问题的乃是实力(*Gewaltsamkeit*)[173]；然而，缺少了信仰，政治家也永远无法有效地行动。

> 他可以服务于国民的或者一般而言的人类的、社会的、伦理的、文化的、世俗的或宗教的目的……然而，一定永远要有某种信念体现出来……纯然的“实力政治家”或许也能达到强有力的效果，然而，他的成就终会是空洞无物而毫无意义的。[174]

在政治中单纯追求道德信念只会一事无成。我们必须在信念伦理(*Gesinnungsethik*)和责任伦理(*Verantwortungsethik*)之间进行区分。[175]负责任的政治家也关注他行动的结果,而不仅仅是抽象的伦理原则。

韦伯对于人所蕴藏的理性深信不疑,但他又认识到了世界在伦理上的非理性,这两方面在这里联系在了一起。政治学作为关 168
于权力技巧的科学,研究的是政治行动的结果。一种伦理,如果不愿意与世间的邪恶妥协,并采取必要的手段(即使这些手段与其终极原则是冲突的),它终究就不过是软弱无力的,或者会败坏它自身的目标。软弱无力的伦理的一个例子,是耶稣在山上的布道,它拒绝与邪恶作对,教导人们转过另外一边脸来,韦伯称之为“无尊严行为的伦理”(*Ethik der Würdelosigkeit*)。另一个例子,是革命运动中提出的无条件的需要,这些需要考虑到社会实在所要求做出的妥协,这就无可挽回地会导致运动的蜕化。[176]

> 无论是谁,只要他想以政治为业,而且尤其是想要以政治为天职,就得认识到这些道德悖论。他必须了解,他要对在这些悖论的影响下什么东西将会为他自身所有而负责。换言之,他要使自己置身于隐藏在一切暴力之中的恶魔般的力量之中。[177]

将权力的合法使用(*legitime Gewaltsamkeit*)与赤裸裸的强力(*Macht*)区别开来的,就是为着值得向往的目标而负责任地和理性地使用权力。

韦伯自己的政治原则,早在他开始涉及社会科学的认识论问题之前就已经明白表达过,终其一生也基本上没有发生什么变化。韦伯属于威廉时期德国那个庞大的有着自由主义思想倾向的知识分子团体,他们热诚地鼓吹民主化和社会改革,却缺少一套民主理论。对他们来说,民主和改革就是宪政主义对上一代德国自由派来说所意味着的东西,是一种达到至高无上的政治价值——国家统一和强大——的手段。

1895 年韦伯就任弗莱堡大学教授的就职演说“民族国家与国民经济学”[178],或许最清晰不过地表达了以弗里德里希·瑙曼为核心的那个团体的民族主义的和民主制的帝国主义的政治原则。两年之前,在一份为社会政治学会而做的研究中,他就曾认为,普鲁士东部省份的农业问题不能够以纯粹经济的方式来解决,而是
169 必须从国家利益的角度来进行权衡。从经济理性化的角度来看,易北河东岸的贵族(容克)雇用廉价的波兰劳工,以及由此导致的德国小农从田野移民到工业城镇,是有其合理性的。然而,从国家的角度来看,这却是灾难性的。德国东部的那种占主导地位的德国特性,必须通过关闭波兰移民的边境并对农业进行补贴,才能得到挽救。韦伯试图为这一立场提供一个理论基础。易北河东岸的经济发展及德国农民为波兰农工所取代,乃是种族和民族之间为了生存和伸展空间而进行的年代久远的斗争的一部分。在这个例证中,一个与别的民族进行了数百年斗争并证明了自己在文化上的优越性的民族,正面临着被一个“低等种族”(*tieferstehende Rasse*)取代的危险。[179] 经济不过是一个延伸,是“民族之间相互斗争的另一种形式”。[180]

韦伯以为,在这场斗争中,关键的东西并非“和平与人类的幸福”,而是“为保存和择优繁衍(*Emporzüchtung*)我们的民族种类(Art)而进行的永恒斗争”[181]。韦伯从德国唯心主义的传统出发,指责幸福主义(*eudämonistisch*)伦理学将福利置于人类实现一个更高的理念之上。“我们想要通过繁衍而增进的不是人的幸福,而是那些我们将其与在我们看来构成了人类的伟大与我们天性的高贵的感受联系在一起的各种品质。”在这个展开着斗争的冰冷的世界中,“悬挂在人类未知历史之门上的字句‘放弃一切希望’

(*lasciate ogni speranza*),在迎候着和平与人类幸福的美梦”*[182]。

然而,正是德国在现代工业时代为生存而进行的斗争,要求德国社会的民主化。俾斯麦的遗产对德国而言有其很不幸的一些方面。俾斯麦自己能够在一个外交与军事冲突的时代进行卓有成效的领导。他遗留下来的体系给两种体制——一种是与变化着的经济和社会现实已经不相适应了的贵族制,另一种则是无法提供激励人心的领导权的科层制——赋予了不相称的分量。德国需要能够打破官僚政府惰性的领袖人物,而在现代条件下,这样的领袖只能在一种国民的议会民主制的框架内才能产生。现存的各个阶层中没有一个具有在一个充满冲突的世界中所必 170
需的权力本能;无产阶级和资产阶级都不具备,贵族就更谈不上了。作为一个“在经济上不断衰退的阶级”,它不再能够切身感触到一个现代的高度工业化的世界中的种种现实。英国议会以其实实在在的决定权和它为取得政治上的成功而进行的持续不断的内部斗争,就其安排和培养领导权的方式而言,成为德国一个值得效仿的样板。日益增长的科层化趋势只能够被那些其生活就是“斗争”和“激情”的政治家所抵消。[183]

这就是贯穿韦伯一生的政治信仰的核心。对他而言,政治和经济政策的最终标准就是“我们民族和它的代理者(*Träger*)——德国民族国家的经济和政治权力的利益”[184]。他支持瑙曼想要将劳动阶级整合到君主制中的努力,其依据是“我们在社会政策领域的工作的目的,不是使得世界幸福,而是为着即将到来的严酷斗争……来从社会层面使得我们的民族融为一体”[185]。他同意瑙曼的观点,认为劳动阶级的社会地位取决于德意志帝国扩张的成败。韦伯将失业问题与人口扩展的问题紧紧联系在一起。只有

---

* 韦伯此引文出自但丁《神曲·地狱篇》,原句为地狱入口所悬铭文,意为“进到这儿的人,放弃一切希望吧”。

通过扩展德国经济的地理疆界才能解决这一问题，而这反过来又要求德国政治权力的扩展。[186]他极度青睐蒂尔皮茨*的海军政策，但又继之以对威廉二世治下德国外交政策的发展的关切。真正需要的，乃是对于国家实力利益的严肃追求，而非竞逐虚名。

与他的好友瑙曼相反，韦伯深切地关注着英国的日渐疏远。威廉二世危险的"政治半吊子"，在他看来乃是俾斯麦体制所带来的领导权真空的一个证据，需要将议会的控制力扩展到外交和军事事务上。然而，韦伯被1914年的广泛热情所席卷。德国在这场战争中的目标必定是要稳固地确立她世界强国的地位。可是，他却针对对德国实力的不切实际的估计提出了警告，与主张吞并领土的极端主义立场拉开了距离，并正确地看到，恢复不受限制的潜艇作战的决定将会自取灭亡。[187]韦伯尽管拥护君主制，却能
171 够欢迎魏玛宪法，基本上可以说，其对于他的国家民主制的观念比对于其他许多德国自由派而言更加吻合。他参加了起草宪法初稿的专家谘议委员会，并且显然对于总统要经普选直接选举产生的规定起到了很大作用，尽管总统并不具备广泛的、几乎是君主一样的权力——那是韦伯期望赋予公民投票的民主制下具有卡里斯马特质的领袖的。[188]不管怎么说，战败和革命都没有能够使他对自己关于民族权力的信仰的正当性发生疑问。即便这些目标的实现不得不被推迟，目标本身却保持不变。[189]

这样，马克斯·韦伯就既被推崇为魏玛共和国的开国元勋，又被推许为在将一切政治都还原为国家的权力利益方面比特莱奇克和德罗伊森更加彻底的马基雅维里式人物。[190]马基雅维里和民主派这两个标签都在一定程度上道出了真相。韦伯一贯呼吁要扩展政治民主。当时，正如近来的一位批评者所看到的，对他

---

* Alfred von Tirpitz，1849—1930，曾任德国海军上将，帝国海军大臣。创建远洋舰队，主张对外扩张。

而言,民主“不再是一种有着特殊尊严的政府形式。它的优势纯粹依赖于它在外交政策上更高的有效性”[191]。在韦伯眼中,德国政策遭到失败的首要原因,乃是不再有俾斯麦体制所遗留下来的有才干的领袖人物。俾斯麦将实实在在的政治权力从帝国议会剥夺殆尽,就使得德国政治生活中科层化的成长及其随之而来的僵化成为了可能。在他看来,议会作为一个政治斗争的角斗场,乃是卡里斯马式领袖的理想的培养场所,也是对没有能力提供领袖的行政官僚的种种要求的最好制约。既然客观价值无从认识,韦伯就并不具有什么标准,来区分“其目标在于实现积极的价值以服务于整个共同体的真正民主制的卡里斯马,以及虚假的卡里斯马,后者通过诉诸大众低俗的本能和情感来败坏人们的意志,并利用人民作为支撑起它那强力统治的支柱”[192]。

看来韦伯并不像他的政治观念所要求的那样,以一种不夹杂情感的方式来看待权力;而他本来将政治看作一种价值中立的技巧,政治家使用这种技巧来达到他在意识到了其后果时所选择的目的。因为韦伯从来没有非常清晰地在权力、国家和民族作为经验事实和作为价值之间进行区分。他还在很大程度上保留着19世纪德国自由主义者对于强大的民族国家的积极价值的信仰。和布克哈特一样,他认识到了权力的邪恶性,然而他还是一直将 172
权力视作某种正面的东西,作为一个民族的文化创造性的前提条件。[193]

在韦伯对未来的看法中,审慎的乐观主义和极端的悲观主义色彩在在皆是。他从来没有对德国的使命或未来感到过绝望。另一方面,在一个科学无法发现客观规范的世界上,任何客观价值意义上的进步都不可能。[194]然而,韦伯就像启蒙运动最优秀的思想家一样,对于理性在人类事件中持久而不可抗拒的进展满怀信心。“科学的进步乃是我们上千年来所经历的那一理智化(intellectualization)过程的一个部分,的的确确是其中最重要的一个部分。”[195]它所带来的不仅是在控制自然方面日益增进的技术上的完善性，而且是理性越来越多地运用于社会组织。在韦伯看来，理性不再是任何意义上的神意的反映，而是成为了一个幽灵。理性远非通往智慧和社会正义的钥匙，而是以理性的方式达到非理性地选择的目的的纯粹价值中立的工具。只在一种重要的意义上，它还保留着一个可能的道德成分：它使得道德的人一旦选择了自己的价值立场，就能够负责任地行动。可是，世间存在着意义（*Sinn*）这一幻象，已经在生活和社会理智化和理性化的过程中被逐步销蚀了。科学的进步也是人类祛魅（disenchantment）的进步。随着文明沿着理智化的方向进步，进步本身也日益成其为疑问，生活也变得空洞无物。韦伯赞同托尔斯泰的看法，亚伯拉罕由于厌倦了生活而死，“因为他置身于生命的有机循环之中；因为他赋予了意义的生活，在他的末日赋予了他它所能给予他的东西，因为不再有他想要去解开的奥秘，并且因此他就厌倦了生活”。因为，现代有教养的人们（*Kulturmensch*）永远也无法把握终极意义，永远面临着流变不居和并不完美的事物，死亡也没有了意义。“并且因为死亡没有意义，文明的生活本身也就没有了意义。通过它那无意义的‘进步性’，它就给死亡打上了没有意义的印记。”[196]然而，韦伯的结论是，“理性化和理智化”，并且尤其是
173 “世界的祛魅”，乃是“我们时代的命运”。谁若不能充满英雄气概地承受这一命运，可以在教会永远张开的怀抱中找到避难所，然而这样做的人就会牺牲掉他理智的诚实。[197]

未来的图景并不美妙。韦伯将社会生活所有方面科层化的稳步进展视作生活的稳步理性化的一个方面，某种令人不安地与奥威尔的《1984》相似的图景的威胁。一个科层制统治的体系将是不可避免的。韦伯对于西方和非西方文明的比较研究使他相信，除了在总体的文化衰落的过程中之外，没有一个已知的实例是科层制被打破了的。他还保留了这样的可能性：可以通过伟大

的领袖人物的卡里斯马彻底打破社会和文化生活中的自发性，从而避免科层化。那样的领袖人物具体象征着在现代大众社会中已经丧失了的那些价值，并且，科层制也可以受到就像是在西欧民主制和美国所存在着的法律限制的约束。[198]

马克斯·韦伯当然远不是虚无主义者。很少有人能够像他那样，无论在学术上还是在政治上，都如此深入和热忱地献身于某些价值。在很多方面，他代表了 19 世纪德国自由主义学术传统中最为优秀的那一面——献身真理，对于学者的社会责任和政治责任的信念，捍卫思想自由。韦伯或许是这一传统中的最后一个伟大的人文主义者。他比 19 世纪的任何德国学者都更加愿意以理性之光来审察一切信仰。

然而，在通往理性之路上，韦伯抵达了与另一个人文主义者、走在通往非理性之路上的尼采所抵达的并非不同的一点上。[199]上帝——即便是李凯尔特那种意义上的上帝——死了。历史不再是一个有意义的过程，并且成为了无法解决的价值冲突的领地。人们面对着宇宙在道德上的无意义，除了权力意志之外别无他物。由赫尔德、洪堡和兰克发端，还依然活生生地体现在狄尔泰、特勒尔奇甚至李凯尔特身上的唯心主义的历史主义，遭到了最后的驳斥。韦伯留下来的是一桩危险的遗产，因为他审察一切价值的意愿，却避开了这整个传统都对之顶礼膜拜的一个偶像，那就是国家这一偶像。

注释

1. H. 斯图尔特·休斯，《意识与社会：欧洲社会思想的转向，1890—1930》(H. Stuart Hughes, *Consciousness and Society. The Reorientation of European Social Thought, 1890—1930*. New York, 1958)；吉哈德·马苏尔，《昨日的先知：欧洲文化研究，1890—1914》(Gerhard Masur, *Prophets of Yesterday. Studies in European Culture, 1890—1914*. New York, 1961)；阿诺德·布莱西特，《政治理论：20 世纪政治思想的基础》(Arnold

Brecht, *Political Theory. The Foundations of Twentieth-Century Political Thought*. Princeton, 1959)。

322 2. 尤其参见阿诺德·布莱西特。

3. "论文德尔班、李凯尔特和黑格尔的历史辩证法概念",载《历史杂志》("Über den Begriff einer historischen Dialektik, Windelband-Rickert und Hegel", *HZ*, 119(1919), p. 373)。

4. "七十寿辰的讲演",载《全集》("Rede zum 70. Geburtstag", in *Gesammelte Schriften*, Ⅴ, Leipig, 1924, p. 9)。

5. 参见克罗柯夫《决断:恩斯特·容格、卡尔·施密特、马丁·海德格尔研究》(Christian Graf von Krockow, *Die Entscheidung. Eine Untersuchung über Ernst Jünger, Carl Schmitt, Martin Heidegger*, Stuttgart, 1958)。

6. 阿诺德·布莱西特,第 9 页。

7. 参见瓦尔特·洛芬《魏玛德国的进步信仰》(Walter Rohlfing, *Fortschrittsglaube im Wilhelminischen Deutschland*. Unpublished dissertation. Univ. Göttingen, 1955)。

8. 弗里德里希·梅尼克,《斯特拉斯堡、弗莱堡、柏林:1901—1919 年回忆录》(Friedrich Meinecke, *Strassburg, Freiburg, Berlin. 1901—1919. Erinnerungen*, Stuttgart, 1949, p. 123)。

9. 参见《叔本华辞典》中的词条"历史"(entry "Geschichte" in *Schopenhauer-Lexikon* Ⅰ, Julius Frauensstadt, ed. Leipzig, 1871, pp. 266—271)。

10. "论历史对于人生的利弊"("Vom Nutzen und Nachteil der Historie für das Leben")。

11. 《全集》中《世界史观察》的"导论"("Einleitung" to *Weltgeschichtliche Betrachtungen in Gesamtausgabe*, Stuttgart, 1929—1934, Ⅶ, pp. 1, 3)。参见鲁道夫·施塔德尔曼,"雅各布·布克哈特的世界史观察")(Rudolf Stadelmann, "Jacob BurckhardtsWeltgeschichtliche Betrachtungen", 见《历史杂志》, 169(1949), pp. 31—72);西奥多·谢德尔,"雅各布·布克哈特历史思想中的历史主义危机",见《德国过去的命运之路》(Theodor Schieder, "Die historischen Krisen im Geschichtsdenken Jakob Bruckhardts", in *Schicksalswege deutscher Vergangenheit*, Festschrift für Siegfried A. Kaehler, Walther Hubatsch, ed. Düsseldorf, 1950, pp. 421—454)。

12. 《既往历史哲学实际真相新探》(*Neuer Versuch einer alten auf die Wahrheit der Tatsachen gegründeten Philosophie der Geschichte*, München, 1856; reprinted Wien, 1952)。

13. 参见《全集》(*Gesamtausabe*, Ⅶ, p. 9);又见施塔德尔曼(见注 11),第 54—

55 页。

14.“欧洲危机的特性”,见《政治论文集》(“Zur Charakteristik der europäischen Krisis”in *Politische Schriften*,pp. 307—342)。

15.参见柯恩纳德·W.斯瓦特,“第二帝国的衰落观”,见《政治评论》(Koenraad W. Swart. “The Idea of Decadence in the Second Empire”,in *Review of Politics*,23(1961),pp. 77—92)。

16.如见“附论当今危机的起源和性质”,见《世界史观察》,《全集》第 7 卷(“Zusätze über Urspring und Beschaffenheit der heutigen Krisis”, in *Weltgeschichtliche Betrachtungen*,*Gesamtausgabe*,Ⅶ,pp. 148—159,esp. pp. 156—158),译本为《强力与自由:历史之反思》(Jacob Burckhardt,*Force and Freedom*,*Reflections on History*,James Nichols ed.,New York,1943,pp. 293—300);1871 年 7 月 2 日于巴塞尔致弗里德里希·V.普林(Friedrich V. Preen,)的信,见《书信集》(*Briefe*,Leipzig,1935,pp. 338—339)。“可怖的简单化之士”一词实际上是后来在布克哈特 1889 年 7 月 24 日致普林的信中出现的(*Briefe*,p. 485)。关于布克哈特对于 1870—1871 年的各种事件的反应,还可参见谢德尔(同注 11),第 449—450 页;又见尼克尔斯给《强力与自由》作的导言,尤其是“作为先知的布克哈特”一节,第 30—49 页。

17.参见汉斯-海因茨·克里尔,《兰克复兴,马克斯·伦茨与埃里希·马尔 323
克斯》(HansHeinz Krill, *Die Rankerenaissance*, *Max lenz und Erich Marcks*. Berlin,1962);又见路德维希·德约,《德国与 20 世纪世界政治》(Ludwig Dehio,*Deutschland und die Weltpolitik im 20. Jahrhundert*, München,1955),译本为 *Germany and World Politics in the Twentieth Century*,New,York,1960;尤其是“兰克与德国帝国主义”一章,第 38—71 页。

18.见亨利希·冯·斯瑞比克,《从德国人文主义到当代的精神与历史》(Heinrich von Srbik,*Geist und Geschichte vom deutschen Humanismum bis zur Gegenwart*,Ⅱ,München,1951,p. 1)。

19.有关德国历史学中实证主义的探讨,见亨利希·冯·斯瑞比克《从德国人文主义到当代的精神与历史》(Ⅱ,pp. 225—226);对卡尔·兰普雷希特的讨论,同上,第 227—238 页。

20.“约翰·古斯塔夫·德罗伊森:书信与历史著作”,载《历史杂志》(“Johann Gustav Droysen. Sein Briefwechsel und seine Geschichtsschreibung”,*HZ* 141(1930),p. 250)。

21.格奥尔格·冯·贝娄,《从解放战争到当代的德国历史写作》(Georg von

Below, *Die deutsche Geschichtsschreibung von den Befreiungskriegen bis zu unseren Tagen*, 2nd ed. München, 1924, p. 64），对贝娄来说，1878 年是德国史学的一个转折点，其标志是政治史学（特莱奇克）的复兴，以及政治导向的经济史的兴起。贝娄将此与 1878—1879 年的政治变动，与他所拥戴的俾斯麦的新保守主义的社会政策联系在一起（参见第 84 页）。

22.《西奥多·蒙森与 19 世纪》（*Theodor Mommsen und das 19. Jahrhundert*, pp. 94—98）。

23. 亨利希·特莱奇克，《19 世纪德国史》（Heinrich Treitschke, *Deutsche Geschichte im 19. Jahrhundert*, Leipzig, 1879—1894, 5 vols.）；卡尔·兰普雷希特，《德国史》（Karl Lamprecht, *Deutsche Geschichte*, Berlin, 1891—1909, 12 vols.）。

24. 汉斯·格里格，"古斯塔夫·冯·西摩勒"，《社会科学百科全书》（Hans Gehrig, "Schmoller, Gustav von", *Encyclopedia of the Social Sciences*, XIII, New York, 1934, p. 576）。

25.《普通国民经济学基础》（*Grundriss der allgemeinen Volkswirtschaftslehre*, Leipzig, 1901—1904, II, pp. 652—678）。有关对道德进步的肯定，见第 677—688 页。

26. "自然法与德国法律：1882 年 12 月 15 日的就职演说"（"Naturrecht und deutsches Recht. Antrittsrede, 15. Oktober, 1882, Frankfurt a/M, 1883"）

27. 参见亨利希·赫夫特，《19 世纪的德国自治》（Heinrich Heffter, *Die deutsche Selbstverwaltung im 19 Jahrhundert*, Stuttgart, 1950, pp. 525—530）。Genossenschaft 极难翻译。它在辞典上的定义包括"同伴关系""协会""合作社"等。奥托·冯·吉尔克和卡尔·弗里德里希注意到，"除了将此词的演化追溯到与它的反题 Herrschaft（统治权）的对照"，就无法清楚地对它做出界定。"当若干人通过他们的意志相互协作的某种方式而实现群体的目标时，我们看到的就是 Genossenschaft；当群体目标是通过各成员一致服从于一个或若干个发号施令的意志而达到时，我们
324 看到的就是 Herrschaft。"（"奥托·冯·吉尔克"，《社会科学百科全书》（"Gierke, Otto von", *Encyclopedia of the Social Sciences*, VI, New York, 1931, p. 655））。又见吉尔克《德国社团法》（Gierke, *Das deutsche Genossenschaftsrecht* I, Berlin, 1868—1913, p. 12）。

28. 参见弗里德曼（见前面注 26），第 174 页，参见第 172 页；又见亨利希·赫夫特，《德国自治》，第 528 页。

29. 霍吉斯（H. A. Hodeges）在《威廉·狄尔泰的哲学》（*The Philosophy of*

Wilhelm Dilthey, London, 1952)中分析了狄尔泰与新康德主义者之间的哲学差异。关于狄尔泰的文献极多。有关对狄尔泰和新康德主义者的研究,还有佩特洛·罗西的《当代历史主义》(Pietro Rossi, *Lo Storicismo Tedesco Contemporaneo*, n. 1., 1956),从马克思主义观点出发的,有科恩的《20世纪的历史哲学:批判性概述》(I. s. Kon, *Die Geschichtsphilosophie des 20. Jahrhunderts. Kritischer Abriss.*, Vol. Ⅰ, Berlin, 1964);还有弗兰克·菲德勒的“向帝国主义过渡时期的方法论讨论:狄尔泰、文德尔班、李凯尔特”,载《德国历史科学研究》(Frank Fiedler, “Methodologische Auseinandersetzung in der Zeit des Übergangs zum Imperialismus(Dilthey, Windelband, Rickert)”, in *Studien über die deutsche Geschichtswissenschaft*, Ⅱ, Joachim Streisand, ed., Berlin, 1963—, pp. 153—178)。还请注意彼得·克劳塞(Peter Krausser)博士尚未出版的关于狄尔泰的大学授课资格论文,该论文已被柏林自由大学出版社接受。较之大多数论著,克劳塞把狄尔泰与德国唯心主义认识论之间的断裂看得更加剧烈,并把狄尔泰视为现代交往理论的一个先驱者。

30. “七十寿辰讲演”,见《全集》卷5。
31. 《精神科学导论》(*Einleitung in die Geisteswissenschaften*),见《全集》Ⅰ,第xv—xvi页。
32. 同上书,Ⅰ,第27—28、49页。
33. 同上书,Ⅰ,第xvii页。
34. 同上书,Ⅰ,第xviii页。
35. 同上。
36. 同上书,Ⅰ,第394页;参见第xix页和392—393页。
37. 同上书,Ⅰ,第115—116页。
38. 同上书,Ⅰ,第394页;参见第xviii页。
39. 同上书,Ⅰ,第92页;参见第81—82页:“每一种理论都只能把握复杂实在中的部分(Teilinhalte)。”
40. 同上书,Ⅰ,第31页;参见第124页。
41. 同上书,Ⅰ,第41页。但请比较他对“Nationalgeist”(民族精神)一词的用法,Ⅶ,第175页。
42. 同上书,Ⅰ,第50—51页;参见第82页。
43. 同上书,Ⅰ,第82页。
44. 同上书,Ⅰ,第74页。
45. 同上书,Ⅰ,第82页。
46. 同上书,Ⅰ,第385页。

47. 同上书，Ⅰ，第 44 页。

48. 同上书，Ⅰ，第 384—385 页。所有人都有找到此种语境的需要。对狄尔泰而言，此语境是被个人体验(Persönliche Erfahrung)所把握到的。狄尔
325 泰称之为“元自然的”(meta-physical)，以区别于试图将人类生命从属于某一个客观的更高的实在的形而上学(metaphysics)。狄尔泰说，这些“元自然的”(区别于“形而上学的”)体验(Erfahrungen)，“如此个人化，如此直接地就是意志的一个部分，以致一个无神论者可以活得非常的形而上，而与此同时一个虔敬的信徒的上帝的观念却可能不过是一个空壳。”

49. 同上书，Ⅰ，第 78—79 页；参见第 54—55 页。

50. 同上书，Ⅰ，第 113—114 页。关于狄尔泰对于德国事态中历史力量的信心，见其《普鲁士国家的重组者》，载《全集》(*Die Reorganisatoren des preussischen Staates* (1807—1813)，*Gesämmelte Schriften*，Ⅻ，pp. 37—130(初版于 1872 年))。但是在他后来的著述中，他拒斥了进步的观念(见“精神科学中历史世界的形成”(Der Aufbau der geschichtlichen Welt in den Geisteswissenschaften)，Ⅶ，pp. 172—173)并否认了在形而上学概念中存在着进步，见“形而上学体系中世界观的类型和结构”(Die Typen der Weltanschauungen und ihre Ausbildung in den metaphysischen Systemen，Ⅷ，p. 98)。

51. 同上书，Ⅰ，第 113 页。

52. 同上书，Ⅰ，第 97 页。

53. “形而上学体系中世界观的类型和结构”，Ⅷ，第 78 页。

54. “精神科学中历史世界的形成”，Ⅶ，第 150 页。

55. 同上书，Ⅰ，第 170 页。

56. 参见Ⅶ，第 152 页。狄尔泰在这里并没有使用 Struktur(结构)一词。

57. 同上书，Ⅶ，第 171 页。

58. 同上。

59. 同上书，Ⅶ，第 87 页；参见第 131 页：“体验、表达与理解”(Erlebnis，Ausdruck und Verstehen)。

60. 同上书，Ⅶ，第 151 页。

61. 同上书，Ⅶ，第 155 页。

62. 同上书，Ⅶ，第 154 页。

63. 同上书，Ⅶ，第 157 页。

64. 同上书，Ⅶ，第 172 页。

65. 同上书，Ⅶ，第 164—166 页。

66. 同上书，Ⅶ，第 173 页。

67. 同上书,“形而上学体系中世界观的类型和结构”,Ⅷ,第78页。

68. 同上书,Ⅷ,第86页。

69. 同上书,Ⅷ,第79页。

70. 同上书,Ⅷ,第98—99页。

71. “历史意识与世界观”(Das geschichtliche Bewusstsein und die Weltanschauungen),Ⅷ,第3页;参见“精神科学中历史世界的形成”,Ⅶ,第86页。

72. “历史意识与世界观”,Ⅷ,第8页。

73. “精神科学中历史世界的形成”,Ⅷ,第78页。

74. “哲学之本质”(Das Wesen der Philosophie),Ⅴ,第365—366页;参见英译本(*The Essence of Philosophy*. Stephen A. Emory and William T. Emery,trans. Chapel Hill,1954),第27页。

75. “精神科学中历史世界的形成”,Ⅷ,第114页。

76. “精神科学中历史世界的形成的后续计划”(Plan der Fortsetzung zum 326
Aufbau der Geschichtlichen Welt in den Geisteswissenschaften),Ⅷ,第278页;参见霍吉斯(前面注29),第153页。

77. “七十寿辰讲演”,Ⅴ,第9页。

78. 参见赫尔曼·柯亨,《纯粹知性的逻辑》(*Logik der reinen Erkenntnis*, Berlin,1902),《哲学体系》(*System der Philosophie*)第一部分。

79. “精神科学与哲学”,载《哲学与时间史文集》(“Die Geisteswissenschaften und die Philosophie”, in *Schriften zur Philosophie und Zeitgeschichte*, Ⅰ,Berlin,1928),第520、522页。

80. Ⅰ,525。参见《纯粹意志的伦理学》(*Ethik des reinen Willens*, Berlin, 1907)《哲学体系》第二部分。

81. 参见恩斯特·特勒尔奇,“现代精神哲学和生命哲学中的历史发展概念,第2卷,马堡学派,西南学派,西美尔”,载《历史杂志》(“Der historische Entwicklungsbegriff in der modernen Geistes-und Lebensphilosophie. Ⅱ. Die Marburger Schule, die südwestdeutsche Schule, Simmel”, *HZ* 124 (1921), pp. 389—395)。又见西蒙·卡普兰,《赫尔曼·柯亨哲学体系中的历史问题》(*Das Problem der Geschichte im System der Philosophie H. Cohens*, dissertation, Univ. Jena, 1930)。

82. “论德国精神的独特性”,载《文集》(Über das Eigentümliche des deutschen Gesites, in *Schriften*, I, 558)。瓦尔特·舒茨的博士论文《19世纪下半叶新康德主义和基督教社会主义论著中的社会正义观念》(Walter Schutze, *Die Idee der sozialen Gerechtigkeit im neukantischen und chris-*

tlichsozailen Schrifttum in der zweiten Hälfte des 19. Jahrhunderts, Leipzig,1938),此文是从纳粹观点出发的,甚至没有提及柯亨。

83. “论德国精神的独特性”,见《文集》,Ⅰ,第570页;参见“德国军国主义中的康德式思想”(Kantische Gedanken im deutschen Militarismus,Ⅱ, pp. 347—354)。

84. “德国军国主义中的康德式思想”,Ⅱ,第348页。

85. 对于国家的伦理性质的探讨,见《伦理学》(注80)全书各处。有趣的是柯亨对于幸福主义的充分辩护,第295—296页。

86. “普遍、平等而直接的选举权”(“Das allgemeine,gleiche und direkte Wahlrecht”),《文集》,Ⅱ,第332页。

87. 《伦理学》,第255页。

88. 参见亨利希·李凯尔特,《威廉·文德尔班》(Wilhelm Windelband, Tübingen,1929),第14页。关于文德尔班,还可参见恩斯特·特勒尔奇,“现代精神哲学和生命哲学中的历史发展概念,第2卷,马堡学派,西南学派,西美尔”(注83),以及“论文德尔班-李凯尔特和黑格尔的历史辩证法概念”,载《历史杂志》(“Über den Begriff einer historischen Dialektik. Windelband-Rickert und Hegel”,*HZ*,119(1919),pp. 373—426)。

89. “历史学与自然科学。斯特拉斯堡就职讲演,1894”,载《哲学与哲学史序言、论文和讲演集》(Geschichte und Naturwissenschaft. Strassburger Rektoratsrede,1894,in *Präludien. Aufsätze und Reden zur Philosophie und ihrer Geschichte*,7th and 8th eds. Tübingen,1921,Ⅱ,pp. 142—145)。

90. 同上书,Ⅱ,第147页。

91. 同上书,Ⅱ,第148页。

92. 同上书,Ⅱ,第151—152页。

93 同上书,Ⅱ,第159页。

327 94. 《历史哲学教程遗稿片断》,载《康德研究》(*Geschichtsphilosophie, Eine Kriegsvorlesung. Fragment aus dem Nachlass*. Edited by Wolfgang Windelband and Bruno Bauch. *Kantstudien*,No. 38,Berlin 1916,p. 21)。

95. 同上书,第39页。

96. 同上书,第40页。

97. 同上书,第43—46页。

98. 同上书,第40页。

99. 同上书,第50—51页。

100. 同上书,第52页。

101. 同上书,第9—11页。

102. 同上书,第 56—57 页。

103. 同上书,第 57,63 页。

104. 同上书,第 11—12 页。

105. “论弗里德里希·荷尔德林及其命运”(“Über Friedrich Hölderlin und sein Geschick”),载《哲学与哲学史序言、论文和讲演集》,Ⅰ,第 253—254 页。参见恩斯特·特勒尔奇,“现代精神哲学和生命哲学中的历史发展概念,第 2 卷,马堡学派,西南学派,西美尔”,载《历史杂志》,*HZ*,124(1921),第 408 页,对文德尔班的“Kulturpessimismus”(文化悲观主义)的讨论。

106. “费希特的德国国家观念”(“Fichtes Idee des deutschen Staates”,Freiburg,1890),第 8 页。

107. 同上书,第 23—26 页。

108. 布莱西特,《政治理论》(*Political Theory*,注 1),第 215—231 页,将亨利希·李凯尔特和格奥尔格·西美尔,马克斯·韦伯,以及法学理论家和政治科学家格奥尔格·耶里内克(Georg Jellinek)也包括到了“科学的价值相对主义”的“始作俑者”之列。参见吉哈德·马苏尔,《昨日的先知》(Gerhard Masur,*Prophets of Yesterday*,pp. 172—176)。另一方面,莫里斯·曼德尔鲍姆在其《历史知识的基础:对相对主义的回答》(Maurice Mandelbaum,*The Problem of Historical Knowledge. An Answer to Relativism*,New York,1938)中将李凯尔特称为“反相对主义者”。关于亨利希·李凯尔特,尤其参看前面提到的特勒尔奇的两篇文章,以及莫里斯·曼德尔鲍姆;弗里茨·考夫曼,《当代历史哲学》(Fritz Kaufmann,*Geschichtsphilosophie der Gegenwart*,Berlin,1931),第 5—42 页;威利·穆格,《20 世纪德国哲学》(Willy Moog,*Die deutsche Philosophie des 20. Jahrhunderts*,Stuttgart,1922),题为“逻辑价值论(文德尔班与李凯尔特)”的一章,第 235—248 页。

109. 《文化科学和自然科学》(*Kulturwissenschaft und Naturwissenschaft*,4th and 5th eds. Tübingen,1921),第 14—18 页。英译本为 *Science and History*(George Reisman,trans;Arthur Goddard,ed. Princeton,1962)。

110. 《文化科学和自然科学》,第 81 页。

111. 同上书,第 35—36 页。

112. 同上书,第 33—34 页。

113. 同上书,第 95 页。

114. 同上书,第 89 页。

115. 同上书,第 92—93 页。

116. 同上书,第 21—23 页。

117. 同上书,第 93 页。英译本第 83 页。

328 118. 同上书,第 98—100 页。

119. 同上书,第 88 页。

120. 同上书,第 110—111 页;参见英译本,第 97 页。

121. 还可参见莫里斯·曼德尔鲍姆对亨利希·李凯尔特的批评(注 108)。

122.《文化科学和自然科学》,第 156—160 页。

123. 同上书,第 109—110 页;又见“历史哲学”,载《20 世纪哲学》(“Geschichtsphilosophie”, in *Die Philosophie im zwanzigsten Jahrhundert*, Ⅱ, Festchrift für Kuno Fischer, Wilhelm Windelband, ed. Heidelberg, 1904—1905),第 101—102 页。

124.《文化科学和自然科学》,第 157 页;参见英译本,第 135 页。

125. 同上书,第 156—157 页。

126. 转引自同上书,第 165—166 页。

127. 同上书,第 167 页。

128. 关于亨利希·李凯尔特对马克斯·韦伯价值理论的阐释,见李凯尔特带有传记和颂扬色彩的文章“马克斯·韦伯及其科学立场”,载《逻各斯》(“Max Weber und seine Stellung zur Wissenschaft”, in *Logos*, 15 (1926), pp. 222—237。)李凯尔特认为,韦伯“远非今日人们所谓的相对主义”;韦伯在其讲演《以学术为业》中为着鼓动他人的缘故,有意将他价值中立的立场过甚其辞了;他关注于将价值判断排除于特殊的科学之外,然而(第 235 页)他与关注终极之物的科学哲学——他似乎是与之对立的——之间比他所意识到的要接近得多。

129.《文化科学和自然科学》,第 162 页。

130. 同上。

131. 同上书,第 165—166 页。

132. 同上书,第 99 页。

133.《自然科学中概念形成的界限:历史科学的逻辑导论》(*Die Grenzen der naturwissenschaftlichen Begriffsbildung. Eine logische Einleitung in die historischen Wissenschaften*, Freiburg, 1896),第 716—717 页。

134. 同上书,第 723—724 页。

135. 同上书,第 722—723 页。

136. 同上书,第 730 页。

137. 同上书,第 742 页;参见“历史哲学”,Ⅱ(注 111),第 117 页。

138. 同上。

139. 参见李凯尔特《生命哲学:当代哲学思潮述评》(*Die Philosophie des Lebens. Darstellung und Kritik der philosophischen Modeströmungen unserer Zeit*,Tübingen,1920)。

140.《自然科学中概念形成的限度:历史科学的逻辑导论》,第736—738页。
又见李凯尔特针对特勒尔奇在其关于文德尔班和李凯尔特的论文中所 329
下的断言而作的辩护,在他(李凯尔特)看来,历史哲学是严格的“形式化”的,关注的是历史知识的逻辑而非“实质”,并且关注历史过程的意义问题。《文化科学和自然科学》,第163页注。

141. 对韦伯方法论的讨论,见塔尔科特·帕森斯,“韦伯的社会科学方法论”,载韦伯《社会和经济组织的理论》(Talcott Parsons,“Weber's Methodology of Social Science”, in *Max Weber*, *The Theory of Social and Economic Organization*. A. M. Henderson and Talcott Parsons, trans. New York,1947),第8—29页;又见塔尔科特·帕森斯,《社会行动的结构》(*The Structure of Social Action*, Gelecoe, Ⅰ11.,1949),第119—184页;H. 斯图尔特·休斯,《意识与社会》(见前面注1),第278—355页;卡罗·安托尼,《从历史学到社会学》(Carlo Antoni, *From History to Sociology*),第119—184页;恩斯特·特勒尔奇,“现代精神哲学和生命哲学中的历史发展概念,第2卷,马堡学派,西南学派,西美尔”,*HZ*,124(1921),第415—420页;尤利乌斯·雅可布·夏夫,《历史与概念:恩斯特·特勒尔奇和马克斯·韦伯历史方法论的批判性研究》(Julius Jakob Schaff, *Geschichte und Begriff. Eine kritische Studie zur Geschichtsmethodologie von Ernst Troeltsch und Max Weber*, Tübingen, 1946);莱因哈德·本迪克斯,《马克斯·韦伯:思想肖像》(Reinhard Bendix, *Max Weber*, *An Intellectual Portrait*, New York,1960)。他的妻子玛丽安妮·韦伯所写的一部重要传记《马克斯·韦伯传》(Marianne Weber, *Max Weber. Ein Lebensbild*, Tübingen,1926)。

142.“社会科学认识和社会政策认识中的‘客观性’”,载《科学论文集》(“Die ‘Objektivität’ sozialwissenschaftlicher und sozialpolitischer Erkenntnis”(初版于1904年), in *Gesammelte Aufsätze zur Wissenschaftslehre*, Tübingen,1951),第175页。英译本为“社会科学和社会政策中的‘客观性’”,载《马克斯·韦伯论社会科学方法论》(“‘Objectivity’ in Social Science and Social Policy”, in *Max Weber on the Methodology of the Social Sciences*, trans. and ed. By Edward A. Shils and Henry A. Flinch, Glencoe, Ⅲ,1949),第76页。

143.《科学论文集》,第154页。

144.“以学术为业”(Wissenschaft als Beruf,1918 年发表),见《科学论文集》,第 587 页;参见英译文,见《马克斯·韦伯社会学文集》(“Science as a Vocation”,in *From Max Weber:Essays in Sociology*,Trans. and ed. By H. H. Gerth and C. Wright Mills,New York,1946,p. 147)。

145.“社会科学和经济科学中‘价值无涉’的意义”(“Der Sinn der‘Wertfreiheit’der soziologischen und ökonomischen Wissenschaften”),见《科学论文集》,第 517 页。

146.“以学术为业”,见《科学论文集》,第 581—582 页。

147.“以政治为业”(Politik als Beruf,初版于 1919 年),见《政治论文集》(*Gesammelte politische Schriften*, 2nd ed. Johannes Winckelmann, ed., p. 541);参见英译文,见《马克斯·韦伯社会学文集》,第 122 页。

148.休斯,《意识与社会》,第 302—303 页。

149.“社会科学认识和社会政策认识中的‘客观性’”,载《科学论文集》,第 155 页。

150.参看休斯,《意识与社会》,第 330—331 页。

151.“社会科学认识和社会政策认识中的‘客观性’”,载《科学论文集》,第 160 页。参看《马克斯·韦伯论社会科学方法论》,第 63 页。

152.同上文,第 182 页。参看《马克斯·韦伯论社会科学方法论》,第 84 页。

330 153.同上文,第 173 页。参看《马克斯·韦伯论社会科学方法论》,第 74 页。参见“社会科学和经济科学中‘价值无涉’的意义”,见《科学论文集》,第 518—519 页。

154.见韦伯在“罗歇尔、尼斯与历史国民经济学的逻辑问题(1903—1906)”(“Roscher und Knies und die logischen Probleme der historischen Nationalökonomie(1903—1906)”)中对李凯尔特的讨论,《科学论文集》,第 1—145 页。

155.“社会科学认识和社会政策认识中的‘客观性’”,《科学论文集》,第 180 页。参看《马克斯·韦伯论社会科学方法论》,第 80 页。

156.“罗歇尔、尼斯与历史国民经济学的逻辑问题(1903—1906)”,见《科学论文集》,第 9—12 页。

157.“社会科学认识和社会政策认识中的‘客观性’”,《科学论文集》,第 178—180 页。参见“罗歇尔、尼斯与历史国民经济学的逻辑问题(1903—1906)”,同上书,第 12—13 页。

158.“罗歇尔、尼斯与历史国民经济学的逻辑问题(1903—1906)”,同上书,第 17 页。

159.“罗歇尔、尼斯与历史国民经济学的逻辑问题(1903—1906)”,同上书,第

67、136—317 页;“文化科学领域内的批判性研究(1):与爱德华·迈尔商榷”(“Kritische Studien auf dem Gebiet der kulturwissenschaftlichen Logik; Ⅰ. Zur Anseinandersetzung mit Eduard Meyer”),同上书,第226—227 页;参见休斯《意识与社会》,第 304—305 页。

160.“社会科学认识和社会政策认识中的‘客观性’”,载《科学论文集》,第151 页。参看《马克斯·韦伯论社会科学方法论》,第 54 页。

161.“社会科学和经济科学中‘价值无涉’的意义”,载《科学论文集》,第496—497 页;参见“社会科学认识和社会政策认识中的‘客观性’”,同上书,第 149—150 页。

162.“以政治为业”,见《政治论文集》,第 540 页。参见《马克斯·韦伯社会学文集》,第 121 页。

163.“社会科学认识和社会政策认识中的‘客观性’”,《科学论文集》,第197 页。

164.同上书,第 202 页(参见《马克斯·韦伯论社会科学方法论》,第 101 页)。

165.对理想类型的讨论,参见《科学论文集》,第 190—212 页。

166.《意识与社会》,第 287 页。

167.《从历史学到社会学》。

168.“社会科学认识和社会政策认识中的‘客观性’”,《科学论文集》,第181—182 页。参看《马克斯·韦伯论社会科学方法论》,第 170 页。

169.同上书,第 170 页。

170.同上书,第 183—184 页。

171.“以政治为业”。

172.参见“社会科学认识和社会政策认识中的‘客观性’”,载《科学论文集》,第 154 页;“以学术为业”,同上书,第 587 页。

173.“以政治为业”,《政治论文集》,第 540 页。

174.同上书,第 536 页。

175.同上书,第 539—540 页。

176.“以政治为业”,《政治论文集》,第 538 页;“以学术为业”,《科学论文集》,第 588 页。

177.“以政治为业”,《政治论文集》,第 545 页(《马克斯·韦伯社会学文集》,第 125—126 页)。

178.“民族国家与国民经济学”(“Der Nationalstaat und die Volkswirtschaft”), 331
见《政治论文集》,第 1—25 页。

179.同上书,第 12 页。

180.同上书,第 14 页。

181. 同上。

182. “民族国家与国民经济学”(“Der Nationalstaat und die Volkswirtschaft”),见《政治论文集》,第12—13页。

183. 参见“新秩序下德国的议会与政府:对官僚制与政党制的政治批判”(“Parlament und Regierung im neugeordneten Deutschland. Zur politischen Kritik des Beamtentums und Parteiwesens”),同上书,第294—431页,尤其是第325—328页;“以政治为业”,同上书,第512页;参见沃尔夫冈·J.蒙森,《韦伯与德国政治,1890—1920》(Wolfgang J. Mommsen, *Max Weber und die deutsche Politik, 1890—1920*, Tübingen, 1959),第183—184页。

184. “民族国家与国民经济学”,见《政治论文集》,第15页。

185. 同上书,第23页。

186. 沃尔夫冈·J.蒙森,《韦伯与德国政治,1890—1920》,第86—88页。

187. 同上书,第153—206页。

188. 同上书,第324—413页。关于韦伯公民投票的民主制概念的讨论,见古斯塔夫·施密特:《德国历史主义与向议会民主制的转变》(*Deutscher Historismus und der Übergang zur parlamentarischen Demokratie*, Lübeck, 1964),第226—306页。

189. 1919年,韦伯郑重其事地倾向于一场德国的levée en masse(全民动员)来阻止“凡尔赛和约”的强行实施,尤其是东部领土的丧失。参见蒙森,《韦伯与德国政治,1890—1920》,第280—323页。

190. 参见卡罗·安托尼,《从历史学到社会学》,第136—137页;迈尔在《马克斯·韦伯与德国政治》(J. p. Mayer, *Max Weber and German Politics*, 2nd ed. London, 1956)中称韦伯的观点为“钢铁时代的马基雅维里主义”(第109、117页)。

191. 蒙森,《韦伯与德国政治,1890—1920》,第394页。

192. 同上书,第408页。

193. 参见同上书,第53—54页。

194. 见马克斯·韦伯在“社会科学和经济科学中‘价值无涉’的意义”中对“进步”的讨论,见《科学论文集》,第504—516页。

195. “以学术为业”,同上书,第577页;参见《马克斯·韦伯社会学文选》,第138页。

196. 《科学论文集》,第578—579页。

197. 同上书,第596页。

198. 参见莱因哈德·本迪克斯,《马克斯·韦伯思想肖像》,第450—459页。

199. 沃尔夫冈·蒙森在“马克斯·韦伯的世界史与政治思想”,载《历史杂志》(“Universalgeschichtliches und politisches Denken bei Max Weber”, in *HZ*,201(1965),pp. 557—612)中指出了韦伯与尼采的历史和社会观念的密切相似性。两人都看到了历史中两种力量——创造性的个人和理性化进程——的互动。后者为它自身的内在逻辑所驱使。韦伯就像尼采一样,强调斗争的作用,鄙视 Fachmenschen(专家)或 Ordnungsmenschen(循规蹈矩的人),并拒斥山上布道的伦理,视之为与人类尊严迥不相侔。然而,尼采将伟大的个人看得高于大众并远离大众,韦伯则将伟人视为大众的卡里斯马式领袖。韦伯视历史为一个开放的过程,却质疑在当前的发展阶段,以卡里斯马式的人格来使得朝着科层制理性化发展的趋势发生逆转是否仍然可能。近年来关于韦伯尤其是他的政治观点的文献极为丰富。关于韦伯对于现代社会学和政治思想的贡献,来自德国和德国以外的社会理论家们的各种相互矛盾的阐释的一个重要汇集,是德国社会学学会 1964 年年会的一份会刊,题为《马克斯·韦伯与当代社会学》(*Max Weber und die Soziologie heute*,Tübingen,1965)。

第七章 “历史主义的危机”(二):恩斯特·特勒尔奇和弗里德里希·梅尼克

或许没有什么思想传记能够比弗里德里希·梅尼克和恩斯特·特勒尔奇的更好地表明德国历史思想的危机。与亨利希·李凯尔特和马克斯·韦伯相似,他们两位都出生于命运攸关的19世纪60年代——梅尼克生于1865年,特勒尔奇生于1862年——然而,与他们新康德主义的同代人和朋友们不同的是,他们的思想深深植根于德国历史学派的遗产之中。特勒尔奇和梅尼克柏林时期的同事和友人奥托·辛策,后来在回顾往事时称特勒尔奇为莱布尼茨、黑格尔和兰克的德国唯心主义的“后继人”。用辛策的话来说,他依然“满怀信心地认定世界历史具有理性的意义并且是由不可抗拒的道德动力所驱动着的”。[1]

梅尼克也具有此种对于历史的“信念和寄托”,即便对他而言,比之特勒尔奇,凝神静思在他这里起到了更大的作用,而伦理关切扮演的角色更为次要一些。对两人当中的任何一位来说,历史都没有成其为一桩心灵的构造,就像在某种程度上对于新康德主义哲学家或马克斯·韦伯那样。对他们两人而言,历史仍旧是一个真实而具有意义的事件之流,只有在其丰富而活生生的实在中才能加以把握。李凯尔特和韦伯在价值领域和存在领域之间做出的区分,对他们而言并不存在。唯有历史才能显现出价值。他们从来没有丧失过兰克这样的信念:在历史中个体性杂多而看似非理性的显现及其表明的价值无政府状态的背后,有着一个 175
“共同的神圣的第一因”(*Urgrund*)[2],“诸有限精神与那一无限精神的根本而个别的同一”[3]。

这一信念有过动摇,却从未被思想和政治上的混乱所摧毁。可是,这些变乱却给这两位思想家都留下了深深的烙印,他们年轻时代对于历史的一种几乎是有点天真的信念,在岁月的流逝中变得疑虑重重了。倘若说对于人类实在的历史性的研究取径,最初看起来是开启了一种对现实生活的真正理解的道路的话,它现在却带来了一种危险,要将一切知识和一切价值的相对性揭示出来。所有那些一度看似坚固无比的规范,现在却似乎被关于历史和社会的科学研究扫地出门了,而历史自身开始显现得像是一道没有意义或道德价值的水流。特勒尔奇对于伦理的和认识论的相对主义的关切,是由新康德派关于方法论的讨论以及世纪末的非理性主义思潮所引发的。他的疑虑被战争、崩溃和革命进一步加剧了,正是这些东西被梅尼克视为决定性的因素,促使他抛弃了自己关于权力和道德之间存在着和谐的乐观主义立场。特勒尔奇全部的思想生涯就是一场悲怆的努力,企图通过历史研究找到种种规范,以阻止那“历史的生命之流的永无止境的奔腾不息”,并为他自己对于人类历史意义的信念找到合理的论据。在较低的程度上,梅尼克也是同样的情形,他在通往悲观主义的道路上从未走得像特勒尔奇那么远。

20 世纪 20 年代的历史主义争论,使得我们将恩斯特·特勒尔奇和弗里德里希·梅尼克的名字更加紧密地联系在了一起,这或许有些走过了头。实际上,他们两人在个性、背景和取向上都非常不同。他们都关切着不要使历史取向滑入到“相对主义的无底深渊”(*haltlosen Abgrund des Relativismus*)。[4] 两人都参与了共同的哲学讨论的小圈子，并在受到文德尔班、李凯尔特和韦伯不同程度的影响的同时，并没有完全地服膺于他们。文德尔班和李凯尔特是梅尼克在弗莱堡的同事和朋友；韦伯是特勒尔奇在海德堡的同事。特勒尔奇和梅尼克两人都属于围绕着弗里德里希·瑙曼的那个教授圈子，而瑙曼在第一次世界大战之前是在为国会改
176 革、社会立法和殖民地扩张而效力。[5] 梅尼克于 1914 年秋天作为历史学教授来到柏林；特勒尔奇则是在教会中的保守势力反对任命他担任神学教席之后，于 1915 年春天作为哲学教授来到这里的。从这时一直到 1923 年初特勒尔奇去世，他们相互之间密切地交流各种观点，尤其是当他们惯常地在周日上午漫步于柏林的 *Grünewald*（绿森林）这样的非正式场合之时，其他的自由派知识分子如奥托·辛策，偶尔还有汉斯·德尔布吕克和瓦尔瑟·拉瑟瑙也加入了进来。[6] 他们主要交谈的话题，是政治与哲学的边界。在他们对于战争所做的学术贡献中，两人都试图针对西方的战争宣传来界定和捍卫“德国精神”。他们都属于民族主义的自由派那个群体，就像马克斯·韦伯和弗里德里希·瑙曼一样，充满爱国热情地支持战争，却又强烈地敦促进行民主化改革，并防范和警惕着缺乏现实感的泛日耳曼沙文主义。随着君主制的覆灭，他们——与马克斯·韦伯一道——尤其是以他们手中的笔杆子效力于捍卫新的共和国，反对它来自极端左派和极端右派的敌人。这更多是因为民主共和国更加适应于民族利益，而较少是出于他们在理论原则上乃是自由民主派。[7]

无论如何，这两人在起点和取向上都很不一样。恩斯特·特勒尔奇从没有摆脱他作为一个神学家的过去，弗里德里希·梅尼克则从未摆脱他作为普鲁士学派一名史学家的身份。特勒尔奇是巴伐利亚一位新教徒医生的儿子，他的父亲很早就将他引入了自然科学的思想之中，他面临的是如何将他的基督教信仰与近代科学和历史知识相调和的问题。弗里德里希·梅尼克来自一个

小镇的普鲁士官员之家,家庭背景是保守派的路德教徒,他自己是西贝尔和特莱奇克的学生,他无论如何要去协调的,是他自己对普鲁士国家与俾斯麦的解决之道的信念与20世纪的社会和(首要的是)国际现实。特勒尔奇从未抛弃过他的基督教信仰,然而这对他而言却越来越成为疑问。他在开始时是要在永不止息的历史之流中寻求宗教的确定性,后来却日益变成了对于任何牢固的伦理价值的寻求。

正如卡罗·安托尼所看到的,特勒尔奇或许是“依然信仰着
旧有的神、基督教生活秩序、文化、自由的进步、历史和文明的最 177
后一名德国知识分子。他是对它们、对新教教会的神职人员还保持着信心的最后一人”[8]。然而,即便对他而言,也是“一切都在动荡不定”(*alles wackelt*),就像他早在1896年就对一群神学家所说的那样[9],并且随着时间的流逝,此种“动荡不定”似乎日益加剧了。弗里德里希·梅尼克从未完全丧失掉他对于权力的积极性质、对于德国之过去的伦理价值和历史之具有意义的信念。不过,他也日益被迫认识到权力与伦理之间的两歧、历史中无意义的因素以及德国政治传统中那些邪恶的方面。

1

特勒尔奇的神学研究,始于他想要将自己从他的老师奥布莱西特·利奇尔的基督教教条主义中解脱出来的努力。后者曾试图借助康德式的论点——也即,人类理性无从在对现象的知觉的基础上,获得关于物自体的知识——来保护基督教神学免受自然主义和历史主义的威胁。自然神学和理性神学因此就是不可能的。上帝无从作为物自身而被人认识,而只能在他显示自身于现象世界的具体显现时才能为人所知。于是,基督教神学的唯一基础就是上帝在耶稣基督这一历史形象中的显露。在特勒尔奇看

来，此种将宗教思想与理性相隔绝的做法是行不通的。正如他在他的博士论文“梅兰西顿*思想中的启示和理性”中所指出来的，即便是宗教改革时代的正统新教神学，也假定了基督教信仰与自然和历史之间的和谐。它并不是单一地从耶稣的教诲中，而是从理性和自然法中，得出了基督教的教义的。[10]

特勒尔奇深信，在他那时代基督教所面临的严重危机，与其说是来自于宗教情感的衰微，不如说是来自于基督教传统与现代生活条件之间日渐扩大的鸿沟。比现代的幸福概念的此岸性危险得多的，乃是现代科学知识所带来的挑战。然而，特勒尔奇坚持认为，与流俗的信条相反，在各种科学中，自然科学并没有构成为对基督教的主要威胁。自然科学的确摧毁了旧的神人相类的对于上帝之劳作的观念，然而这些教条对于宗教信仰而言并非至
178 关重要，而且经常被那些企图寻求一种更加深刻的上帝观念的人们基于宗教的理由而提出质疑。人们还不可能将精神世界还原为物质的因果关联。[11]宗教性依旧是由人类意识的本性中所迸发出来的一种普遍的人类需要。并且，特勒尔奇以新康德主义的方式所乐观地预设的意识的普遍结构，似乎就表明了某种超验的宗教先验性在形形色色的宗教体验中的存在，这正对应于主宰着审美判断、道德判断和逻辑判断的那种先验性。[12]

更加严重的是现代史学对基督教所造成的威胁。各种比较研究逐步地破坏了基督教作为唯一纯正的宗教的特殊地位。它本身被表明不过是世界各大历史性宗教中的一种，在更早的原始宗教传统中有其深厚的历史根源。[13]特勒尔奇认为，“就如同其他任何宗教一样，基督教在其发展历程的任何一点上都是一个纯粹的历史现象，伴随着它的是为一种个别的、历史的现象所具有的全部局限性。”历史性的东西就必定同时也是相对性的，因为“历

---

* Philipp Melanchthon，1497—1560，德国新教神学家和教育家。

史的和相对的是同一回事”。因而基督教就失去了声称自己是“绝对宗教”的权利。[14]

倘若特勒尔奇愿意将他的立场的全部结果都推出来,他本应该得出结论说,一切神学都没有意义,并且对于宗教的研究应局限在宗教的历史上。他拒绝承认这一点。[15]在他1902年的《基督教的绝对性和宗教史》中,他强调说“历史不再仅仅是考察事物的一种方式……而是一切有关价值和规范的思想的基础”[16]。可是他仍然假定,真正的价值是在历史中展现自身的。神学家转向宗教史,不是因为他期望考察宗教体验的变化多端,而是由于只有从这种变化多端中他才能够获得对于宗教规范的理解。[17]因为历史不是一片混沌。所有这些伟大的宗教都表现出了某些相通之处,并且其中的每一种看来都反映了真理的某个要素。没有理由认定,在历史中出现的规范和价值就不包含有很大成分的真理。历史学的使命不仅是要去解释各种规范的来龙去脉,而且“它最重要的任务恰恰就是要清楚地将规范呈现(*Hervorstellung*)出来”。特勒尔奇基本上同意李凯尔特所说的,“不受任何时间性因素制约的绝对的、不变的价值”存在于历史之外,但它们却只有将自身显现于历史之中,而且唯有在历史之中才能被人们认识。在 179
历史世界中,这些规范总是采取个别的和有限的形式,而我们关于它们的知识在一定程度上也总是主观的和相对的。[18]

可是,宗教史所展现出来的绝非价值的无政府状态。实际上,只有由较高级的宗教所表现出来的数量极其有限的价值复合体才真正出现过。这些宗教全都指向一个共同的超验的目标。比较研究可以帮助我们逼近这一理想,尽管我们在最不偏不倚的基础上所能形成的一切判断、所能确立的一切标准都浸染了我们的主观性。宗教和价值观的历史所指明的方向,使得我们能够形成关于普遍有效的规范的观念,虽然这些规范自身永远也不可能在历史中被完美地知晓和达成。[19]特勒尔奇还是在历史中看到了一种具有意义的趋势，而不是一个预设的逻辑模式。每一种伟大的价值体系或宗教都代表着朝向那一理想的一个新的突破（*Durchbruch*），而“宗教思想中这为数甚少的几次重大突破”，使得我们有理由信心十足地期盼，“取得胜利的将是最为纯粹而又最为深刻的目的观念，而不是漫无目标的杂多之物的呈现”[20]。宗教思想和宗教规范所具有的意义得到了挽救。基督教不能声称自己是绝对宗教。然而似乎一切东西都在将基督教指作过去所有历史性宗教的“顶峰”（*Höhepunkt*）和“汇聚点”，并且是未来宗教笃信的切实起点（*Voraussetzung*）。[21]

看起来，在所有这些方面特勒尔奇与德国唯心主义的发展概念还非常接近。他坚信，在历史表象的背后有着绝对的价值来保障有意义的成长。黑格尔将一个逻辑模式强加给历史，在特勒尔奇看来是对于历史个体性的破坏，是将历史作为抽象概念祭坛上的牺牲奉献。[22]但是，他也无法接受兰克那种所有时代在上帝面前都具有同等价值的观点。不如说，历史之中的多种多样的价值、观念和个体性似乎都在一个朝着某种历史之外的绝对永恒的价值的发展链条中联结在了一起。我们可以通过直观和信仰（*Ahnung und Glauben*）逼近这一绝对之物，然而却永远不能真正地认识它。[23]

180 黑格尔哲学的核心问题，“历史与规范，发展与据以对发展做出评判的标准”（*Geschichte und Normen*，*Entwicklung und Entwicklungsmasstab*）之间的关系问题，对特勒尔奇而言仍然至关重要。黑格尔被迫处理这个问题，它是“理性主义-形而上学的教条主义”——建立在这之上的，不仅是传统的神学信仰，还有我们全部的伦理的与精神的观念和价值——逐步崩溃的一个结果。然而，对历史和理性的黑格尔式综合无法持久，并且，随着它的衰微，现代人就面对着对价值的自然主义解释、怀疑论以及由此而来的价值无政府状态。[24]因此，特勒尔奇就欣喜地将李凯尔特的

《文化科学和自然科学》看作解决这样的问题的第一次严肃尝试:要在历史中找到客观的规范而又不对历史本身造成破坏。

特勒尔奇在 1904 年《神学评论》(*Theologische Rundschau*)的一篇长文中,评论了李凯尔特此书。特勒尔奇连篇累牍地赞扬了李凯尔特对这一问题的阐述并提出了一套适合于历史科学的逻辑,但远远比这更有意思的,是他对李凯尔特历史哲学的相对扼要的批评;因为特勒尔奇对客观唯心主义的执着在这里表现得极其明显。他指出,李凯尔特并没有真正解决在历史中找到客观规范的问题。李凯尔特以为他通过在人类超验的逻辑意识中发现一切价值以及一切认知的源泉而做到了这一点。然而,特勒尔奇接着评论说,李凯尔特实际上对于这一和我们相关的问题——历史性的价值复合体(*historische Wertbildungen*)与客观有效的规范(*dem gelten sollenden Ideal*)之间的关系——贡献甚微。李凯尔特认为有效的规范(*gelten sollende Ideale*)是纯粹形式化的,没有具体内容。特勒尔奇却认为,我们在历史中所发现的价值评判总是真实的、有限的和主观的。其结果就是李凯尔特所无法打破的一个恶性循环。由于需要客观的规范,我们就要转向历史,以其事实上的和主观性的价值评判作为我们可能寻找到真正价值的唯一处所。我们在这里寻求的,是这些价值中所蕴涵的“空洞的、形式化的规范”,这种规范并不能告诉我们什么可以指引我们在特定处境下的行动的具体价值。简而言之,绝对的有效性与实在没有关联,它所面对的是并不具有任何绝对有效性的历史性价值。[25]

特勒尔奇认为,只有我们认定历史是一个实实在在的进程, 181
而不只是心灵的一种建构,并且在出现于历史之中的具体价值与历史发展之间存在着一种真实无妄的关联时,这种循环才能被打破。一定不能把个别的价值判断看作是任意、主观和相互冲突的,而是要将其视为宽泛的历史语境的一个部分。在此语境内,价值的传承嬗递就表现为发展历程的一个部分。每一个价值复合体本身都是有意义的。然而从普遍史的视角来看,它也在一个包含着其自身内在法则的上升过程(*einem innerlich zusammenhängenden Stufengang*)[26]中占有一席之地。于是,被李凯尔特截然分开来了的主观和客观就重新得到了统一。事实(*Tatsache*)的世界与理念(*Idee*)的世界重新得以综合。实际上,对那种循环的解决方式涉及了一种"宗教信仰的因素"。缺少了对于这一循环终究可以得到解决的信念,一切关于价值和历史的推论就都毫无意义。这一往来于逻辑意识和心理意识之间的循环,包含了"一切实在和一切人类事物的原初之谜",所有其他的谜——事实与价值、变化与恒定、自由与必然、多元与一元之间的二律背反——的根基都在其中。[27]然而,随着这一循环的解决,我们就从李凯尔特由人类意识的逻辑结构入手的对历史和价值问题的处理,回到了形而上学。特勒尔奇很乐于承认这点。没有形而上学,没有存在着一个对实实在在的语境和实实在在的发展过程的假定,历史就不可能。[28]

特勒尔奇相信,一旦我们承认历史是一个实在的过程,历史中的因果、价值和客观知识等问题就可以得到解答。在李凯尔特看来,历史没有实在性,而是在本质上是一种看待事件的方式。除了基于方法论的依据之外,李凯尔特拒绝承认精神(*Geist*)和自然之间的分野。特勒尔奇则主张,这一分野是根本性的。历史不仅是形成有关个别和独特之物的概念的一种方法,而且是理解一个实实在在的主体的努力。准此而论,它就与自然科学截然不同。在自然科学中,我们局限于单纯地观察为我们的意识结构所决定的各种关联。而在心灵世界中,只确立如此这般的关联是不够的。我们对于一个精神性事件所观察到的现象只是其内在的
182 存在的外在反映。因而,理解就不仅要求对于事件外部表现的体察,而且还要求对其实质的把握。我们一旦承认历史主体具有这样一种实质,我们就会认识到,我们是在处理"不仅是经验的而且

是形而上的一种实在”[29]。

历史的客体确实存在并且具有意义这一事实,就使得我们有可能去发现蕴涵着意义的发展历程。历史学不再如李凯尔特所说的是一种“主观的安排”[30],是历史学家的工作,而是对于某个客观语境的写照,那一客观语境乃是我们在将自身沉浸于历史的现实主题时开始对它有所把握的。各种文化价值不再是主观的,而是具有客观的价值。我们自身对于历史的理解,还有我们对价值的选择,当然都是主观的,被我们的个体性和历史时刻赋予了特定的色彩。我们永远也无从获得“关于世界的绝对、纯粹和不变的观念……因为尽管与绝对价值有着关联,一切历史性的事物都是非理性的和个体性的”。我们的判断绝非完全主观的,而是它自身就是客观历史过程的一个部分。[31]历史研究的目标就不限于理解独特和特殊之物;它也要涉及对共同特性的揭示。正像马克斯·韦伯、格奥尔格·耶里内克或者雅各布·布克哈特所尝试过的,这些特性可以借助于或者是理想类型(它并没有将历史情景化约为因果规律),或者是将它们与抽象观念联系起来,或者是试图界定它们所独具的特征来得到阐明。它们还可以被描述为兰克意义上的在历史中发生作用的趋势和观念。照特勒尔奇的看法,历史不是被自然科学意义上的自然规律或者某种僵硬的黑格尔式辩证法所主宰着的。然而,它显示出了从共同的起点到共同的目标的某种自洽性和统一的发展历程。[32]

于是,在某种意义上,特勒尔奇早年的神学著作就重申了德国唯心主义的这一信念:历史并非一片混沌,而是真理和价值的源泉,并且在历史之中能够发现的一切表面上的相对性和主观性都只不过是反映了某一客观而鲜活的真理的诸多方面。特勒尔奇针对基督教教条主义和唯科学主义的自然主义以及他从中受惠良多的新康德主义而捍卫这一信念。

随后的数十年内,特勒尔奇并未在他论及教会和社会的文章

中抛弃他的信念。这些论文 1912 年面世时以《基督教会的社会
183 学说》为名。[33]不过，他这时所要处理的问题不一样了，不再是宗教真理的问题以及宗教知识或伦理价值的客观性的问题，而是要将宗教作为一种历史现象和社会现象来加以研究。当然，这与他早期的著作有着关联。他坚持认为知识和价值必须要到历史中去寻找，这就要求对宗教进行历史性的研究。特勒尔奇从未接受过韦伯这样的观点，也即，各种价值完全是被文化所制约的，并且一旦超出了它们在其中发生作用的社会背景，就失去了其作为价值的意义。然而，他现在不是从真理的角度来看待宗教教义，而是将其视为文化事实。

此书写于海德堡，在对特勒尔奇给自己设定的问题的阐述上，鲜明地反映了来自他的同事马克斯·韦伯的影响：宗教观念和体制与社会和经济运动之间的关联，尤其是加尔文教在资本主义的兴起中所起的作用，发展出一套宗教体制和观念的类型学的尝试，对宗教在现代社会中的作用的悲观看法，对某种信念伦理(*Gesinnungsethik*)与严酷的生命现实之间的尖锐冲突的体认。像韦伯一样，特勒尔奇对马克思的意识形态理论对于宗教观念和宗教体制的适用性深感兴趣。[34]他的结论是，在其纯粹形式之中的宗教无法从经济角度得到解释。耶稣的教诲和他之建立一个宗教共同体，既不是经济力量的产物，也不是阶级斗争的结果。耶稣所传达的信息纯然是出世的，只与人类灵魂的得救有关，完全没有留意于此岸的政治或经济现实。[35]然而，一旦耶稣成为崇拜的对象，并且集聚起了一个持久的信徒共同体，基督宗教就成了社会秩序的一部分。它的教条在每一种类型的宗教组织——无论是教会、教派，还是神秘主义的追随者——中都获得了不同的意义，而这些反过来，既受到了当时的社会和经济条件的影响，又在一定程度上影响了当时的社会和经济条件。[36]

不同于他在自己的早期著作中所做的，在《基督教会的社会

学说》一书中,特勒尔奇并没有表述一套系统哲学的打算,也没有在有关历史的理论问题上澄清自己的立场。可是,在他的基本假设中却出现了一个明显的变化,比之他早年的神学著作,他对人类和历史的看法要悲观得多。基督教不再被视为人类宗教发展 184
的汇聚之点和进一步发展的始发点。它不过是一种历史性的宗教,它属于西方,一直是时代总体文化的一个部分。[37]在他看来,根本就没有一种基督式的宗教(Christian religion)。既然基督教不再是纯然精神性的,不再是耶稣关于彼岸的教诲,而成为了一个宗教共同体,基督教关于信仰的教义,就与基督教关于伦理、经济和政治问题的教义一样,不同于这些宗教团体所采纳的组织形式和作用于它们的社会力量。

特勒尔奇并不把历史描绘为一个过程或者一个发展历程。他的确追踪了基督教社会伦理从其起源到18世纪的变迁。特勒尔奇的关注焦点是宗教在现代资本主义工业社会的形成中所扮演的角色,但他基本上是将不同类型的宗教社会当作孤立的、静态的事实来加以分析的,而不是去追究它们之间动态的关联。历史就表现为不同类型的体制和观念中间循环往复的变迁,而不是发展。特勒尔奇不再谈论成长,而是提到兰克关于所有时代都直接面对上帝的观点。[38]

特勒尔奇对于各种宗教践行其社会伦理的能力是持怀疑态度的。他认定,福音书的伦理不是为此岸而定的。只有此岸的罪性得到承认并取得了妥协,它才能得到实行。[39]因而,天主教,以及后来以更激进的形式出现的路德派,都认识到必须将自然法的绝对观念(那本是基督教伦理学的一个核心部分)改造为一个相对的观念,以给压制、权威和不平等留下余地。[40]然而,特勒尔奇提出,基督教的社会伦理不能教给我们有关伦理真理方面的什么持久的东西。因为基督教伦理从来就不曾具有什么“永恒不变和绝对的东西”,而总是关注着“把握”一个特定的、有着社会限制的处境。[41]一门任何终极意义上的价值科学乃是不可能的，特勒尔奇是这样看的，但他并不是事事都追随着韦伯。知觉或价值并不是纯粹主观的，而没有一点真理性的内容。它们是由这样一种信念——“在这里，我们从那在当前语境中以特定形式展现给我们的启示中察觉到了绝对的理性”[42]——从历史中抽取出来的。然而，天主教或新教的社会伦理对于当代社会处境所可能做出的贡
185 献却小得可怜。不光是教会在现代世界中所发挥的作用日趋式微，而且基督教的伦理还不曾得到这样的阐述，以使得它能够饶有意味地回答现代资本主义世界在这一发展阶段上所面临的社会问题。[43]

特别是在与德国文化的价值相关的方面，特勒尔奇表现出了更大的信心，这体现在他 1914—1916 年作为他对战争的贡献而发表的诸多讲演中[44]，这并不奇怪。早在战争之前，特勒尔奇就在《基督教会的社会学说》中考察了德国文明与西方文明之间的巨大差异。他发现，在德国与西方之间精神上的这些差异受到了不同宗教传统的巨大影响，在德国是路德教，在西方是加尔文教的影响。路德教对人性之中的罪性有着更大程度的体认，将政治权力看作神圣秩序的一个部分。人生来或者说是蒙政治权威(*Obrigkeit*)之召而进入了他在社会中的天职(*Beruf*)，对加尔文教来说，人得去找到他的天职。加尔文派相信，国家的行动总是依据基督教道德和自然法的准则来做出判断的。另一方面，在路德看来，强力和暴力在一个有罪的世界中乃是法律和正义的基础。[45]国家是由它自身的伦理支配着的。

特勒尔奇警告说，这些不同的权力观，绝不会导致德国与西方完全疏离开来，因为现代伦理和政治体系无法被完全解释成为路德教和加尔文教学说的世俗化形式。可是，特勒尔奇认为，路德的政治伦理和路德派教会，使得一种在路德时代已经在西方消亡了的政治体系在德国得以维系下来。一旦启蒙运动使得共同

的基督教宗教纽带松弛下来,它们之间的鸿沟就变得更加巨大。这一鸿沟促成了德国唯心主义对于启蒙运动的自然法观念的彻底反动。于是,在 19 世纪初期浪漫主义的民族主义的复兴之中,德国摆脱了西方的、基督教的自然法传统的羁绊,而那在法国、英国和美国的生活中仍然起着关键性的作用。然而,特勒尔奇在 1913 年时信心十足地看到,现代世界中的其他力量又已经使得两种文化再度靠拢。资本主义条件正在将一些加尔文教伦理带入德国,与此同时还带来了扩展民主权利的希望。同样的这些条件也导致了将西方自由主义朝着社会责任感和强调公共利益的方 186
向进行修正。因而,德国和西方之间的差异并不构成为一个无法沟通的问题或者是相互理解的障碍。事实上,德国有很多东西需要再度和重新向西方学习,尤其是向仍然体现了许多加尔文教伦理成分的美国和英国民主制学习。[46]

这些严肃的观察随着战争的爆发而在很大程度上丧失了它们的严肃性。此时,西方的自然法观念与德国的历史观念泾渭分明。仍然指导着西方民主制的“1789 年观念”与德国的“1914 年观念”判然有别。特勒尔奇树起了一个西方的稻草人,这个稻草人效忠于古典的自然法观念,这是一种关于社会的原子论观念,而缺乏对于历史和社会力量的理解。特勒尔奇心甘情愿地忽略了他在《基督教会的社会学说》中所认识到了的东西:在很大程度上,由于现代条件的影响,在 19 世纪的进程中西方自由主义经历了深刻的变化。德国的“自由观念”、它的路德教遗产此时几乎是未加限定地就得到了确认。特勒尔奇认为,西方不再是不加保留地献身于理性崇拜和进步观念,而是也受到了历史思想和非理性主义潮流的深刻影响,那是自从浪漫主义的反叛以来就日益成为了欧洲共同财产的。“德国的自由观”、德国的路德派遗产,她与自然法观念的决裂,这些在《基督教会的社会学说》中对特勒尔奇而言还非常含混的受赐之物,现在却几乎很少加以限定就得到了确认。以黑格尔、兰克、西贝尔和特莱奇克为代表的德国历史思想的传统，已经被证明是正确的。他们打破了“国家乃是个人服务于他们的安全和他们的幸福的一种体制的民主的幻象”。[47]他们认识到，国家本身就是一个伦理目的，“一个意志的伦理单位”，它超越了个人的利益，而必须受到国家理性的伦理的指导。国家“就像一切生物一样，必须成长和进步”[48]。

特勒尔奇在倡导这一伦理时断言，德国历史学家和哲学家并不是在为纯然为了民族权力或生物学意义上的生存的斗争而张目。毋宁说，他们懂得民族权力的增长乃是上帝全盘意图的一部
187 分；人类（*Humanität*）不是“一个各民族的理性的联盟，一个普遍同一的理性的僵硬表现，而是各个伟大的民族精神的生动活泼而又丰富的汇集，其中每一种民族精神都以其方式反映着这个神圣的世界”。在此意义上，各个国家在追求它们的利益时，实际上是按照不同于私人道德的原则来行动的。然而，那些原则乃是更高层次上的原则，既与私人道德的目标又与人类的利益相和谐。[49]

特勒尔奇认为，自由观念是因民族而异的。德国史学家和哲学家了解国家在文化中的关键作用。现代德国国家及其自由观念就是从这一认识中生发出来的。德国国家的根源在于“普鲁士的权力（*Machtwesen*），康德式的义务意识以及我们的文化的德国——唯心主义的、世界主义的内容”，此种综合必须得到保持，“不仅是因为我们想要在我们历史的意义上继续作为德国人，而且还因为它构成为每一种真正的政治伦理的实质”[50]。特勒尔奇说，德国意义上的自由，不是“平等，而是个人”在社会组织内部“他所处的恰当位置上做出的服务”。[51]与法国和英国自由观念相似的是，德国的自由观承认一定范围内的个人自由，在精神事务方面尤其如此。[52]它强调个人在国家中的参与，并且因此就给在法律和议会体前的平等留下了余地。[53]然而，它认识到了个人与共同体的联系，以及个人从属于共同体。简而言之，它综合了“政治上

的社会主义和文化上的个人主义”(*Staatssozialismus und Bildungsindividualismus*)。[54]

特勒尔奇认为,德国的“自由观”优于西方的自由观,因为它建立在更加真实的国家概念之上,与此同时,特勒尔奇又与弗里德里希·瑙曼一样认为,德国的自由观尚未完全达成。德国在一个重要的方面滞后于西方:在她政治生活的民主化方面。他同意马克斯·韦伯和弗里德里希·瑙曼的见解,“财阀统治的选举法”阻碍了作为现代民主制特征的大众在政府中的广泛参与。德国仍然是一个权威主义的国家(*Obrigkeitsstaat*),她必须成为一个人民的国家(*Volksstaat*)。要紧的并非议会负责制。德国由于其暴露的地理位置,需要一个强大的中央权力,然而“阶级和等级的统治”(*Klassen-und Standesregiment*)[55]必须靠边站。

随着战争的进展,将所有阶级和派别的德国人联合起来的 188
“1914 年精神”衰颓了,特勒尔奇的讲演也不再那么频繁。军方的领导人日益操控着政策,他们反对政治改革,发动了无限制的潜艇战。1922 年,在考察德国政治、历史和伦理思想与西欧和美国思想的差异时,特勒尔奇认识到,在历史研究方面曾经硕果累累的德国的个性观念,也有着“某些非常让人疑虑(*bedenkliche*)的后果”。[56]

> 对各个民族精神的丰富性的看法转变成了对普遍人道观念的一种轻蔑感。对国家的泛神论的偶像化,变成了对成功和权力的盲目尊重,而缺乏一切的理念。浪漫主义的革命沦为对于事物现状的自满自足。从特定时间和特定地方的特殊权利和法律的观念出发,人们走向了对国家的纯粹实证主义的接受。超越了资产阶级习俗的属于某种更高的精神秩序的道德的观念,滑向了道德怀疑论。从德国精神要在一个国家中找到其体现的冲动中,产生了与世界任何其他地方同样的帝国主义。[57]

在他 1916 年“评价历史事物的标准”[58]一文中，特勒尔奇回到了他早年在神学著作中所处理过的历史相对性的问题，并且直到 1923 年去世，这个问题是他所全神贯注的。从他的《基督教的绝对性》以来，特勒尔奇就越来越将宗教看作是全部文化的一种表现和一个部分。此时他所关注的问题，提供了将他在接下来的六年中所撰写的诸多论文联系起来的一条线索，多多少少在他出版于 1922 年的《历史主义及其问题》[59]中得到了不太完备的集中论述。与其说他的问题是要在历史的流变之中找到绝对的神学知识[60]，不如说是要在某种文化里所发现的价值中找出某种客观性来。

有意思的是，特勒尔奇的哲学自他早年的著作以来就很少有什么变化。特勒尔奇依然相信，知识和价值只有从历史中才能赢
189 得。他依然认定，历史是有意义的，从历史中获取的真理和价值尽管是相对于特定的历史处境而言的，却反映了隐藏在历史背后的绝对真理。事实上，既然此种绝对之物只在个别的和历史的形式中体现它自身，历史就成了获得真正知识的唯一途径，而历史性的研究方式就构成了现代精神最重要的成就。然而对兰克、西贝尔或者甚至是年轻时候的特莱奇克来说曾经是不证自明的东西，也即历史在人类心智的、道德的和审美的构成中所起的关键作用，如今对特勒尔奇来说却成其为问题了。

19 世纪是以发生学的方法来考察一切文化和心智生活的。然而历史研究没有赋予我们以理解力，而是削弱了“有关人类存在的一切稳固的规范和理想”[61]。“政治、法律、道德、宗教和艺术都消解在历史之流中，并且只有作为特定历史发展中的部分才能够得到理解。”心智生活失去了它的自律性，不再是对于“超验的、恒定不变的真理”的反映。它成了“持续不断而又流变不居的生活之流”的一个部分，在这个潮流中，“形成的只有转瞬即逝的漩涡，造成了它们自身能够持久存在的幻象”[62]。历史，或者不如说

是历史主义(*Historismus*),也即认为一切实在都是历史性的那种信仰,因而就"使其自身陷入了内在的矛盾"[63]。因为历史精神不仅"动摇了我们的道德体系",那种取代了旧有的基督教和王朝观念的对于人道的进步和理性的自律的信仰[64],而且损害了它自身的学术研究的方法。倘若全部的人类认识都是受到历史和社会限制的,客观的知识又如何可能呢?[65]

就"历史主义问题"而言,在逻辑上那是无法加以解决的。因为,如果人们无法看到历史流变之外的东西,他们显然就不能找到一个基于理智基础的稳固的栖身之地。他的观念和理想总是受制于他所属的文化。唯一的解决之道,是在西方文明历史的内部找到对于超验的真理和价值的反映。因此,卡罗·安托尼就看到,正如特勒尔奇一度"期望从历史自身中得出基督教超历史的、绝对的性质的证据来,他现在提出要从历史中得出克服漫无限制的历史主义的解毒剂,也即在其历史形成过程中的西方文明的价值的绝对性的证据"[66]。特勒尔奇期望能够两者兼得:既在历史中找到通往知识和价值的唯一渠道,又想确保绝对而超验的价值。 190
这只有在信仰的基础上才做得到。而且因此,在特勒尔奇的论文和他关于历史主义的著作中,就出现了一个深刻的矛盾。一方面,他表达了历史主义在逻辑上和伦理上所面临的难题:历史方法之无可回避,以及现代伦理价值和逻辑价值的崩溃——那主要不是政治和社会灾难的产物,而是历史方法的逻辑结果。[67]另一方面,他拒绝接受从这一方法可以逻辑地导致的"漫无限制的相对主义"[68],他也不愿意考虑对于纯粹的历史方法的替代品。他对于要在一个变动不居的世界中寻求真理和有效性这一无法解决的难题的答案是宗教性的。他所信仰的上帝[69]在很多方面依然是兰克心目中的上帝:"一个终极的统一体[70],对于世界作为一个整体所具有的合理性的一种模糊的信赖感。"[71]

这就是特勒尔奇在他的讲演"评价历史事物的标准"中所提

供的解决之道;在略加修正之后,这依旧是他在《历史主义及其问题》中给出的答案。19 世纪的"自由的、人道的、理性主义的历史哲学"处于危机状态,这在他的心目之中并无任何疑问。这一危机不仅是当代灾难的结果,而且也是"西方思想自身发展"在反驳抽象理性主义时的产物[72],这一点也很清楚。导致了这一危机的对于人类观念和人类理想的同一个历史方法,似乎就排除了解决问题的可能性。因为由于其自身的性质,"发生学-历史性的思维方式"就是相对主义的,并且"无可救药地"与任何在历史中寻求"普遍有效与绝对的目标"的努力相冲突。[73]因此,就并不存在对于历史主义问题的什么严格的逻辑性的解决之道。为这一问题的解决所必需的"绝对永恒的价值"无法在历史研究的基础上找到。这一困境被这一现实——我们的"生命意志"(*energischer Lebenswille*)和我们的"道德信念"都不会容许我们放弃对于有意义的价值的寻求——所加剧了。

然而,特勒尔奇满怀信心地认为,这一困境只是表面上的。它源于将理性错误地等同于抽象的规范,以及未能认识到为历史上各个社会所持有的具体价值也反映了理性;那些表面上是非理性的和自发的东西,也可以是理性的一种表现。特勒尔奇以为,
191 价值和标准是人们不可离弃的,但是它们不见得一定要是与历史所固有的特殊和独特性无法调和的、那些普遍有效的、永恒的、绝对的和抽象的价值。[74]

当代最紧迫的问题,当然就是去找到在面对传统价值的瓦解时对我们依然有效的一种价值的新综合。然而,我们如何能够发现这样的规范呢?特勒尔奇的回答依旧是只有经由历史研究这才有可能。更具体地说,我们可以通过"对一个伟大的互动体系,比如对我们而言是整体的西方文明的文化财富进行批判性的选择"[75]而发现有效的规范。可是,由于我们的判断永远是被历史的和主观的因素所制约的,看起来我们的选择性也会是纯粹主观

的。特勒尔奇相信,如果我们具有这样的信念,也即理性在历史中的每一时刻都在体现它自身,这种担忧就会烟消云散。当我们使自己沉浸于这些价值从中生发出来的历史语境之中时,我们在对价值和标准进行选择时就最稳妥不过地远离了主观主义。因为历史的主题和史学家这两者都是一个伟大的神圣的进程的部分。历史中的伟大的价值体系乃是神圣真理的"启示",是在与历史运动相触及时被直观地获取到的。伟大的价值综合既无法按先验的路数来加以建构,也不可能被化约为合理的公式。它们是在伟大的富于创造性的个人、先知、政治领袖、哲学家、艺术家和历史学家或者甚至于是在大众的意识中,"伴随着一种强烈的急迫性和清晰性而出现的"[76]。

可是,特勒尔奇急于避免这样的印象:对于价值的直观知觉是在没有科学的或合理的掌控之下进行的。有意义的价值的形成是以对于历史发展的宏大语境的理解为前提的。这样一种理解反过来就涉及比较研究,那对于澄清某个特定文化的本质特征是必不可少的;因为正是在这些文化里,对其成员而言有效的价值才得到了体现。不过,标准的形成就是关系到宗教信仰的事情了。这就涉及要考虑"从生活中抽取出来作为生活的神性根基(*göttlichen Lebengrundes*)的表现和显示的某种内容",并且接受"由被时间制约着的情势所生发出来而表征着不可知的绝对的那一理想"[77]。尽管在对这些理想的体认中,涉及了某种艺术创造性的成分,要将它们分离出来却需要对它们赖以从中出现的文化进行精心的科学分析。而这当然就假定了文化乃是整合的系统,并 192
且对于各种文化的研究就会揭示出它们的本质特征。更进一步说,在由某一文化的诸成员所表达出来的多种多样的价值观念中,有某些价值是该文化所特有并反映了它的根本理想的;然而很少有什么经验证据表明各种文化实际上就体现出了这类核心理想。究其实而论,每一种文化看来都汇集了相互矛盾的力量、信仰和理想，那是无法在逻辑上加以调和的。特勒尔奇承认这一点，但是，他拒绝承认这就排除了通过科学方法并从“创造出”(*herausarbeiten*)其理想的该文化的实际内容出发来理解某一特定文化的本质的可能性。尽管一种文化中有着各种显然相互冲突的力量，这仍然是有可能做到的，因为“宗教、艺术、科学、政治、法律和经济并不是在逻辑上相冲突的，并且它们的统一并不构成为逻辑上的统一，而不如说是一种个体性的、被时间所制约的综合的超逻辑的统一体”[78]。

于是，由自然科学和历史分析运用于人类实在所产生出来的一切彰明较著的矛盾和困境，似乎就都得以克服。虽然“永恒不变、普遍有效和绝对的价值”无从达到，我们还是能够发现客观的规范。“个体性不等于主观性”[79]。人类多种多样，然而在这后面又存在着一个目的。我们所能确知的一切只是各种单个的文化，那似乎就排除了人类的进步；然而，“我们在朝着绝对——它在其生命的丰富性的统一体中只为其自身而存在，并且无法被加以合理的了解，因为它根本就不是一个合理性的概念——稳步运动”[80]。没有什么科学能够把握“在其完整性之中的生命之流”。不过，这一生命之流必须具有“统一性、关联性和意义；否则的话，科学思想就无法从经验上或者用它们的规范来把握(*erfassen*)和界定(*fixieren*)它个体性的群集”[81]。于是，上帝就出现在万事万物的背后，成为一切思想和理解的(*sine qua non*)“必不可少的条件”。没有了上帝或者类似的观念，就无法阐明客观的价值标准。[82]

《历史主义及其问题》777 页的篇幅，并没有给这一对于历史意义的信念增加多少东西。[83]历史方法所明显面临的困境再度得到了表达，并且一种唯心主义的历史哲学又一次为主观性与客观
193 性之间的冲突、一切价值及其有效性的相对性、历史中的多样性，还有就是世界的根本统一性提供了解决之道。倘若历史在每一

点上都反映了那“不可知的绝对”,那么历史也就是通往真理和价值的途径。而且,历史对于特勒尔奇就如对于兰克一样,是一个实实在在的过程,不能够被化约为李凯尔特所提出来的那些概念。

特勒尔奇试图针对新康德主义将历史化约为概念的努力来捍卫历史。在他看来,历史不只是历史学家“安排”事实的方式,就像李凯尔特所认为的那样。历史乃是“一场主体自身内部的运动,人们可以将自身直观地沉浸于其中”,并且我们可以从中搜寻到对我们在历史之流中所处位置而言有效的各种独特的价值。[84]既然历史是实在的,研究历史的方法所牵涉到的就是比新康德派所梦想的要简单得多的一套逻辑。它是由对于历史中被时间制约的、个体的和独特的结构的“具体、直接而形象化的表象”(*konkrete, anschauliche Darstellung*)构成的,唯有从这些结构中我们才能获取价值。理想类型或社会学分析无论多么有用,都绝不可能反映出生命的全部丰富性。历史的方法不需要什么逻辑性的表述。史学家就在实践着这些方法。[85]它们更多涉及的,与其说是理性的分析,不如说是移情的理解(*nachfühlend verstehen*)[86],是“观看而非思考”(*Schauen, nicht Erdenken*)。[87]历史的基本成分乃是“各种个体性的整体”,如某个个人、阶级、民族或者文化。使得它们具有个体性的乃是这一事实:它们中的每一个都围绕着某个只为它所具有的意义或价值。这一意义是本原性的和独一无二的(*ursprünglich, einmalig*)。[88]每一个体都无法经由因果解释而被把握,而只能被“理解”。然而,这样的理解绝不是任意主观的。它被这个客观的事实——即便对我们的问题的阐发有可能互相不同,但主题仍然保持不变——所指引着。这些历史中客观存在着的和个体性的整体中,每一个都具有一个意义的中心,围绕着这一中心,它们多种多样的显现才得以组织起来。我们的心灵在面对一个历史实在并全身心地贯注于其中时,就可以自然而然地把握住它。[89]

使得直觉的理解成其为可能的，是一切精神性的实在经由上帝的介入而具备的统一性。然而，这种统一性并不是泛神论意义上的上帝和自然的同一，因为这就会意味着一切存在根本上的一
194 致性，以及对于真实而绝对的个体性的否定。莱布尼茨的单子论认为，每一个单子都是一个封闭自足的个体，却反映了神圣的秩序，这在特勒尔奇看来更加接近于真理。“因为并不是斯宾诺莎的思想与存在或者自然与精神的同一，而是有限精神与无限精神的实质性的和个别的同一，并且因而就是直观地参与到它具体的内容和它生生不息的生命统一体中，才为我们这一问题提供了解决之道。”[90]

从这个个体性的概念中，特勒尔奇就达到了两个结论，一个是消极的，一个是积极的。一方面，不可能有什么人类的历史，因为“人类作为一个整体并不具有文化上和精神上(*geistige*)的统一性，并且因此就没有什么统一的发展”[91]。既然我们所了解的最为包容广大的统一体乃是某一种文化，那么，就只可能有各种个别的文化(比如西方文明)的历史。然而，由于每一个文化都是一个意义统一体，我们就能够发现为它所特有的价值。在这一点上，特勒尔奇在现代西方世界中看到了价值危机的解决之道。历史通过表明西方传统价值在发生学上的特征而破坏了它们。而今对西方的历史研究可以揭示“欧洲主义”的真实本质，研究其发展历程，并确定那些它所特有的价值。价值是无法炮制出来的，它们是某个文化传统的有机组成部分。然而，在西方的丰富传统之外，历史学家可以创造出对于那些在西方发展历程中最优秀并能激励人们的价值和具有实现可能的东西的一种文化综合(*Kultursynthese*)。此种“文化综合”可以成为朝向欧洲世界的未来的行动指南。[92]

卡罗·安托尼在特勒尔奇的“欧洲主义的历史”中看到的“只

是(斯宾格勒的)《西方的没落》中关于我们自身的文明那一章的修订版本”[93]。从某种意义上说的确是这样。在特勒尔奇看来,总的来说,人类价值、世界历史和人类进步都不再存在。[94]甚至理性也失去了其普遍性,并且只有在它出之以它在西方民族共同体中得以发展的那种形式,并且有着古代和基督教的源头时,对我们而言才具有了意义。[95]不过,特勒尔奇的精神不是绝望的精神。西方文明被等同为人类心灵最崇高的成就。在某种意义上,它就与文明本身和人类本身融为一体了。在它的内里体现出来的,是现代世界可以从中获取新的力量和新的和谐的理性、人道与自由的 195
传统。于是,斯宾格勒的著作在他看来就是要以牺牲西方的理性的和学术的理想为代价而返回到野蛮状态,并且其本身就“积极地推动了西方的没落”。[96]特勒尔奇始终满怀热情而不可动摇地献身于西方的价值,即便在他的理智向他表明他的信仰出了问题时仍然如此。一切都是毫无意义的流变,这种担忧和疑虑一再凸显在特勒尔奇的思想之中,从他早年的神学著述到他关于“历史主义及其问题”的讲演。[97]特勒尔奇执著于历史方法,无法有效地在合理的基础上来反驳这些疑虑。他毕生工作的悲剧性就在于,在他向往着理智上的诚实与他无法接受他的思想的全部后果这两者之间,有着难以化解的矛盾。

2

弗里德里希·梅尼克的思想传记也许比恩斯特·特勒尔奇的毕生工作,都更加清晰地反映了德国历史信念的危机和消解。特勒尔奇在他的学术生涯之初,就强烈地意识到了探索真理和价值的历史方法所具有的内在矛盾,而且,他在此种意识中走近自己生命的终点时,却无法以英雄气概来面对自身思想的逻辑结果。弗里德里希·梅尼克是在兰克和政治史家们的遗产还没有遭到质疑的氛围中成长起来的。他是在第二次世界大战后德国的精神废墟中故去的，痛苦地认识到德国不仅在政治上而且在哲学及历史学学术发展上都走过了一条错误的道路。并且，梅尼克还有一点与特勒尔奇相像，他也无法将自己从一种已是明日黄花的信仰的诸多残余中解脱出来。

弗里德里希·梅尼克深深植根于普鲁士传统。比之特勒尔奇这个巴伐利亚自由派新教医生的儿子，他在成长岁月中与19世纪后期学术讨论的主流要疏远得多。在其传记中，梅尼克描述了他青年时代那个小镇萨尔茨维德尔的基督教的、保守的气氛，有好几十年，他的父亲和祖父担任这个小镇的邮政局长，他们都是虔诚的路德派，效忠于普鲁士王朝。在柏林大学，梅尼克受到了
196 德罗伊森有关历史方法论和历史哲学的讲演[98]的深刻影响（德罗伊森那时已经年过七旬），并在研究中得到了西贝尔和特莱奇克的指导。随后，梅尼克在普鲁士国家档案馆工作，受西贝尔的管辖，后来又协助西贝尔编辑《历史杂志》（*Historische Zeitschrift*）。后来，梅尼克强调说他从未"完全服膺"特莱奇克，而且他那时就意识到了特莱奇克某种程度上在演讲厅里所扮演的鼓动家角色。[99]然而，正是由于梅尼克的动议，才导致1895年西贝尔去世时特莱奇克被任命为《历史杂志》的主编。特莱奇克那时刚与汉斯·德尔布吕克和《普鲁士年鉴》（*Preussische Jahrbücher*）更具自由倾向的合作者们决裂。[100]

对梅尼克而言，正如对于他的老师们一样，对国家在人类文化中所发挥的核心作用和政治权力所具有的精神性的信仰，不仅关系到学术取向，而且是一个关涉到深刻的宗教信念的问题。梅尼克对于狄尔泰所激发起来的认识论讨论有着充分的意识。他为参加国家哲学考试所撰写的论文比较了自然科学和精神科学的方法，反映了来自狄尔泰和德罗伊森的影响。[101]让人吃惊的是，梅尼克自己的立场并没有受到这些讨论多大的影响。他对于构

成为普鲁士-德国政治史家们观点之基础的客观唯心主义的幻灭感,与其说像恩斯特·特勒尔奇和马克斯·韦伯那样是思想发展的结果,不如说是第一次世界大战的创伤经历的产物。他与他的老师们与俾斯麦的解决之道的乐观主义第一次分道扬镳,是出于政治上的缘由。他对于“君主制毁于这么一个皇帝(威廉二世)之手的厄运”的认识,以及他对于保守党无法采纳某种社会改革的方案所感到的失望,在1895—1898年间逐步将他引到了弗里德里希·瑙曼的阵营中。[102]然而,这种摇摆远不像表面上看起来的那样剧烈;因为梅尼克的基督教保守主义一直是以社会为取向的[103],而瑙曼的自由主义强调的是国家、民族和共同体凌驾于个人之上的核心地位。在某种意义上,梅尼克的新立场与被政治史家们在1870年之前理想化了的“变革年代”的精神,比之与老特莱奇克反动的保守主义要和谐得多。梅尼克在他关于普遍兵役制的倡导者、陆军元帅博茵的传记中所描画的,就是这样一种变
革的精神,博茵支持自由主义的改革和开明的社会立法,“与‘顽 197
固不化的贵族’的反动政策形成了鲜明对照”[104]。

1896年,博茵传记的第一卷面世的那一年,梅尼克担任了《历史杂志》的编辑工作,这个工作他一直承担到1935年在纳粹的压力下被迫辞职为止。他擢升到编辑位置时,恰逢德国史学界内部对兰克和普鲁士的史学传统发起了第一次严重的(并且是颇为壮观的)攻击。

在其巨著《德国史》和随后大量的论文和小册子中,卡尔·兰普雷希特向德国史学家那种个体化的、描述性的方法开了火。兰普雷希特认为,“自然科学早就超越了以描述性的方法仅仅依据独特的和个体的特征来表明现象的时代”。相应地,历史科学必须以试图阐明一般性的发展规律的发生学方法来取代描述性方法。这样一种取向并不必定完全将自身限于政治史,而是必须将核心地位赋予文化史、经济史、法律史和思想史。[105]兰克的观念论

站不住脚。兰普雷希特接着又指出，它有它的时代，而且将会继续成为德国史学一个伟大的时期和一个伟大的史家的永恒纪念物。“但是科学的历史在已经走出了哲学唯心主义的形而上学的和神秘主义的体系之后，将会把它抛在身后。”[106]德国史学家必须从这样一种神秘主义的概念——某个人格化的上帝在“观念”背后显现他自身，这更是个人的信仰而非科学的信念[107]——转向对于历史发展的经验性研究。

历史学家们重新联合起来捍卫受到了亵渎的神圣传统。尽管梅尼克相对而言没有站在第一线，《历史杂志》却是对兰普雷希特进行反攻的大本营。因为对弗里德里希·梅尼克、格奥尔格·冯·贝娄和马克斯·伦茨而言，兰普雷希特就代表了西方实证主义对于德国唯心主义传统的进攻。回过头去看，他们之间的差异并不像他们当时所表现出来的那么大，双方激烈的言辞和特殊的用语使得各自的立场有些晦暗不清了。[108]史学家们引证文德尔班和李凯尔特来反对兰普雷希特。他们没有看到，比之兰普雷希特
198 对于规律的寻求，新康德主义对历史知识的批判构成了对德国史学传统的基本理论假设更加严峻的挑战。尽管有着上面那段引文，兰普雷希特与“旧的史学方向”之间的争议并不是围绕客观唯心主义的问题而展开的，也没有真正涉及适用于历史学的方法。卡尔·兰普雷希特和他的批评者们——他们到孔德和穆勒那儿去寻找他的思想根源，尽管他的思想根源更多是在于黑格尔、谢林和浪漫主义的有机论的社会概念之中——一样，坚信历史是一个实实在在的过程。

一旦将他的术语中所具有的实证主义蕴涵剥离出去，兰普雷希特的“发展阶段”就如贝娄所正确地指出的，似乎就与兰克所说的历史中的“观念”和“趋势”颇有雷同相似之处。而兰普雷希特是给这些东西贴上了神秘主义的标签的。[109]兰普雷希特和传统史学家的研究方法之间的基本差异在于，史学家是应该专注于社会

史还是政治史。正如奥托·辛策在这场争论中所发表的一篇精彩的论文中所认识到的，这一决定所关系的是侧重点的问题。[110] 在兰普雷希特的社会概念中，国家继续占据着核心的、主导性的地位。在他看来，强硬的外交政策乃是经济发展的前提条件。就此而论，观念以及社会和经济力量在特莱奇克和西贝尔的史学中具有重要的地位。兰普雷希特执著地认为"*individuum est ineffabile*"(个体是不可消逝的)，个体性的剩余物是一切对社会关系的因果分析都无所用其技的，而"只能被揣想"(*lässt sich nur ahnen*)。[111] 然而，他坚持说，历史作为一门科学与其他任何科学一样，关注的是概括[112] 和将经验知觉还原为概念。[113] 此种立场与李凯尔特并无根本的不同。兰普雷希特看到，纯粹的个体不可能得到科学的理解，人们只有以科学的和概念的方式来着手界定它。[114] 不过，他认为，社会活动的一个非常巨大的领域，事实上还是一个主要的领域，是可以以一种"集体的"方法来处理的，因为在社会中有着从个人的自由行动中所无法产生的"不间断的发展的连续性"。[115]

可是，兰普雷希特认为，尽管所有的科学"根本就是一个"(*alle Wissenschaft ist im tiefsten Grunde eine*)[116]，历史学家却无法建立起在严格性方面与自然科学的规律相似的社会规律。兰普雷希特为自己辩护说："冯·贝娄先生……基本上只知道一种 199
'典型的'形式，也即他称之为'规律'的那种形式。"[117] 因果毕竟不具有客观实在性，而是我们思想的一种范畴。史学家必须去考察历史主题中的一致性，虽然他并不能够确立起严格的发展规律。[118] 个人自由所扮演的角色无论多么有限，都将一元论的、决定论的历史图景排除在外了。兰普雷希特认为，"(因而)对于某个连续不断的因果链条的表述几乎就是不可能的"，并且他相信，有的时候某种艺术化的研究方法比科学本身能够产生对于历史过程更为"科学的"理解。[119] 当兰普雷希特试图将对一致性的寻求限制在有限的人类单位的发展周期之中时，他就成为了特勒尔奇和斯宾格勒的先行者。他认为，“当今所有的史学家都相信，一部人类的历史乃是不可能的。”[120]在他看来，历史的单位不像是后来特勒尔奇和斯宾格勒所认为的那样是文明，而是在绝大部分时候被组织成为国家的民族。[121]每个民族都有其个性，有其自身的发展周期，因此“从现在开始试图在历史过程中确立起一致性的每一种研究，都必须将自身限定在类型化的民族发展中”。但是，在各种民族发展的周期之间进行的比较性的、形态学的研究——比如对文艺复兴和中世纪，或者对其他文化元素的接受性的比较——乃是可能的。[122]

梅尼克自己与兰普雷希特的短暂争议并没有增添多少新的东西。梅尼克对兰普雷希特关于因果原则对个体行动的适用性的极端观点提出了挑战[123]，而兰普雷希特后来对此进行了修正。或许最要紧的，是梅尼克觉察到，科学方法论和世界观并非如兰普雷希特所认为的那样可以严格地分离开来。[124]尽管梅尼克发现，兰普雷希特“具有强烈实证主义色彩的思想”对社会问题而言不过是一种肤浅的研究方式，他也为德国史学中新兰克派的趋向深感遗憾，他们将历史视为某种“审美景观”，而避免伦理或政治上的投入。梅尼克在他为西贝尔所作的讣告中写道，“我们当中那些相信唯心主义世界观和老一代对于国家所抱持的深挚感情的人们决没有死去，而是要将他（西贝尔）的遗产满怀信心地保持下去，并且不让它僵化成为一套凝固的教条。”[125]

200 兰普雷希特对德国史学唯心主义遗产的攻击并非没有效果。《历史杂志》上面的争论，还是反映了日渐显著的由对政治史尤其是普鲁士政治史的专注向对文化因素的考虑——虽然较少地出之以社会史和经济史的形式，而较多地出之以思想史、文化史或者甚至是艺术史——的转移。1900年时，艺术史家卡尔·纽曼就可以在《历史杂志》一篇分析布克哈特的《希腊文明史》的文字中做出这样的评论:布克哈特想来会将兰普雷希特和传统史学家之间的争议视为无足轻重,因为它们根本上只涉及到风格问题。[126]

梅尼克开始看到了兰普雷希特对德国史学的贡献。他在1908年第100期《历史杂志》的前言中写道,兰普雷希特至少对那些变成了单一片面的手艺人的史学家的狭隘和缺乏观念提出了警告。兰普雷希特试图重新将观念和理论引入历史思想,即便他所提出的关联是一种不幸的“杂交”。西贝尔乐观地认为,“历史研究的纯正方法”不会碰到太大的困难,就能够导向对民族而言具有意义的“客观”历史。他的这种观点已被证明是错误的。他期望着对广大公众而言,历史将会占据哲学曾经具有的地位,这也是不切实际的。哲学和文化科学汲取了为许许多多的专业历史研究所丧失了的历史感。再就是,梅尼克承认,西贝尔的信念——历史学家可以通过运用学术方法,在很大程度上将他在政治史的判断中的主观成分排除出去——也已经丧失了。他提出,历史学一定不能放弃它对于国家和民族的具体实在的核心关切。没有了这些东西,它就会沦为“含糊其辞的半吊子”。然而,为了它自身的新生,它必须恢复它已丧失了的与哲学或者至少是与哲学精神的往还。[127]

在《世界主义与民族国家》中,梅尼克着手撰写一部将政治与观念史结合起来的历史。他在导论中说,“本书立足于以下的见解:德国历史研究在不抛弃其方法论遗产的同时,必须将它自身提升到确立与政治和文化生活中的巨大力量之间的自由往还;它可以在不给自己带来损害的同时,将自身勇敢地沉浸于哲学和政治之中,唯有通过这种往还,它才能发展起它自身的本质,并且同 201
时成为既是普世的又是民族的。”[128]这本书的主题乃是德国从一个“文化民族”(*Kulturnation*)到一个“国家民族”(*Staatsnation*)的转变。它基本的假设是兰克和普鲁士学派对国家和民族的“实在-精神性的”(*real-geistige*)特质的信念,是这样的信仰:每一个民族或国家都是一个个体，其外在形式反映了某一个体化了但却是实在和永恒的观念。

在梅尼克看来，德国统一的历史因而最好被描绘成一部观念的历史；一些德国思想家和政治家逐步认识到这一真理——普遍的观念只能够在具体的、历史性的个体和体制中将自己有意义地呈现出来——的故事；一个德国随后被组织成为一个在其特定的民族形式中反映了世界主义理想的政治体的故事。普鲁士-德国民族国家在其赖以出现的形式中不仅代表了一个政治成就，而且也是哲学真理的具体展现。这一观念的胜利乃是伟大的个人而非盲目的社会力量的业绩。

这一切都让我们想起了德罗伊森和西贝尔。观念而非政治的和军事的动机，看来几乎是政治变迁独一无二的驱动力。西贝尔和特莱奇克在一个受到工业革命影响较小的时代里对于社会和经济力量所具有的敏感性，却在梅尼克这里烟消云散了。在他眼里，那些创造了德国民族观念的人们主要是些诗人和思想家，诸如默泽尔、赫尔德、诺瓦利斯、威廉·冯·洪堡、弗里德里希·施莱格尔、费希特、亚当·缪勒、哈勒、黑格尔和兰克这样一批人。* 尽管在1848年德国民族观念已经被普鲁士国家赋予其政治形式之后，政治家扮演了更为重要的角色，伽吉恩兄弟**和俾斯麦却主要是以他们作为思想家的身份而得到梅尼克的注意的。

---

* 默泽尔(Justus Möser，1720—1794年)，德国历史学家和法学家；诺瓦利斯(Novalis，原名为Friedrich Hardingberg，1772—1801年)，德国浪漫派诗人；弗里德里希·施莱格尔(Friedrich von Schlegel，1772—1829年)，德国作家和批评家，其哲学观念曾影响德国浪漫主义运动；亚当·缪勒(Adam Müller，1779—1829年)，德国经济学家，德国政治经济学中浪漫主义学派的代表人物；哈勒(当指Albrecht von Haller，1708—1777年)，瑞士生物学家、医学家，长期任职于德国哥廷根大学。

** 指德国政治家伽吉恩(Hans Gagern，1766—1852年)的三个儿子，即Friedrich Gagern(1794—1848年)，Heinrich Gagern(1799—1880年)，Maximilian Gagern(1810—1889年)，兄弟三人都是德国历史上重要的政治家。

梅尼克的历史感要求将这一民族转化的过程以具体而个体化的方式表现出来。在这个发生了的转变过程之中,世界主义的观念当然并不是简单地被民族观念所取代。毋宁说是,在这两者的张力之中,一种普世的与民族的理想之间的新的、更加真确的关联出现了。梅尼克相信,这场转变不能被描绘成在抽象思想的层面上发生的一个辩证过程,而是必须将它放置在一个具体的语境内。可是,这一语境所需要的,与其说是对于公共意见中所发生 202
的变化的分析,不如说是对于那些创造了这些观念的伟大人格的理解。处理德国政治发生转变的历史的途径,因而就不是着眼于广大群众的社会史,而是要倚重那些参与了这场对话的伟大的“创造性思想家”的个人经历。[129]

然而,人们不禁会感到,梅尼克在他笔下的种种个人经历中严重地破坏了他所向往的“历史感”(*historischen Sinn*)。或许是在没有充分地意识到自己的所作所为的情况下,梅尼克在一种兰克式的个体性概念中注入了很多黑格尔辩证法的因素。梅尼克曾经批评德罗伊森在解读历史时在其中加入了导向。德罗伊森在给普鲁士历史注入了某种德国使命时,就严重地破坏了个体性的概念,并且因而就未能将普鲁士国家作为一个追寻着其自身利益并发展出它自身独特特性的自主的、政治的个体(*autonome Staatspersönlichkeit*)来加以研究。[130]然而,似乎梅尼克所展示的那些思想家和政治家与其说是因为他们自身的缘故,不如说是作为某些观念的具体表现而露面的。看起来,他们中的所有人与其说本身就是目的,不如说是某个客观过程的诸发展阶段。由于梅尼克在德国历史中看到的并非一种纯然的政治形式和观念的转变,而是朝着一个真正的国家的稳步趋近,他就找到了一个据以对剧中角色做出判断的抽象标准。尽管他一再警告人们不要将外在的原则用来评价个人[131],就在他将自身从世界主义的幻象摆脱出来的同时,梅尼克还是止不住要做出道德评判,对他剧中的每个角色做出评价。

就梅尼克的历史观而言，最基本的乃是这一坚定的信念：在所有可能的世界里这最好的一个*当中，在国家的实力利益和道德原则、在民族主义的发展与个人自由的发展之间并不存在什么根本性的冲突。因为国家不仅是一个权力复合体或个人复合体，而是某个普遍观念的具体体现。与一切普遍观念一样，它只能以某种个体化的、鲜活的形式来获得实在性。那些有着实在性的存在的东西，比如说国家，由于是某一理想的表现，因而必
203 定也是善的。费希特的伟大贡献就在于，通过“将国家的权力冲动体认为一种自然而有益的生命冲动并将其放置在某种道德世界观的语境之中”[132]，从而克服了在马基雅维里的权力观和他的批评者之间的显著矛盾。只要国家遵循它自身的判断，它就不可能在任何根本性的意义上犯下什么错误。“因为从一个存在者的最为深邃的个性中生发出来的东西绝不可能是不道德的。”[133]诚然，健全的国家的利益看来与道德和法律原则存在着冲突，因为“并非和平和安宁，而是斗争、操心和摩擦，才是纯正的民族国家的命运”。然而，只有在我们将道德与抽象原则相混淆而又未能认识到“在历史中运动的各种伟大力量的没有形诸文字的法律高踞于正式的成文法之上”[134]的时候，这种冲突才会出现。

德国历史中这些力量的发展不仅带来了德国民族国家，而且也带来了自由体制的实现。正如在民族统一的情形中一样，领导权必须来自一个从德国民族文化中获取其精神基础的普鲁士国家。回首往事，梅尼克并不为自由派在1848年所遭受的失败感到遗憾。事件的进程表明威廉四世和俾斯麦是对的，而伽吉恩兄

---

* 莱布尼茨关于神正论的根本命题就是，现有的世界乃是一切可能世界中最美好的一个。

弟、德罗伊森和达尔曼*是错的,就像那些1848年时希望牺牲普鲁士而赢得德国统一的人们,或者那些在1862年普鲁士的宪制冲突中将国会权利置于普鲁士国家的军事和实力政治的需要之上的人们也是错的一样。[135]德国所走过的道路乃是唯一能够导向一个强大而自由的民族国家的道路。俾斯麦成功地赋予了德国一个宪制的政府形式,这种形式巧妙地使普鲁士的领导权与更小的各日耳曼国家持续而自主的存在得以调和,并以一个强大的君主行政权平衡了国会制度。在1866和1870年的战火洗礼中,俾斯麦挽救了已经在德国公众心目中彻底声名扫地的宪政。[136]

梅尼克对最近一段过去心满意足,这反映了一种迥异于西方古典自由主义者的自由观。在梅尼克看来,正如对19世纪普鲁士温和的自由派来说,只有在一个强大而统一的民族内,自由才是有意义的。梅尼克之所以能够接受俾斯麦解决德国问题的方
案,是因为他依旧拒绝国会的至上地位;即便是对于曾经存在过 204
的有限程度内的议会制政府,他也是满怀狐疑。他指出,“将议会制引入普鲁士,最终可能会分裂普鲁士人民,而不是使他们团结起来。”[137]真正需要的是宪制政府而非议会制政府。[138]于是,梅尼克就可以将1848年革命力量瓦解之后普鲁士国王所颁布的保守宪法,称为“在内容上是高度自由主义的”,因为它引入了宪制形式。[139]梅尼克同意弗里德里希·瑙曼的看法:普鲁士在德国帝国内部和旧有的普鲁士保守势力在普鲁士内部所占据的优势地位,标志着他那时代德国一个不幸的方面。1908年时德国的贵族势力和乡村势力的政治力量,几乎无法与现代的经济和社会条件相调和。这表明,从“已经现代化了的旧的普鲁士民族国家”到“德国民族国家”之间的过渡尚未完成。[140]不过,俾斯麦的解决之道虽

* Friedrich Dahlmann,1785—1860年,德国政治家和历史学家,1848年时为法兰克福国民议会成员,参与起草过一部宪法。

然“很难说是理想的”[141]，对于民族的力量和凝聚力来说却是万分必要的。“帝国内旧有的普鲁士保守派趋向”所具有的有利地位，尽管显而易见地与经济和社会条件不相协调，然而直到“新的德国的、自由派的、资产阶级的和工业的力量强大到足以追求德意志帝国的实力政治和实力需要”为止，它对于一个强大的国家在欧洲的生存而言乃是必不可少的。[142]这不仅要求中产阶级的自由派们更加意识到权力在政治中的作用，而且他们还要能够弥合他们与社会民主党的工人阶级运动之间的鸿沟。梅尼克显然保留在内心之中没有说出来的、作为德国民族国家最终形式的，乃是基于他在数年之后所倡导的广泛民主的普选制之上的某种由公民投票所产生的专制（*temporäre Vertrauensdiktatur*）。他赞同马克斯·韦伯的观点，议会一定得是选择和提升它给予信任的领导人的首要工具。[143]

这样一种对于权力的乐观看法，就可以解释梅尼克在第一次世界大战爆发时对德国的将来所抱持的信心。从 1910 年起，梅尼克通过给报纸写稿积极地支持弗里德里希·瑙曼的事业。他
205 曾经期望，保守派能够承认社会改革的必要性，而社会民主党人能够理解民族对于实力的要求，这样在德国的左翼和右翼之间就可以达成和解。1914 年 8 月的日子里，这个民族才第一次在真正意义上团结起来了。战争带来了整个民族超越党派和阶级界限的团结精神，并且使得民族的革新成为可能。梅尼克与特勒尔奇、兰普雷希特和柯亨，以及几乎所有改革运动的知识分子一道，都被卷入了这股热潮。三十年之后，在第二次世界大战的轰炸声中，他写道：

> (1914 年)8 月 3 日，我体验到了……我生命中最美好的片断之一，它猛然间恢复了我对我们民族的深厚信心。……我们置身于皇帝大街圣马丁门前的人群之中，站在《弗莱堡

> 时报》的通告栏前,阅读帝国议会一致通过发行战争债券的电讯。……那么,德国社会民主党人不会放弃祖国。我二十年来所忧心、企盼和希冀的东西就这样实现了。……它也使得两年前让许多与我们有密切关联的人们沮丧的那场激烈的弗莱堡选战有了合理性。今天(1944 年)我已步入暮年,在三十年的惨痛经历之后,在我们民族生命遭受了进一步的解体、分化和最终的暴力之后,我仍然要肯定站在《弗莱堡时报》通告栏前面时打动了我的那种情感。[144]

就像他马上就承认的,梅尼克还没有看到民族权力中邪恶的那些方面。“在此种心境中”,他依然对“实力政治和各民族的武力冲突中的好的意义和内容”深信不疑,他写道:“我在《世界主义与民族国家》中将纯粹的政治思想和行动从普遍主义的和世界主义的考虑中的解放,描述成 19 世纪中期最伟大的成就之一”。[145] 梅尼克从战争中所期望的并非德国的世界霸权,而是民族内在生命的净化。在谈论战争的文集《1914 年德国的崛起》(*Die deutsche Erhebung von* 1914)中,他将 1914 年精神与 1813 年解放战争的精神进行了比较,认为它重新肯定了对于民族和自由的信念。[146]至于德国战后的领土扩张,梅尼克或许是自由派中较为 206
温和的一位。不过,1915 年梅尼克主张吞并波兰和库尔兰的一些部分,并将非日耳曼裔人口驱逐出去,而让伏尔加河一带的日耳曼人回来。他倾向于战后继续控制比利时,与法国达成条件苛刻的和平,并期望与英国达到海军力量上的均势。然而,他很快就认为这完全不可能,并且开始呼吁为了和平而做出妥协。[147]

就像韦伯和特勒尔奇所做的,梅尼克挺身而出,反对沙文主义和泛日耳曼主义者现实感的缺乏。战争后期他在报章杂志上的主要活动,是致力于日益高涨的进行宪制改革的要求,尽管他主要关注的问题依然是普鲁士普选制的改革,而非在外交和军事事务上议会权力的扩展。[148]梅尼克信心十足地回应西方那些德国文化的批评者们说，德国民族观念的性质本身，使得德国方面不可能采取任何冷酷无情的帝国主义政策。魏玛的世界和波茨坦的世界、康德的世界和俾斯麦的世界，并非德国两个全然隔绝的传统。可以说，德国民族观念诞生在改革年代和解放战争之际，反映了这两个极端之间持续不断的相互影响和相互作用。权力和精神、国家和文化交织在一起。这就将“民族观念”与它那不成器的后裔“民族主义”区分开来了，后者尤其是在其新达尔文主义和种族主义的形式中成为了欧洲的痼疾。[149]不幸的是，文化与国家、精神与权力之间那种迫切需要实现的综合却尚未完成。然而，梅尼克很有信心地看到，人类的历史表明了“一种缓慢上升的发展。实力政治的冷酷的手段和目标让位于更加高贵和人道的手段和目标”。这种更大程度上的“实力政治中的人道”，并不意味着国家在追求其利益时就来得更加温和一些，而毋宁说它会在大得多的程度上捍卫文化方面的目标。因此，梅尼克就认定，“当我们的文化在这些命运攸关的日子里被完全动员起来为国家效劳时，我们的国家、我们的实力政治和我们的战争，不知不觉地就在效劳于我们民族文化那些最为崇高的价值。”[150]

1915年，梅尼克仍然坚定地反对奥托·辛策和爱德华·梅耶对于第一次世界大战将会是标志着欧洲文化衰落的开端的恐
207 惧。[151]1916年，他在弗里德里希·瑙曼的周刊《帮助》(*Die Hilfe*)中第一次承认，德国“民族文化”或许包含了蜕化成为“冷酷无情的民族主义”的更大趋向，并且，比西方的功利主义更倾向于滥用精神价值来为赤裸裸的权力效劳。[152]到了1917年，他意识到了这一悲惨的困境：不能够再将现代形式的战争视为“使政治得以延续和以暴力来获取某些生活必需品的恰当手段”，不如说，“国家和民族之间争夺权力的斗争”，乃是人类政治生活的和人类与生俱来的争夺权力的本能的一种无可逃避的处境。[153]

战争的过程就这样使得《世界主义与民族国家》所反映出来的客观唯心主义,以及它对于精神与权力、非理性与理性之间的根本和谐的乐观假定,都成为了泡影。梅尼克战后第一部主要的同时也是他最重要的一部著作《国家理性的观念》(*Die Idee der Staatsräson*),就反映了这种幻灭感。1915 年,梅尼克宣布他打算写一部著作,以试图“理解自文艺复兴时代以来在实力政治的特性和精神中所发生的变化,并追溯我们现代历史观的出现”[154]。梅尼克依然乐观地假定,对于现代国家理论发展过程的研究,可以与现代史学思想史统一起来。两者都导向同一个方向,“导向马基雅维里所表达出来的对于特定国家最个别的和最具体的利益的感受之中”。这发自于这样的信念:现代实力政治和现代史学这两者的重大成就都在于从普遍的、伦理的概念中所获得的解放。但是,在战争悲剧当中,对梅尼克而言,这样一种关于现代政治实践的观念马上就显得“过分简单”了。它没有能够将“权力的邪恶性”考虑进来。并且尽管梅尼克拒绝“像布克哈特一样,宣称权力本身就是邪恶的”,他还是深刻地意识到了权力让人疑虑的特性。[155]结果就是对于各种问题的重新阐发。写于战争早期的那些章节大部分都没有出版过。如果说,《世界主义与民族国家》指出了在现代民族国家中逐步解决权力和历史理解问题的途径,《国家理性的观念》(英译本为《马基雅维里主义:国家理性的学说》)则看到,由权力和精神之间的张力所带来的那种挥之不去、一再重现的问题,无法得到一个令人满意的解决。政治权力和国 208
家被表明不仅是文化价值的创造者,也是其破坏者。权力和道德、自然和精神,在梅尼克心目中成了永恒的冲突中相互对立而又不断斗争的力量。追求权力的基本冲动,就其本身而论,缺乏精神性的内涵。它既不是黑格尔意义上的世界之构成的一个部分,也不是兰克所说的精神力量的某种物质表现。梅尼克战前著述中的客观唯心主义如今被一种二元论的有关实在的概念所取代了。

使得梅尼克没有接受某种极端悲观主义国家理论和政治权力理论的，是他对于“国家理性”的新的界定。他仍然相信，这种理性必定构成了“政治行为的基本原则”。它代表了一个国家在每一特定时刻都必须遵循的“理想的行为规程”，以保全和扩展它自身。[156]他认为，“国家理性”的观念截然不同于某种抽象的国家理论。它不是从某种理想的“最好的国家”，而只是从具体的、现存的国家出发，来界定国家利益。[157]不过，不能将“国家理性”等同于“实力政治”；因为精神价值和道德价值的维系和获取，会是国家权力的巩固或扩展中的一个重要因素。政治家的使命就是要在道德和时局所要求的权力之间达成平衡。于是，对梅尼克来说，就还存在着精神和权力之间的某种和谐。“一座桥梁，”他写道：

> 在政治生活最高的层面上存在于 *kratos*（权力）和 *ethos*（精神情操）、由权力所驱动的行动和在道德上负责任的行动之间。这道桥梁就是国家理性，关于什么东西是便利、有用和有益的考虑，关于国家必须去做、以在任何特定时间达成它最好的存在状况的事情的考虑。[158]

然而，这种和谐并不是自动地就可以达成的。梅尼克仍然相信，由于国家需要道德力量来维系自己生存的缘故，它就会直接有助于创造出更高的价值来。倘若不是古代暴君们追求权力的根本冲动的话，文明就无从诞生。这一权力绝不能纯然建立在强力之上；它往往至少是以一种粗朴的方式而与人类将自然精神化的内在需要相对应的。[159]要使自己得以维系，权力就必须创造出
209 法律和道德。因而，权力的需要本身就有助于将国家从专断的个人强力的表现转变为“提升生命最高价值的道德建制”[160]。然而，

由于国家建立在各种权力的和精神的基本本能的复杂微妙的相互运作之上,它就时时都有沦于野蛮状态的危险。这样的沉沦不是那些掌控着国家的人们的个人缺陷的结果,而是内在于国家自身的本性之中。一切其他的社会组织都可以严格遵循理想的规范来加以组织并照此规范行动。这些规范也许在实践中会遭到破坏,但是在理论上它们却毫发无损。可是,国家却甚至无法拥有某种“干净的行动理论”,尤其是在它必须心甘情愿地为着捍卫自己的权利而将那种根深蒂固、毁灭文化的战争强力释放出来的国际事务的领域内。国家就因为破坏法律和道德而犯下了罪孽,玷污了自身。

梅尼克悲哀地看到:“这是世界历史上最悲惨而又最使人扰攘不安的事实:那个其存在就是为了保护和扩展其他一切别的共同体的人类共同体,却绝无可能转化成为一个道德的建制。”[161]这个问题并非无法解决。权力冲动是持久不变的,政治家也永远在试图去引导和疏通它。发生变化的,是各个国家独一无二的处境,它们在每一时刻的具体利益,以及在主导性的世界观下由这些利益的互动而产生的各种国家理性的概念。有关国家理性的学说并无进步可言,于是,这部著作就只能阐述围绕着国家理性观念而反复出现的冲突的“悲剧性”故事,以及现代政治思想中主导性的哲学概念和世界观。[162]历史学家充其量是从在历史中运作的各种巨大力量的框架内来考察生命的进程。他无法说明精神的特性,或者确定精神或道德与历史实在具体情境之间的理想关联。[163]

梅尼克将文艺复兴以来政治思想史的主题,视作自然法学说与历史和政治生活坚硬而“无可回避的”事实之间的张力。[164]在一种复杂微妙的相互关联中,国家的观念(作为权力,作为有着重大利益的某种实在、某种出自于它自身的意志或者是服从于道德律的战争工具)彼此相对而又相互转化。对绝对国家的需要刺激起

210 了近代早期对于国家理性的关注。国家理性的观念因其对所有传统的道德和政治标准都提出了质疑，而为启蒙运动做好了准备。[165]后者反过来又与国家理性作对，并且帮着摧毁了那催生了这一观念但又将这一观念局限在其狭隘范围内的绝对主义。然而，生命实在和生命体验本身又迫使启蒙运动时代的政治家们，无论是腓特烈大帝还是法国革命时的政客们，都认识到国家乃是一种"生命力"（*Lebensmacht*）。[166]在这种互动——它复杂微妙，无法简化成为一条简单的发展路线[167]——中，出现了一种更加丰满的历史感，并且随之而来的还有对于国家作为一个具体的、历史性个体的更加完备的理解。马基雅维里在制定政治行为的一般准则时，依然缺乏这种对于国家的高度个体性的理解。可是，对于国家特性的领会却无从解决国家利益与道德要求之间的冲突。

19 世纪德国思想在同一性哲学中，曾经努力建构起对于个体意志和普遍意志的一种恢弘的综合，那直到第一次世界大战时似乎还是站得住脚的。黑格尔是在历史而非个体意识中看到了理性的源泉，他能够表明国家也是合理的，并且它在满足其实力政治的需要时就服务于更高的道德目的。然而，在使得国家从属于一个宏大的世界发展模式时[168]，黑格尔就破坏了国家的个体性。说得更严重些，由于将主权国家的实力利益视作绝对精神发展到完满所依赖的工具，他就为一种崭新的和更加激进的马基雅维里主义奠定了基础。马基雅维里认识到，国家理性要求它在有的时候要违背道德原则来行事，然而，他却从来没有要从道德上来批准这些行动。在他看来，国家理性是处于道德领域之外的；而对黑格尔来说，它却构成为道德世界的基石。战争、毁约和欺诈都完全可能是理性借以达到最终的善所使用的狡计（*List der Vernunft*）。

梅尼克认为，"现在所发生的事情几乎就像是要使一个私生子合法化一样。"[169]可是，梅尼克看到，兰克也没有能够通过强调国家的个体性而解决这个问题。或许他对于绝对个体性的执着本来会导向“价值的无政府状态”,导向威胁着德国历史主义的极端相对主义。之所以没有出现这样的情形,是因为兰克的历史主 211
义(*Historismus*)仍然包含着浓厚的同一性哲学的因素,以及自然法和基督教学说的因素。[170]然而,在他的著述中,在历史学家兰克和基督徒兰克之间存在着一个深刻而无法调和的矛盾。兰克的历史情感告诉他,每一个时代都只能从其自身内在的价值来做出评判;他的道德意识却又呼唤着超验的价值。于是,他就绝不能接受或者即便是谅解马基雅维里的原则,尽管他将国家理性视作国家作为更高意义上的人格的某种合理的生命功能。[171]梅尼克援引兰克的话说,黑格尔的“学说认为,世界精神似乎是以欺诈来产生出种种事件,并且利用人类的热情来达到它的目标,这种学说是建立在一种没有什么价值的对于上帝和人类的看法之上的”[172]。

不过,兰克的乐观主义的观点——历史上争夺权力的斗争几乎总是有助于创造出更高的价值,而且只有“很少几场重要的战争不能证明是真正的道德力量赢得了最后的胜利”——就很接近于黑格尔的立场了。政治权力在他看来总是某种精神性的东西。[173]使兰克没有得出黑格尔关于国家理性和实力政治的神圣性的最终结论的,是他的宗教性。“对于不可窥测的事物的尊崇之心和他心中的道德律,使得他没有迈出那最后一步,把世界历史及其首要的角色——国家——神圣化,并使得它们绝对地高于道德。”[174]然而,梅尼克此时认识到,甚至于比黑格尔对政治权力的肯定还要走得更加极端的,是他自己的老师特莱奇克。因为特莱奇克不仅把国家视作一种道德建制,而且在他的生涯中一度将国家等同于纯粹的权力。在权力冲动中纯粹自然的和动物似的东西就这样变成了一种道德上的绝对之物,它在为着生物性的存在而进行的永无休止的斗争中,从历史里面获得了自身的具体形式。[175]

梅尼克此时惋惜地承认，德国历史学家们一度满怀希望地认为能够解决权力和道德之间的冲突问题的“同一性哲学”，导向的却是对权力的颂扬，并且拆除了限制着它的最后一道藩篱。只是第一次世界大战，才让“我们当中那些历史性地思考问题的人们”(*wir historisch Denkenden*)看清了这一点。的确，对于19世纪思
212 想和社会潮流的分析，本可以揭示对权力的乐观看法所具有的危险，以及在多大程度上现代技术文明是与西方文化背道而驰的。国家理性直接导致了这一冲突。现代国家的“权力意志和生命意志”建立起高效的、组织合理的现代政府机构来作为追逐权力的工具，并且唤起了使得这一过渡成为可能的思想力量：自由思想、功利主义，以及试图沿着理性的方向来解释和编排一切生命的那种思想倾向。结果就是破坏了来自传统道德和精神方面的对于权力的限制。始则是教会，继而是启蒙运动的人道主义理想，最终则是19世纪的伦理上的个人主义，这些曾经有效的精神力量都逐一崩解了。生活的逐步理性化和技术化使得人道本身成了问题。军国主义、民族主义和资本主义这三种新的力量使得国家理性更加极端，也使得战争的性质发生了革命性的变化。受到大众情绪支配的现代民主制的兴起，逐渐地限制了政治家着眼于国家利益而理性地行动的能力。国家理性的观念唤醒了它再也无法控制并且威胁着西方文明之生存的邪恶力量。德国唯心主义哲学在其乐观地将权力解释为某种伦理概念时所帮助释放出来的，正是那样一些力量。[176]梅尼克的结论是，我们终要认识到，

> 合理的当然就应该存在，但却不能够存在，只是这样说说而已。在我们这里比之在旧有的德国唯心主义那里，实然与应然之间的裂隙就更加巨大，并且为着权力而进行的争斗的悲剧性的罪责就更加沉重。德国唯心主义不能够将上帝在历史中的启示表达得足够伟大、有力或者包容广大，并且

> 把甚至是生命的深渊也看作是闪耀着上帝启示的光辉。[177]

梅尼克安慰他的读者说,尽管我们西方文化受到了威胁,它却并非注定在劫难逃。我们无法再接受兰克关于国家理性的乐观观点。“相比他和相信理性在历史中将会取得胜利的那几代人而言,历史世界在我们看来更加幽晦不明,并且它未来的历程也更加不确定和充满风险。”在面对这些不那么美妙的认识之时,我们就必须建造起防范权力的新的堤坝,并且重建在 19 世纪的进 213
程中断裂了的政治与道德之间的关联。[178]

简单的解决方法并不存在。被德国历史主义和唯心主义哲学所割裂了的德国思想与西方以及与基督教和自然法传统的关系,必须重新建立。因为不管是西方形式中的自然法理论,还是德国历史主义,都未能有效地遏制“国家理性的现代扩张”。西方思想的失败,是因为它没有能力构想被抽象看待的政治伦理与政治生活的具体现实之间的任何有机关联。另一方面,德国历史思想将实力政治理想化为某种更高的道德秩序的组成部分,从而就为一种粗野的、自然主义的和生物学主义的强力伦理做好了铺垫。[179]一个认识到了精神与自然、应然与实然之间的二分,却未能将二者带入一种有机的关联之中。另一个以有机的方式来看待生命,却抹煞了这些领域之间的界线,而那是为任何有意义的政治伦理所必须的。

梅尼克相信,解决这一困境的答案就在于个体性的观念之中。诚然,在 19 世纪德国思想的进程之中,这一观念由于它与同一性观念的不幸联姻而被很糟糕地折中了。然而梅尼克认为“历史个体性的观念仍然是理解思想和自然现象时必不可少的利器”。在个体性的观念之内,为将个体或国家视作一个有机整体的看法留下了余地,然而又体认到了在实然和应然之间所存在的张力。[180]

这里我们就很难理解梅尼克了。一方面,他看到了对于“普遍、纯粹和严格的道德理想”的需要，对于具有普遍有效性的“道德命令”的需要。另一方面，他又拒绝了这一立场所蕴涵着的理性伦理学。伦理学必须是普遍的，但却不能是抽象的。在此基础上，他就拒绝了康德关于绝对命令的阐述。他认为，在康德“普遍类型的伦理学中”，

> 在有着普遍约束力的道德法则中，人身上的神性的因素就以一种纯粹的、不带任何杂质的方式向他发话。在个人的
> 214 伦理中，他能够听到它和自然低沉的声音。……因为生命不是别的，而是心灵与自然那无法解释的结合，二者偶尔连在一起，却又是根本分离的。[181]

然而，我们在这里再一次危险地靠近了梅尼克所拒斥的同一性哲学。每个个体都必须由其内部、以他当下和主观地理解到的价值来加以理解。可是，梅尼克说，这些价值无论在个人之间有多大的差异，都是某种更高的道德秩序和以不同的个别形式表现它自身的某种普遍的道德法则的组成部分。

这样，梅尼克就可以挽救对德国历史思想和唯心主义思想而言至关紧要的很多东西了。现在他同意，一种与道德本身相分离的政治道德是站不住脚的。然而，他又提出，当政治家将国家利益置于所有其他的道德考虑之上时，从某种个体化的伦理来看，他依旧是在道德地行动着的。“在政治与道德的冲突之中，想要牺牲道德以拯救国家的个体性的政治家，并非按照某种特殊的国家道德，而是遵循更加宽泛的个体伦理来行动的。”[182]梅尼克多多少少承认，倘若真是这样的情形，那么就必定还存在着在国家的实力利益和一种更高的事物秩序之间的某种同一性。他相信，对于现代国际秩序的主要威胁，不是来自于国家利益的学说，而来自于情感煽惑的因素被引入了现代政府的外交政策之中。将人

类带到悬崖边缘的，不是实力政治和军备竞赛，而是现代民族主义和民主制。“倘若世界上的每一个地方，强大的东西彼此为邻，它们中间没有任何弱小衰败的空隙，这其实就将构成对世界和平的重大保障。”[183]梅尼克认为，俾斯麦是完全理解了这一点的最后一位政治家，也是针对各种民族主义和意识形态的扭曲而奋起捍卫纯粹形式的国家理性的最后一人。[184]

于是，梅尼克在某种意义上就回到了他的出发点，他此时已经更加年迈、更加睿智，体验和理解了内在于国家理性学说中的可怕危险。尽管他使得自己从某些幻象中解脱了出来，他却将国家利益重新肯定为某种积极的东西。他承认，任何有意义的政治 215
伦理都需要一种对于人的二元论的看法，一种在人们所向往的东西和他所应该去做的东西之间的张力。实际上，他是回到了他所驳斥过的同一性哲学。梅尼克心目中的个体性学说不可救药地与同一性的观念纠缠在一起。在个体伦理的领域内，个体首要的道德责任在于他自身人格的保全和全面发展。在国际关系的领域内，这一点被梅尼克在他著作的开篇之处所提出的假设——“国家也是有其自身独有的生命观念的一种个体性结构”[185]，并且国家在它与其他国家之间的关系当中不能受到诸如国际法这样的外在规范的指导[186]——弄得复杂了。在梅尼克看来，国家的首要责任仍然是要发展其潜能。他置身于19世纪德国思想的传统中，继续从政治和军事的角度而不是以经济、文化或社会的标准来看待这些潜能。古典自由主义将国家视作以构成它的那些个体的福利为旨归的工具，此种看法对梅尼克来说依旧格格不入。对他而言，国家本身就是一个目的。虽然他已经意识到了国家的阴暗面，并且提醒人们要防止将国家神圣化，但他还是继续将国家视作几乎是某种有着神性的东西。

由他对于政治权力特性的悲观看法出发，梅尼克本可以合理地走向一种历史与伦理之间、历史实在的世界(以及它各种相互冲突的利益)与伦理价值领域之间的截然两分的二元论。这正是自然法理论家以及像是马克斯·韦伯这样的伦理相对主义者所持的立场。每一个人从截然不同的起点出发,都现实主义地认识到历史世界在伦理方面的非理性。然而,梅尼克却拒绝这样做。他继续坚信,真正的价值会在历史中显现它们自身。他所看到的二元论并非存在于价值或者实证法与自然法之间的,而是权力与精神之间的两歧。倘若国家与道德规范发生了冲突,那不是因为在历史个体性与此种规范之间有着何种不谐,而是因为国家“比几乎其他任何类型的历史个体都更加受制于自然的和生物性的必然性,那种必然性就使得它无法成为彻底的精神性的和道德性的
216 的”[187]。梅尼克仍然自信,精神在其多种多样的发展中,反映了上帝的意志,而不会走入迷途。

梅尼克因此就在他接下来的十五年中,致力于他早已宣布过的对于现代历史主义(*modernen Historismus*)的研究。他通过割断历史主义方法和对于国家利益的研究(那是他战前作品的主题)之间的紧密关联,而解决了权力的邪恶性质的问题。现在,他在思想和价值变迁的“完全非政治的领域内”寻找现代历史主义的根源(*in dem ganz unpolitischen Gebiete seelischer und weltanschaulicher Wandlungen*)。[188]成为最高文化价值的不是政治,而是宗教和艺术,因为它们是与自然的、生物性的世界最不相关的;紧随其后的是哲学和科学。[189]尽管他承认,文化价值必须作用于实际生活和政治现实,而今纯粹的沉思对他而言却代表了一种最高的价值。[190]因此,他相信,现代考察问题的历史性方式的历史,一定要作为一部观念史来书写。

在他1923年给恩斯特·特勒尔奇的《历史主义及其问题》所写的评论中,梅尼克在很小的篇幅内表达了他那本探讨现代历史主义起源的雄心勃勃的著作——《历史主义的形成》(*Die Entstehung des Historismus*)——中的所有基本观点。他将18

世纪晚期德国思想生活之脱离西方文化的主流称颂为“人类思想中最伟大的革命”之一。[191]他赞扬说,这场革命打破了狭隘而僵硬的自然法哲学在从斯多葛派到现代实证主义者的时代中对西方思想的宰制。从莱布尼茨经由赫尔德、歌德、洪堡和浪漫主义者到兰克,这一系列的思想家借助于个体性的观念,逐步地获得了不断增长的对于人类实在之能动和鲜活的特性的洞见。特勒尔奇将它描述为

> ……无法模仿的、独一无二的个体的观念,它的发展遵循其自身的有机的生命法则,无法以逻辑思想的方式来加以把握,更不用说机械因果的规律了,但是它需要人以其全部的精神能量来领会、观照、体验并且尤其是重新体验它。[192]

梅尼克承认,这一观念内在地就带有相对主义的危险,因为 217
它强调一切的个体——无论“单个的个人”还是“在历史中所能找到的集体性结构,比如国家、民族、宗教以及实际上一切的文化现象,甚至是各个整体的文化”[193]——都是依照它们自身的发展规律而不是按照什么普遍的规律来演进的。然而,梅尼克继续说,这只是表面上的情形,因为当我们认识到每一个个体都包含了自身的理想于其中时,我们就避开了“价值的无政府状态”。于是我们就回到了兰克。所有价值都是相对于某一个体而言的(*Wertrelativität*)这一认识,并不就等同于道德相对主义(*Relativismus*),尤其是如果我们可以保持“对于一切个体都由之而出现的某个共同的、神圣的和原初的原因”的信仰的话。在每一个个体之内,事实(*Faktische*)和价值(*Seinsollende*)是相互搅缠在一起的。发现这种个体性的理想并将这一特殊的个体性抬升到纯粹自然的和生物性的层次之上,从而逼近其理想,这乃是我们的道德义务。[194]历史的潮流有着要将一切都相对化的危险。无论

是浪漫主义对于过去的恋恋不舍，还是乐观主义的进步哲学，都无法躲避这一潮流，因为这两者都将目标定在了潮流本身之中。避开潮流的唯一法门是纵向的，要在历史环节中找到永恒之物。梅尼克总结说，这就是歌德、兰克和特勒尔奇的意图，而这在他看来也是对于历史相对主义问题的唯一答案。[195]

梅尼克与西方政治体制达成了和解。他成为了魏玛共和真挚的拥护者，既反对它来自右翼的敌人，也反对它来自左翼的敌人。尽管他在 1920 年代的政治立场在他的理论著述中缺少意识形态的基础，那时他的著述中充斥着的是他早年对于俾斯麦帝国的拥戴。[196]如今在一定程度上，政治和学术成了他生活中两个相互隔绝的领域。[197]在哲学上，他依然是西方尤其是启蒙运动的一个坚决的对手，是德国的过去的拥戴者。在政治上，德国大概是犯下了错误；而在价值观和洞察见识的领域，它的传统基本上还是健全的。在梅尼克的个体性概念的背后隐藏着的，是对于启蒙运动的理性和效用观念的根深蒂固的不信任，而那种观念在他看来在 19 世纪的实证主义中得到了延续。虽然他严厉地拒斥斯宾格勒“粗鲁的自然主义”以及斯宾格勒所引申出来的政治后果[198]，他却还是具有和斯宾格勒同样的信念，那就是，现代理性对技术文明给文化造成的威胁负有主要责任。理智对文化而言是一个
218 障碍；文化不能等同于人类的福利、和平或民主。

> 只有在人们不仅要以他的理性和意志，而且也要以他全部的内在自我来与自然进行最初的斗争时；只有当他践行一种更高意义上的价值之时，也即，只有当他为着善和美本身的缘故而行善或美，或者为着真理而追求真理之时，我们才谈得上与文明(*Zivilisation*)相对而言的文化(*Kultur*)。[199]

因此，尽管强调个体性，梅尼克却并未将个体的人视作具体

存在的、本身就是目的的人。个人为之而存在的目的，只由向他内心显现的理想所决定。为着这些理想的超乎个人的价值，个人必须情愿牺牲他自己的福利和幸福。在这个意义上，比之承认一切人身上都有着共同的理性因素的自然法理论，梅尼克的个体性概念就给个体人格造成了更大的戕害。

《历史主义的形成》出版于 1936 年，它在广阔的欧洲思想史的框架内追溯了对于启蒙运动人的观念的反叛。梅尼克面临并深切关注着纳粹的崛起和攫取权力，他着手在至少是非政治的领域内来考察德国精神的胜利。倘若说，《世界主义与民族国家》让我们想起黑格尔的话，《历史主义的形成》在某种程度上也是如此。两部著作都根本违背了历史主义关于每一个体都应该以其内在的价值来做出评判的原则。在这两部著作中，历史主义更是作为一种几乎是绝对的规范、“目前在理解人类事物方面所达到的最高阶段”[200]，而不是一种独特的历史现象而出现的，梅尼克要运用这一规范来对他在书中所讨论的诸多思想家做出评判。讨论历史主义作为一种人生观的出现的若干章节，读起来就像是梅尼克三十年前的那些文字，它们追溯了德国民族国家的发展。它们与其说是现实个人的传记，不如说是精神自我实现的发展历程中的各个阶段。[201]我们看到，前后相继的思想家们如何以一种几乎是不断进步的方式来替代了关于某种共同人性的僵硬的自然法观念，以及一种理性伦理学如何以其关于人的概念和一套价值 219
哲学认识到历史实在中的个体性、多样性和变迁。

这场运动波及整个欧洲。17 和 18 世纪英国、法国、意大利和德国的几乎每一种主要思潮(虔敬主义、启蒙运动、传统主义、联想主义心理学、新柏拉图主义、前浪漫派、对普遍史的新关注)，都对新的历史观的某些方面做出了贡献。莎夫茨伯里、莱布尼茨、戈特弗里德·阿诺德和维柯，他们中的每一个人都以大不相同的方式与狭隘的笛卡尔式主智主义进行了斗争，并且看到了理性之外的成分在认识中的作用。莱布尼茨能够体察到独特的个体与神圣意志之间的和谐，并了解到“理性的生命”可以采取多种个别的形式。伏尔泰尽管持有狭隘的理性主义道德论，却还是描绘了一幅有关各种时代、人物和民族的包罗万象的画面，他在其中保持着对于历史的整体意义的敏感。与此相似，孟德斯鸠和吉本虽然持有普遍主义的道德观，并致力于寻求典型化和合规律的东西，却都能够描绘出罗马历史的独特性来。前浪漫派和柏克对非理性因素的作用有了更加丰富的认识，并且对中世纪有了一种新的鉴赏。

然而，只有在德国，这些各色各样的新的洞见卓识才被纳入了一个融贯的世界观，它克服了理性与非理性的两分。它从各个自主的个体——它们中的每一个都被其内在的发展规律支配着，并且依然与整体保持着和谐——动态的相互作用着眼来理解历史世界。在三个稳步前进的阶段中[202]，德国的发展在默泽尔、赫尔德和歌德那里达到了高峰。梅尼克很推崇默泽尔对于每一生命过程中理性与非理性因素之间的内在关联的理解；他对于具体的、被历史地决定了的人而非人本身的兴趣；他在地方性的传统中去寻求理性；他对于时代、体制和民族的内在结构的意识；他对于国家理性的体认；以及（并非不那么重要的）他对于启蒙运动“有关更好的人生和更好的国家的理想”的拒斥。[203]然而，默泽尔的保守主义重新引入了一种静止的因素，使得他不能够历史地来理解他自己的时代。赫尔德的早年，在他对人道观念的关切将他引向对国家争夺权力的斗争提出质疑之前[204]，能够将世界视作由独特而个别的文化——它们中的每一个自身就都是目的，又依旧是整个历史潮流的组成部分——构成的一个充满活力的进程。
220 一切价值都是相对于某一特定文化的，并且没有任何文化，即便是希腊文化，是可以重新创造出来的。然而，历史观的高峰是由歌德达到的，他将赫尔德对于个体性和生命力的理解与对于“终极的、绝对的价值"和一切生命的某个"最终的、绝对的源泉"的坚定信念结合在了一起。[205]这种论点就使得相对和绝对、个体性与理想之间的综合成为了可能。归根结底,这种综合是无法以理性的方式来界定或捍卫的。决定我们的基本哲学立场的,不是理智,而是灵魂。只是在这一信念在19世纪的进程中变得越来越可疑,而历史与哲学之间的纽带松弛了的时候,历史性的态度才导致了相对主义的泛滥。

梅尼克为什么会认为歌德在历史主义的兴起中占有如此重要的位置,批评者们为此困惑不解。[206]梅尼克很清楚歌德对于历史的消极态度。歌德不是曾经说过历史乃是过去的"垃圾桶",并且把世界历史看作"最荒诞不经的东西"吗?[207]只有在大自然以及作为大自然动态的合规律性的产物和反映的艺术中,歌德才会期望去发现客观的真理。梅尼克告诉我们,歌德如何抱怨历史研究中的主观性;他又如何被无法还原为大自然的合规律性的历史中的偶然因素所困扰;他还如何拒绝像他在大自然和人生别的方面中所做的那样,在历史中去寻找形态学的结构和发展路线。[208]他对于历史的贡献部分地乃是消极的。他拒斥了实用主义的启蒙运动历史学的机械论心理学,并且寻找一切人类活动和思想与生命之流之间的关联。为着取代牛顿式的关于大自然的抽象的、超验的规律的观点,歌德寻求的是内在的发展规律,并从生机主义和动态的方面来考察大自然。他知道,在多大的程度上,对于大自然或者对于过去的理解更加需要的是对它们的意义和内涵的直觉的领会,而不是对事实和细节的经验感知。歌德的贡献因此就在于将历史思想"从启蒙运动的自然法、实用主义和主智主义所导向的顽固不化中"[209]解放出来。然而,他最伟大的"哲学"(世界观上的)贡献却在相反的方向上,在于他在变化之中体认到了永恒不变的因素。歌德对于历史变化之中某种超越历史的因素的深刻信仰,使得他远离"相对主义的深渊"。[210]歌德了解一切真理、 221

价值和美与生活同大自然之间的关联，然而他的相对主义却是一种肯定性的、积极的相对主义。他依然能够将“生命与历史的二律背反不是看作混乱，而是视为宇宙的总体和谐中必不可少的杂音”[211]。

于是，在梅尼克看来，歌德就代表了历史主义所达到的巅峰[212]，然而梅尼克自己又承认，歌德根本就不是历史主义者。他“不过是那些为即将浮现的历史主义做好了铺垫的人中最伟大的一位”，梅尼克这样告诉我们，“并且他本人并没有能够充分地代表它”[213]。可是，在歌德之后出现的，对于生活和思想的真正的历史化，却标志着历史思想品质上的蜕化。对历史整体意义的信仰在19世纪的进程中丧失之后，历史主义就导向了好古癖、失去灵魂的专业化，或者是那种“理解所有的世界观却不再拥有自己的世界观”的相对主义。[214]在他“既从其暂时的、个别的形式又从永恒的观点（*sub specie aeterni*）来看待历史生命”的能力中（在19世纪的德国历史学家中只有寥寥几人能够做到这一点），歌德就占据了“或许可能是历史上最为崇高的位置……”。[215]在梅尼克看来，作为一位历史思想家，歌德因而就站在“不仅是启蒙运动和随后的历史主义中间，而且在某种程度上同时又高出于这两者”。[216]

然而，梅尼克所指的历史主义的真正代表人物、19世纪为数不多的那几位超越了晚期历史主义肤浅的相对主义的伟大代表人物究竟是谁呢？梅尼克只讨论了兰克，他的伟大之处就在于他超越了经验性的和纯粹历史性的事物，而预感到了（*ahnen*）隐藏在转瞬即逝的、个体性的实在之中的永恒观念。[217]这样，此书就在矛盾之中结束了。开篇时梅尼克声称，历史主义乃是“在理解人类事物方面迄今所达到的最高阶段”[218]；然而历史思想的高峰却是在歌德那里达到的，而歌德的伟大之处在于他既能够理解暂时性的个体，同时却又能“从永恒的观点”来考察它。历史思想一旦使自己脱离了和永恒之物的关涉，就注定了浅陋不堪。因而，梅尼克或许是无意中就以证明历史主义作为一种消解了一切真理和价值的哲学学说的不可靠性作为了尾声。他描绘了德国历史思想在其转向历史主义时所发生的衰落。理所当然地,在某种意义上,历史主义(就像它作为一种人生观而出现在此书中那样)不再与历史有什么关联。梅尼克“在个性化的方式之取代观察(*Be-* 222
trachtung)历史的和人类的力量的普遍化的方式中”发现了“历史主义的核心要素”。[219]他更加强调的是个体性的因素而非发展的因素。因此,梅尼克就可以持有这样一种立场,就其关于永恒之物的学说而言,他承认那是新柏拉图主义的,然而其理念又是个体化的。[220]这就与赫尔德或兰克对历史作为一个具体而有意义的进程的信仰相去甚远了。

然而,在另一种意义上,此书又是以歌德来结束的。因为梅尼克受到权力与精神之间不可调和的困扰,转而将历史主义视作无法应用于政治领域的纯粹的精神运动。[221]因此,倘若说《世界主义与民族国家》要始于魏玛的世界主义的话,《历史主义的形成》就得终于此处。接踵而来的晚期历史主义(*Späthistorismus*)由于势在必行,也由于它卷入了政治权力,就歪曲了那最崇高的文化理想。[222]

梅尼克在《国家理性的观念》中所提出的政治权力与道德的关系问题,在《历史主义的形成》中仍然未能得到解决。梅尼克在这部著作中只不过是将国家利益的问题略而不论了。然而,对待这个问题是否真的可以如此草率,这一点却是大有疑问的。无论如何,梅尼克是将国家界定为一个个体的。而且,既然每个个体都被它自身内在的法则所支配着,就不会有什么高于国家或者任何外在的道德原则之上的裁决者来对国家的行动做出评判。梅尼克依然像他早期著作所做的那样来考察国家:国家的发展必须遵循它内在的观念。在国家内部存在着关于可以有一个更好的它自身的观念与驱动着国家的基本力量这两者之间的张力,只有在这个意义上才谈得上某种二元论的存在。国家必须被精神化并被引导来追求它真实的利益。可是,在假定这些利益是与道德相调和的同时,梅尼克本质上又回到了他曾经指责过的同一性哲学,回到了这样一种立场:国家在追求其利益和发展其个性时,是在一个更大的模式中践履着某种作用。这就意味着对于国家理性观念的再次肯定。就像他在《国家理性的观念》中所总结的,政治权力的邪恶力量被释放出来,不是因为国家要最大限度地追逐它们的政治权力的利益,而是因为在一个大众民主和民族主义的
223 时代,它们由于大众情绪的压力而背离了对于它们真实利益的追求。[223]

不过,尽管梅尼克厌恶纳粹,但他在何种程度上能够同情希特勒时期德国的外交政策,这一点还是令人吃惊的。纳粹的国内政策、对建立在法律之上的国家的破坏、对思想自由的束缚,在他看来是对西方文化的严重威胁。他从来就没有认可这个政权。1935 年,他被解除了《历史杂志》的编辑任务,并且他好几个成就卓著的学生被迫流亡。尽管发生了这一切,他还是以一种几乎有些幼稚的乐观态度来看待扩张政策。在吞并奥地利几周之后,他给正在流亡的哈约·霍尔博恩写信说:"赢得了奥地利,这是将全部的德国历史往前推进了一大步,并且实现了过往的愿望和理想。"[224] 1938 年夏天,他在捷克的"军人政党"中看到了对于和平的主要威胁。[225]法国的迅速溃败使他充满了爱国热情。他给他的女婿写道:"作为为了凡尔赛和约而正在惩罚法国的巨大集体力量的一分子,你现在有了重大的事情要去完成。我也对我们军队正在完成的事情充满了崇敬,那远远超过了所有的预期。短短几年之内就能够建立起这样一支军队,这是第三帝国最伟大的积极成就。我毫无保留地认可这一点,但绝没有忘记那些发生过的消极的事情。"[226]在给亨利希·冯·斯瑞比克写信谈到他在种种事件中所体验到的"深刻的情感、自豪和欢愉"时,梅尼克将他的立场比作 1866 年时的自由主义的反对派。"我们确实想要(参

与),——然而我们还不能……仿佛促动伟大而势在必行的革命的力量,其源泉更在于人性中坏的方面而非好的方面。”[227]

他接着说,欧洲政治秩序的变化就要到来,而且还有这样的希望——希特勒会朝着这样的方向来指引这些变化,那将会带来欧洲的和解、刺激经济活动并将德国确立为与美国同等的强国。[228]战争期间,他对于德国事业的忠诚始终坚定不移。潮流变换之后,他认为必须不惜一切代价来将战争继续下去,以阻止布尔什维克。[229]虽然他很清楚对犹太人的驱逐,他却否认英美的战争行为反映了什么高于德国的道德优越性。[230]一种悲观的语调偶 224
然间会出现在他探讨现代文化的前途的信件中,但是,他随即就又对德国文化在战争的灰烬中浴火重生充满了信心——只要德国不致沦为布尔什维克的猎物。[231]

战败后写作的《德国的浩劫》重新审视了德国思想的过去,但其范围比《国家理性的观念》要狭小得多。一场可怕的浩劫降临到德国身上,它既是精神上的,又是政治上的。然而,灾难的种子不能到古典的德国精神中,而要到“启蒙时代和法国革命的乐观主义的幻象”中去找寻。[232]发生在德国身上的,应被看作是一种欧洲的而非德国所特有的现象。希特勒确实攫取了权力,这与德国的过去并没有任何深刻的有机联系。1930 年 1 月 30 日权力的转移,是德国历史上的一个“偶然事变”(Zufall),在很大程度上是兴登堡的软弱和缺乏判断力的结果。[233]使得“希特勒主义”作为一种政治力量崛起成为可能的,是 19 世纪进程中对于精神与权力、文化与国家、世界主义与民族国家(*Weltbürgertum und Nationalstaat*)的综合的逐步破坏。[234]革命中对于旧有的社会纽带的破坏、对于物质福利和权力的新的追求、现代帝国主义和社会主义中民主和自由主义之趋于极端化,为恺撒主义和“大众的马基雅维里主义”做好了铺垫。[235]中产阶级丧失掉了他们的精神性实质,权力就替代了文化,梅尼克承认,这一过程在德国采取了一种尤为剧烈的方式。[236]

在德国,民族主义运动和社会主义运动得以最为极端地表现出来,并且被某种普鲁士军国主义的传统进一步激化了。[237]然而,民族权力国家这一观念不是从古典的德国精神,而是从对这一精神的反叛中生发出来的。德国从歌德的时代继承了或许是对于精神与自然以及个体与社会之间的相互关联的最为独特而又最为纯粹的洞见。19 世纪的悲剧是这一遗产遭到了侵蚀,然而,那条伟大路线上的民族思想家们并没有受到此种侵蚀的影响。他们中间有 19 世纪早期的改革派、围绕着《普鲁士年鉴》的古典自由派(梅尼克依然认为亨利希·冯·特莱奇克"或许是其中最伟大的代表人物")、弗里德里希·瑙曼以及在某种程度上甚至还有
225 俾斯麦。[238]饶有趣味的是,梅尼克在第一次世界大战之初的民族主义热潮中,看到了歌德时代"人道"观念的最后一个伟大的例证。[239]别的观察者却很可以将此视为梅尼克所指责过的大众文明的力量本身的产物。正是此种等同划一,更加表明了梅尼克的政治思想与西方古典自由主义之间的鸿沟。

即便是在纳粹主义和世界大战的浩劫之后,梅尼克依然相信,德国古典自由派的民族主义以其对于民族权力的强调和将个人福利从属于更高的民族需要,整体而言是正当的。纳粹主义必须消灭;可是,他仍旧相信,军国主义既有其邪恶一面,又复有其积极的一面。尽管发生的一切摆在面前,梅尼克依然认为,1814 年普鲁士引入义务军训制,不仅是"民族史而且是世界史"上划时代的成就之一。[240]布克哈特错误地认为,在德国为着统一和强大而做的努力的背后是"大众的盲目奋斗,对于他们来说文化毫无意义。布克哈特所没有能够充分认识到的是,它是由精神与权力、人性与民族性的内在统一的伟大观念所催生的",这种统一"由于我们自己的过错而断裂了"。[241]因为权力本身并不就是邪恶的,倘若它是服务于伟大的文化价值的创造的话,就像是德国上

个世纪的民族主义运动所做的那样。在梅尼克看来,只有当它丧失了它与精神的联系并且本身就成了目的之时,它才成为了邪恶的。[242]

古典的德国精神始终是健全的。德国只需要清除它自身在现代所遭到的歪曲。梅尼克的结论因而就是:

> 我们不需要任何激进的再教育,以便再度有效地在西方文化共同体中发挥作用。只有纳粹自大狂的反文化和假文化(*Afterkultur*)才必须彻底消除。然而,绝不能以一种缺乏内涵的空洞的世界主义来取代它的位置。取而代之的,应该是一种在过去由各种最个性化的德国精神成就携手协作而形成的,并且在将来还会进一步发展的世界主义。我们期望
> 并且相信,德国精神在它再度找回自身之后,依然需要在西 226
> 方共同体内完成它特别的和不可替代的使命。[243]

梅尼克最后那些简短的文字和演讲中,出现了一种更加悲观的色彩。1948年他在东柏林德国科学院的著名演讲中,他感到诧异的是,布克哈特以其对于人类、物质文明、权力和大众的高度悲观主义,对于现代世界却并不比兰克有更加正确的理解。[244]在两篇文章——写于1948年的一篇是关于1848年革命的,另一篇发表于1949年,讨论的是“我们的历史走错了路吗?”——中,梅尼克追溯了普鲁士历史的悲剧性根源。“除了1813年那些最崇高的观念之外”,德国过往的政治价值很少有完好保留下来的。唯有古典文化的传统没有受到过挑战。在三个决定性的时刻——1819年、1848年和1866年,普鲁士政治未能实现原本可以将德国由一个威权国家(*Obrigkeitsstaat*)转变为一个民众国家(*Gemeinschaftsstaat*)的转折。[245]然而,梅尼克问道,对于德国历史的悲剧进程而言,实力政治和军国主义就真的是罪责难逃吗?那条

“不幸的道路”同时也是一条“错误的道路”吗？[246]

在一段令我们回想起四十多年前在《世界主义与民族国家》中对权力的肯定的文字里，梅尼克又一次断定，“那一度唤醒了一个伟大而强有力的民族的东西，不能够被指责为一种追求错误道路的倾向”。德国“寻求自主的再自然不过的努力”以及普鲁士致力于“成为一个独立力量”，不能认为是犯了错。必须将它们看作是德国的“命运”，德国在欧洲的地缘政治上的位置——那迫使她要么成为一个权力的真空，要么成为一个强国——所导致的结果。[247]普鲁士的历史充满了悲剧，然而这其中并不见得就有多少错误。而那些错误，梅尼克依然相信，更多地是出于普鲁士未能创建一个民众国家，而非普鲁士企图建立一个强国。[248]“从永恒的观点看（*sub specie aeterni*），在历史时期和历史布局与上帝的直接关联中”，成功、失败或错误的问题都变得无关紧要了。要紧的是永恒的“有关真、善、美、圣的文化价值”。从这个角度来看，普鲁士尽管还有着种种瑕疵和权力的滥用，还将一直是英雄式的个体与个体化了的和永恒的文化价值包罗宏富的储藏地。[249]

227　梅尼克的研究就此结束于一个不谐和音，因为他清楚地看到自己在哲学和政治上的信念颇有疑问，而在情感上又不能充分面对他自己的洞见所带来的后果。

与特勒尔奇不同，梅尼克从没有碰到过德国唯心主义传统内在冲突的问题。在特勒尔奇看来，基督教的、西方的或德国思想的古典价值的世界，自他的思想生涯之初就“摇摇欲坠”。尽管梅尼克已经意识到了威廉时期德国政治和社会结构的某些缺陷，但他对于德国历史思想的民族传统的核心价值和德国政治制度的信心，直到第一次世界大战时都还没有动摇。

《国家理性的观念》无疑标志着梅尼克思想的高峰和转折点。他在这里清楚地看到了德国唯心主义传统的乐观主义的历史观的瑕疵，那种历史观未能看到权力（*kratos*）与精神情操（*ethos*）之间的悲剧性冲突。与马克斯·韦伯一样,他认识到,国家在一定程度上注定了要做出道德上非理性的行为。梅尼克因而就牺牲了德国唯心主义传统的历史哲学。然而,他又不情愿抛弃与这种历史观不可分割地搅缠在一起的价值哲学。他继续执着于他所谓的“个性的观念”,也即关于个体、个人和制度都是超验的形而上学观念在现象领域中的体现的信仰。在他的政治哲学中,他就此被迫进入了一种高度含混的立场。一方面,他坚持精神与权力(只有精神才可能是理想的)之间彻底的二元论;另一方面,他继续将国家视作一个个体,一个自在的目的,为它与生俱来的价值和利益而不是道德或人类福利的外在标准所指引。

特勒尔奇曾经试图找到一条从德国唯心主义返回到西方共同遗产的道路,梅尼克则继续强调,德国精神自启蒙运动以来所单独走的道路根本而言是大有裨益的。不过,梅尼克对于排除了其历史哲学的德国唯心主义立场的维护,将他引向了无法解决的矛盾。在《历史主义的形成》中,他积极地看待德国历史思想家们认识到精神与生命之间的相互关联的能力,但却试图将文化与社
会和政治分离开来。他所修正过的个体性概念,使得他能够在面 228
对纳粹野蛮主义的兴起时,既颂扬德国精神在非政治领域里所取得的胜利并为纳粹的对内政策所困扰,然而与此同时,他又在希特勒的对外政策中看到了德国国家理性(*raison d'état*)的正常要求。在《德国的浩劫》中,梅尼克再一次宣称,德国古典文化的传统乃是健全的。他可以见证对欧洲犹太人的大屠杀,将其视作部分地乃是被德国唯心主义观念的悖谬所滋养起来的狂热倾向的牺牲品,然而他还是将制造浩劫的罪过几乎完全归于西方理性主义和民主制。在创造现代生活条件之时,这些力量打乱了精神与权力之间的和谐。除此之外,他还将造成这一过程的相当重要的一部分责任归之于犹太人“负面的和消解性的影响”。[250] 恩斯特·特勒尔奇和马克斯·韦伯在一个危机重重的世界中寻求有意义

的而又在理智上站得住脚的价值时的那种高度严肃性，那种也曾经渗透在《国家理性的观念》中的高度严肃性，却在梅尼克后来的著作中消失无踪了。

注释

1. 奥托·辛策，“特勒尔奇与历史主义问题”，载《历史杂志》(Otto Hintze, “Troeltsch und die Probleme des Historismus”, in *HZ*, 135 (1927), p. 189)。
2. 弗里德里希·梅尼克，“恩斯特·特勒尔奇与历史主义问题”，载《文集》(Friedrich Meinecke, “Ernst Troeltsch und das Problem des Historismus”, in *Werke*, Vol. Ⅳ (Stutgart, 1959), p. 677)。
3. 恩斯特·特勒尔奇，《历史主义及其问题》，载《全集》(Ernst Troeltsch, *Der Historismus und seine Probleme*, in *Gesammelte Schriften*, Ⅲ, (Tübingen, 1912—1925, p. 677))。
4. 弗里德里希·梅尼克，《历史主义的形成》，载《文集》(*Die Entstehung des Historismus*, in *Werke*, Ⅲ, p. 577)。
5. 梅尼克在他两部自传性著作中都讨论了这些接触。见《经历，1862—1901》(*Erlebtes, 1862—1901*, Leipzig, 1941)和《斯特拉斯堡、弗莱堡、柏林，1901—1919 年回忆录》(*Strassburg, Freiburg, Berlin* 1901—1919. *Erinnerungen*, Stuttgart, 1949)(下文作《回忆录》)；特勒尔奇在其极为简短的自传性提纲“我的著作”(Meine Bücher，载《全集》，Ⅳ, pp. 3—18)(初版于 1922 年)中谈到了这些方面。
6. 参见《回忆录》，第 153—161 页。
7. 有关特勒尔奇、韦伯和梅尼克这一时期政治思想的分析，见古斯塔夫·施密特，《德国历史主义与向议会民主制的转变：梅尼克、特勒尔奇、马克斯·韦伯政治思想研究》(Gustav Schmidt, *Deutscher Historismus und der Übergang zur parlamentarischen Demokratie*, Lübeck, 1964)；又见施瓦布，“第一次世界大战中德国教授们的政治立场”，载《历史杂志》(K. Schwabe“Zur politischen Haltung der deutschen Professoren im Ersten Weltkrieg”, *HZ*, 193(1961), pp. 601—634)；格奥尔格·柯托夫斯基，“弗
333 里德里希·梅尼克眼中的议会制和民主制”，载《民主制的历史和问题》(Georg Kotowski, “Parlamentarismus und Demokratie im Urteil Friedrich Meineckes”, in *Zur Geschichte und Problematik der Demokratie*, (汉斯·

赫兹菲尔德纪念文集), Wilhelm Berges & Carl Hinrichs, ed. Berlin, 1958);埃瑞克·科尔曼,“对魏玛共和的政治诊断:恩斯特·特勒尔奇的政治观点”,载《历史杂志》(Eric C. Kollman,“Eine Diagnose der Weimarer Republik. Ernst Troeltschs politische Anschauungen”, *HZ*,182(1956),pp. 291—319);恩斯特·特勒尔奇,《旁观者的信件:德国革命与世界政治论集,1918—1922》(*Spektatorbriefe. Aufsätze über die deutsche Revolution und die Weltpolitik, 1918—1922*. Hans Baron, ed. Tübingen, 1924)。

8.《从历史到社会学》,第 41—42 页。对特勒尔奇历史哲学的分析,尤其见瓦尔特·博登斯坦,《历史主义的衰落:恩斯特·特勒尔奇的发展历程》(Walter Bodenstein, *Neige des Historismus. Ernst Troeltschs Entwicklungsgang*, Güstersloh, 1959),以及奥托·辛策的论文和卡罗·安托尼《从历史到社会学》中相关章节;皮特洛·罗西《当代历史主义》(Pietr Rossi, *Lo Storicismo Tedesco contemporaneo*, Torino, 1956)和瓦尔瑟·柯勒,《恩斯特·特勒尔奇》(Walther Koehler, *Ernst Troeltsch*, Tübingen, 1924)。

9. 瓦尔瑟·柯勒,《恩斯特·特勒尔奇》。

10.《吉哈德和梅兰西顿的理性和启示:早期新教神学历史的研究》(*Vernunft und Offenbarung bei J. Gerhard und Melanchton. Untersuchung zur Geschichte der altprotestanitischen Theologie*, Göttingen, 1891);曾作为特勒尔奇的学位论文单独发表。

11. “基督教与宗教史”(“Christentum und Religionsgeschichte”初版于《普鲁士年鉴》(*Preussische Jahrbücher*), 1891),载《全集》,Ⅱ,第 328—329、331—332 页。

12. 对这一点的讨论,尤其参见瓦尔特·博登斯坦,《历史主义的衰落》。

13. “基督教与宗教史”,载《全集》,Ⅱ,第 336 页。

14.《基督教的绝对性与宗教史》(*Die Absolutheit des Christentums und die Religionsgeschichte, Tübingen*, 1902, pp. 48—49)。

15. 同上书,第 iv—v 页。

16. 同上书,第 3—4 页。

17. 同上书,第 iv 页。

18. 同上书,第 54 页。

19. 同上书,第 62—64 页。

20. 同上书,第 64,68 页。

21. 同上书,第 80,81,94 页。

22. “现代历史哲学”(“Moderne Geschichtsphilosophie”),载《全集》,Ⅱ,第

697 页。

23.《基督教的绝对性与宗教史》,第 54 页。

24.“现代历史哲学”,载《全集》,Ⅱ,第 676—678 页。

25. 同上书,第 703、711 页。

26. 同上书,第 711 页。

27. 同上书,第 7—9、711 页。

28. 同上书,第 727 页;参见同书,第 724 页。正如特勒尔奇所正确地看到的,李凯尔特在其历史理论里认可某种形而上学的因素。

29. 同上书,第 725 页;参见第 721—725 页。

30. 同上书,第 726 页。

334 31. 同上书,第 712、726 页。

32. 同上书,第 721、724 页。

33.《基督教会和团体的社会学说》(*Die Soziallehren der christlichen Kirchen und Gruppen*),载《全集》Ⅰ,英译本为《基督教会的社会学说》(*The Social Teachings of the Christian Churches*, Olive Wyon trans. (London, 1931), 2vols.).

34. 同上书,第 975—977 页。

35. 同上书,第 15、33—49、967 页。

36. 同上书,第 49、975—977 页。

37. 参见同上书,第 967 页以下,尤其是第 976 页。

38. 同上书,第 977 页。

39. 同上书,第 973 页。

40. 同上书,第 973 页,52 以下及第 532 页;又见“斯多葛派-基督教的自然法与现代世俗的自然法”,载《历史杂志》(“Das stoisch-christliche Naturrecht und das monderne profane Naturrecht”, *HZ*, 106(1911), pp. 239—267)。

41.《基督教会和团体的社会学说》,载《全集》Ⅰ,第 977 页。

42. 同上书,第 978 页。

43. 同上书,第 983—986 页。

44. 这些讲演中最重要者收入了《德国精神与西欧:文化哲学论文与讲演集》(*Deutscher Geist und Westeuropa. Gesammelte kulturphilosophische Aufsätze und Reden*, Hans Baron, ed. Tübingen, 1925)。又见施密特和施瓦布的著作;以及施瓦茨,“特勒尔奇眼中的德国与西欧”载《历史杂志》(G. M. Schwarz, “Deutschland und Westeuropa bei Ernst Troeltsch”, *HZ*, 191(1960), pp. 510—547)。克劳斯·多克霍恩(Klaus Dockhorn)批评特勒尔奇将西欧和德国相提并论,以及他之强调英国或美国历史中的

加尔文教的因素,并且大谈德国历史主义对英国 19 世纪思想的影响;见其《英国唯心主义的国家哲学》(*Die Staatsphilosophie des englischen Idealismus*, Bochum, 1937);《德国历史主义在英国:19 世纪英国思想史的一个考察》(*Der deutsche Historismus in England. Ein Beitrag zur englischen Geistesgeschichte des 19. Jahrhunderts*, Göttingen, 1950);《德国精神与英国思想史:试论二者之关联》(*Deutscher Geist und angelsäsische Geistesgeschichte. Ein Versuch der Deutung ihres Verhältnisses*, Göttingen, 1954)。

45.《基督教会和团体的社会学说》,载《全集》Ⅰ,第 532 页;参见同书,第 525—605 页。

46. 参见同上书,“19 世纪”(“Das neunzehnte Jahrhundert”),载《全集》,Ⅳ,第 614—649 页;“现代精神之本质”(“Das Wesen des modernen Geistes”),同上书,Ⅳ,第 297—338 页;施瓦茨,“特勒尔奇眼中的德国与西欧”,前注 44,第 517—521 页。

47.“德国文化的精神”(“Der Geist der deutschen Kultur”)发表于 1916 年,见《德国精神与西欧:文化哲学论文与讲演集》,第 73 页。

48.“私人之德与国家之德”(“Privatmoral und Staatsmoral”),同上书,第 151 页。未经删节的全本收入恩斯特·特勒尔奇,《德国的将来》(*Deutsche Zukunft*, Berlin, 1916, pp. 61—112)。

49. 同上书,第 140—141 页。

50. 同上书,第 166 页。

51.“德国的自由观”(“Die deutsche Idee von der Freiheit”),发表于 1916 年, 335
同上书,第 94 页(演讲全文收入《德国的将来》,第 7—60 页)。

52. 同上书,第 98 页。

53. 同上书,第 94 页。

54. 同上书,第 103 页。

55. 同一篇文章,见《德国的将来》,第 27—28 页。

56.“世界政治中的自然法与人道”(“Naturrecht und Humanität in der Weltpolitik”),载《德国精神与西欧:文化哲学论文与讲演集》,第 22 页;参见英译文“The Ideas of Natural Law and Humanity in World Politics”,收入奥托·吉尔克,《自然法与社会理论,1500—1800》(Otto Gierke, *Naturat Law and the Theory of Society, 1500 to 1800*. Ernest Barker, trans. Cambridge, 1934, Ⅰ, p. 216)。

57.“世界政治中的自然法与人道”(前注 56),第 17—18 页;参见英译文(注 56),Ⅰ,第 214 页。

58.“评价历史事物的标准”，载《历史杂志》(“Über die Maβstäbe zur Beurteilung historischer Dinge”，*HZ*，116(1916)，pp. 1—47)。

59.《历史主义及其问题(一)：历史哲学的逻辑问题》(*Der Historismus und seine Probleme. I. Das logische Problem der Geschichtsphilosophie*)，构成《全集》第3卷。特勒尔奇曾宣布过的关于实质性历史哲学的第二部分——那原本是想要发展他的欧洲主义论点的——一直未能写出。

60. 在他的文章“我的著作”(见前面注5)，第14—15页中，特勒尔奇看到，他把自己关于历史主义的著作和他之寻求某种文化综合视作完成他的宗教哲学的必要步骤，这依然是他主要关切的事情。

61.“19世纪”，载《全集》，Ⅳ，第628页。

62.“历史主义的危机”，载《新评论》(“Die Krisis des Historismus”，in *Die Neue Rundschau*，33(1922)，pp. 563—574)。

63. 同上书，第584页。

64. 同上书，第582页。

65. 同上书，第577—582页。

66. 卡罗·安托尼，《从历史学到社会学》，第76—77页。

67.“历史主义的危机”(注62)，第584页。

68.《历史主义及其问题》，第68页。

69.“评价历史事物的标准”，*HZ*，116(1916)，第38页。

70. 同上书，第32页。

71. 同上书，第34页。

72. 同上书，第4页。

73. 同上书，第12页。

74. 同上书，第26—27页。

75. 同上书，第28页。

76. 同上书，第29页。

77. 同上书，第32—33页。

78. 同上书，第33—34页。

336 79. 同上书，第36页。

80. 同上书，第39页。

81. 同上书，第38页。

82. 同上。

83. 正如其副标题“历史哲学的逻辑问题”所表明的，此卷主要涉及特勒尔奇所谓的“历史的形式逻辑”。特勒尔奇几个月后在序言里所预告但在生前却未及写出的第2卷，本打算是要提出一套“实质性的历史哲学”，并为着未来的欧洲世界在经验的历史中找到进行文化综合的启示。

84. 同上书,第 234—235 页。

85. 同上书,第 30—31 页。

86. 同上书,第 38 页。

87. 同上书,第 688 页。

88. 同上书,第 38 页。

89. 同上书,第 32—42 页。

90. 同上书,第 677 页。

91. 同上书,第 706 页。

92. 参见同上书,第 694—730 页。

93.《从历史学到社会学》,第 83 页。

94.《历史主义及其问题》,载《全集》,Ⅰ,第 166,182—192 页,随处可见。

95.“私人之德与国家之德”,载《德国的将来》,第 75 页。

96. 见特勒尔奇对斯宾格勒《西方的没落》的评论,载《全集》,Ⅳ,第 684 页。

97.《历史主义及其克服》(*Der Historismus und seine Überwindung*,Berlin,1924);英文本为《基督教思想的历史与运用:1923 年 3 月英国讲演稿》(*Christian Thought. Its History and Application. Lectures written for Delivery in England during March 1923*,London,1923)。

98. 瓦尔瑟·霍夫(Walther Hofer)两卷本的关于梅尼克的研究《历史写作与世界观》(*Geschichtsschreibung und Weltanschauung*,München,1950)分析了梅尼克的历史理论;斯特林的《权力世界中的伦理》(Richard W. Sterling,*Ethics in a World of Power*,Princeton,1958)则分析了梅尼克的政治观念。

99. 参见梅尼克对他早年生活的叙述,《经历,1862—1901》,第 86—87、89、132 页。*HZ*,189(1959),pp. 1—104。

100. 同上书,第 96 页。参见西奥多·谢德尔,“《历史杂志》中所反映出来的德国历史科学”,载《历史杂志》(“Die deutsche Geschichtswissenschaft im Spiegel der *Historischen Zeitschrift*”,*HZ*,189(1959),pp. 1—104)。谢德尔讨论了卡尔·兰普雷希特在西贝尔去世时控制《历史杂志》的企图,以及梅尼克为防止此事而做出的巨大努力。

101. 参见《经历,1862—1901》,第 132 页。

102. 同上书,第 206—207 页。

103. 同上书,第 80 页。 337

104.《陆军元帅博茵传》(Das Leben des Generalfeldmarschalls Hermann von Boyen,Stuttgart,1896—1899),2 卷。参见斯特林《权力世界中的伦

理》,第 21 页。

105.《德国史》(*Deutsche Geschichte*, Berlin, 1894)第 2 版"前言",第 vi、vii 页。有关兰普雷希特争论的讨论,参见谢德尔著作(注 101);弗里德里希·塞菲尔特,《卡尔·兰普雷希特历史哲学的争论》(*Der Streit um Karl Lamprechts Geschichtsphilosophie*, Augsburg, 1925),以及斯瑞比克《从德国人文主义到当代的精神和历史》(*Geist und Geschichte von deutschen Humanismus bis zur Gegenwart*, München, 1951, Ⅱ, pp. 229—239)。对卡尔·兰普雷希特的讨论,又见魏因特劳布,《文化的视野:基佐、布克哈特、兰普雷希特、惠辛伽、奥尔特加-加塞特》(Karl Weintraub, *Visions of Culture: Guizot; Burckhardt; Lamprecht; Huizinga; Ortega y Gasset*, Chicago, 1966)。

106.《历史科学中的旧方向与新方向》(*Alte und neue Richtungen in der Geschichtswissenschaft*, Berlin, 1986),第 71 页。

107. 同上书,第 44 页。

108. 参见《经历,1862—1901》,第 204—205 页;西奥多·谢德尔(注 101)。贝娄的攻击包括对卡尔·兰普雷希特《德国史》前 3 卷的一个评论(*HZ*, 71(1893), pp. 465—498);对兰普雷希特的文章"厄佩尔的男子气概"("Die Herrlichkeit Erpel")的评论,*HZ*, 76(1896), pp. 478—479;"史学新方法"("Die neue historische Methode"), *HZ*, 81(1898), pp. 193—273 和 82(1899), pp. 567—568。马克斯·伦茨在《历史杂志》(*HZ*, 77(1896), pp. 385—447)对《德国史》第 5 卷做了评论。赫尔曼·昂肯(Hermann Oncken)、马克斯·勒曼(Max Lehmann)、汉斯·德尔布吕克(Hans Delbrück)和拉赫法尔(F. Rachfahl)也积极卷入了此事,勒曼在他 1893 年莱比锡大学的就职演说中并非负面地涉及此事。参见塞菲尔特很全面的参考书目(注 106)。梅尼克参与这场争论的主要三篇文稿,始于他悼念亨利希·冯·西贝尔的文章(*HZ*, 75(1895), pp. 390—395)。第 395 页结论性的一段文字间接地指向兰普雷希特,引起了兰普雷希特在《历史科学中的旧方向和新方向》中的批评(注 107),第 1 页。梅尼克在《历史杂志》(*HZ*, 76(1896), pp. 530—531)一个简短的注释中,批评了兰普雷希特的文章"历史科学的现状"("Die gegenwärtige Lage der Geschichtswissenschaft"),此文收在哈登(Maximilian Harden)的《未来》(*Die Zukunft*, 14(1896), pp. 247—255)。卡尔·兰普雷希特在《历史杂志》(*HZ*, 77(1896), pp. 257—261)进行了反击,梅尼克在第 262—266 页作答。兰普雷希特在《未来》中将争议进一步扩展,梅尼克则在《历史杂志》(*HZ*, 78(1897), pp. 334—335)中简略作答。又见梅尼克在《历史杂志》(*HZ*,114(1915),pp. 696—698)中悼念兰普雷希特的文章。《历史杂志》拒绝刊登兰普雷希特的《贝娄历史方法批判》(*Die historische Methode des Herrn von Below. Eine Kritik*,Berlin,1899)——那是为回应贝娄的“史学新方法”(“Die neue historische Methode”,*HZ*,81(1898),pp. 193—273)而作的——但却答应将其作为第82期的增刊刊出。又见卡尔·兰普雷希特《与昂肯、德尔布吕克的两篇争论文章》,伦茨编(*Zwei Streitschriften den Herren H. Oncken*,*H. Delbrück*,M. Lenz zugeeignet,Berlin,1897)。 338

109. “史学新方法”,载《历史杂志》(*HZ*,81(1898),p. 208)。

110. “论个人主义与集体主义的历史理解”,载《历史杂志》(“Über individualistische und kollektivistische Geschichtsauffassung”),*HZ*,78(1897),pp. 60—67。

111. 《贝娄历史方法批判》(注108),第15页。

112. 同上书,第16—18页。

113. “什么是文化史?一种经验性历史学的思考”,载《德国历史科学杂志》(“Was ist Kulturgeschichte? Beitrag zu einer empirischen Historik”,in *Deutsche Zeitschrift für Geschichtswissenschaft*,7(1896—1897),p. 83)。参见《贝娄历史方法批判》,第25页:“所谓‘一般的’乃是从认识论的角度来看那构成‘科学的’之物。”

114. 《贝娄历史方法批判》,第16页。

115. “什么是文化史?一种经验性历史学的思考”,第86—87页。

116. 同上书,第83页。

117. 《贝娄历史方法批判》,第18页。

118. 同上书,第20—22页。

119. “什么是文化史?一种经验性历史学的思考”,第92页。

120. 同上书,第96页。

121. 同上书,第102页。

122. 同上书,第99—102页。

123. 参见卡尔·兰普雷希特,《历史科学中的旧方向和新方向》,第7—8页;弗里德里希·梅尼克,“答复”,载《历史杂志》(“Erwiderung”,*HZ*,77(1896),p. 263)。

124. 参见兰普雷希特同上文,《历史杂志》(*HZ*,77(1896),pp. 259—260);梅尼克,第264—265页。

125. “亨利希·冯·西贝尔”,载《历史杂志》(*HZ*,75(1895),p. 395)。

126. 参见“雅各布·布克哈特所理解的希腊文化史”(“Griechische Kultur-

geschichte in der Auffassung Jakob Burckhardt's"),载《历史杂志》,*HZ*,85(1900),p. 396;西奥多·谢德尔在"《历史杂志》中所反映出来的德国历史科学"("Die deutsche Geschichtswissenschaft im Spiegel der *Historischen Zeitschrift*",*HZ*,189(1959),p. 51)中作了引用。

127. "《历史杂志》第 100 卷序言"("Geleitwort zum 100. Bande der *Historischen Zeitschrift*"),*HZ*,100(1908),p. 6。

128. 《世界主义与民族国家:德国民族国家起源之研究》(*Weltbürgertum und Nationalstaat. Studien zur Genesis des deutschen Nationalstaates*),后编为《文集》第 5 卷(München,1962),第 1—2 页。

129. 《世界主义与民族国家:德国民族国家起源之研究》,第 24—25 页。

130. 同上书,第 391 页;参见梅尼克对尼布尔的批评,同上书,第 187 页。

131. 参见,同上书,第 83 页。

132. 《世界主义与民族国家:德国民族国家起源之研究》,第 94 页。

339 133. 同上书,第 83 页。

134. 同上书,第 185 页。

135. 尤其见《世界主义与民族国家:德国民族国家起源之研究》第 2 卷,第 4、6 两章。

136. 同上书,第 420 页。

137. 同上书,第 445 页;有关梅尼克对于议会制政府的态度,见古斯塔夫·施密特,《德国历史主义与向议会民主制的转变:梅尼克、特勒尔奇、马克斯·韦伯政治思想研究》(注 7),以及格奥尔格·柯托夫斯基,"弗里德里希·梅尼克眼中的议会制和民主制"(注 7)。

138. 参见同上书,第 418 页。

139. 同上书,第 379 页。

140. 同上书,第 446 页。关于梅尼克对俾斯麦宪法的观点,见古斯塔夫·施密特,《德国历史主义与向议会民主制的转变:梅尼克、特勒尔奇、马克斯·韦伯政治思想研究》;以及格奥尔格·柯托夫斯基,"作为俾斯麦宪法批评者的梅尼克",载《国家与宪法研究》(弗里茨·哈同纪念文集)("Friedrich Meinecke als Kritiker der Bismarckschen Reichsverfassung", in *Forschungen zu Staat und Verfasssung*, Festgabe für Fritz Hartung. Richard Dietrich and Gerhard Oestreich, eds. Berlin, 1958),第 145—162 页。

141. 同上书,第 438 页。

142. 同上书,第 446 页;参见第 1 版(1908),第 491—492 页。

143. "选战之意义"("Der Sinn unseres Wahlkampfes")(初版于 1912),见《政

治论文与演讲集》,《文集》第 2 卷,第 51—52 页。关于梅尼克对公民投票所产生的专制的看法,见施密特和柯托夫斯基(注 7)。

144.《回忆录》,第 137 页。

145. 同上书,第 193 页。

146. 斯图加特,1914。

147. 关于梅尼克在战争初期对于战争目标的看法,尤其见他的《书信选》(*Ausgewählter Briefwechsel*,Stuttgart,1962,收入《文集》第 4 卷)中以下信件:致 Walter Goetz(Berlin-Dahlem,1915 年 5 月 5 日),第 58—59 页;致 A. Dove(Dahlem,1915 年 5 月 23 日)第 61 页和(Berlin-Dahlem,1915 年 7 月 31 日)第 65 页;致 Walter Goetz(Berlin-Dahlem,1915 年 12 月 22 日),第 74 页。又见“战争目标的预先谋划”(“Präliminiarien der Kriegsziele(1915)”),载《政治论文与讲演集》,《文集》第 2 卷,第 101—113 页,以及他脱离吞并主义者的章程,同上书,第 2 卷,第 125 页。1917 年,梅尼克仍然敦促通过谈判来交换俄国和德国的人口,同上书,第 2 卷,第 191 页。

148. 参见梅尼克在其《书信选》中的信件;在《回忆录》中对其战时政治活动 340
的广泛记述;在《政治论文与演讲集》(《文集》第 2 卷)中重印的给报刊写作的文稿以及柯托夫斯基为此卷写的导言,还有斯特林的《权力世界中的伦理》;施密特,《德国历史主义与向议会民主制的转变:梅尼克、特勒尔奇、马克斯·韦伯政治思想研究》;施瓦布,“第一次世界大战中德国教授们的政治立场”;格奥尔格·柯托夫斯基,“弗里德里希·梅尼克眼中的议会制和民主制”(注 7)。

149. “民族主义与民族观念”(“Nationalismus und nationale Idee”),载《文集》,第 2 卷,第 86 页(此文曾在战前写出过一个篇幅更短的文本,首次刊行于《1914 年德国的崛起》(*Die Deutsche Erhebung von 1914*))。又见“文化、实力政治与军国主义”,载《德国与世界大战》(“Kultur, Machtpolitik und Militarismus” in *Deutschland und der Weltkrieg*, Edited by Otto Hintze et al. ,pp. 617—643)。

150. “政治与文化”(“Politik und Kultur”,写于战争爆发前几天),见《文集》第 2 卷,第 80—81 页。

151. 致 Willy Andreas 的信,柏林,1915 年 11 月 7 日,载《文集》第 4 卷,第 76 页。

152. “德国历史科学及其现代要求”,载《帮助》(“Die deutsche Geschichtswissenschaft und die modernen Bedürfnisse”in *Die Hilfe*,22(1916),p. 225)。

153. “精神的瓦解”(“Demobilmachung der Geister”),载《文集》第 2 卷,第

198 页。

154. 参见瓦尔瑟·霍夫在《文集》第 1 卷，第 1 页中给《近代历史中国家理性的观念》(*Die Idee der Staaträson in der neueren Geschichte*, München, 1957)写的导言。

155.《回忆录》，第 191—194 页。

156.《近代历史中国家理性的观念》英译本为《马基雅维里主义：国家理性的学说及其在近代史上的地位》(*Machiavellism. The Doctrine of Raison d'Etat and Its Place in Modern History*. W. Stark 作序，Douglas Scott 翻译，New Haven，1957)。

157. 同上书，第 22 页。

158. 同上书，第 5 页；参见《马基雅维里主义：国家理性的学说及其在近代史上的地位》，第 5 页。

159. 同上书，第 4—5、13 页。

160. 同上书，第 13 页；参见《马基雅维里主义：国家理性的学说及其在近代史上的地位》，第 11 页。

161. 同上书，第 14 页。

162. 同上书，第 25 页。

163. 同上书，第 10 页。

164. 同上书，第 403—404 页。

165. 同上书，第 241 页。

166. 同上书，第 365—366、407—408 页。

167. 参见同上书，第 245 页。

168. 参见同上书，第 427 页。

169. 同上书，第 411 页；《马基雅维里主义：国家理性的学说及其在近代史上的地位》，第 350 页；参见同上书，第 432—433 页。

170. 同上书，第 443 页。

171. 同上书，第 458—459 页。

172. 同上书，第 449 页；《马基雅维里主义：国家理性的学说及其在近代史上的地位》，第 383 页；参见兰克《论世界史上的近代史时期》(*Über die Epochen der neueren Geshichte in Weltgeschichte*, 9. Teil, 2. Abt. Leipzig, 1888, p. 7)。

173.《近代历史中国家理性的观念》，《文集》第 1 卷，第 452 页；参见兰克"政治谈话"("Politisches Gespräch"，见《全集》49/50，第 327 页)。

174. 同上书，第 459 页；《马基雅维里主义：国家理性的学说及其在近代史上的地位》，第 391 页。

175.《近代历史中国家理性的观念》,《文集》第 1 卷,第 475—477 页。

176. 同上书,第 481—499 页。

177. 同上书,第 477 页;参见《马基雅维里主义:国家理性的学说及其在近代 341
史上的地位》,第 405—406 页。

178. 同上书,第 499 页;参见《马基雅维里主义:国家理性的学说及其在近代史上的地位》,第 424 页。

179. 同上书,第 502 页。

180. 同上书,第 501 页;参见《马基雅维里主义:国家理性的学说及其在近代史上的地位》,第 426 页。

181. 同上书,第 503 页。

182. 同上书,第 504 页;参见《马基雅维里主义:国家理性的学说及其在近代史上的地位》,第 428 页。

183. 同上书,第 494 页;参见《马基雅维里主义:国家理性的学说及其在近代史上的地位》,第 420 页。

184. 同上书,第 497 页。

185. 同上书,第 1 页。

186. 同上书,第 15—17 页。

187. “历史中的因果与价值”(“Kausalitäten und Werte in der Geschichte”,写于 1925 年),见《文集》第 4 卷,第 85 页。

188.《回忆录》,第 192 页。

189. “历史中的因果与价值”,见《文集》第 4 卷,第 85 页。

190. “恩斯特·特勒尔奇与历史主义问题”(“Ernst Troeltsch und das Problem des Historismus”),载《文集》第 4 卷,第 378 页。梅尼克批评特勒尔奇想要从历史学的学术研究中得出一套实际的文化纲领。

191. 同上书,第 372 页。参见《历史主义的形成》(*Die Entstehung des Historismus*),见《文集》第 3 卷,第 1 页。

192. “恩斯特·特勒尔奇与历史主义问题”,载《文集》第 4 卷,第 373—374 页。

193. 同上书,第 374 页。

194. 同上书,第 376 页。

195. “历史与当代”(“Geschichte und Gegenwart”,发表于 1930 年),同上书,第 98—99 页。

196. 参见瓦尔特·布斯曼,“君主制与魏玛共和之间的政治意识形态:魏玛共和的思想史考察”,载《历史杂志》(“Politische Ideologien zwischen Monarchie und Weimarer Republik. Ein Beitrag zur Ideengeschichte der

Weimarer Republik”), *HZ*, 190(1960), 第 55—77 页, 尤其是施密特,《德国历史主义与向议会民主制的转变:梅尼克、特勒尔奇、马克斯·韦伯政治思想研究》(注 7)及柯托夫斯基的两篇文章(注 7 和 140)。

197 参见“恩斯特·特勒尔奇与历史主义问题”,载《文集》第 4 卷,第 378 页。

198.“论斯宾格勒的历史写作”(“Über Spenglers Geschichtsschreibung”),是对《西方的没落》的一篇评论,首次发表于 1923 年,见同上书,第 4 卷,第 188 页。

199.“历史中的因果与价值”,见《文集》第 4 卷,第 76 页;参见他在精神(Geist)与心理机能之间所做的区分,第 75 页。

200.《历史主义的形成》,《文集》第 3 卷,第 4 页。

201. 参见恩斯特·绪林杰出的论文,“个体性问题:对弗里德里希·梅尼克历史主义著作的批判性考察”,载《历史杂志》(“Das Problem der Individualität. Eine kritische Betrachtung des Historismus-Werkes von Friedrich Meinecke”), *HZ*, 197(1963), 第 115—116 页。

202. 梅尼克区分了德国思想中两条不同的发展路线,其中只有一条为德国历史主义做好了直接的准备;以莱辛、温克尔曼、席勒和康德为主要代
342 表人物的另一条路线则导向了一种“理想化的”而非“个体化的方向”(《历史主义的形成》,《文集》第 3 卷,第 287—288 页)。

203. 同上书,第 346 页。

204. 参见同上书,第 423—425 页。梅尼克将赫尔德的《观念》看作是从《又一种历史哲学》“倒退”了(同上书,第 425 页)。

205. 同上书,第 580 页。

206. 参见绪林,“个体性问题:对弗里德里希·梅尼克历史主义著作的批判性考察”(注 200),第 117 页。

207. 参见《历史主义的形成》,《文集》第 3 卷,第 504 页。

208. 梅尼克花了不少篇幅来讨论歌德对历史的消极态度,同上书,第 504—523 页并在普鲁士科学院哲学-历史讲习班的报告“歌德对历史的不满”中涉及这一点,《讲习报告》(*Sitzungsberichte*,(1933)),第 178—194 页。

209.《历史主义的形成》,《文集》第 3 卷,第 580 页;有关歌德与启蒙运动思想的讨论,同上书,第 499—504 页。

210. 同上书,第 503、577 页。

211. 同上书,第 579 页。

212. 参见,同上书,第 584 页;歌德具有“历史上所可能的最为崇高的地位。”又见第 581 页。

213. 同上书,第 577 页。

214. 同上。
215. 同上书,第 584 页。
216. 同上。
217. 同上书,第 589 页。
218. 同上书,第 4 页。
219. 同上书,第 2 页。
220. 同上书,第 17—18、602 页,随处可见。
221.《斯特拉斯堡、弗莱堡、柏林,1901—1919 年回忆录》,第 192 页。
222. 参见绪林,“个体性问题:对弗里德里希·梅尼克历史主义著作的批判性考察”,第 121 页;又见梅尼克致 S. A. Kaehler 的信(柏林,1935 年 12 月 8 日),他向出版商保证《历史主义的形成》不会带来政治上的麻烦。
223. 参见戈罗·曼在《历史与历史学》(Golo Mann, *Geschichte und Geschichten*, Frankfurt, 1961, pp. 40—46)对《历史主义的形成》的评论中,就梅尼克保持着对国家理性的信念所提出的批评。
224. 1938 年 4 月 7 日。《文集》,第 4 卷,第 180 页。
225. 致 G. Mayer 的信(Berlin-Dahlem, 1938 年 6 月 13 日);同上书,第 180 页。
226. 致 Carl Rabl 的信(Wernigerode, 1940 年 6 月 12 日);同上书,第 192 页。
227. Berlin-Dahlem, 1940 年 7 月 8 日;同上书,第 193—194 页。
228. 同上书,第 194 页。 343
229. 致 W. Goetz 的信(Berlin-Dahlem, 1943 年 5 月 18 日);同上书,第 216 页。又见,同上:“倘若德国和西方精神的伟大链条能够重新获得其意义,我并不反对结合某些纳粹意识形态的因素。”编者在此提到《德国的浩劫》(*Die deutsche Katastrophe*)的第 9 章“希特勒主义中的积极因素”。关于布尔什维主义在文化上的危险,见其致 W. Goetz 的信(1943 年 3 月 22 日);同上书,第 214 页;又见致斯瑞比克的信(1944 年 4 月 15 日);同上书,第 222 页;抵抗到最后的必要性,见其致 Sabine Rabl 的信(Dahlem, 1944 年 12 月 26 日);同上书,第 226 页;致她的信(Dahlem, 1945 年 6 月 2 日);同上书,第 453 页。
230. 致 S. A. Kaehler 的信(Dahlem, 1944 年 6 月 2 日);同上书,第 453 页。
231. S. A. Kaehler 的信(Dahlem, 1942 年 12 月 31 日);同上书,第 411 页。
232.《德国的浩劫:思考与回忆》(*Die deutsche Katastrophe. Betrachtungen und Erinnerungen*, Wiesbaden, 1946),第 10 页。英译本为 *The German Catastrophe*(Sidney B. Fay, trans, Cambridge, Mass., 1950),第 1 页。
233. 参见第 8 章,“偶然性与普遍性”,同上书,第 87—104 页。

234. 同上书，第 21 页。
235. 参见同上书，第 10—18 页；又见第 7 章“群众的马基雅维里主义”，第 56—70 页。
236. 同上书，第 19 页。
237. 同上书，第 23 页。
238. 同上书，第 21—22、27—28 页。
239. 同上书，第 44—45 页。
240. 同上书，第 154 页。
241. 同上书，第 159 页；参见英译本，第 109 页。
242. 同上书，第 161 页。
243. 同上书，第 173 页；参见英译本，第 119 页。
244. “兰克与布克哈特”，见《柏林德国科学院演讲与论文》（“Ranke und Burckhardt”，in *Deutsche Akademie der Wissenschaften zu Berlin*，*Vorträge und Schriften*，Heft 27，Berlin，1948）。英译为“Ranke and Burckhardt”，in *German History. Some New Cerman View.* Hans Kohn，ed.（London，1954），第 142—156 页。
245. “1848：百年后的思考”（“1848：eine Säkularbetrachtung”，Berlin，1848），第 8—9 页。
246. “我们的历史走错了路吗？”（“Irrwege in unserer Geschichte?”，载《文集》第 4 卷），第 205 页。
247. 同上书，第 206—207 页。
248. 同上书，第 207 页。
249. 同上书，第 209—210 页。
250. 《德国的浩劫》，第 29 页。

第八章　德国历史“观念”的衰落

——两次世界大战和极权主义对德国历史思想的冲击

1

第一次世界大战和德国的崩溃，起初对于德国历史学家们的工作设定只有微不足道的冲击。确实，瓦尔特·戈茨提出过要对德国历史学的政治前提进行彻底的重新审查，并且他还斥责了某种历史写作的民族传统，那种传统“自从解放战争以来就深深地依附于君主制和对霍亨索伦家族的崇拜”，从而丧失了对1918年之后的政治现实进行客观研究的能力。[1] 然而，大多数人，包括诸如格奥尔格·冯·贝娄、埃里希·勃兰登堡、迪特里希·夏菲尔、马克斯·伦茨、埃里希·马尔克斯和约翰内斯·霍勒这样一些声誉卓著的学者，都仍然忠诚于传统的哲学和史学假设。战败和战争罪责的论题似乎给了他们新的动因，去维护俾斯麦的解决之道和德国思想与政治传统的正当性。弗里德里希·梅尼克深深地浸淫于这些传统，1924年他在《近代史中的国家理性观念》中指出，国家利益经常与道德相冲突[2]，此时他比他的同道们相对要超然一些。出现了各种不同的趋向：奥托·辛策关注的是制度史，弗里德里希·梅尼克强调观念的作用(二者都是在战前便已如此的),弗朗兹·施纳贝尔在研究19世纪早期的德国时采用了从宽泛的社会和思想入手的方法。施纳贝尔甚至提出,普鲁士领导之
230 下的德国民族国家的观念,在德国的过往之中并没有什么深厚的根源。[3] 然而,这些转向所代表的只是少数人。

汉斯·赫兹菲尔德指出[4],1917年德国史学中本应该出现一场“哥白尼式革命”。美国参战和俄国的布尔什维克革命按说是可能引发对欧洲中心的历史研究方法进行修正,并对德国在世界上的作用有一种更加谦逊的看法的。然而,大多数史学家却并没有这样去做。梅尼克、辛策和别的一些人一度害怕欧洲被英美霸权所笼罩。特勒尔奇预见到了德国大国地位的终结,并表示期望德国能够成为另一个瑞士。[5] 但是,随着美国和英国从在大陆事务中的积极角色抽身而去,德国史学家们回到了民族史的传统主题,并且继续强调对外政策的优先性。面对凡尔赛和约和法国的压力,他们比从前更加信赖作为“民族的坚固支撑”的国家。[6] 甚至于像赫尔曼·昂肯这样一位接受魏玛共和国的史学家的著作,基本上也是对于民族传统的重新肯定和对俾斯麦大唱赞歌。[7]

在某种意义上,我们可以区分出两种从威廉时期持续到魏玛共和国的思想力量。第一种,或许在德国的大学中更有势力的,算起来包括了格奥尔格·冯·贝娄、迪特里希·夏菲尔、埃里希·马尔克斯和马克斯·伦茨这样一批人。他们几乎是无条件地支持1914年前的既定秩序;而今他们又同样坚决地反对共和。路德维希·德约和汉斯-海茵茨·克里尔谈到了新兰克学派,那一学派在1890年之后试图在一个帝国主义扩张的时代,将兰克的欧洲列强的概念运用于世界舞台。[8] 更重要的是,这些史学家从他们依旧崇敬的普鲁士学派的伟大史家们的自由主义政治主张转向了兰克的保守主义[9],而兰克既不是帝国主义者,又不是民族主义者。就他们对权力和民族扩张推崇备至而论,新兰克学派无疑更

加接近于1880年代的特莱奇克。他们在战前竭力主张建立强大的海军，反对宪制改革，而在战争期间则鼓吹吞并。

第二个群体，包括像梅尼克、特勒尔奇、德尔布吕克和辛策这 231
样一些人，他们全都深刻地意识到1890年代席卷一切的社会转型，于是就都投向了弗里德里希·瑙曼。他们都同样认为，国家起着至关重要的作用，德国国家必须在世界舞台上追求它的权力-政治利益。大体说来，他们也都支持建立强大的海军，支持帝国主义。在战争初期，只要还对胜利满怀信心，他们就期望看到重新部署在公海和海外殖民地上的世界权力平衡，并且，他们认为，战争的正当性就在于要与英国控制世界的企图进行斗争。[10]他们认同于德国历史学传统的方法论观点，在这一点上与他们那些更加保守的同道们并无二致，他们共同针对卡尔·兰普雷希特而在《历史杂志》中捍卫这些传统观点，而兰普雷希特也恰好与他们一样主张建立强大的海军和实行扩张性的对外政策。他们都是保皇派，对议会制政府并不信任。然而，由于他们的持自由主义立场的普鲁士学派前辈，他们看到了君主制从“威权国家”(*Obrigkeitsstaat*)向着“民众国家”(*Volksstaat*)的转变，并且既鼓吹社会改革，又提倡民主化。他们梦想弥合国家与民族、君主与人民之间的鸿沟。他们对于当时的种种现实比之他们那些更加保守的同道们更加敏感，并且因此就更加意识到德国力量的局限性。在战争较早期，他们呼吁理解的和平，抵制主张吞并者的要求，并试图阻止无限制的潜艇战。1917年，他们自己组织了“自由与祖国人民联盟”(*Volksbund für Freiheit und Vaterland*)来抵消泛日耳曼协会的影响。1918年11月之后，他们支持魏玛共和国，但不是基于意识形态上的原因，而是在特定情势下，他们认为共和制乃是一种“铁一样的政治必然性”[11]。与梅尼克相似，他们仍旧是“内心的君主主义者”，不过是“理性的共和派”(*Vernunftrepublikaner*)。[12]他们将共和制看作是“使我们最少分裂的政府形式”[13]

并且舍此别无选择。

因此，接受共和制并不必定就意味着与传统历史观的决裂。这些曾经身为威廉体制批评者的共和制的支持者们，看到了 1890
232 年以来德国政策，甚至是俾斯麦 1871 年之后的国内政策中的种种失误。他们不大愿意对俾斯麦的对外政策或者“俾斯麦的解决之道”提出疑问。瓦尔特·戈茨在职业史家中相对而言是比较超脱的，他对那种将“1849 年视作脱离了正轨，而俾斯麦时代才是我们历史的唯一正当延续”的德国发展观提出了疑问。[14] 1922—1927 年间四十卷的《欧洲内阁的伟大政治》(*Grosse Politik der Europäischen Kabinette*)外交档案的出版，为研究俾斯麦的政治提供了新的材料。各种各样由此出发而进行的专门研究，绝大部分只不过是再次确认了传统的俾斯麦形象。然而，一些研究，包括约翰内斯·柴库尔什，以及一些更加边缘或者处于德国学术生活之外的学者，例如法伊特·法伦丁、阿瑟·罗森博格和埃里希·埃克的研究，却做出了某种修正。[15]

德国历史思想中所引入的两种最为重要的新的因素，无疑包含在梅尼克的《国家理性的观念》和奥托·辛策 20 世纪 20 年代和 30 年代早期的单篇文章和书评中。梅尼克那本新旧杂陈的著作，再次肯定了德国唯心主义的个体性概念，并继续将国家视作一个个体。与此同时，它又与乐观主义的唯心主义国家观把国家视为一种道德建制的看法分道扬镳，而认识到了权力与精神之间悲剧性的两歧。梅尼克继续以相对脱离社会力量的方式来理解政治权力。辛策对传统史学观念的挑战来得更加激烈。他的影响之所以消减，是由于他在这一时期没有写过任何一本书或者甚至是一篇论文，来系统地阐述他在方法论问题上的思想。他的文集只是到他身后的第二次世界大战期间才得以出版，而编者要么是没能理解，要么是选择了去误解辛策方法论著述的意义，并且在文集中没有收入若干篇他最重要的文章。[16] 当时的思想气候不像1945年以后那样适合于接受辛策的研究。

辛策与梅尼克一样深深浸淫于普鲁士传统之中。他出生在博美拉尼亚[17]，1880年时来到柏林求学，他在那里受到了德罗伊森的深刻影响，而他受到西摩勒的影响也许还要更大。有好些年，他为了西摩勒的《普鲁士文献汇编》(*Acta Borussica*)而致力于研究普鲁士丝绸工业史。1902年他被任命为柏林的宪制、行政 233
和经济历史与政治学会主席。直到1919年，他的研究在很大程度上还集中于普鲁士经济史和行政史，这一时期他完成的主要著作是《霍亨索伦家族及其成就》(*Die Hohenzollern und ihr Werk*)。[18]这些研究结合了古典的德国史学观念和对于社会与经济力量的一种深刻理解。辛策避免了像西摩勒那样将普鲁士的社会政策理想化。他与西摩勒一道强调国家的核心作用和政治力量在经济史中的关键角色。特别是由于意识到了国际关系在经济发展中所起的作用，他在某种意义上给经济史引入了兰克式的"对外政策的优先性"。不过，他并不喜欢将自己视为一位普鲁士历史学家。就像他在就职演说中向普鲁士科学院所阐明的，他的目标是要写作一部现代政治世界的比较宪制和行政史，并且就此填补兰克毕生工作所留下的一个空白。普鲁士只不过是现代国家崭露头角的一个可资研究的样板。[19]对于德国传统史学方法的局限、它对于概括的排斥以及它对于政治事件一边倒的关切，辛策有着清楚的认识，他间接地加入了"方法论的论争"(*Methodenstreit*)。他的立场介于兰普雷希特的类型学研究和盛极一时的个体化方法之间。[20]

1917—1919年间的各种事件并没有给辛策的思想带来什么剧烈的断裂，然而，它们却使他重新转向对于方法论问题的更大程度的关切。在一系列才华横溢的批评性评论中，辛策考察了20世纪20年代若干重要社会理论家的基本理论预设：恩斯特·特勒尔奇、维纳·桑巴特、汉斯·凯尔森、弗朗兹·奥本海默、鲁道夫·西蒙德和卡尔·施密特。这些文章并没有系统地表达出辛策的理论观点。不过它们还是构成了对于德国唯心主义基本观念的一种鞭辟入里的分析。辛策受到了马克斯·韦伯的深刻影响,对于唯心主义试图将制度与客观价值——不管这些价值是李凯尔特意义上的永恒不变的价值,还是特勒尔奇所说的具有历史独特性的价值——联系起来提出了质疑。他认为,这样的等同划一就引入了一种毫无必要的形而上学的因素。[21]

辛策也对从纯粹理智的方面着眼来理解社会和政治过程的
234 观念史(*Ideengeschichte*)研究路径提出了质疑。[22]必须以唯名论的方式来考察社会制度和过程。由此出发,它们就根本不会表现为个体。国家在实在中有其基础,然而却不能够将其比拟为一个人。毋宁说,它是一个共同体能够借以产生共同意志和共同行动的条件。归根到底,国家是由处于互动关系中的个人所构成的,并没有国家本身这样的东西。"国家"概念乃是一种"理想类型",一种通过对作为其特征的各种因素进行选择——这种选择并未完全摆脱一定程度上的任意性——而"由知觉得来的抽象物"(*anschauliche Abstraktion*)。[23]国家并不具备什么神圣的东西,来确保它受到自黑格尔以来德国思想对它的"崇拜"(*Andacht*)。

帝国主义时代和世界大战中权力的滥用(以及自开战以来取胜的列强对权力的滥用),摧毁了"文明世界生活在一个安全的法律状态之中"的幻象,并且表明了"一切权力,至少一切主要的权力(*Übermacht*)总体而言都被滥用了,并且就道德和法律的考量而论更是如此"[24]。国家并非"自在的目的",而是如马克斯·韦伯所指出的,是一个机构(*Anstalt*)或一个企业(*Betrieb*),比如说一个工厂。[25]与此相类,辛策否认人们能够将"现代资本主义"说成是一个"历史性个体"。经济过程只能从一切文化的和文明的因素(其中最要紧的是政治的因素)的互动来加以理解。与其说资本主义是新教精神的结果,不如说现代国家和现代帝国主义乃是资本主义条件的产物。所有这一切都是一个共同的文化和文明处境的各个侧面。个体化的研究制度的方法因而就是不恰当的，除非我们可以将整个西方文化作为一个个体来谈论。[26]

与个体观念搅缠在一起的，是每一个体都表征着某个观念的理论。特勒尔奇认为，历史是一个精神性的过程。辛策否定了这一点，他宣称精神与躯体是交织在一起的。只有在史学家的心灵之中它们才是分离开来的。[27]辛策也同样拒斥了特勒尔奇的假设——那是自洪堡和施莱尔马赫以来历史学派就共同具有的，也即，个人能够经由一种无从进行心理分析的直觉性的理解(*Verstehen*)行动而去领会其他个人的、集体的和文化的精神生活。辛策看到，这就涉及了那种站不住脚的形而上学假定：一切人类精神与将它们全部囊括在内的“神圣的精神”有着某种“共同 235
的关联”。在历史中运作的并没有什么封闭的过程。唯心主义试图从社会机体内部的内在逻辑出发来揭示变化和发展，却忘记了在所有的社会巨变中，目的性的因素和偶然性的因素是相互作用的。[28]将历史生命还原为发展路线的每一种企图，都不过是构成了“对某一历史情境的基本的直觉式理解”的一种“框架”或“理想类型”。[29]辛策本质上所呼吁的是：对德国政治和史学思想的解神话化；研究社会制度的唯名论方法；将政治、经济和社会因素的内在关联考虑在内的宽泛的比较历史研究——那是特勒尔奇和韦伯仍然无法接受的，因为他们更加贴近唯心主义传统。

辛策的政治观点比之梅尼克和特勒尔奇要含混得多。辛策也是从保皇派转变为魏玛共和国的支持者的。辛策对于民主制充满怀疑，却又意识到了将国家置于广泛的、大众的基础之上的必要性，比起梅尼克来，他在支持共和制时要有保留得多，而相对于议会制国家而言，梅尼克是更倾向于由公民投票产生总统的。到 20 世纪 20 年代末，辛策对共和制可行性的信心丧失殆尽，并且深为德国政治气氛所困扰，他将那种气氛很大程度上归咎于

《凡尔赛和约》。[30]他将俄国和意大利的极权主义视作是战后世界一种典型的政治形式，而不是一种暂时性的现象，然而直到1929年他依然相信，德国能够避开法西斯主义。[31]

我们应该提到辛策政治思想中与当时风靡一时的观点正相反对的两个更加深入的方面。辛策比他的同事们更加深切地感受到了第一次世界大战对社会、经济和政治条件所产生的影响，以及政治从欧洲舞台转向世界舞台，地区性联盟和集团将会变得日益重要。再就是，被他的同事们偶像化了的民族国家的类型将会变得越来越不合时宜。[32]辛策也对德国思想强调把追求权力作为国际关系中的决定性因素提出了质疑。现代民族国家的发展无
236 法从大国之间权力政治的斗争得到根本解释；帝国主义也不能被首要地理解为对经济财富或政治权力的追寻。这二者更多是试图要创造更加合理的条件和达到更高的效率。辛策与马克斯·韦伯一样认为，将西方文明与其他一切文化区分开来的，不是奥斯瓦尔德·斯宾格勒和维纳·桑巴特所说的“浮士德式的”追求无限，而是将生活和思想“深化和理性化”的不可遏止的冲动。[33]

不过，在其有生之年，辛策对于历史写作所产生的影响极其有限。辛策1920年因病从大学教席上退休。在1916年出版的《霍亨索伦家族及其成就》之后，他没有再写过任何著作，而只有一些在他去世后收集起来的给报纸杂志写的文稿。他也没在身后留下一个学派；只有到了1945年之后，史学家们才对他产生了严肃的兴趣。

20世纪20年代，存在于德国的社会史的斗争传统确实衰落了。1933年，埃卡特·克尔写道，随着西摩勒的辞世，社会史也最终烟消尘绝，而且德国不再有对于经济史有着最低程度理解力的史学家了。他的说法并非完全没有道理。[34]世纪之初由社会主义者和反动人士的奇怪组合所创建的《社会经济史季刊》(*Vierteljahrschrift für Sozial-und Wirtschaftsgeschichte*)[35]，一直维持

到了战后。中世纪研究者们仍然比现代政治史家们对于经济力量和社会结构有着更加深刻的认识。库尔特·布雷斯希从一种宽泛的比较社会的视角来撰写通史，尽管他的作品中充斥着形而上学的和德国唯心主义的晦涩术语。[36]德国大学中的政治氛围理所当然地是在向右转了。对于凡尔赛和约和魏玛共和国的拒斥，不仅带来了对于社会主义和民主制的强烈摒弃，同时也带来了对于社会史的强烈摒弃。当埃卡特·克尔谈到“社会史被奇怪地等同于社会主义史。谁写作社会史，谁就会被视作社会主义史学家，即便他其实是一个帝国主义者或者保守派”[37]时，大抵并没有错。历史学在其政治和民族主义的取向方面比之战前更加狭隘了。即使像是赫尔曼·昂肯这样一个人——我们提到过，他是赞成魏玛共和国的——其历史著述也带上了极端民族主义和对于 237
法国的夸张过头的仇视色彩。

埃卡特·克尔的《海军的建立与政党政治，1894—1901年：德国帝国主义国内政治、社会和意识形态前提的剖析》[38]出版于1930年，此书或许标志着对于传统德国史学的唯心主义假设的最勇敢的挑战。克尔不接受政治是被对外政策的需要所决定的这一假设。他试图确立起世纪之交德国建立强大海上力量的主张和德国帝国主义与各个经济利益集团之间的紧密关联。1900年前后的德国对外政策是被国内政治的考虑所左右的。德国史学家自从兰克以来传统上就在谈论的“对外政策的优先性”(*Primat der Aussenpolitik*)，被克尔以“国内政策的优先性”(*Primat der Innenpolitik*)所取代。德国政治的特征是其特殊的处境，这里与西方的情形相反，资本主义的产业和金融并没有能够打破前资本主义的官僚制国家和军事国家的控制。德国资产阶级在官僚制和贵族制的政治结构的框架之内达到它的经济目标之后，就放弃了它的政治野心。然而，克尔的影响是不可忽视的。1933年他三十岁时在美国去世，到了20世纪60年代才被新一代的德国史学家们重新发现。[39]

对埃卡特·克尔的研究的接受情况，反映了魏玛共和国时期德国学术气氛的不同方面。弗里茨·哈同和赫尔曼·昂肯曾经徒劳地企图阻止克尔获得一份洛克菲勒资助，以从事对于法国革命和拿破仑时期普鲁士与西方各国在经济和政治方面的互动的比较研究。专业杂志也激烈地批评他的研究。另一方面，梅尼克指导了克尔的论文，而那构成了对他自己的国家理性在国际事务中的优先性观点的直接反驳，并且对整个的观念史概念形成了挑战。[40]在克尔看来，梅尼克的观念史乃是由特定的德国社会条件生发出来的德国特有的现象。那是想要逃避“要么认可并支持实力政治，要么就做一个反对它的社会民主党人”这样一种令人不快的二选一的选择。观念史不愿意去面对政治和社会生活中种种
238 令人烦忧的事实，而力图在考察世界时保持距离，并且将历史学从一门科学改造为一门艺术。[41]

很难说，倘若纳粹专制不曾出现过的话，专业的德国历史学会沿着什么样的方向发展。魏玛共和国的历史专业从没有经历过代际变迁。大学的教席基本上仍然掌握在那些在威廉时期就占据了这些教席的人们手中。魏玛共和国时期，出现了一群更加年轻的历史学家，如汉斯·罗斯菲尔斯、汉斯·赫兹菲尔德和吉哈德·里特尔，他们仍旧效忠于各种民族传统。其他人，其中比较引人注目的如奥托·维斯特法尔，作为对战争经历的反应，转向了一种情感上的极端民族主义。然而依然还有一群朝气蓬勃的年轻历史学家，尤其是弗里德里希·梅尼克的学生们，包括哈约·霍尔博恩、汉斯·罗森博格、恩斯特·西蒙和别的人。他们效忠于民主和共和的价值。这最后一类年轻人中没有人具有大学教席；为数不多的几位获得过大学授课的资格。1933 年的政治事件之后他们全都离开了德国；1945 年后他们中也没有人以全职和终身教职的方式回到德国。那些回来的人们，如汉斯·罗斯菲

尔斯和汉斯-约希姆·肖普斯,也不同于社会学家和政治科学家,都是有着保守的和民族主义取向的。戈罗·曼此时又再度离开了德国,他是一个相对超然的例子,一个从流亡中归来的倾向于民主的历史学家。[42]倘若魏玛共和国存续下来,是否能在大学中为有民主倾向的历史学家们留下一席之地,这依然是一个问题。事实是,这一领域是为那些无论他们本身是否赞同其意识形态,但却愿意与纳粹体制和平共处的史学家们留下来的。

2

在文化科学家和哲学家中,也和在受过良好教养的广泛的德国公众中的情形一样,战争标志着一场更加巨大的断裂;战争和战败带来了一种强烈的相对主义和悲观主义的色调,并导致了对旧有政治价值的激烈批判。

尽管布克哈特和尼采发出过警告,德国历史思想还是曾在第一次世界大战之前的年月中相对地摆脱了悲观主义。德国唯心 239
主义根本而言是一种乐观主义的哲学,而直到战争打响,德国文化思想依然保持着这种哲学。19世纪进程中日渐增强的朝着自然科学看齐的取向,本质上并不与此相冲突;因为德国唯心主义的要义并非实在即观念的见解,而是世界乃是一个有意义的过程。费尔巴哈和马克思并没有驳斥这一理论;毋宁说,在某种意义上,他们将德国唯心主义哲学的基本观念转换成了一个更加以科学为导向的时代的语言。诸如费尔巴哈、马克思和卡尔·毕希纳这样一些思想家,仅仅代表了德国思想的极端。实证主义作为在奥古斯特·孔德和亨利·巴克尔意义上的一种哲学化的历史观,在德国专业史学家中并没有什么重要的代表人物,即便某些实证主义的概念和术语被整合到了本质上是唯心主义的思想框架之中,像是在西贝尔或狄尔泰的著作中的那种情形。卡尔·兰普雷希特在通过运用比较研究寻求历史发展的规律时，最接近于实证主义，然而他的路数让人联想起来的更多是赫尔德或黑格尔或者甚至是布克哈特，而不是法国或英国的思想家们。

德国唯心主义对于德国思想的把持，并没有因为世纪之交的方法论论争而受到根本动摇。就其核心方面而论，狄尔泰、文德尔班和特勒尔奇的方法论著述保持了历史乃是一个有意义的进程，以及达到客观认识的可能性的唯心主义信念。马克斯·韦伯认识到了世界"在伦理上的非理性"，以及无法在科学的基础上来解决伦理问题。然而即便是他，也依旧对于在社会科学和历史的领域内有可能进行高度客观的研究深信不疑。实际上，他依旧深心眷注于传统的学术价值和政治价值。

只是在第一次世界大战的过程中，历史主义对于德国学者才成为了问题。20 世纪 20 年代的思想氛围的基本要素在战前就已经表露出来了，然而它们全部的影响要到原先对于战争的期望和热情都已消散之后才被人们感受到。1914 年之前，对于理性的或客观的知识的可能性就已经有了越来越多的疑虑，对于各种价值的相对性和历史性也有了日渐增长的意识。像是马克斯·韦伯和弗里德里希·尼采这样相去甚远的人，都认为价值在实在中并
240 不具有客观的基础，而是生命的机能，是主观抉择的事情。生命主义对于意志和权力的礼赞，民族主义的过度滋长，对于不仅是"资产阶级道德"而且还有具有正面价值的民主制和社会福利的拒斥，这一切在 1914 年之前就已经存在。[43]奥斯瓦尔德·斯宾格勒确确实实是在战前就开始写作他的《西方的没落》；[44]然而，不仅是广泛而言的大众，还是学术界，相对而言都没有受到文化悲观主义潜流的侵扰。[45]

战后关于历史的哲学思想中有三种论调变得重要起来。第一种是历史并非作为一个客观过程而存在。李凯尔特早就将历史视作一种建构。而今，西奥多·莱辛对历史究竟是否作为一个

过程而存在提出了质疑。[46]对于历史发展的一切重构都纯粹是在编织神话。历史学不是科学(*Wissenschaft*),而是意志之学(*Willenschaft*)。

莱辛的著作《历史学就是给无意义者赋予意义》(*Geschichte als Sinngebung des Sinnlosen*)受到了广泛的批评,部分是因为作者的民主信念和犹太背景。历史在实在中并无基础这一激进的假定很少有人能够接受。[47]不过,在某种意义上,莱辛的立场是理解(*Verstehen*)认识论在逻辑上的延续——一旦这一认识论所依据的形而上学基础崩塌了的话。从施莱尔马赫和洪堡到狄尔泰和特勒尔奇的德国历史思想,在认为人文科学中的认识需要一种主观理解的行动时,就假定了在史学家(他本身乃是一个实在的、客观的过程的一部分)主观的认识活动和历史实在之间有着一种根本上的同一性。一旦这种同一性不再能够成立,莱辛“认识论”上的虚无主义就成为一个无可回避的结论。

然而,更加重要是第二种论调,也即这样一个信条:并不存在什么单一的人类历史,而是只有各个单独的、封闭的文化的历史;一切价值都是相对于特定文化而言的,并且因而对于其他文化的理解就永远是有限的或者是不可能的。在某种程度上,这一立场早已蕴涵在浪漫主义有机论的社会概念以及这一世纪晚些时候的人类学文献中。它是由李凯尔特的文化乃是以独特的价值为取向的定义中发展而来的。1916 年,特勒尔奇表达了这样的观点:并不存在人类历史,并且,对于其他文化的理解永远是从某一视角出发的。[48]当斯宾格勒在他的《西方的没落》中提出科学思想 241
甚至是数学都永远无法超越其文化局限性时,就以最为极端的形式表达了这一立场。

第三种也是最重要的一种论调,无疑就是对于一切政治和社会规范的价值重估,这发生在广泛的舆论领域,并且在斯宾格勒的著作中得到了最激烈的表达。在某种意义上,从古典的进步观念到斯宾格勒那种在劫难逃的观念的转变，并不像乍看起来那样剧烈。在孔多塞、约翰·斯图亚特·穆勒、韦伯和斯宾格勒这样一些相去甚远的思想家对于历史的主导性趋势和时代特征的各不相同的分析当中，存在着某种程度的延续性。他们全都看到了生活和思想在无可抗拒地走向科学化和技术化。只不过被孔多塞认为在人类的解放中乃是绝对积极的因素的理性和启蒙，如今越来越成为对于人文价值的威胁。在斯宾格勒看来，它们正好是生命和精神的反题：武士和祭司的“英雄”品质取代了西方的人文主义和人本主义价值。对特勒尔奇来说，《西方的没落》似乎是在呼唤着野蛮主义，因而其本身就成了“对于西方没落的积极贡献”。[49]然而，特勒尔奇晦涩难懂的文字并没有多少人去阅读。而对于成千上万处于困惑时代的有教养的中产阶级德国人而言，斯宾格勒的著作却成了一部《圣经》，一个灵感的源泉。

而今，这些西方的理性的和学术的理想以一种不那么极端的方式，被大量的非理性主义的文献淹没了。正如卡尔·赫西1932年在《历史主义的危机》中所注意到的[50]，第一次世界大战之后德国历史思想中所发生的巨大变动，就是失去了对于历史有可能进行一种客观研究的信念。即便是深受马克思和卡尔·曼海姆影响的人，也否定研究社会科学的客观方法的可能性。韦伯认识到了价值的非理性，然而他却认定逻辑和科学方法是单一而普遍的。[51]如今，曼海姆否认了方法的普遍性。他赞同生命主义所说的，思想自身并不能通过演绎而推进，而是表现了“未经反省的生活”。理性的范畴自身并不是永恒的，而是在不断变动。使得曼海姆没有对科学事业感到绝望的，是他从德国唯心主义那里继承
242 下来的坚定信仰，也即对于“思想与实在之间的神秘(*geheime*)关联以及主体与客体之间的根本(*wesenhafte*)同一性”的信仰。曼海姆拒绝将活生生的历史实在还原为逻辑关系，然而他也指责非理性主义那种除了孤立的各个人类时代外什么也不存在的看法。

曼海姆就像特勒尔奇一样，对于历史乃是一个有意义的进程深信不疑；因而史学家或者社会科学家的主观认识即便有其片面性和特定视角，也包含着对于真理的客观观点，因为他本身就是那一伟大进程的一部分。[52]

曼海姆因其对社会和经济因素在历史中所发挥作用的兴趣，而置身于德国历史思想的主流传统之外。对于20世纪20年代学术见解的形成更有决定意义的，乃是爱德华·斯普朗格[53]，尤其是埃里希·罗萨克，后者将生命哲学（*Lebensphilosophie*）的概念应用于社会科学。罗萨克在其《精神科学导论》（1920）和《精神科学的逻辑与体系》（1927）[54]当中，致力于“重新处理”由威廉·狄尔泰所提出来的问题。罗萨克断定，每一个方法论上的争论都是哲学性的。每一种方法论立场都是由某种世界观的立场所决定的。因此，科学争论，至少是社会科学争论中的各方，并不比哲学争论中的各方更能够彼此说服。社会科学必须将自身限定在以狄尔泰所提出的三种世界观的基本类型来划分社会学解释或历史解释的种种理论。狄尔泰还曾在某个地方暗示说，对方法的选择也是被在先的哲学取向所决定了的；然而，他主要关心的是哲学思辨的而不是科学研究的方法。在某种意义上，狄尔泰要远比罗萨克所愿意承认的更加接近于奥古斯特·孔德和实证主义者。因为狄尔泰认为，一旦人们相信，对于一切形而上学问题的回答都更多是反映了思辨性的思想家的世界观，而不是逻辑的需要，各门文化科学的方法就能够得以阐述。于是，这些研究领域就可以提升到科学的水平。

就像兰克早些时候和特勒尔奇晚些时候所做的那样，狄尔泰依旧假定历史的主题乃是实实在在的存在和结构。这一信念如今被撼动了，随之而发生动摇的，是对于古典德国历史思想最为核心的关于实实在在而持续不断的发展历程的信念。对罗萨克 243
来说，与狄尔泰正好相反，影响和塑造了人们的方法论立场的生命哲学，与认识并没有多大的关联。每一种生命哲学，并且因此每一种所谓的关于人类的和社会的实在的科学图画，都是一种意志行动和创造行动。罗萨克在反对斯宾格勒的宿命论时强调，历史包含了个人持续不断的创造性。这些创造性的活动并不是由某种普遍的逻辑所支配着的，而是具体的、特殊的和个别的。[55]个人当其行动时不得不做出抉择，并且每一个抉择都是主观的和片面的。然而，由于他们延续下来了对于主体性和世界之间的终极同一性的唯心主义信念，罗萨克和曼海姆得以免于对于人类理智事业的失望。

然而，罗萨克所提出来的自由观念可以进一步推演下去，人们可以假定，每一个个体在具体的历史处境下总是不断地面临抉择，却既没有抽象的理性也没有传统来指引他。对于人类或宇宙的终极合理性从来不曾有过信念的一代人，在经过那个年代的浩劫之后还失去了对于历史和传统的信念，这就并不奇怪了。这种信念的丧失出现在 20 世纪 20 年代的著作家当中，包括政治科学家卡尔・施密特、作家恩斯特・云格尔和在当时德国的著述中被贴上了"政治决断论者"(political Decisionist)标签的哲学家马丁・海德格尔。[56]在云格尔和海德格尔看来，除却生命之外别无他物，生命所知道的只是运动和活动。云格尔认为，道德和文明只不过是精神反叛生命的方式而已。唯一保留下来的价值就是斗争。在政治舞台上，那些仍然接纳斗争的健康力量——战士和革命工作者——需要结合起来以保持生命的活力。云格尔指出，普鲁士主义和布尔什维主义实际上是有着近亲血缘的两种运动，单单是它们就仍然可以使生命重新焕发出生机。

作为一种理论的历史主义就此达到了它的逻辑结论。倘若一切真理和价值判断都是个别的和历史性的，那么历史中就不再有什么稳定的支点；罗萨克那种意义上的历史力量和狄尔泰的生命也没有了容身之处。能够保留下来的全部东西不过就是主观的个体。

在马丁·海德格尔的《存在与时间》[57]问世之后开始主宰了德国哲学讨论的“历史性”(*Geschichtlichkeit*)概念,就标志着对于古典历史主义的否定。作为一种学说,历史性就假定——正如历史主义曾经做过的那样——人没有本性,而只有历史。但是,它却拒绝 244 历史有其自身的客观存在这样的观点;它更多是将历史视作人之不可分割的一个方面。要将德国存在哲学(*Existenzphilosophie*)这部奠基之作的基本论点概括出来,是一件困难的事情,对于它的很多论点都有着各种相互冲突的阐释。无论如何,坚硬的实在的世界和客观的存在看来是消解了。在海德格尔看来,人没有本质,而只有存在。这种存在将他置于此在(*Dasein*)之中,在这里他不断地面临着各种决断。人类存在的一个特性就是死亡的现实性。意识到导向死亡的他的存在的有限性,人的内心就充满了烦(*Sorge*)和畏(*Angst*),这就迫使他对自己做出界定。然而人并没有可以据以为自己确定方向的客观价值。人是极度自由的,而在他的自由中必须做出决断。这些决断往往会牵涉到选择和创造性,在处境(*Lage*)的具体可能性的框架中做出抉择。在这样的情形下,人面对着一份遗产,它所包含的不是一种历史,而是“各种历史的可能性”。个体不是基于过去所客观发生过的事情,而是由于他在面向将来时做出的决断来创造他的历史。

历史主义就此走向了其道路的尽头:最终的永恒价值和意义消解了。遗留下来的一切不过是历史性、时间性和相对性的东西。甚至连上帝都已经死了,历史要屈服于历史性(*Geschichtlichkeit*)和时间性(*Zeitlichkeit*),也即人类永远也无法超越时间的根本处境。时间之流中持存不变的只有人类存在的条件,而这些条件不再具有任何内容(*Gehalt*),只不过是一种结构或形式(*Gestalt*)。

由新康德派的哲学讨论而肇始的一个进程现在完成了。狄尔泰、文德尔班、李凯尔特、韦伯和特勒尔奇全都认识到了德国历史主义在伦理学和认识论方面的相对主义蕴涵。除了韦伯以外，他们全都试图通过执着于德国唯心主义同一性学说中所隐含的那种乐观主义的历史观，而避免得出他们的立场中所包含的逻辑结论。即便是勇敢地面对世界在道德上的无意义的韦伯，也仍旧忠诚于俾斯麦的国家和它的实力政治的利益。第一次世界大战的冲击使得这些幻象发生了动摇。特勒尔奇和梅尼克这样一些
245 人试图从历史主义信念的废墟中尽其所能拯救出一些东西来。在如斯宾格勒、海德格尔、云格尔和施密特这样一些更加激进的思想家看来，人的历史性就宣告了价值的无政府状态。就他们而论，与西方文明的人文主义价值——那是德国唯心主义的古典传统所从未完全脱离过的——的决裂现在才算是完成了。

3

1945 年之后与政治和历史学传统的决裂比 1918 年后的那场决裂要更加深刻和真实。能够表现这一转向的，乃是在当代德国史学家们的著述中所能看到的对于这场“决裂”的关切。罗马史家阿尔弗雷德·赫斯将他最近一部平装本的著作题名为《历史的丧失》。他悲哀地看到，历史学仍然还是一门学术性的学科，然而它之作为一种鲜活的记忆，却已经不复存在了。[58]像是莱因哈德·维特拉姆这样一位保守的史学家也承认，“历史学已经取代了传统”。[59]维特拉姆注意到，所有自 1945 年以来试图对德国的现状做出评估的哲学家、社会学家和史学家们，都相信“一场只有历史上最剧烈的变化才差相比拟的转折已经发生了”[60]。著名的中世纪专家、哥廷根的马克斯·普朗克历史研究所的所长赫尔曼·海姆培尔认为，德国人已经彻底地离弃了他们的过去。他相信，这种离弃有它好的一面，结束了素朴的历史主义。[61]《历史杂志》的现任编者西奥多·谢德尔在强调非连续性所起到的作用乃是所有历

史的一个主要方面时，也说出了其他社会史家如慕尼黑的弗里茨·瓦格纳和海德堡的维纳·孔茨想说的话。

这场断裂的性质非常复杂。在某种程度上，德国是和欧洲其他地方一道失去了传统和历史意识的。尤其是新社会史学派的史家们强调，随着技术性大众社会的出现，西方世界中发生了急剧的断裂。谢德尔指出，将现在与过去隔绝开来的深渊，自布克哈特和托克维尔首先观察到它以来，已经扩大了。历史的结构本身发生了变化。在当代世界，“现在从过去溜走了”。现代工业社会的历史意识“建立在非连续性之上”[62]。然而，就谢德尔而言，正 246
如对几乎所有批判性地考察战后德国现实的史学家而言，在德国这道鸿沟甚至比之在西方要深得多。这部分地是由于1933—1945年这段时期的歧路，部分地是由于直到1945年，德国历史学和历史思想还没有能够像法国、美国和英国的历史学和社会哲学的主流所做到的那样，对19世纪和20世纪的社会经济巨变进行深入的思考。

这种对于断裂的意识导致了对于德国思想、政治和史学传统的重新审视，而这在1918年之后还是不可能的。德国的民族取向、对政治史的强调以及德国唯心主义传统，如今这一切在很大程度上都成了疑问，以至于吉哈德·里特尔在给弗里茨·菲舍尔最近一部关于德国在第一次世界大战中的战争目标的著作所写的评论中，痛苦地抱怨说，“在德国的历史意识中，某种日渐增强的片面的自我贬损，已经取代了从前的自我神化”。[63]

不过，与旧有的思想模式的决裂却绝没有完成。坚持不懈地反对纳粹的西奥多·李特和没有反对过纳粹的埃里希·罗萨克都继续捍卫德国唯心主义的历史观。纳粹时代的种种事件和第二次世界大战似乎对他们的历史思想并没有产生什么影响。爱德华·斯普朗格在《历史杂志》上的短文“历史学家的使命”有意借用了洪堡的经典文章的题目。斯普朗格再一次以令人回想起洪堡和兰克的方式界定了历史学家的使命。[64]年迈的李特在一系列涉及“历史主义的反对者”的著述中姿态更加激烈，他还在《历史杂志》中呼唤“历史意识的重新觉醒”。他再度捍卫了一切价值的历史性。历史并不缺少意义。在每一个“具体处境”中都可以看到适合于特定个体的价值。“应然”从不是普遍性的，而永远是独特的。历史主义曾被指责忽略了对于人性本质的寻求。然而，人并没有稳固的本性；他的本性在不断成长之中，并且就在于他的历史性（*Geschichtlichkeit*）。“恰恰就是这样的情形，人的特性并非由自然所塑造这一事实，使得他与一切低于人的本性区别开来。”[65]

247 埃里希·罗萨克于1954年又一次以系统的方式表达了他的这一立场：一切思想都是相对于各种世界观而言的，并且所有的世界观都是生命的机能。思想永远要求教条化的表现，并且既然一切处于严格逻辑或纯粹事实之外的真理和价值都总是包含着对于某种生活处境的创造性回应，有多少种伟大的生活风格，就有多少种真理和价值。“历史主义的种种问题，不过就是存在着各种不同的文化系统而又有着各种不同的教条来对这些系统作出说明这一简单事实所产生的结果。”[66]斯普朗格或李特或者甚至是罗萨克之所以没有去假定一切价值和认识都纯粹是任意的和主观的，是因为他们相信，历史的主体和客体之间并不存在什么根本分别——这是近来汉斯·格奥尔格·伽达默尔关于解释学的重要著作《真理与方法》[67]中所重新强调的一点。历史学家自身乃是历史过程的一个部分。这就赋予了他的种种观察以某种客观性的成分，而无论它们有多么主观。普遍的价值并不存在。唯一的真理就是关于“存在之绝对历史性”的真理。更加激进的当然就是马丁·海德格尔的立场了。尽管许多知识分子相信，由于他研究伦理和历史的主观主义取径以及他在希特勒当权之后出任了弗莱堡大学的校长，海德格尔在1933年之后为纳粹效劳甚多，但他的历史性概念仍旧在德国哲学思想对历史的思考中扮演了重要的角色。[68]

瓦尔瑟·霍夫，一位瑞士历史学家，直到1960年回到瑞士任教之前都在柏林自由大学授课，他的著述中依旧鲜明地反映了对于一切价值的相对性以及世界观在历史学中所起作用的强调。霍夫也深信“一切人类认识的历史性”。不过，霍夫不再相信可以在历史中发现各种价值。人们总是以其主观价值来处理历史的。在某种意义上，这也就是海德格尔的立场，只不过霍夫所说的价值乃是民主的、人文主义的西方的价值而已。在霍夫看来，研究中的客观性乃是可能的，然而为了达到客观性，历史学家必须将他们的偏见所起的作用考虑在内。偏见或主观兴趣绝不能支配历史学家的研究结果；它总是决定着对于所研究的问题的表述。尽管他对梅尼克极为景仰——他的第一部著作就是献给梅尼克的，霍夫还是认为，历史学家永远无法从对于历史主题的研究中获得意义，而是必定永远要以某种预先就已经成形了的历史观来 248
研究历史。而这恰恰就是历史主义传统中的那些伟大史家们所做的事情。霍夫指出，兰克和那些追随其传统的史学家们从不反对哲学。他们将哲学范畴和政治价值用于历史。没有了这样一些概念，他们的历史著述就不过是编年纪事而已。霍夫断定，“那些思考的人想要知道的”不再“仅仅是实际发生了什么（*wie es eigentlich gewesen*），而是什么成为了他和他的历史”。[69]历史总是企图要“使我们的存在澄明（*Existenzerhellung*）”，并且因而就反映了当前人们的关切。人类的知识总是有限的和有其特定视角的。然而，霍夫认为，这种有限性本身在某种程度上是可以被克服的，如果人们不将自己限定在民族史，而是通过普世范围内的广泛研究来达到相当程度的客观性的话。[70]霍夫依然相信一切价值的历史性。然而，历史主义在他看来已然站不住脚了，因为它假定可以通过历史研究来发现价值。像海德格尔和瓦尔瑟·霍夫以某种修正了的方式所理解的历史性概念，就蕴涵了这样的意思：人们将其自身的价值带给了历史，然而这些主观价值本身是在各种历史处境中获得的。

自启蒙运动以来，这是德国重要的思想家第一次开始对历史主义的立场提出挑战，并且试图回到某种类似于自然法的东西；那也就是这一信念：存在着某些从人的本性得来的永恒的人类价值。哲学家吉哈德·克吕格在第三帝国刚一垮台后撰写的两篇引起强烈争议的文章，同时发起了对于历史主义者和海德格尔的攻击。克吕格指出，历史作为人类自由和创造性的领域，反映了价值和见解的无政府状态。然而，依然存在着没有被我们这个时代的种种灾难或社会变迁打碎的持久的人类传统；存在着对于“理性和常识、爱国主义和对于共同利益的关注、忠诚、人道、自由以及真理”的呼唤。比“是什么”这一问题更加重要的，是“应该是什么以及永远是什么”的问题，那是“关于善和正义以及事物永恒的理想形式的古老的柏拉图式问题……持久不变的真理比我们变化不定的命运要重要得多”。那对于克吕格而言，就假定了某
249 种客观的事物秩序，一种客观的物质的和道德的世界。“这就等于说，事物并非我们所看到的和判断的那个样子，而是它们本身自在的样子（*an sich selbst*）”。[71]

卡尔·洛维特所持的是类似的思路。他也强调历史是一个客观的、“动态的进程，独立于一切被书写出来的历史”[72]。然而，我们无法在历史当中发现任何意义。他在《历史中的意义》里写道：“历史也只有通过暗示某些超越了实际事实的超验的目的，才具有了意义”[73]。此书在他从流亡生涯中归来之前先以英文出版，后来成了德国最畅销的平装书。洛维特与克吕格一样相信，现代人可以从希腊历史观中受到教益。希腊人将历史视作一个非理性的、缺乏终极意义的领域；人们只有转向自然才能找到意义。犹太人和基督徒根本误解了历史的特性，他们将历史首要地看作

是救赎的历史。历史具有意义的信念以某种世俗化的形式在进步观念和历史主义中残存下来。今天，人们必须将他们的"世界历史的观念从其神学起源中"解救出来，"并且重新获得关于世界的某种自然的概念。此种概念一定要直接奠基于作为一切自然之物的准绳的自然本身，而不能奠基于自然科学的自然"[74]。

列奥·施特劳斯的情形与此相似，他在纳粹当政时流亡到了美国，没有再回到德国，然而他的著述的德文译本比英文本更多地引起了注意，他针对历史主义而维护自然法。他在《自然权利与历史》中指出，"对于不存偏见的历史学家来说，'历史过程'本身就像是由人们的所作所为和所思所想织成的一张毫无意义的网，纯粹由偶然造成——就像是一个白痴讲述的故事。"[75]维持不变的乃是自然与人性、真理与正义。他绝不是要将历史主义关于一切价值都是被某种历史处境所限定的推论合理化，而是认为，历史"似乎更加证明了，一切人类思想，并且当然地一切哲学思想，都是在关切着同样一些根本主题或者说同样一些根本问题，而且因此就有某种不变的框架贯穿于有关事实和原则这两个方面的人类知识的一切变迁之中……倘若在一切历史变化之中贯穿着这些根本问题，人类思想就能够超越其历史局限性或者说能够把握某种超历史的东西"。[76]

克吕格、洛维特和施特劳斯想要回到希腊样式的自然法，这 250
代表了反历史主义的某种多少有些极端的形式，而对于自然法的兴趣在近年来已经明显衰退。[77]不过，现在一大群史学家和社会思想家看来都一致相信，存在着某些所有人都共同具有的基本特性，并且由此共同人性出发就会得到可以据以对历史性体制进行判断的共同的道德。卡尔·路德维希·林特伦在近来的一篇论文中提出，历史主义的重大贡献就在于它对于个性和发展的体认，而它的重大失误就在于把历史性个体与价值相等同。他赞同雅斯贝尔斯所说的，自从两千多年前东方和西方的伟大先知们出现以来，人类就一直在依循着某些规范，如“节制、渴望和平、乐于帮助自己的邻人、愿意做出妥协、自由和人道”。这些规范既构成了自然法的核心，也构成了基督教伦理的核心。历史学家必须保持他对于个体性的敏感，但要将它与从这一共同的人类道德出发做出的判断结合起来。林特伦认为，在他们对于当代史(*Zeitgeschichte*)的处理中，德国历史学家们越来越趋向于这样一种立场。在林特伦看来，弗里德里希·梅尼克、汉斯·赫兹菲尔德、K. D. 布拉赫、瓦尔瑟·霍夫、汉斯·罗斯菲尔斯、西奥多·埃森博格和路德维希·德约，就都属于那些实现了在历史主义和自然法之间的综合的历史学家之列。[78]

这些历史学家中的大多数都曾给当代历史研究所的出版物和该研究所的杂志《当代史季刊》(*Vierteljahrshefte für Zeitgeschichte*)供稿，这份杂志是研究纳粹那段历史最重要的刊物。研究当代德国的美国历史学家罗伯特·科尔近来在一篇关于该研究所的论文中，对那些人物做出了与林特伦相近的评价。科尔写道：“相对主义和实证主义、历史作为神话和历史作为宣传，这一切都被该研究所的学者们与极权主义的世界观混同在一起了，由此，他们在他们传统的根源中去寻求更加健全的学术研究的基础。他们似乎找到了三重基础(1)基督教的责任伦理，(2)启蒙运动那种古典的普遍性，以及(3)科学史的批判经验主义”。[79]

与对历史中普遍性的人类因素的重新发现紧密相关的，是对
251 于某种人类历史的信念的重新浮现，这是第一次世界大战结束后那段时期当中一种很不合时宜的理论。戈罗·曼在《世界史入门》(*Propyläen Weltgeschichte*)中写道：“我们的工作建立在存在着一部人的历史或者人类的历史的假定之上”，并且这一历史并不仅仅是“彼此之间完全隔绝的各个个别文化的历史”。[80]曼并不是不能接受作为一个统一进程的人类历史的观念，就像是卡尔·雅斯贝尔斯在他战后的《历史的起源和目标》中所描绘的那样。[81]

曼着重指出,进步观已经死去。历史并不包含一个简单的、容易辨识出来的方向,它乃是人类的历史这一事实就赋予了它以意义。无论如何,在往着获得“更多一点”个人自由和繁荣方面有了推进。然而,这些收获总是被不可改变的人性的破坏性方面威胁着。曼援引康德的话说,人们变得开化比变得有道德要快得多。他一定要找到一个超验的信仰,以使得他“对于人类和人的得当合宜的信念”有着逻辑上的迫切性。否则,人类在文明和技术上的进步足以引来灾难。[82]很少有史学家还会怀疑,目前历史已经成为了世界历史,尽管西奥多·谢德尔还在追问此种世界历史是否真的可以投射到过去这一相关问题[83],而莱茵霍尔德·维特拉姆则困惑着“除了苍白的共性之外,是否真能在尼安德特人和歌德之间找到什么共通之处。”[84]

对世界历史的关切使得史学家们脱离了对于个别文化或国家的关切,而走向了比较研究和对于类型化事物的探求。马克斯·韦伯和奥托·辛策原先就指出过这一方向。历史学家们一度强调过在自然科学家“进行概括”的方法和历史学家“个别化”的研究取向之间的区别,如今,除了很少的例外,他们都相信概括在历史学中发挥着根本性的作用。即便是吉哈德·里特尔——他自己乃是德国古典传统的一分子——也在1949年战争以来第一次召开学会时告诫德国历史学家们,“毕竟,类型化之物和独特之物都可以在历史实在中发现。”[85]赫尔曼·海姆培尔写道,历史学不仅总是关注个别之物,而且也要关注典型之物。在研究人过去之所是时,史学家就是在处理人之所是这一问题。[86]西奥多,谢德尔指出,无论我们如何去领会历史性个体,我们都必定要用到概括。“我们看待个体的方式,在一定程度上是自觉或者不自觉地被我 252
们心目中类型化的形象所决定的。”[87]马克斯·韦伯的“理想类型”的概念被社会史家们郑重其事地视作在史学家的个别化方法和科学家的概括方法的鸿沟之间架起一道桥梁的手段,而那道鸿沟曾被李凯尔特认为是无法弥合的。[88]

新起的对于类型化事物和社会史的关切，有助于强化对于雅各布·布克哈特的兴趣的复活，而他曾发出的种种警示也增强了这种吁求。梅尼克在他现在已经变得很有名的1948年在德国科学院的演讲中，提出了这样的疑问："说到底，布克哈特对于我们和以后的历史学家们是否有着比兰克更大的重要性？"[89]然而对于许多社会史家而言，布克哈特的文化史观念在20世纪中期的大众技术时代里已经显得过于狭隘了。弗里茨·瓦格纳在1962年写道："倘若我们像是梅尼克最后所努力的那样去面对兰克和布克哈特，我们就不会超出某种狭隘的——我们可以称之为贵族式的——文化观……兰克和布克哈特这样的人活动于创造性个人成就的更高领域内，并且属于从事着典范性活动的那一小群欧洲人，很难指望他们会加入到成千上万的藉藉无名的世人之中，而后者可以说是等级森严的世界历史的渣滓。"[90]在瓦格纳和别的人看来，德国史学家们很长时间以来为了政治史和思想史而忽视了社会史和经济史。

4

德国史学家们在转向他们自身的过去之时，开始重新评估他们民族的历史。他们确实一致认为有些事情是错了，尽管对于是什么东西出了错以及对于德国历史的传统解释在多大程度上需要修正，他们众说纷纭。饶有趣味的是，那些对德国传统最少批评的人们是一群老一代名声显赫的历史学家：吉哈德·里特尔、汉斯·罗斯菲尔斯、汉斯·赫兹菲尔德和令人崇敬的弗里德里希·梅尼克（1954年去世），他们全都在一定程度上因为政治或种族原因或者同时由于这两种原因而遭受过纳粹的迫害。这些人在1945年之
253 后成为了德国历史学界最重要的专业导师。他们全都深深植根

于历史和政治思想的民族传统。或许由于他们自己不曾屈服于纳粹的意识形态，他们并不承认德国唯心主义传统对于铺垫好通往纳粹主义的思想道路负有责任。1933 年的流亡者中很少有人回来（汉斯·罗斯菲尔斯是主要的例外）；或者如果他们回来了的话，也在国外保留着他们的学术家园，并且作为短时间的访问者或讲演者而对德国学术界发挥某种边缘化的影响。[91]至少在东德之外，很少有什么对于德国的过去的激进解释。极少数想要去发现德国特殊的政治发展的“错误道路”[92]（梅尼克）的努力，也是由那些处于德国学术界边缘的人物做出的，如亨利希·赫夫特的《19 世纪的德国自治》[93]，或者 F. C. 塞尔的《德国自由主义的悲剧》。[94]重要的阐释是在国外写出的；比如埃里希·埃克关于俾斯麦、威廉时代和魏玛共和国的研究；汉斯·科恩关于德国民族主义和德国史学的著述和汉斯·罗森博格的《官僚制、贵族制和独裁制：1660—1815 年的德国经验》（此书尚未译为德文）。这些书或者被批评地接受，或者相对而言受到忽视，就像赫夫特和塞尔的著作一样。

两部在德国引起广泛关注的篇幅较短的著作提出了修正的论调：即前面已经讨论过的弗里德里希·梅尼克的《德国的浩劫》，以及吉哈德·里特尔的《欧洲与德国问题：论德国政治思想的历史独特性》。[95]这两部著作都承认德国历史中权力和军国主义的过度膨胀。然而，与现代民政军国主义相反，梅尼克以比他在《国家理性的观念》中更少疑虑的方式来观察普鲁士军国主义，并且，他依旧将解放战争期间实行的普遍兵役制视为德国文化的重大成就之一。[96]19 世纪中期以来德国政治和文化的发展当中，确实还是有什么地方出了错。里特尔因而以他的巨著《治国之术与战争艺术：德国“军国主义”问题》致力于探讨这一问题：为什么是“德国人民这一西方民族中数世纪来最向往和平的一个民族，却给欧洲和世界带来恐惧，并将一个以欧洲旧秩序的破坏者的身份

254 被载入史册的冒险家拥戴为他们的领袖”。里特尔承认,没有一个欧洲国家像是德国那样,军事当局损害了民政当局的至上地位,这种变化在过去之中就有其根源,而到1890年后才臻于成熟。[97]梅尼克见证了植根于普鲁士军国主义的“大众的马基雅维里主义”的出现,但此种发展在他看来绝非德国所独有。两人都认识到了兰克对权力的道德性的乐观主义看法的谬误。[98]

不过,在某种意义上,《德国的浩劫》和《欧洲与德国问题》这两部著作都是辩护词,企图复兴德国唯心主义和民族政治传统。梅尼克和里特尔基本上同意,纳粹主义不是一个德国现象,而是一个欧洲现象。纳粹主义的根源要更多地到现代欧洲文明而不是普鲁士传统当中去寻找,在梅尼克是要到现代西方的唯物主义观点、到自然主义的和功利主义的世界观中去寻找,在里特尔是要到在一个普遍文化衰颓和大众民主的时代中传统宗教和道德标准的崩溃中去寻找。里特尔在1936年为他所著腓特烈大王传记撰写的序言中,呈现了由腓特烈经由1813年到俾斯麦和希特勒的发展线索。[99]然而后来他在旧有的普鲁士精神中看到了抵抗纳粹野蛮主义的胜利的主要壁垒。[100]阿道夫·希特勒在历史上的先驱“既不是腓特烈大帝和俾斯麦,也不是威廉二世,而是从丹东到列宁和墨索里尼的现代史上的煽动家和暴君”[101]。1933年1月30日的事件绝非不可避免。梅尼克将兴登堡任命希特勒为帝国首相看作一个偶然事件。事实上,这一偶然事件是因为19世纪以来德国和欧洲精神的普遍野蛮化才成为可能。梅尼克评论道,在希特勒的任命中“不存在任何紧迫的政治的或历史的必然性,就如同导致威廉二世在1918年秋季下台的那种必然性。这里并没有什么普遍的趋势,而是由某种类似于机遇的东西——特别是兴登堡的优柔寡断——改变了整个局面”。[102]

吉哈德·里特尔否认在德国传统中有一种军国主义的脉络。他对于“权力的邪恶性”在德国被低估的程度感到遗憾,并且他像梅尼克一样，将1840年以后在德国思想生活和文化以及德国政治之间逐步出现的裂痕看作一场悲剧。无论腓特烈大帝还是俾 255
斯麦都不是军国主义者，倘若说军国主义就意味着军事因素凌驾于政治因素的话，他们当然不是军国主义者。腓特烈大帝是一个权力政治家（*Machtpolitiker*）；俾斯麦是最后一位伟大的内阁政治家（*Kabinettspolitiker*）[103]和欧洲人。他们两位都是被*raison d'état*（国家理性）的严峻要求指引着。只有在威廉时代，公众舆论才允许将军事上的考虑置于政治上的考虑之上。然而即便是在这段时期内，也必须将德国民族主义和帝国主义放到欧洲范围内来加以考察。再者，必须承认德国政策（包括施里芬计划*）的防御性质。里特尔认为，德国在1914年之前并没有扩张主义的目标；德国政府尤其是贝特曼-霍尔维格**也并不想要战争。泛日耳曼主义者并不被任何“有教养的德国人”当回事。只是在第一次世界大战的过程中，随着大众民族主义情绪的高涨，才发展起来了一种扩张主义的政策，那在里特尔看来代表了与德国传统的彻底决裂。没有前线的经历，就不可能出现法西斯主义，然而战争和前线都是欧洲的经历。没有《凡尔赛和约》和受挫感，希特勒“无产阶级的民族主义”就是不可思议的。即便如此，里特尔在《欧洲与德国问题》一个晚些的版本中评论说，第一次世界大战后一党制国家在德国的出现也晚于欧洲其他国家，而那是大众民主遭到失败这一普遍性的欧洲现象的一个结果。[104]

里特尔的界定使得人们不可能将普鲁士社会或政府与军国主义相混同。在里特尔看来，军国主义与一个国家国内的社会结构或者它在社会中为军事力量或军事方面的价值所指派的角色

---

* 德国军事家Alfred von Schlieffen，主持制订的针对法国的作战计划。——译者

** Bethman-Hollweg，1856—1921年。1909—1917年任德国首相，当政期间德国参加了第一次世界大战。——译者

并无多大关联。实际上，军国主义与军事因素(*Soldatische*)并没有什么关联。军国主义总是包含着对外政策中的扩张主义。(*Militarismus hängt immer mit aussenpolitischem Tatendrang zusammen.*)[105]它的要旨在于“基于专门军事上的考虑来对政治抉择做出片面决定”；换言之，就是未能将“国家理性”的要求考虑在内。它还进一步涉及对于侵略性的、黩武政策的强调。

吉哈德·里特尔关于“德国军国主义问题”的文章在1953年的德国历史学会上发表，距战争结束仅仅九年。那是对于古典国
256 家理性学说的大胆重申，并且因此就是再度断定古典德国民族的或普鲁士的国家遗产相对于西方民主制传统的优越性。与查理七世、彼得大帝或者路易十四相反，腓特烈大帝即便是在攫取西里西亚时也没有表现得像是一个军国主义者。他反倒是试图追求纯正的政治的目标，那对于里特尔来说就意味着“去创造一个持久的法律和和平的秩序，推进普遍福利，并且调和各种利益之间的冲突”。腓特烈还不知道“要为着战争的目的而无情地牺牲掉所有生命”。对他来说，战争依旧是政治的工具。[106]国家理性和对于得到恰当理解的民族利益的追求，就这样表现为恰恰是对于军国主义的否定。尽管里特尔也谈及“权力的邪恶性”，然而，他缺乏对于贯穿着梅尼克《国家理性的观念》一书的权力与伦理之间的冲突的理解。里特尔很情愿承认，1890年之后德国政治的军国主义化，此种军国主义化在第一次世界大战的过程中，在德国比在其他地方都变得更加极端。然而，这种军国主义的根源不在普鲁士而在西方。里特尔认为，现代军国主义乃是将民政与军事的区分一扫而光的法国大革命的一个产物。[107]在企图重建一个持久的政治秩序的战争中，革命政府(以及后来的拿破仑)企图“全面摧毁敌人”。

里特尔指出，政治心态民主化和军国主义化的进程在德国比在其他地方推进得更加缓慢。他评论道，其实“德国人民就其本

性而论并不是军国主义的”。[108]在里特尔眼中，俾斯麦乃是最后一位“内阁政治家”，与他的将领们（比如说莫尔特克）相反，他使军事的考虑服从于政治的考虑。德国而非英国意义上的内阁政府，就是在君主的内阁内做出决策，而不受到公共舆论或党派政治压力的影响。然而即便是俾斯麦也没有成功地使军事管理从属于文官政府。其结果就是俾斯麦1890年去职之后德国对外政策的致命转向，以及“军务只是处于主导地位的政治家的一个工具的原则”的逐步丧失。[109]鲁登道夫*在德国悲剧中是作为一个反面主角、一个武夫精神的原型（*Urtyp des Militaristen reinsten Wassers*）而登场的。[110]可是，吉哈德·里特尔却为军队开脱，认为军队不应为希特勒的兴起负主要责任。魏玛共和国并不是“被军队的军国 257
主义者而是被纳粹大众运动的军国主义”摧毁的。[111]军队在1933—1945年的黑暗日子里，是抵制民政军国主义的壁垒，从来没有使自己屈服于希特勒统治之下的国家。里特尔在回应戈登·克雷格时指出，正是军队企图阻止希特勒以一种要破坏民族利益的精心盘算好的方式来行动。里特尔的结论是，军队孤立无助，因为在希特勒直到1941年取得了一系列辉煌胜利的日子里，它又怎么能够做出什么违背百分之八十的德国人民的意愿的事情来呢？[112]

在论述德国对希特勒的抵制的文献中，也有类似的为德国民族传统的开脱。实际上，出现了抵抗运动的两个大为不同的画面，一个在东德，一个在西德。每一个讲述的都是一个不同的故事，一个提出了这样一种神话：具有阶级觉悟的德国无产阶级在共产党的英勇领导下对纳粹体制开展了广泛而组织精良的反抗；另一个则强调将军们、高级官僚和教会人士——所有这些人直到

---

* Erich Ludendorff，1865—1937年，德国将军，第一次世界大战时“总体战”理论的创立者，后因西线进攻失败而去职。——译者

斯大林格勒之后都还在为希特勒打仗和工作——对希特勒的广泛抵制。在集中营或监狱中遭受种种苦难或者被迫流亡的成千上万的不属于这两种范畴之中任何一种的人们则被遗忘了。汉斯·罗斯菲尔斯的著作《德国对希特勒的反抗》为西德汗牛充栋的有关抵抗的论著定下了调子。此书的底本是罗斯菲尔斯 1947 年在芝加哥大学首次发表的一场公共演讲，1949 年在德国出版。罗斯菲尔斯正确地提醒世人，德国人对希特勒有着积极的抵抗。他重构了通向 1944 年 7 月 22 日推翻希特勒的那场不成功的尝试的发展历程。与梅尼克和里特尔相似，罗斯菲尔斯试图使德国民族传统与纳粹的兴起脱离干系。罗斯菲尔斯的著作既是对于种族主义和极端民族主义的右翼，又是对于自由民主制的控诉。罗斯菲尔斯与里特尔一道，把纳粹主义解释为并非本质上就是一种德国现象，而是一种欧洲现象。罗斯菲尔斯提出："在许多方面，国家社会主义可以被视为 19 世纪世俗化运动一个极端性后果登峰造极的表现。"[113]"现代大众文明产生了各种邪恶力量的聚集，它们一经释放出来就会导向赤裸裸的野蛮主义……在 1933 年伪合法的革命之后取得胜利的，事实上并且在很大程度上就是构成
258 每一个现代社会之基础的黑暗力量。"[114]

罗斯菲尔斯承认存在着社会主义者的抵抗，然而只在这上面花了四页篇幅。[115]只有那些他们自己就是国家机器一部分的人们，才有可能对纳粹极权主义国家进行有效的抵抗。支持抵抗运动的主要基础在于各种保守体制之中，在普鲁士军官团和诸如卡尔·弗里德里希·戈尔德勒这样的高官之中和告解教会中。诚然，罗斯菲尔斯承认，抵抗运动有着广泛的政治基础，并且包括了有民主或社会主义倾向者；比如社会民主党人和劳工领袖朱利亚斯·利伯尔。然而，构成"反对民族主义和煽动家的恣意妄为的主要堡垒"的，乃是"纯正的'普鲁士军国主义'的传统"。[116]戈尔德勒这样的人所想要构建的德国与西方民主模式没有什么共同之

处。它代表了德国和普鲁士保守传统中最优秀的成分，并且试图使那些可以从基督教价值和法团体制中拯救出来的东西重新焕发生机。罗斯菲尔斯写道：“戈尔德勒指望回到政治尚未被集体化那样一个时代的德国传统，换言之，他主张某种‘对大众的去大众化’。”[117]

吉哈德·里特尔 1955 年在他的《卡尔·戈尔德勒与德国抵抗运动》中，以非常相似的方式解释了德国反抗运动的历程。[118]里特尔再度强调，将国家社会主义视作德国发展历程的最后结果乃是错误的。里特尔写道：“就其核心因素而论，国家社会主义并非原原本本地在德国生长出来的，而是某种欧洲现象的德国形式：一党制国家或元首（*Führer*）国家。”[119]后者无法从更加久远的传统中得到解释，而只能够理解为某种现代所独具的危机——自由社会和政治的危机——的结果。他与罗斯菲尔斯一样认为，纳粹主义乃是“现代工业社会及其整齐划一的大众人性”的产物。[120]现在，里特尔以更加开放的方式来重新肯定民族价值，并呼唤着民族意识的复兴。一个健全的国家需要对它的过去持有积极的态度，然而新的民族意识一定不能再度受到“虚假的荣誉和民族权力的概念”的蛊惑。[121]无论如何，对于民族所负有的义务比之对于超民族的、政治的或道德的原则的忠诚，似乎是一种更高的规范。在那些与盟国合作以推翻希特勒统治的抵抗运动，同戈尔德勒周围那个企图推翻希特勒但要为着民族的事业而战斗的圈子之间， 259
里特尔做出了严格的区分。向苏联红军提供军事情报的“红色乐团”（*Rote Kapelle*）的那些人是叛徒。他们不属于“德国抵抗运动（而是）在为外敌效力”。在里特尔看来，纳粹处决他们在法理上和道德上都是正当的。[122]

在对待德国的过去时，比里特尔或者罗斯菲尔斯都更少善意的，乃是路德维希·德约，他是《历史杂志》在战后的首任编辑。与里特尔和罗斯菲尔斯一样，他成长在旧的史学传统之中。德约从第一次世界大战到第二次世界大战的德国政策中看到了一条鲜明的具有连续性的线索。[123]德国在19世纪后期和20世纪的命运，乃是被权力的邪恶本性驱使着走向扩张和灾难的所有霸权国家的“典型”。然而，除了内在于权力本性而非德国特性的这种“典型的”情状外，德国的威胁所造成的恐怖中，还是有着某种“独特的”德国或普鲁士的因素的作用。德约不相信希特勒乃是腓特烈大帝和俾斯麦的直接后嗣，但他认为存在着一条连续性的线索：20世纪支配着德国政治思想的关于权力的“旧普鲁士”思维方式，又以某种极具破坏性的方式与德国的新野心融合到了一起。[124]

公然不加批判地复活德国的过去的企图，在学术论著中不大看得到，但在与第二次世界大战时期有关的通俗史学著作和回忆录中却更加常见。里特尔、梅尼克、罗斯菲尔斯和汉斯·赫兹菲尔德全都承认，至少从俾斯麦去职以来德国历史走过了一段不幸的旅程，尽管他们强调德国所犯下的错误在欧洲文明的总体危机中有其根源。1890年之后，德国走向了毁灭之路，那部分地是因为她抛弃了她的唯心主义遗产，并且让她的外交屈从于大众舆论的压力。他们一致认为，德国民族传统低估了权力的邪恶本性。正如梅尼克1948年时所承认的，布克哈特比之兰克更加深刻地洞察了权力的运作和危险。

瓦尔瑟·胡巴齐相对孤立一些，他试图将自大选到1940年入侵挪威的德国历史道路合理化。在某种意义上，他为兴登堡所
260 做的辩护也是为希特勒掌权的最初年月所做的辩护。在给埃里希·马尔克斯1932年撰写的兴登堡传记（毫无疑问是考虑到了德国的总统选举）的重印本所写的导言中，胡巴齐试图复兴那种兴登堡的地位可以与俾斯麦相媲美，乃是历史上“不朽”人物之一的神话。[125]胡巴齐为兴登堡任命希特勒为总理进行辩护。年迈的总统之所以任用最强大的德国政党的领袖，只不过是因为在当时

那是势在必行的。而且，直到 1938 年，希特勒的对外政策在很大程度上似乎还是合理的。德国数百年来尤其是 20 世纪的“东进”(*Drang nach Osten*)乃是一个神话。在胡巴齐看来，只是在 1938 年，德国才从一种合理的巩固国家的政策转向了一种不合理的帝国主义扩张的政策。[126] 虽然胡巴齐在学术上相对孤立，然而联邦国防部委派他为军队写一部德国史时还是惹恼了不少人。

可是，即便是胡巴齐也没有企图开脱德国对发动第二次世界大战所负有的主要责任。两位并非德国人的历史学家在这么做：A. J. P. 泰勒在《第二次世界大战的起源》[127] 中，大卫·霍甘在《被迫的战争》中。[128] 这两部著作 1961 年在德国面世时都受到了批评。而它们的基本论点则借由非学术性的著作通俗化了，比如赫尔穆特·罗斯勒的《德国史：位于欧洲中部的民族的命运》[129]，由贝塔斯曼图书俱乐部发行并刊表在极端民族主义右翼的周刊上。罗斯勒将战争爆发的主要罪责归之于英国和波兰，并向他的读者们信誓旦旦地说，没有一个民族像德国人那样顽强地抵抗了希特勒。他论证说，德国对于市政中心的轰炸与盟军的恐怖攻击相反，是符合国际法的。

大多数德国史学研究——学校教材也是同样的情形——既不接受德约对于过去的批判性反省，也不接受胡巴齐盲目的辩解。第三帝国的罪行是被清楚地认识到了的，然而对第三帝国与德国过去之间的关系的探索还很肤浅。照伊曼努尔·盖斯的说法，此种史学研究的基本假定乃是“20 世纪德国历史的非连续性的论点”。[130] 希特勒不大好纳入德国史的框架，因而必须被理解为一种本质上外在于德国传统的欧洲现象。德国保守主义就此可 261
以得到复原。任何赞颂普鲁士-德国的权力国家(*Machtstaat*)或者贬低政治民主的企图——像是德国史学家直到 1945 年前普遍在做的那样——都不再可能。种族色彩的历史概念已经是不可思议的了。的的确确，在魏玛共和时以奥托·维斯特法尔、约翰内斯·霍勒或者迪特里希·夏夫这样一些人为代表的极端民族主义右翼的史学传统，一劳永逸地消亡了；随之一道消亡的，还有那种背后被人捅了一刀的传奇*。昨日的英雄（包括鲁登道夫）都成了今天的恶棍，而在第一次世界大战中试图修正进行吞并的战争目标的贝特曼-霍尔维格，则恢复了名誉。简而言之，魏玛共和国时期得到忠诚于共和国的温和派（弗里德里希·梅尼克、奥托·辛策、赫尔曼·昂肯和瓦尔特·戈茨）维护的、曾经是少数派的立场，而今成为了历史思想的主流。[131]

然而，这种新的主导性的取向仍旧是保守的和民族主义的，并且延续了德国历史主义的传统。很多人投入了巨大的精力致力于恢复普鲁士形象的各项研究。很少有人严肃地审视俾斯麦的形象，或者是俾斯麦1871年所创建的国家的合理性。埃里希·埃克想要做这桩事情，然而他那本被吉哈德·里特尔称为"首部基于对史料的批判性考察的杰出的俾斯麦传记"[132]的杰作[133]，却受到了批评，并且令人吃惊的是，它对于德国随后有关俾斯麦的论著并没有产生什么影响。诸如瓦尔特·布斯曼、汉斯·罗斯菲尔斯、维纳·孔茨这样一些历史学家和别的人们，依然相信俾斯麦对于德国问题的解决之道乃是在具体时间背景下唯一可行的[134]，而且他所创建的德国在国家本质上是健全的。[135]俾斯麦绝不应该为他后继者的错误而负责。[136]俾斯麦的形象的确得到了修正，并且这下他更像是一位欧洲人，而不是一位德国人和最后一位"伟大的内阁政治家"。事实上，在罗斯菲尔斯看来，俾斯麦是一位罕见的政治家，在面对他当时的公众舆论压力时，能够洞察到民族主义的局限性。对俾斯麦而言，国家具有比民族更高的价值。罗斯菲尔斯认为很重要的一点在于，普鲁士从来就不是一个纯正的日耳曼国家，而是一个囊括了日耳曼人、斯拉夫人和东部波

* 此处当指在德国曾长期流传的关于犹太人的阴谋叛卖导致战争失败的传言。

罗的海人等在内的多民族的国家。在此意义上，俾斯麦的第二 262
帝国作为欧洲国家共同体的一员，在所有方面都与第三帝国正相反对。[137]

德国史学的民族传统就这样在世界大战之后的历史著述中得到了保存。然而，与此同时，在历史学家所选取的主题以及他们的方法论假定和政治价值方面，也出现了明显的转向。

新的结构史（*Strukturgeschichte*）学派代表了与传统历史学实践的急剧断裂。卡尔·兰普雷希特似乎最终取得了胜利。一群重要的德国历史学家，包括慕尼黑的弗里茨·瓦格纳、海德堡的维纳·孔茨、汉堡的奥托·布鲁纳和科隆的西奥多·谢德尔，日益转向社会科学的方法。社会史在德国并不是什么新东西。西摩勒和辛策就是它重要的前驱。但是，直到第二次世界大战，经济史家和制度史家都还或多或少地共享民族的史学传统。他们强调国家和伟人以及民族体制中独特因素的核心作用。新的社会史家们则认识到了非个人的社会力量的强大。正如西奥多·谢德尔所指出的，“对于历史变迁的典型化过程（*Abläufe*）的探求开始取代了一百年前个体性原则所占有的位置”。[138]

这些历史学家们拒绝李凯尔特在两种科学的方法之间所做出的区分。试图在个别社会现象之中找到一致性的韦伯的理想类型概念，似乎对于历史学家来说成为必不可少的了。[139]德国社会史家们日益转向西方的模式和美国社会科学。他们尤其是将注意力投向围绕着《经济、社会、文明年鉴》杂志的那些法国史学家，这些史学家秉承吕西安·费弗尔、马克·布洛赫和费尔南·布罗代尔的传统，高度重视普通人的物质生活，并探索历史在结构上的连续性。[140]在他们看来，古典的德国史学属于一个前工业化、前科技的时代。

1962 年，弗里茨·瓦格纳在一篇关于兰克历史观的文章中，再一次列举了它的种种谬误之处：它完全没有看到社会力量对于

政治所产生的影响，以及科学和技术导致战争发生转型的效
263 应。[141]全新的社会条件需要全新的历史学方法。新的社会史家们还是承认，政治因素在社会结构的变迁中所发挥的作用不容忽视，而且像列宁这样的个人在创造新的结构时起到了决定性的作用并赋予了这些结构以他们个人的印记，或者像希特勒那样，在破坏各种结构时起到了举足轻重的作用。[142]然而，一定不能将政治史和个人的首创性与某一社会背景脱离开来。

于是，结构史在很大程度上就依然还只是一个在缓慢地付诸实践的方案。与我们刚才所讨论的老一辈关注政治的史学家——德约、梅尼克、赫兹菲尔德、里特尔、罗斯菲尔斯——相反，结构史的倡导者们——孔茨、布鲁纳、谢德尔和瓦格纳——就能够相对较为平稳地度过希特勒时代。对他们来说，1945 年标志着比在他们的长辈看起来要急剧得多的与德国过去的断裂。他们的历史观和历史著述中根本性的东西乃是非连续性的观念，那是随着技术性大众社会的出现而进入到历史世界之中的。现代工业时代与过去的急剧断裂这一观念，对于 1945 年之后的时期来说并不新颖。那是早在 20 世纪 30 年代在德国的社会思想中就已经提出来了的[143]，尽管历史学家还没有严肃地来看待这一问题。非连续性的概念就使得有可能将纳粹主义视作一个只有着些许德国根源的一种现代欧洲的现象。谢德尔指出，自从法国革命以来，恐怖主义就与革命如影随形。然而，他认为，1918 年之前在德国并没有什么革命传统，而恐怖主义也并不为人所知。谢德尔接着指出，奥斯威辛的根源不在于“德国的奴性”，而在于作为技术化、官僚化时代的现象的非人化。[144]谢德尔、孔茨和瓦格纳比我们所探讨过的那些更早的历史学家们更是生活在一个双重世界之中。他们更加能够以一种广阔的、历史性的视野来看待德国的民族国家及其过去。与此同时，他们又依然深深依恋着这个民族和唯心主义传统。在进行纲领性的论述时他们超越了这一点；

然而,他们大多数的历史著述又依旧遵循着传统的路数,在方法论取向和政治评判上都是如此。[145]

对于结构史的强调,在德国还是确定无疑地促进了对于社会史日益增长的兴趣。新一代学者在谢德尔和孔茨所指导的研讨班中成长起来了。他们倾向于民主,对于国外尤其是法国和美国 264
的史学潮流了如指掌,并且在方法论和政治价值观两方面都终于摆脱了德国唯心主义传统。从事社会史研究的研究机构一下冒出来了许多,比如说维纳·孔茨在海德堡的社会经济史研究所。人们对于德国劳工运动发生了特殊的兴趣。大量的注意力首次被投向了社会制度的比较研究。孔茨、谢德尔、布鲁纳、汉斯·蒙森以及别的一些人一再强调,必须克服社会史与政治史之间过去的那种分离状态,并且需要提出一种方法论,将社会学重在结构的和进行概括的取径与政治史家个别化的和重在事件的研究视角整合起来。一个尚未产生出重大成果的雄心勃勃的研究计划,已经在哥廷根的马克斯-普朗克研究所启动了。在迪特里希·吉哈德——弗里德里希·梅尼克的一个学生,纳粹时期移民到了美国,并一直与华盛顿大学保持着密切关系——的指导下,该研究所的现代史研究室正致力于18世纪德国与别国的法团体制和绝对君主制之间内在关联的广泛的比较研究。[146]

倘若说对社会史的关注表明了与古典德国史学的传统方法论的决裂,那么对于刚刚过去的时段的历史(*Zeitgeschichte*)的浓厚兴趣,就标志着与传统政治价值的更加鲜明的断裂。对德国史学而言,无论是倾向于保守还是自由,1933—1945年之间的岁月乃是一段无法抹去的令人困窘的经历,"尚未完结的过去"(*unbewältigte Vergangenheit*)。[147]年轻的历史学家曼弗雷德·施伦克最近评论道:

或许,迄今没有一个近代欧洲的民族是德国人在希特勒

> 体制终结以后那样，在自身的历史中面对着如此剧烈的一场军事、政治和精神上的破产。这不仅是一个国家分崩离析（*Staatszerbrechen*）的问题，就像法国自从大革命以来经历过了好几次的那种情形，而是这样一个问题：一个分崩离析的（*Staatszerbrechen*）国家背负着国家所犯下的人们无法想象的罪孽。[148]

265 大量的德国当代史都涉及了纳粹时期和魏玛共和国，并且较小程度上也涉及了威廉时期。研究纳粹时期的一个主要的中心，是由联邦政府和州政府资助的慕尼黑的当代史研究所（*Institut für Zeitgeschichte*）。自 1953 年起，该研究所出版了原本由西奥多·埃森博格和汉斯·罗斯菲尔斯编辑的《当代史季刊》（*Vierteljahrhefte für Zeitgeschichte*）和一系列重要的专题论文集。从一开始，该研究所就为政府在战争罪行和去纳粹化的各种具体案例中提供专家意见。这家研究所和这份杂志将它们的使命更广泛地看作是对 1917—1918 这一关键年头欧洲在世界事务中的主导性角色结束后现代世界中各种政治力量的总体研究。[149]该研究所不仅关注纳粹主义现象，也关注一般而言的极权主义运动，并且还坚持不懈地研究纳粹时期的种种异常现象。在这方面，它得到了整体上依然正面看待德国传统的德国史学家们的支持；比如说，汉斯·罗斯菲尔斯、汉斯·赫兹菲尔德、西奥多·谢德尔和维纳·孔茨，以及对他们的先辈更加持有批判态度的年轻一辈的史学家们。

或许，这种支持之所以还有可能，乃是因为《当代史季刊》总的来说并没有试图在德国的过去之中去找寻纳粹极权主义的起源。就像汉斯·罗斯菲尔斯在《季刊》创刊号的导言中所写的，该杂志既试图避免自我羞辱，又要避免强作辩护。[150]即便是库尔特·松特海默对于魏玛共和国时期反民主思想的研究，也基本上没有到战前的传统中去寻找 20 世纪 20 年代德国右翼政治思想的根源。[151]德国政治传统的连续性问题很少被人提出。基本上，对于抵抗的叙述与里特尔和罗斯菲尔斯所提出的如出一辙。作者们把军队中很大一部分视作是属于反对希特勒的“另一个德国”的，并且试图保护抵抗运动，使之免于被指控为内奸。[152]

对当代史的关注，导向了对历史和政治科学之间关系的根本性的重新评估。政治科学在 19 世纪早期作为一门学术性的学科就已经在德国消亡了。历史主义关于其本身即是目的的历史性国家的观点，取代了它的位置。对于抽象的政治和政治伦理的研 266
究，让位于对具体的历史性国家的研究。德国史学中所呈现的国家观相当狭隘，即将普鲁士-德国君主制绝对化成为典范性的国家。这样一种国家观没有给对于现代工业条件所激发的社会和政治力量的理解留下什么余地。只是到了魏玛共和国时期，对于政治的严肃关注作为一门学科才出现了。然而，20 世纪 20 年代在柏林建立的政治大学(*Hochschule für Politik*)作为一个成人教育中心，要到 20 世纪 50 年代作为奥托·苏尔研究所(Otto Suhr Institute)合并进入柏林自由大学后，才得到了学界的承认。政治科学的第一批教席是在 1950 年设立的。到 1962 年，在联邦德国 18 所大学中的 12 所教授了政治科学。设立这些教席的推动力量更经常地是来自急于在公众中发展起民主意识的各州，而不是仍然相对保守的各所大学。[153]随着历史学家们——特别是那些由于脱离保守的民族传统而很难取得传统的史学教席的人——获得了新的政治科学教席的任命，而政治科学家开始担当了当代史的教席，历史与政治科学之间的分界线变得含糊起来了。如果说历史学以其对于特殊事物的强调而一度确定了国家的概念的话，那么，政治科学以其对于概括、模型和理想类型的关注就影响了历史写作。最为重要的这一类历史学的尝试是卡尔·布拉赫两部里程碑式的著作：《魏玛共和国的解体》[154]和《国家社会主义党人对权力的攫取》[155]。布拉赫直截了当地问道，若非以“大众民主时代的政治科学”的分析工具相补充，传统史学的个别化方法是否足以理解国家社会主义党人的掌权？布拉赫的研究是在“政治乃是争夺国家权力的斗争”这一假定之上展开的，并且试图以某种民主制中政治权力走向衰微的模型来分析纳粹的掌权。[156]

虽然结构史、当代史和政治科学呼唤着一种新的国家概念，它们本身却并不需要对于传统政治价值的根本重估；然而，在许
267 多历史学家看来，他们却需要这种重估。弗里茨·菲舍尔的《德国在第一次世界大战中的目标》[157]这样一部在方法论上更加传统的著作中，包含了对于德国政治遗产更直接得多的挑战。菲舍尔几乎完全是依赖官方档案来进行研究，甚至于拒绝将回忆录当作第一手文献。他利用外交部的微缩胶卷档案，并且还首次广泛利用了目前位于波茨坦和东德梅斯堡的普鲁士和德国帝国政府的中央档案馆，对第一次世界大战中德国的战争目标进行了分析。从 1914 年 9 月官方计划的首次披露到崩溃前夜，德国政府的战争目标都始终一贯地是扩张主义的。不仅主张泛日耳曼主义的将军们，而且还有被认为是温和派的文职领导人（比如贝特曼-霍尔维格），都想要确立德国世界强国的地位，并确保德国在欧洲的霸权。政府战争目标的计划要求：吞并比利时的全部或一部分以及法国具有工业价值的部分，德国领土东扩，创建一个德国主导的中欧共同市场，在分别从俄国或英国的控制中摆脱出来的东欧地区或阿拉伯世界确立德国政治势力的范围，并且在中非形成一个稳固的德国殖民帝国。菲舍尔驳斥了对这些帝国主义的战争目标“进行了抵制的传说”。[158]这些目标得到了各个方面的政治舆论的广泛支持，包括多数派社会民主党、中间派和自由主义倾向的教授们。大体上，第一次世界大战的目标与纳粹在第二次世界大战中的那些目标相去不远，并且在菲舍尔看来，此书“有助于解答从第一次到第二次世界大战德国历史连续性的问题”。[159]

吉哈德·里特尔指责弗里茨·菲舍尔的著作缺乏学术和政治上的责任感，并且说他“不由得掩卷叹息而为下一代人深感担忧”[160]。然而，菲舍尔的研究在德国还是得到了严肃的对待，即便大多数人对之持批判态度。[161]《历史杂志》上刊载了围绕菲舍尔的论点而展开的争论。[162]在柏林召开的德国历史学会 1964 年年会和在维也纳召开的国际历史科学大会 1965 年年会都专门安排了对这一问题的讨论。这个问题仍然保持着充沛的活力，并且甚至在菲舍尔的批评者那里也引起了对于德国历史连续性问题的重新审视。弗里茨·菲舍尔的一位学生在一项重要的研究中，试图 268
分析德国统一时期经济利益、社会结构和政治之间的互动。[163]埃卡特·克尔的论文此时被重新刊印就一点也不奇怪了。[164]

而今，在 20 世纪 60 年代的后期，我们就不再能够谈论某种德国史学的主要传统了。德国历史主义的学术预设和政治价值在当前的德国史学中还保持着活力，然而它们不再能够以过去那样大的程度主宰历史思想或历史写作了。随着年轻一代德国史学家总体上更加脱离了德国唯心主义的传统并日渐将历史学看作一门国际性的科学，德国历史学与别的地方的历史学之间的鸿沟缩小了。与西方国家一样，我们也面临着历史哲学和取向的多样性，因为德国历史学家们也日渐意识到了社会科学和行为科学适用于历史研究之处。在保守的民族政治传统的遗迹旁边，出现了越来越多的服膺于民主价值的史学家。

1945 年之后接受训练的历史学家们走上大学教席的换班过程刚刚开始。在魏玛时期受教育、以第一次世界大战为其主要经历的上一代“辉煌的老人们”——里特尔、罗斯菲尔斯、德约、赫兹菲尔德——已经退休或者过世了。如今，历史教席大都是掌握在魏玛共和国时期受训练、在第三帝国时期开始他们的职业生涯的那一辈学者手中。1945 年后改变了的现实，迫使这批人去反省他们的方法论观点和他们的政治价值观。这一代人中的一些史学家，如谢德尔、孔茨和瓦格纳依然在情感上对于唯心主义的观念和传统的民族价值依依不舍，然而他们还是深刻地认识到了传统德国史学的不当之处。他们与弗里茨·菲舍尔和汉斯·赫兹菲尔德一道，培养了新一代对于德国政治和史学传统更加带有怀疑眼光的学者，这些学者目前正在取得大学教学资格的过程之中，其中的个别人实际上已经取得了大学教席。未来的年月里，我们将会看到，这些服膺于民主并且对历史有着更加广阔的社会视野的年轻学者们，是否能够在德国史学中占据更加显赫的地位。

注释

1. 瓦尔特·戈茨，“当代德国的历史写作”，载《当代史学家》(Walter Götz, “Die deutsche Geschichtsschreibung der Gegenwart”, in *Historiker meiner Zeit*, Köln, 1957, p. 419)。

344 2. 对于梅尼克《国家理性的观念》一书的评论，就像是20世纪20年代德国学界的政治气氛的一个有趣晴雨表。即便像是赫尔曼·昂肯这样一位在《德国文学时报》(*Deutsche Literaturzeitung*, NF 3(1926), pp. 1304—1315)上与魏玛共和国达成了和解的史学家，也断然地拒绝那种认为在过去德国思想或政策给权力赋予了一个不适当的地位的观点。卡尔·施密特的《社会科学档案》(*Archiv für Sozialwissenschaft*, 56(1926), pp. 226—234)中反对梅尼克的伦理与政治的二元论。更具同情心的是吉哈德·里特的《科学与青年教育新年鉴》(*Neue Jahrbücher für Wissenschaft und Jugendbildung*, Ⅰ(1925), pp, 101—114)。

3. 参见汉斯·科恩，《德国历史：一些新的德国观点》(Hans Kohn, *German History, Some New German Views*, 前引书，第33页)；弗朗兹·施纳贝尔，《19世纪德国史》第一卷(Franz Schnabel, *Deutsche Geschichte im neunzehnten Jahrhundert*, Ⅰ, Freiburg i. B., 1929, pp. 100—101)。

4. “魏玛时期德国历史著述中的国家与民族”，见《论文选》(“Staat und Nation in der deutschen Geschichtsschreibung der Weimarer Zeit” in *Ausgewählte Aufsätze*, Berlin, 1962, p, 51)。

5. 特勒尔奇，《旁观者的信》(*Spektatorbriefe*, 前引书，第68、69、153、159、165—166、172页)；参看科尔曼，“魏玛共和国剖析”，载《历史杂志》(E. C. Kollman, “Eine Diagnose der Weimarer Republik”, *HZ*, 182(1956), p.

303)。

6. 汉斯·赫兹菲尔德,“当代德国的历史写作”(见注 1),第 55 页。

7. 参见赫尔曼·昂肯,“德国历史的意义”(发表于 1924 年),见《民族与历史:1919—1935 年讲演与论文集》(Hermann Oncken, “Der Sinn der deuschen Geschichte”, in *Nation und Geschichte. Reden und Aufsätze, 1919—1935*, Berlin, 1935, pp. 15—44,尤其是第 36 页)。

8. 路德维希·德约,“兰克与德国帝国主义”,载《历史杂志》(Ludwig Dehio, “Ranke und der deutsche Imperialismus”, *HZ*, 170(1950), pp. 307—328)讨论了马克斯·伦茨、汉斯·德尔布吕克、奥托·辛策、赫尔曼·昂肯、埃里希·马尔克斯和弗里德里希·梅尼克。汉斯-海茵茨·克里尔,《兰克的复兴:马克斯·伦茨与埃里希·马尔克斯,1880—1935 德国历史与政治思想研究》(Hans-Heinz Krill, *Die Rankerenaissance. Max Lenz und Erich Marcks. Ein Beitrag zum historisch-politischen Denken in Deutschland, 1880—1935*, Berlin, 1962)。

9. 参见克里尔(注 8),第 4 页。

10. 参见由奥托·辛策、弗里德里希·梅尼克、赫尔曼·昂肯和赫尔曼·舒马赫(Hermann Schumacher)编《德国与世界大战》(*Deutschland und der Weltkreig*, Berlin, 1915),此书收有辛策、特勒尔奇、德尔布吕克、马尔克斯、梅尼克和其他人关于该主题的文章;又见施瓦布,“第一次世界大战中德国教授们的政治立场”,载《历史杂志》(K. Schwabe, “Zur politischen Haltung der deutschen Professoren im Ersten Weltkreig”, *HZ*, 193 (1961), pp. 601—634);还可参见亨利·科德·梅耶,《1815—1945 年德国思想与行动中的中欧》(Henry Cord Meyer, *Mitteleuropa in German Thought and Action, 1815—1945*,前引书)。关于德尔布吕克,见安尼利斯·提姆,《作为威廉时代批判者的德尔布吕克》(Annelise Thimme, Hans *Delbrück als Kritiker der Wilhelminischen Epoche*, Düsseldorg, 1955)。

11. 梅尼克,“德国大学与当今国家”(“Die deutschen Universitäten und der heutige Staat”),发表于 1926 年,见《文集》,Ⅱ,第 407 页;参见特勒尔奇,《旁观者的信》,第 305—306 页;又见瓦尔德马·贝森,“弗里德里希·梅 345
尼克与魏玛共和国”,载《当代史季刊》(Waldemar Besson, “Friedrich Meinecke und die Weimarer Republik”, *Vierteljahrshefte für Zeitgeschichte*, 7(1959), pp. 113—129)和科尔曼(注 5)。

12. 梅尼克,“德意志共和国的宪法与管制”(“Verfassung und Verwaltung der deutschen Republik”),写于 1918 年 11 月,载《文集》,Ⅱ,第 281 页。

13. 同上文,第 282 页;参见贝森(注 11)。

14. 瓦尔特·戈茨,"当代德国的历史写作"(注 1),第 421 页。

15. 对于 20 世纪 20 年代有关俾斯麦的文献的讨论,见劳伦斯·D. 斯特菲尔的文献综述"俾斯麦",载《现代史杂志》(Lawrence D. Steefel, "Bismarck" in *Journal of Modern History*, 2(1930), pp. 74—95);又见古奇,"德国的修正主义",见《泰晤士报文学副刊》(G. P. Gooch, "Revisionism in Germany" in *Times Literary Supplement*, Jan. 6, 1956)。埃克(Erich Eyck)到了 1933 年之后才写了他那部关于俾斯麦的重要著作《俾斯麦生平与业绩》,而该书是在他流亡时出版的(*Bismarck, Leben und Werk*, Zürich, 1941—1944)。参见理查德·H. 鲍尔,"法伊特·法伦丁,1885—1947",载《20 世纪若干历史学家》(Richard H. Bauer, "Veit Valentin, 1885—1947", in *Some 20th-Century Historians*, S. William Halperin, ed. Chicago, 1961, pp. 103—141),以及威廉·H. 迈尔,"埃里希·埃克,1878—"(William H. Maehl, "Erich Eyck, 1878—"同上书,第 227—253 页)。在对俾斯麦持批判态度的著作中,要提到约翰内斯·柴库什三卷本的《德意志帝国现代政治史》(Johannes Ziekursch, *Politische Geschichte des neuen deutschen Kaiserreiches*, Frankfurt, 1925—1930);此外还有阿瑟·罗森博格,《德意志共和国的形成:*1871—1918*》(Arthur Rosenberg, *Die Entstehung der deutschen Republik, 1871—1918*, 英译本为 *The Birth of the German Republick, 1871—1918*, Ian F. D. Morrow, trans. New York, 1931);H. 康托洛维奇,《从联邦主义的角度来看俾斯麦的业绩》(H. Kantotowicz, *Bismarck's Werk im Lichte der föderalistischen Kritik*, Ludwigsburg, 1921)。

16.《一般宪法史论文集》(*Gesammelte Abhandlungen zur allgemeinen Verfassungsgeschichte*, 3vols. Fritz Hartung, ed. Leipzig, 1941—1942)。吉哈德·奥斯特里奇(Gerhard Oesterreich)编辑了第 1 卷《国家与宪法》(*Staat und Verfassung*)一个收罗更广泛的版本(Göttingen, 1964)。参见第 2 卷《社会学与历史学》(*Soziologie und Geschichte*, Göttingen, 1964)和第 3 卷《统治与管理》(*Regierung und Verwaltung*, Göttingen, 1967)。

17. 弗里茨·哈同(Fritz Hartung)在《一般宪法史论文集》(注 16,第 1 卷,第 5—23 页)中写了一篇传记性文章,并在《勃兰登堡和普鲁士史研究》(*Forschungen zur brandenburgischen und preussischen Geschichte*, 52 (1941), pp. 199—233)写了一篇悼文,重印于哈同,《新时代的国家建设能力:论文集》(*Staatsbildende Kräfte der Neuzeit. Gesammelte Aufsätze*, Berlin, 1961, pp. 496—520)。更具洞见的当是 H. O. 迈斯纳,"奥托·辛

策的毕生业绩”，载《历史杂志》（H. O. Meisner，“Otto Hintzes Lebenswerk”，*HZ*，164（1941），pp. 66—90），不幸的是最后几句话歪曲了奥托·辛策对于魏玛共和的立场以取悦于纳粹统治。

18. 柏林，1916。辛策著述的全部目录，见《一般宪法史论文集》，第 1 卷，第 460—468 页。

19. “就职演说”，见《会议纪要》（“Antrittsrede”，in *Sitzungsberichte*（1914），pp，745—746）。

20. “论个人主义和集体主义的历史观”，载《历史杂志》（“Über individualistische und kollektivistische Geschichtsauffassung”，*HZ*，78（1897），pp. 60—67）。 346

21. “特勒尔奇与历史主义问题”，载《历史杂志》（“Troeltsch und die Probleme des Historismus”，*HZ*，135（1927），pp. 188—239）；尤其参见第 200—201、226—227 页。

22. 参见吉哈德·奥斯特里奇，“奥托·辛策论政治科学与社会学”，载《奥托·辛策：社会学与历史学》（Gerhard Oestreich，“Otto Hintzes Stellung zur Politikwissenschaft und Soziologie”，in *Otto Hintze，Soziologie und Geschichte*，2nd ed.），注 16。

23. “现代国家的本质与变迁”（普鲁士科学院哲学-历史讲习班），载《会议纪要》（“Wesen und Wandlung des modernen Staats”，in *Sitzungsberichte*（1931），p. 790）。

24. “社会学与历史学的国家观：论弗朗兹·奥本海默的社会学体系”，载《政治科学期刊》（“Soziologische und geschichtliche Staatsauffasung. Zu Franz Oppenheimers System der Soziologie”，in *Zeitschrift für die gesamte Staatswissenschaft*，86（1929），pp. 38—39）；参见赫兹菲尔德“当代德国的历史写作”，第 59 页。

25. “现代国家的本质与变迁”（注 23），第 792 页；对鲁道夫·西蒙德《宪法与宪法权利》（Rudolf Smend，*Verfassung und Verfassungsrecht*）的书评，*HZ*，139（1929），第 561 页。

26. “作为历史个体的现代资本主义：关于桑巴特著作的批判性报告”（“Der moderne Kapitalismus als historisches Individuum. Ein kritischer Bericht über Sombarts Werk”），载《一般宪法史论文集》，第 2 卷，第 71—123 页，以及“现代资本主义时期的经济与政治”（“Wirtschaft und Politik im Zeitalter des modernen Kapitalismus”），同前书，第 2 卷，第 124—149 页。

27. “特勒尔奇与历史主义问题”，注 21，第 188—239 页，尤其是第 209—214、233—234 页。

28. “作为历史个体的现代资本主义：关于桑巴特著作的批判性报告”（“Der moderne Kapitalismus als historisches Individuum. Ein kritischer Bericht über Sombarts Werk”），载《一般宪法史论文集》，第 2 卷，第 71—123 页，以及“现代资本主义时期的经济与政治”（“Wirtschaft und Politik im Zeitalter des modernen Kapitalismus”），同前书，第 2 卷，第 219、229—230 页。

29. 同上书，第 207 页。

30. 参见“凯尔森的国家学说”（“Kelsens Staatslehre”），*HZ*，135（1927），第 75 页；对卡尔·施密特《宪法学》（*Verfassungslehre*）的评论，见 *HZ*，139（1929），第 564 页。

31. 对鲁道夫·斯蒙德（Rudolf Smend）《宪法与宪法权利》（*Verfassung und Verfassungsrecht*）的评论，见 *HZ*，139（1929），第 562 页；“现代国家的本质与变迁”（注 23），第 809 页。

32. “现代国家的本质与变迁”，第 804—806 页。

33. “现代资本主义时期的经济与政治”（注 26），第 130—132 页。

34. 埃卡特·克尔，“新近的德国历史写作”，载《国内政治的优先性》（Eckart Kehr，“Neuere deutsche Geschichtsschreibung”，in *Der Primat der Innenpolitik*，Hans-Ulrich Wehler，ed. Berlin，1965，p. 259）。

35. 由一位极其保守的历史学家格奥尔格·冯·贝娄和 1901 年加入了社会民主党的哈特曼共同编辑。1903 年创刊的《社会经济史季刊》及其后继者 *Zeitschrift für Sozial-und Wirtschaftsgeschichte*（《社会经济史期刊》）的早期供稿者包括西奥多·蒙森、卡尔·兰普雷希特、库尔特·布雷斯希、格奥尔格·冯·贝娄和维纳·桑巴特。关于这份杂志的早期历史，见赫尔
347 曼·奥本，“社会经济史季刊第 50 卷致辞”（Hermann Aubin，“Zum 50. Band der Viertelsjahrschrift für Sozial-und Wirtschaftsgeschichte”，同上书，50（1963），pp. 1—24）。

36. 库尔特·布雷斯希，《现代文化史》（*Kulturgeschichte der Neuzeit*）；《历史的形成》（*Vom geschichtlichen Werden*）；《德国精神及其特性》（*Vom deutschen Geist und seiner Wesensart*）；《人类史》（*Die Geschichte der Menschheit*）；《世界史的阶段和规律》（*Der Stufenbau und die Gesetze der Weltgeschichte*）。

37. “新近的德国历史写作”（注 34），第 259 页。

38. 《海军的建立与政党政治，1894—1901 年：德国帝国主义国内政治、社会和意识形态前提的剖析》（*Schlachtflottenbau und Parteipolitik 1894—1901. Versuch eines Querschnitts durch die innenpolitischen，sozialen und*

ideologischen Voraussetzungen des deutschen Imperialismus, Berlin, 1930)。

39. 关于埃卡特·克尔的传略，见汉斯-乌尔利希·维勒(Hans-Ulrich Wehler)给《国内政治的优先性》(注 34)写的“导言”，第 1—29 页。

40. 见维勒“导言”，同上书。

41. “新近的德国历史写作”，第 261 页。

42. 从流亡中返回的社会学家如西奥多·阿多诺、马克斯·霍克海默、赫尔穆特·普勒斯纳(Helmuth Plessner)，政治科学家如恩斯特·弗兰克尔(Ernst Fraenkel)和奥斯普·弗莱西特海姆(Ossip Flechtheim)，都是倾向民主的。

43. 参见弗里茨·斯特恩，《文化绝望的政治：德国意识形态兴起之研究》(Fritz Stern, *The Politics of Cultural Despair, A Study in the Rise of the Germanic Ideology*, Berkeley, 1961)；格奥尔格·卢卡奇，《理性的毁灭》(Georg Lukacs, *Die Zerstörung der Vernunft*, Berlin, 1954)，这是对作为“帝国主义时代一种国际性现象”的 19 世纪和 20 世纪非理性主义的具有挑战性的马克思主义解释。卢卡奇在此书中着重研究了威廉·狄尔泰、奥斯瓦尔德·斯宾格勒、马克斯·韦伯、马丁·海德格尔和卡尔·施密特。

44. 参见休斯《奥斯瓦尔德·斯宾格勒：批判性评估》(H. Stuart Hughes, *Oswald Spengler. A Critical Estimate*, New York, 1952)中对于 1911 年的思想特质的讨论。

45. 参见瓦尔特·罗尔芬，《威廉时期德国的进步信念》(Walter Rohlfing, *Fortschrittsglaube im Wilhelminischen Deutschland*，前引书)。

46. 西奥多·莱辛，《历史学就是给无意义者赋予意义》(Theodore Lessing, *Geschichte als Sinngebung des Sinnlosen*, 2nd ed. München, 1921)。

47. 见莱辛写于 1927 年的对批评他的人的批评，见《历史学就是给无意义者赋予意义》(*Geschichte als Sinngebung des Sinnlosen*, Hamburg, 1962, pp. 9—28)的“前言”。尽管莱辛将任何对于历史发展的重构都视作建立神话，他还是乐于承认单纯事件的客观性，但并不认为历史也是如此。

48. “论评价历史事物的标准”(“Über Maβstäbe zur Beurteilung historischer Dinge”, *HZ*, 116(1916), pp. 1—47)。

49. 特勒尔奇对奥斯瓦尔德·斯宾格勒《西方的没落》(*Der Untergang des Abendlandes*)的评论，见《全集》第 4 卷，第 684 页。

50. 《历史主义的危机》(*Die Krisis des Historismus*, Tübingen, 1932)。 348

51. “社会科学认识和社会政策认识中的‘客观性’”，前引书，第 155 页；参见

《社会科学方法论》,第 58 页。

52.“历史主义”,载《社会科学与社会政策档案》(“Historismus”,*Archiv für Sozialwissenschaft und Sozialpolitik*,52(1924),pp. 1—60)。

53.爱德华·斯普朗格,“文化周期理论与文化衰落问题”,载《精神文化》(Eduard Spranger,“Kulturzyklentheorie und das Problem des Kulturzerfalls”,*Geisteskultur*,38(1929),pp. 65—90)。

54.埃里希·罗萨克,《精神科学导论》(Erich Rothacker,*Einleitung in die Geisteswissenschaften*,Tübingen,1920);《精神科学的逻辑与体系》(*Logik und Systematik der Geisteswissenschaften*,München,1926)。

55.《精神科学的逻辑与体系》。

56.参见科洛科夫,《决断:恩斯特·云格尔、卡尔·施密特、马丁·海德格尔研究》(Christian Graf von Krockow,*Die Entscheidung. Eine Untersuchung über Ernst Jünger,Carl Schmitt,Martin Heidegger*,Stuttgart,1958)。

57.第一部分,第 6 版(Tübingen,1949)。第一部分初版于 1927 年;第二部分从未面世;英文版名为 *Being and Time*(John Macquarrie and Edward Robinson,trans. London,1962)。

58.阿尔弗雷德·赫斯,《历史的丧失》(Alfred Heuss,*Verlust der Geschichte*,Göttingen,1959)。

59.莱因哈德·维特拉姆,《对历史的兴趣》(Reinhard Wittram,*Das Interesse an der Geschichte*,Göttingen,1959,p. 97)。

60.同上书,第 95 页。

61.赫尔曼·海姆培尔《历史科学当前的使命》,见《向历史投降?》(Hermann Heimpel,“Gegenwartsaufgaben der Geschichtswissenschaft”, in *Kapitulation vor der Geschichte* Göttingen,1956,pp. 54—55)。

62.“新近德国历史的根本问题”(“Grundfragen der neueren deutschen Geschichte”,*HZ*,192(1961),p. 4);“历史意识的复原”,载《当代变迁中的国家与社会》(“Erneuerung des Geschichtsbewusstseins”,in *Staat und Gesellschaft im Wandel unserer Zeit*,München,1958,pp. 188—207);参见维纳·孔茨,“研究与授课用技术——工业时代的结构史”,载《北莱茵-威斯特法伦地区研究工作小组》,见《精神科学》(Werner Conze,“Die Strukturgeschichte des technisch-industriellen Zeitalters für Forschung und Unterricht”, in *Arbeitsgemeinschaft für Forschung des Landes Nordrhein-Westfalen. Geisteswissenschaften*,Heft 66,Cologne,1957);参见弗里茨·瓦格纳,“当代解释中历史学与社会学的汇合”(Fritz Wagner,“Begegnung von Geschichte und Soziologie bei der Deutung der

Gegenwart”，*HZ*，192(1961，pp. 607—624))；又见“兰克的历史图景与现代普遍史”，载《文化史档案》(“Rankes Geschichtsbild und die moderne Universalhistorie”，*Archiv für Kulturgeschichte*，XLIV(1962)，pp. 1—26)，以及《现代历史写作：从精神科学之哲学出发的展望》(*Moderne Geschichtsschreibung. Ausblick auf eine Philosophie der Geschichtswissenschaft*，Berlin，1960)。最后一个书名使得德国人能够熟悉法国、美国和英国社会史的趋向。

63. 里特尔，“一种新的战争罪责说？评弗里茨·菲舍尔《攫取世界权力》一书”(Gerhard Ritter，“Eine neue Kriegsschuldthese? Zu Fritz Fischers Buch Griff nach der Weltmacht”，*HZ*，194(1962)，p. 668)。

64. “历史学家的使命”(“Aufgaben des Geschichtsschreibers”，*HZ*，174(1952，pp. 251—268))。

65. 西奥多·李特，《重新唤醒历史意识》(Theodor Litt，*Die Wiedererweckung des geschichtlichen Bewusstseins*，Heidelberg，1956，p. 79)；参见《历史思想的 349
正途与歧路》(*Wege und Irrwege des geschichtlichen Denkens*，München，1948，München，1950)。

66. “精神科学教条主义的思维方式与历史主义问题”，载美茵茨科学与文学院，《精神科学与社会科学讲习班论文集》(“Die dogmatische Denkform in den Geisteswissenschaften und das Problem des Historismus”，in *Abhandlungen geistes-und sozialwissenschaftlicher Klasse*(1954)，No. 6，Wiesbaden，1954，p. 32)；参见《哲学辞典》(*Philosophen-Lexikon*，Berlin，1950，Ⅱ，pp. 375—382)中罗萨克的传略。

67. 《真理与方法》(*Wahrheit und Methode*，Tübingen，1960)；参见“解释学与历史主义”，载《哲学评论》(“Hermeneutik und Historismus”，in *Philosophische Rundschau*，9(1961—1962)，pp. 241—276)；《历史上的和当今的宗教》中的“历史性”一文(“Geschichtlichkeit”in *Religion in Geschichte und Gegenwart*，Ⅱ(1958)，pp. 1497—1498)。《历史杂志》发表了库恩(H. Kuhn)关于《真理与方法》的一篇篇幅颇长的评论；见“真理与历史理解：评伽达默尔的哲学解释学”(“Wahrheit und geschichtliches Verstehen. Bemerkungen zu H. G. Gadamers philosophischer Hermeneutik，”*HZ*，193(1961)，pp. 376—389)。其他对于 Geschichtlichkeit[历史性]概念的讨论，见鲍尔，《历史性：一个概念的正途与歧路》(Gehart Bauer，*Geschichtlichkeit：Wege und Irrwege eines Begriffs*，Berlin，1963)；赫尔曼·诺克，“历史性问题”，载《研究》(Hermann Noack，“Probleme der Geschichtlichkeit”，in *Studium Generale*，15(1962)，pp. 373—389)；奥古斯特·布鲁纳《历史性》(August

Brunner,*Geschichtlichkeit*,Bern,1961)对价值和真理的绝对历史性提出了质疑,还有瓦尔瑟·布鲁宁的《历史哲学》(Walther Brühning,*Geschichtsphilosophie*,Stuttgart,1961)。

68. 马丁·海德格尔显然修正了他早期的哲学立场。他的某些信徒开始谈论他的思想在第二次世界大战后的"转向"(Wende):从《存在与时间》中激进的存在主义立场到对于超越存在着的个体的某种本质性实在的承认。参见科洛科夫,前引书,第 3 章。

69. 瓦尔瑟·霍夫《哲学与政治之间的历史学:现代历史思想问题研究》(Walthe Hofer,*Geschichte zwischen Philosophie und Politik. Studien zur Problematik des modernen Geschichtsdenkens*,Basel,1956,p. 10);参见"历史学与政治"("Geschichte und Politik",*HZ*,174(1952),pp. 287—306);《历史写作与世界观:弗里德里希·梅尼克著作研究》(*Geschichtsschreibung und Weltanschauung. Betrachtungen zum Werk Friedrich Meineckes*,München,1950)。除了对历史主义的研究之外,瓦尔瑟·霍夫还对纳粹主义与第二次世界大战起源的研究做出了重要贡献;参见他的《第二次世界大战的发动》(*Die Entfesselung des 2. Weltkrieges*,Stuttgart,1954)。

70. 参见"历史学与政治",前引书。

71. 吉哈德·克吕格,"当代思想中的历史性",载《科学与当代》(Gerhard Krüger,"Die Geschichte im Denken der Gegenwart",in *Wissenschaft und Gegenwart*,No. 16,Frankfurt,1947);参见《史学与传统》(*Geschichte und Tradition*,Stuttgart,1948)。

72. 卡尔·洛维特"历史与历史主义的动力",载《伊拉诺斯年鉴》(Karl Löwith,"Die Dynamik der Geschichte und des Historismus",*Eranosjahrbuch*,221(1952),p. 252)。

73. 芝加哥,1949 年版,第 5 页。

350 74. "历史与历史主义的动力",前引书,第 247 页。

75. 芝加哥,1953 年,第 18 页。

76. 同上书,第 23—24 页。

77. 参见恩斯特·托皮奇,"自然法问题",载《国家》(Ernst Topitsch,"Zum Problem des Naturrechts",in *Der Staat*,1(1962),pp. 225—234)。

78. 卡尔·路德维希·林特伦,"历史主义与自然法",载《历史学与科学》(Karl Ludwig Rintelin,"Historismus und Naturrecht",in *Geschichte und Wissenschaft*,Ⅻ(1961),pp. 353—381)。

79. 罗伯特·科尔,"当代史与德国新保守主义",载《中欧事务杂志》(Robert

Koehl,"Zeitgeschichte and the New German Conservatism", in *Journal of Central European Affairs*, 20(1960), p. 156)。参见汉斯·蒙森,"政治科学与历史科学",载《当代史季刊》(Hans Mommsen,"Politische Wissenschaft und Geschichtswissenschaft", in *Viertelsjahrhefte für Zeitgeschichte*, 10(1962), pp. 341—372)。

80. 戈罗·曼给《世界史入门》第 8 卷写的"导言"(Golo Mann, *Propyläen Weltgeschichte*, Frankfurt, 1960—, p. 14)。与历史主义认为人没有本性而只有历史的立场截然相反的,是新版十卷本《世界史入门》的三篇长篇导论。阿尔弗雷德·赫斯(Alfred Heuss)在第 1 卷的导言中(第 19 页)指出,不能从一部进化史的角度来看曼的"内在于人的结构"。哲学家赫尔穆特·普勒斯纳花了五十多页的篇幅来探索"Condition Huamna"(人类的条件),也即在所有历史变迁中都体现出来的具体而持久的人类因素(前引书,第 1 卷,第 33—86 页)。

81. 卡尔·雅斯贝尔斯,《历史的起源与目标》(Karl Jaspers, *Vom Ursprung und Ziel der Geschichte*, Zürich, 1949);英文本(New Haven, 1953)。

82.《世界史入门》的"结论"("Schlussbetrachtungen", in *Propyläen Weltgeschichte*, Ⅹ, pp. 623—625)。

83. "新近德国历史的根本问题"("Grundfragen der neueren deutschen Geschichte", *HZ*, 192(1961), p. 3)。创刊于 1952 年、由奥斯卡·柯勒(Oskar Köhler)编辑的杂志 *Saeculum. Jahrbuch für Universalgeschichte*(《时代:普遍史年鉴》)反映了对于世界史的兴趣。同为编者的图宾根古代史教授约瑟夫·弗格特(Joseph Vogt)近来出版了平装本的《通向普遍史之路:从兰克到汤因比》(*Wege zum historischen Universum: Von Ranke bis Toynbee*, Stuttgart, 1961)。原先在美茵茨欧洲史研究所的奥特马·安德勒(Othmar Anderle)创立了萨尔茨堡理论史研究所。安德勒在 20 世纪 30 年代给 *Zeitschrift für Geopolitik*(《地缘政治杂志》)供稿时受到奥斯瓦尔德·斯宾格勒的深刻影响,而在战后则成为了汤因比的信徒。他的研究所和国际比较文明研究学会致力于不仅是对各种制度的比较研究,而且还传播这样的观点——某种历史形态学乃是可能的、存在着各种自足的文明、俄罗斯代表了一种不同于基督教的西方的文明,这种立场带有强烈的政治蕴涵。皮特·盖尔(Pieter Geyl)的文章"奥特马·
安德勒:作为一种教义的非理性",载《历史的邂逅》("Othmar F. 351
Anderle, Unreason as a Doctrine", in *Encounters in History*, Cleveland, 1961, pp. 328—330),严厉地批评了安德勒。

84. 莱茵霍尔德·维特拉姆,"事实与人类"(Reinhold Wittram,"Das Faktum

und der Mensch", *HZ*, 185(1958), p. 68)。

85. "德国历史写作的现状与将来的使命"("Gegenwärtige Lage und Zukunftsaufgaben deutscher Geschichtsschreibung", *HZ*, 170(1950), p. 9)。

86. 赫尔曼·海姆培尔,"历史科学当前的任务"(Hermann Heimpel, "Gegenwarts-aufgaben der Geschichtswissenschaft",前引书,第 63 页)。

87. "历史科学的类型",载《当代变迁中的国家与社会》("Der Typus in der Geschichtswissenschaft", in *Staat und Gesellschaft im Wandel unserer Zeit*, München, 1958, p. 172)。

88. 参见维纳·孔茨,"研究与授课用技术——工业时代的结构史",前引书,第 18 页。

89. "兰克与布克哈特",载《演讲与论文集》("Ranke und Burckhardt",柏林德国科学院, *Vorträge und Schriften*, Heft 27, Berlin, 1948);英译文见《德国历史:一些德国新观点》(*German History. Some New German Views*, Hans Kohn, ed. Boston, 1954, pp. 141—156)。

90. 弗里茨·瓦格纳,"兰克的历史图景与现代普遍史",载《文化史档案》(Fritz Wagner. "Rankes Geschichtsbild und die moderne Universalhistorie", in *Archiv für Kulturgeschichte*, 44(1962), pp. 6—7)。

91. 迪特里希·吉哈德(Dietrich Gerhard)在科隆的美国研究所和圣路易斯的华盛顿大学同时兼职;后来他执掌哥廷根的马克斯-普朗克历史研究所的现代欧洲史部,直到 1967 年夏天退休,尔后又继续在圣路易斯任教。汉斯·罗森博格(Hans Rosenberg)是柏林自由大学的访问教授。戈罗·曼从美国回来后成为斯图加特高等理工学院的教授,但此后又离开德国去了瑞士。共产党对战后德国史学的解释,见吉哈德·罗兹克(Gerhard Lozek)和霍斯特·塞尔比(Horst Syrbe)的《反历史的历史写作》(*Geschichtsschreibung contra Geschichte*, Berlin, 1964)。

92. 参见梅尼克,"我们历史的歧路"("Irrwege in unserer Geschichte",载《文集》第 4 卷,第 205 页)。关于东德对 1945 年以后西德历史学趋向的讨论,见维纳·波特霍尔德(Werner Berthold)、吉哈德·罗兹克和赫尔穆特·迈尔(Helmut Meier),"1945—1964 年西德历史写作的概况和发展趋势",载《莱比锡卡尔·马克思大学科学杂志》("Grundlinien und Entwicklungstendenzen in der westdeutschen Geschichtsschreibung von 1945—1964", in *Wissenschftliche Zeitschrift der Karl-Marx-Universität Leipzig*, 14(1965), pp. 609—622);吉哈德·罗兹克和霍斯特·塞尔比的《反历史的历史写作》;以及维纳·波特霍尔德,《……大饥荒与顺从》(*... großhungern und gehorchen*, Berlin, 1960)。

93. 亨利希·赫夫特,《19 世纪的德国自治》(Heinrich Heffter, *Die deutsche Selbstverwaltung im 19. Jahrhundert*, Stuttgart, 1950)。

94. 塞尔,《德国自由主义的悲剧》(F. C. Sell, *Die Tragödie des deutschen Liberalismus*, Stuttgart, 1953)。

95.《欧洲与德国问题:论德国政治思想的历史独特性》(*Europa und die deutsche Frage. Betrachtungen über die geschichtliche Eigenart des deutschen Staatsdenkens*, München, 1948);该书修订本于 1962 年面世,题为《德国问题:过去与现在德国政治生活的基本问题》(*Das deutsche Problem. Grundfragen deutschen Staatslebens gestern und heute*, München, 1962),英文本名为 *The German Problem: Basic Questions of German Political Life, Past and Present* (Columbus, Ohio, 1965)。共产 352
党对于里特尔的一种阐释,见维纳·波特霍尔德,《……大饥荒与顺从》(注 92)。

96.《德国的浩劫》,前引书,第 154 页;参见英文本,第 105 页。

97.《治国之术与战争艺术》(*Staatskunst und Kriegshandwerk*, München, 1954—, Ⅰ, p. 23)。

98. 梅尼克,"兰克与布克哈特",前引书;吉哈德·里特尔,《论权力的道义问题》(Gerhard Ritter, *Vom sittlichen Problem der Macht*, 2nd ed. Bern, 1961, p. 101)。

99.《腓特烈大帝:历史剪影》(*Friedrich der Groβe. Ein historisches Profil*, Leipzig, 1936)。

100.《腓特烈大帝:历史剪影》(*Friedrich der Grβe, Ein historisches Profil*, Heidelberg, 1953);尤其是第 8 页。

101. 参见"大众民主的谬误",见《纳粹革命:德国的罪行还是德国的命运?》("The Fault of Mass Democracy", in *The Nazi Revolution, Germany's Guilt or Germany's Fate?* John L. Snell, ed. New York, 1959, p. 81);又见《卡尔·戈尔德勒与德国抵抗运动》(*Carl Goerdeler und die deutsche Widerstandsbewegung*, Stuttgart, 1955, p. 92)。

102.《德国的浩劫》,第 63 页。

103. "德国军国主义问题"["Das Problem des Militarismus in Deutschland" *HZ*, 177(1954), pp. 21—48];《欧洲与德国问题》通篇也表达了同样的情感。

104.《欧洲与德国问题》,第 4、5 章。

105. "德国军国主义问题", *HZ*, 177(1954),第 21—23 页。

106. 同上文,第 23—26 页。

107.“德国军国主义问题”,*HZ*,177(1954),第 26 页。

108.同上文,第 27—28 页。

109.同上文,第 35—37 页。

110.同上文,第 44 页。

111.同上文,第 46 页。

112.“普鲁士军队与政治”,载《中欧事务杂志》(“The Prussian Army and Politics”,in *Journal of Central European Affairs*,15(1954—1956),pp. 400—405)。

113.汉斯·罗斯菲尔斯,《德国对希特勒的反抗》(Hans Rothfels, *The German Opposition to Hitler*,rev. ed. Chicago,1962,p. 41)。与此相似的是,吉哈德·里特尔将纳粹主义视作一种欧洲现象,是“一个缺乏信仰的、虚无主义的总体文化衰颓的时代”的一个侧面;见《欧洲与德国问题》,第 199 页。

114.同上书,第 24 页。

115.参见同上书,第 45—48 页。

116.同上书,第 155 页。

117.同上书,第 101 页。

118.前引书(注 101)。

119.同上书,第 90 页。

120.同上书;又见《德国问题:过去与现在德国政治生活的基本问题》(注 95),第 194 页。

121.《卡尔·格奥德勒与德国抵抗运动》,第 11 页。

353 122.同上书,第 103 页。

123.参见路德维希·德约,《均势抑或霸权》(Ludwig Dehio, *Gleichgewicht oder Hegemonie*,Krefeld,1948),英译本名为《脆弱的平衡:欧洲权力争斗四百年》(*The Precarious Balance. Four Centuries of the European Power Struggle*,New York,1962),以及《二十世纪德国与世界政治》(*Deutschland und die Weltpolitik im 20. Jahrhundert*, München, 1955),英译本为 *Germany and World Politics in the Twentieth Century* (New York,1960)。

124.“普鲁士-德国史,1640—1946 的变化时期”,载《国会》(“Preussisch-deutsche Geschichte, 1640—1946. Dauer im Wechsel”, in *Das Parlament*,Beilage,Jan. 18,1961,pp. 25—31);参见“德国与世界大战时期”(“Deutschland und die Epoche der Weltkriege”,*HZ*,173(1952),pp. 77—94)。

125. 参见埃里希·马尔克斯(Erich Marcks)和瓦尔瑟·胡巴齐(Walther Hubatsch)的《兴登堡》,《人物与历史》第 32 卷(*Hindenburg*, vol. 32 of *Persönlichkeit und Geschichte*, Göttingen, 1963)。又见胡巴齐,《兴登堡与国家:基于 1878—1934 年陆军元帅和帝国总统的文件》(*Hindenburg und der Staat. Aus den Papieren des Generalfeldmarschalls und Reichspräsidenten von 1878 bis 1934*, Göttingen, 1966),尤其是马尔克斯的导言,第 1 页。胡巴齐的其他著作,见《欧洲的支柱:历史视野中的普鲁士问题》(*Eckpfeiler Europas. Probleme des Preussenlandes in geschichtlicher Sicht*, Heidelberg, 1953);参见,如《腓特烈大帝以来的国家理性问题》(*Das Problem der Staatsräson bei Freidrich dem Großen*, Göttingen, 1956);《"威悉河演习":德国对丹麦和挪威的占领》(*"Weserübung"; die deutsche Besetzung von Dänemark und Norwegen*, Göttingen, 1960);《1914—1918 年世界大战中的德国与主要强国》(*Germany and the Central Powers in the World War 1914—1918*, Oswald P. Backus, ed. Lawrence, 1962)。译自《德国历史手册》(*Handbuch der deutschen Geschichte*, Koblenz, 1955)第 4 卷第 2 部分;《历史上的霍亨索伦家族》(*Hohenzollern in der Geschichte*, Frankfurt a/M, 1961)。
126. 《欧洲的支柱:历史视野中的普鲁士问题》,第 130 页。
127. A. J. P. Taylor, *The Origins of the Second World War*, London, 1961。
128. 大卫·霍甘,《被迫的战争:第二次世界大战的起因和导源》(David Hogan, *Der erzwungene Krieg: die Ursachen und Urheber des 2. Weltkriegs*, Tübingen, 1961)。
129. 赫尔穆特·罗斯勒,《德国史:位于欧洲中部的民族的命运》(Hellmuth Rössler, *Deutsche Geschichte. Schicksal des Volkes in Europa Mitte*, Gütersloh, 1961)。
130. 伊曼努尔·盖斯,"波兰边界争端:从当今历史研究看威廉的扩张计划",载《月刊》(Immanuel Geiss, "Der Polnische Grenzstreifen—Wilhelminische Expansionspläne im Lichte heutiger Geschichtsforschung", in *Der Monat*, Heft171(Dec. 1962), p. 58)。
131. 伊曼努尔·盖斯,"波兰边界争端:从当今历史研究看威廉的扩张计划"。
132. 引自汉斯·科恩,"近期德国史再思考"(Hans Kohn, "Rethinking Recent German History"),载《德国史:一些德国新观点》,第 35 页。
133. 埃里希·埃克,《俾斯麦:生平与业绩》(Erich Eyck, *Bismarck: Leben und Werk*, 3 vols. Zürich, 1941—1944);缩写后的英文本为《俾斯麦与德

意志帝国》(*Bismarck and the German Empire*, London, 1950);平装本1964年在纽约出版。

134. 参见瓦尔特·布斯曼,"论19世纪德国自由主义的历史"("Zur Geschichte des deutschen Liberalismus im 19. Jahrhundert", *HZ*, 186(1958), pp. 527—557);维纳·孔茨,《德国民族》(Werner Conze, *Die deutsche Nation*,
354 Göttingen, 1963);汉斯·罗斯菲尔斯,"俾斯麦诞辰150周年致辞",载《当代史季刊》(Hans Rothfels, "Zum 150. Geburtsstag Bismarcks", in *Vierteljahrshefte für Zeitgeschichte* 13(1965), pp. 329—343)。1945年以来德国史学对俾斯麦的重新评价,尤其见奥托·普弗朗茨(Otto Pflanze)给他的《俾斯麦与德国的发展:统一时期,1815—1871年》(*Bismarck and the Development of Germany: The Period of Unification, 1815—1871*, Princeton, 1963)一书写的导言"俾斯麦问题";又见安德雷斯·多帕伦,"德国历史学家与俾斯麦",载《政治评论》(Andreas Dorpalen, "The German Historians and Bismarck", in *Review of Politics*, 15(1953), pp. 53—67),以及《德国历史:一些德国新观点》中其他论文。

135. 维纳·孔茨,《德国民族》。孔茨就像西奥多·谢德尔在《1871年起作为民族国家的帝国》(*Das Kaiserreich von 1871 als Nationalstaat*, Köln, 1961)一样,认识到了俾斯麦的国家在其未能成为一个完备的民族国家和其不民主的宪法这两个方面都存在着的缺陷。

136. 马丁·戈林,《俾斯麦的传人,1890—1945年:德国从威廉二世到希特勒的历程》(Martin Göhring, *Bismarcks Erben, 1890—1945. Deutschlands Weg von Wilhelm Ⅱ bis Hitler*, Wiesbaden, 1959)。

137. "俾斯麦与19世纪",载《德国过去的命运之路:西格弗里德·凯勒纪念文集》("Bismarck und das 19. Jahrhundert", in *Schicksalswege deutscher Vergangenheit. Festschrift für Siegried Kaehler*. Walther Hubatsch, ed. Düsseldorf, 1950, p. 247)。

138. "精神科学的类型",载《当代变迁中的国家与社会》(注62)。

139. 参见同上书,第177页;又见孔茨,"研究与授课用技术——工业时代的结构史",前引书,第18页。

140. 参见弗里茨·瓦格纳,"当代解释中历史学与社会学的邂逅"(Fritz Wagner, "Begegnung von Geschichte und Soziologie bei der Deutung der Gegenwart", *HZ*, 192(1961), pp. 607—624)。

141. "兰克的历史图景与现代普遍史"(注62),第1—26页。

142. 西奥多·谢德尔,"历史中的结构与人物"("Strukturen und Persönlickkeiten in der Geschichte", *HZ*, 195(1962), pp. 265—296)。

143. 参见汉斯·弗雷尔,《当代理论》(Hans Freyer, *Theorie des gegenwärtigen Zeitalters*, 3rd ed. Leipzig, 1934)。

144. “国家社会主义的历史根源问题”,载《政治与历史》(“Zum Problem der historischen Wurzelns des Nationalsozialismus”, *Politik und Geschichte*, 13(1963), No. 5, pp. 19—27)。

145. 如孔茨的《德国民族》。另一方面,在孔茨编的合集《德国(1848 年)3 月革命之前的国家与社会》(*Staat und Gesellschaft im Deutshen Vormärz*, Stuttgart, 1962)中,孔茨、谢德尔、布鲁纳和别的一些人试图进行结构史的研究。

146. 又见迪特里希·吉哈德的文章“比较性历史研究和当代史”(“Vergleichende Geschichtsbetrachtung und Zeitgeschichte”),收入他的文集《比较历史研究视野下的旧世界和新世界》(*Alte und Neue Welt im vergleichender Geschichgtsbetrachtung*, Göttingen, 1962, pp. 89—107)。

147. “unbewältigte Vergangenheit”可大致译为“未能把握的过去”(unmastered past),指德国纳粹时代的过去及其以前。

148. 曼弗雷德·施伦克,“19 世纪和 20 世纪的历史解释与自我理解”,载《德 355
国的正反立场:会议文集》(Manfred Schlenke, “Geschichtsdeutung und Selbstverständnis im 19. und 20. Jahrhundert”, in *Haltungen und Fehlhaltungen in Deutschland. Ein Tagungsbericht*. Hennann Glaser, ed. Freiburg i. Br., 1966, p. 75)。

149. 参见汉斯·罗斯菲尔斯对第一个问题的导论性文章,“作为使命的当代史”,载《当代史季刊》(“Zeitgeschichte als Aufgabe”, in *Viertelsjahrhefte für Zeitgeschichte*, 1(1953), pp. 1—8);又见罗伯特·科尔,“当代史与德国新保守主义”(注 79)。

150. “作为使命的当代史”(注 153),第 8 页。

151. 库尔特·松特海默,“魏玛共和国时期的反民主思想”,载《当代史季刊》(Kurt Sontheimer, “Antidemokratisches Denken in der Weimarer Republik”, in *Viertelsjahrhefte für Zeitgeschichte*, 5(1957), pp. 42—62);又见松特海默,《魏玛共和国时期的反民主思想:1918—1939 年间德国民族主义的政治观念》(*Antidemokratisches Denken in der Weimarer Republik. Die politischen Ideen des deutschen Nationalismus zwischen 1918 und 1933*, München, 1962)。

152. 对这一方面文献的批评性评论,见罗伯特·科尔,“当代史与德国新保守主义”(注 79)。

153. 参见汉斯·迈尔,“德国政治科学概况”,载《当代史季刊》(Hans Maier,

"Zur Lage der Politischen Wissenschaft in Deutschland", in *Vierteljahrshefte für Zeitgeschichte*,10(1962),pp. 225—249);又见汉斯·蒙森,"德国政治科学和历史科学状况"(Hans Mommsen,"Das Verhältnis von politischer Wissenschaft und Geschiswissenschaft in Deutschland",出处同上,第341—372页)。

154. 卡尔·布拉赫,《魏玛共和国的解体:民主制中权力衰颓问题研究》(Karl Dietrich Bracher, *Die Auflösung der Weimar Republik. Eine Studie zum Problem des Machtverfalls in der Demokratie*, Villingen, 1955)。

155. 卡尔·布拉赫、沃尔夫冈·绍尔、吉哈德·舒尔茨,《国家社会主义党人对权力的攫取:关于德国极权主义统治体系之建立的研究》(Karl Dietrich Bracher, Wolfgang Sauer, Gerhard Schulz, *Die nationalsozialistische Machtergreifung. Studien zur Errichtung des totalitären Herrschaftssystem in Deutschland*, Köln, 1962)。

156. 参见"民主制的解体:作为一个研究问题的魏玛共和国的终结",载《权力构成的要素》("Die Auflösung einer Demokratie. Das Ende der Weimarer Republik als Forschungproblem", in *Faktoren der Machtbildung*, Berlin, 1952, II, pp. 39—98)。瓦尔德马·贝森(Waldemar Besson)在他的《威滕堡与德国国家的危机,1928—1933年》(*Württemberg und die deutsche Staatskrise, 1928—1933*, Stuttgart, 1959)一书的导论中,批评布拉赫之试图将模型应用于历史处境,是与历史学家对于特殊事物的兴趣背道而驰的,但后来又收回了他的批评。又见维纳·孔茨对与《魏玛共和国的解体》的评论,*HZ*,183(1957),第378—382页。

157. 弗里茨·菲舍尔,"攫取世界权力",载《帝制德国战争目标的政策》(Fritz Fisher,"Der Griff nach der Weltmacht", in *Die Kriegszielpolitik des kaiserlichen Deutschlands*, 1914—1918, 3rd ed. Düsseldorf, 1964)。英译本为《德国在第一次世界大战中的目标》(*Germany's Aims in the First World War*, New York, 1967)。

158. 参见"世界政治、世界权力争斗与德国战争目标"("Weltpolitik, Weltmachtstreben und deutsche Kriegsziele", *HZ*, 199(1964), pp. 275—278)。

159. "攫取世界权力",第12页。

160. "一种新的战争罪责说?评弗里茨·菲舍尔攫取世界权力一书"(注63),第668页。

161. 关于菲舍尔此书的重要论文的结集见平装本《德国战争目标,1914—1918》(*Deutsche Kriegsziele 1914—1918*. Ernst W. Graf Lynar, ed.

Berlin,1964)。

162. 参见第 199 辑(1964)菲舍尔和蔡锡林(E. Zechlin)的论文。

163. 赫尔穆特·波默,《德国通向大国之路:帝国创立年代经济与国家关系之研究》(Helmuth Böhme, *Deutschlands Weg zur Großmacht. Studien zum Verhältnis von Wirtschaft und Staat während der Reichsgründerzeit*, Köln, 1966)。 356

164.《国内政治的优先性》(*Der Primat der Innenpolitik*),注 34。

269 # 第九章　尾声：最近十五年

自本书写完，将近十五年的时间已经过去了。自那时起，在西德的历史写作中发生了显著的转向，尽管此种变化的根源早在20世纪60年代以前就已经很明显了。正如拉尔夫·达伦多夫那时候所指出的，德国生活的环境在战后时期已经彻底改变了。[1] 前工业时代社会秩序的残余及其对于政治气候的影响，在朝着晚期工业社会转型的过程中已经消失殆尽；西德在国际权力格局中地位的改变，不仅改变了德国自由主义的特性，还改变了德国保守主义的特性。只是到了20世纪60年代——在那个时候相对要快些——在大学里才出现了新一轮学者走上讲台的变化，那是联邦德国的历史研究重新定向的一个必不可少的前提条件。

1933年和1945年都并不意味着德国史学学术中的急剧断裂。1933年时，德国专业的历史学家中很少有人是纳粹党员，而且纳粹在1933年后确立对这一专业的控制的企图，总的说来也遭到了挫败。[2] 另一方面，即便是自由主义倾向的保守派，如曾经对纳粹治下在国内的严密管制满怀疑惧的弗里德里希·梅尼克和吉哈德·里特尔，却都能够理解他们的对外政策。[3] 既然相对而
270 言只有很少一些历史学家积极充当过纳粹党的吹鼓手，1945年后

需要重新融入这个专业的人也就没有几个。直到进入20世纪60年代,历史专业还是由吉哈德·里特尔、汉斯·罗斯菲尔斯和汉斯·赫兹菲尔德这样一些历史学家所主导着的,他们在魏玛共和时期身居要津,并且将民族学派的历史学模式保持到了第二次世界大战之后的时期中。1933年之后被迫流亡的那群史学家——诸如法伊特·法伦丁、古斯塔夫·迈尔、哈约·霍尔博恩、阿瑟·罗森博格和汉斯·罗森博格这样一些倾向于民主的学者也在其中——并没有返国。[4]

20世纪60年代,史学家们重新估量了德国政治上的过去和他们自身的方法论取向。就像我们在第八章中看到的,像是卡尔·迪特里希·布拉赫这样的历史学家,已经对国家社会主义的起源进行了批判性的审查。然而,他们的注意力集中在魏玛共和时期。而今,历史学家们开始更加深入地考察本民族的过去。弗里茨·菲舍尔的《德国在第一次世界大战中的目标》[5]所引发的激烈争议,既反映了旧有观点的顽固,也反映了新的批判性态度的出现。在联邦德国的大学中出现了一种新的共识。新的一代除了个别的例外,都赞同社会方面的自由民主制。德国"独特道路"(*Sonderweg*)的概念,使德国历史区别于欧洲和北美工业民族的某种发展历程的概念,依然得以维持下来,然而这条"独特道路"不再像从德罗伊森到吉哈德·里特尔的民族学派那样被视作一种特殊的成就,而是被看作一桩悲剧性的遗产。对最近一段德国的过去——那是民族传统中核心的内容——的兴趣,对于新方向的确定依旧十分关键。然而,这些更加年轻的历史学家们从一种批判性的角度来看待过去。两次世界大战的浩劫和纳粹独裁是如何出现的这一问题,是新史学的中心问题。历史学的功能曾经被视作是对于民族的过去的肯定;现在却被看成是批判性的审查。历史学家们开始将历史视作一门"批判性的"学科,其批判性既体现在对于政治结构和传统的分析,也体现在对于这些传统和结构赖以在其中出现的社会背景所进行的考察。这种对于政治和最近一段过去的持续关注，将联邦德国历史研究的新潮流与在法国和别的地方所谓的“新史学”区别开来，后者不再强调政治和现代性，而是关注“长时段”的非个人的社会过程。

271 再就是，德国传统史学的基本理论假设和方法论假设遭到了挑战。我们在这里又一次看到了德国精神科学（*Geisteswissenschaften*）的遗产的延续性。沃尔夫冈·J. 蒙森 1970 年在杜塞尔多夫大学的就职演说中，清楚地说明了新旧观点之间所存在的张力。[6] 新史学对于完全依赖于个别化的方法就历史现象的“独特性”来理解（*Verstehen*）它们，而不是试图借助分析性概念来把握住它们，提出了质疑。历史学家们并不排斥叙事，而是要以对于社会结构的分析来补充它。然而，新史学对于从行为科学中得来的概念和方法的适用性还多少有些疑虑。他们并不相信，某个历史的、社会的具体背景通过建构若干量化模型就能够得以再现。在这个意义上，自然科学与社会和文化科学之间的两歧就依然存在着，即使是被相对化了。新史学家们在马克斯·韦伯以及更小程度上在奥托·辛策那里，发现了内在于某种德国社会科学传统的历史研究的模型。[7] 他们要在回避理论的传统史学家的叙事和经验的社会科学家非历史的概括中，找到一条中间道路。在新的取向的历史关切中，政治依然处于中心位置。毕竟，德国历史上的种种灾难乃是政治性的。然而，政治不再被视为全然是伟人和观念的产物，而是社会和经济力量与人物、传统和意识形态相互作用的结果。目标是某种政治的社会史，或者也许是某种政治的社会史。

菲舍尔所引起的争议的重要性既不能过于夸大，也不能忽视。我们指出了菲舍尔的方法论的传统性：他全神贯注于国家档案和贝特曼-霍尔维格这样的人物，并且偏重于叙事。这场争论对于学术界以及总体而言对于西德历史意识，都有着重要的意义，因为它给对德国过去的批判性重估注入了动力。尽管菲舍尔关注的是第一次世界大战爆发的直接责任和德国的战争目标，然而，他的著作却围绕着德国历史更大的背景提出了一系列问题，人们必须将德国战前和战争期间的政策放到这样一种背景中来考察。他所引发的问题，最终需要的是超越了传统政治史学的考 272
据批评的方法和概念。菲舍尔并不将战争的爆发视作是大国“失足”的一个偶然事变，而是在此前并且在此后继续决定着德国政治行为的政策所导致的结果。在 1914 年战争爆发的责任问题之外，还有着 1933 年种种事变的责任问题。新保守主义者将纳粹时期看作是在德国历史中并无深厚根源的一个阶段，是欧洲大众的反叛的一个结果。应该承担罪责的，不是普鲁士的历史，而是法国革命和工业化的遗产。[8] 菲舍尔的论点正好相反，他认为从俾斯麦到希特勒的德国历史中存在着某种连续性。帝国主义除了其政治-军事的方面之外，复有其经济和社会的方面。他指出，对对外政策的分析需要研究经济利益集团与政府之间的互动。

人们也许会将菲舍尔在 20 世纪 60 年代出现的历史研究和历史解释的转向中所具有的分量看得太重。从 20 世纪 60 年代中期开始，许多著述都论及经济与政治的互动。菲舍尔自己的学生也有很重要的研究。早在 1960 年，伊曼努尔·盖斯就出版了一部关于德国在波兰的战争目标的重要论著。[9] 赫尔穆特·波默在《德国通往大国之路》[10] 中，从争夺商业优势的角度叙述了德国统一的历史。迪尔克·施太格曼[11]、彼得·克里斯蒂安[12] 和福克·博格汉[13] 跟踪研究了德国的政党政治、财政政策和海权扩张，这些方面影响了帝制德国为第一次世界大战所作的准备。菲舍尔自身在《幻象的战争》[14] 中，研究了 1911—1914 年的关键时期中经济利益集团在德国外交和军事政策的形成中所起的作用。然而，很多这样的研究（它们中的大部分是博士论文）是在别的导师的指导下写作的。其中最声名显赫的当属吉哈德·A. 里特尔（别与吉哈德·里特尔搞混淆了),他重新考察了帝制德国中劳工运动的作用。[15]那些被认为是传统主义者的学者,如维纳·孔茨和西奥多·谢德尔,在他们的研讨班中激发起了与工业化相关的社会问题的新兴趣。从汉斯-尤尔根·普尔关于农业联盟的著作[16]、汉斯·耶格尔对于雇主协会的研究[17]、哈特穆特·凯尔伯对于德国
273 中央产业协会的研究[18]和亨利希-奥古斯特·温克勒对于手工匠人和小商人压力集团的考察[19]开始,关于各种经济压力集团在德国政治中的作用的重要研究大量涌现。有意思的是,这些作者都属于20世纪30和40年代早期出生的一代人;他们是在第二次世界大战后接受高等教育(甚至经常是初等教育)的。

这些历史学家关于德国历史过程的假设与传统德国历史学家截然不同。很难以一个单一的共同指标来考察这新的一代人。不过,还是存在着某种共识。他们恢复了曾经为魏玛共和时期个别不合时宜的史学家所阐发,而被这个专业视为异端加以排斥的某些观念。埃卡特·克尔的著作[20]在1965和1966年再版也就不奇怪了。然而,除了克尔,汉斯·罗森博格和阿瑟·罗森博格也很有影响。这些学者关注于社会和经济过程在塑造德国政治的权威主义特征方面所起的作用。另一方面,年轻的史学家们较少注意魏玛共和时期倾向于民主的政治史家(约翰内斯·柴库什,弗朗兹·施纳贝尔和法伊特·法伦丁)和移民了的自由民主派思想史家(如埃里希·埃克和哈约·霍尔博恩),后者在德国与西方政治观念的分歧中找到了德国"非自由主义"[21]的根源。对我们所提到过的任何一位历史学家而言,资本主义社会结构取代封建社会结构的某种简单的马克思主义模式乃是不充分的。克尔已经指出,马克思没有能够认识到"经济权力与政治权力之间的矛盾"。他认为,德国政治并不是由"工业主义经济秩序的合法代表""资产阶级",而是由已经过时了的"封建"制度的代表来决定的。[22]这一现实就阻碍了一个"现代的"也即合理地组织起来的资

本主义社会的形成,以及随之而来的使得社会有可能和平地走向民主化的议会体制的出现。克尔[23]和汉斯·罗森博格[24]也在普鲁士绝对主义的历史中找到了德国发展之所以“落后”的根源。克尔和罗森博格比马克斯·韦伯更加敏锐地看到了,18世纪和19世纪出现的科层制拖滞而非促进了一个运转良好的社会秩序的发展程度。科层制成了绝对君主将易北河东岸的土地贵族整合 274
到国家之中的手段。普鲁士的科层制为一个服务于现代工业资本主义的利益,同时又巩固了农业贵族利益的社会和政治地位的经济秩序打下了基础。德国的工业化发生在一个贵族因素依然主导着政治和社会的时代。对于被工业化释放出来的新的社会力量的恐惧,特别是对于好斗的无产阶级的兴起的恐惧,使得德国资产阶级认同于贵族国家,即便这个国家面对经济现代化的压力时要去保护一个已然是明日黄花的农业门类。1898年之后的扩张海权、建立一支强大的作战舰队的主张,代表了一种努力,企图通过打造重工业和农业统治阶级之间的反对社会民主党的联盟,来避免德国社会内部的各种矛盾。通过挑战国际秩序,此种扩张性的对外政策就制造出来了需要日益团结一致的德国来应对的种种危机。可是,保守派联盟的国内政策实际上加剧了社会分化,并加快了德国从一个“民族国家”(*Nationalstaat*)转型为一个“阶级国家”(*Klassenstaat*)的进程。[25]

20世纪60和70年代,年轻一代的批判史学家们接受了克尔对于现代德国史的分析的总体框架,但并没有盲目地追随他。因此,我们在像新史学的某些批评者那样谈到“克尔学派”时,一定得谨慎些。[26]克尔深受马克思和韦伯的影响,以阶级、政党和意识形态这样广泛的概念工具来开展研究。相反地,新的批判性取向的历史学家们则小心翼翼地埋首于经济利益集团的档案堆中。不过,批判取向的史学家们与克尔还是有着若干共同的基本假设。他们抛弃了自兰克到吉哈德·里特尔蔚为德国史学传统的唯心主义的观念，那种观念将国家视作超越了社会中相互冲突的各种社会利益的某种实体。他们以要对特殊利益集团的压力做出回应的政府的概念取而代之。然而，他们对过于简单化了的马克思主义的政府观念——政府直接效力于经济主导着的社会中的政治利益——进行了修正，认识到了在一定程度上，政府（包括科层制）本身代表着有着其自身利益的一种自主的力量，不能够
275 总是将它与资本或地产的利益等同起来。[27]对于政治因素的优先性，尤其是对于对外政策的优先性的强调——这乃是旧史学的特征——让位于对于国内事务在决定国家政策时所起作用的考察。于是，年轻的批判史学家们与克尔一样认为，俾斯麦和威廉时期的普鲁士-德国国家曾致力于将德国社会和文化的方方面面整合起来，以效力于一个巩固的阶级秩序。与阶级政府的观念相关联的乃是“集合政治”（*Sammlungspolitik*）的观念[28]，这是统治阶级在试图创造一个广泛的联盟，将其地位受到工业化威胁的旧有的中低阶层的工匠、小商人和农民容纳进来，以抵抗成长中的工人阶级的勇猛好斗。这一联盟是由于德国面临的外来威胁——那部分是由挑衅性的、旨在维系国内稳定的德国对外政策造成的种种威胁——才被人为地捏合在一起。年轻的批判史学家们与克尔相同的一个进一步的假设，则是德国政治和社会上的现代化尚未完成，而在一个从未经历过成功的资产阶级革命的社会中，就会在资产阶级迅速成长的某个时期出现各种矛盾。

20 世纪 60 和 70 年代新的批判史学进一步发展了这些观念。利用新文献的开创性的著作是汉斯·罗森博格关于 1873 年大萧条一书。[29]此书于 1967 年面世，但其蓝本却是自 20 世纪 30 年代早期起的若干论文，那时罗森博格试图在经济理论中给政治分析找到一个基础。罗森博格利用关于现代经济周期性的经济学文献，着重探讨资本主义经济发展的不均衡性及其对政治的影响。汉斯-乌尔利希·维勒在他对俾斯麦治下德国殖民帝国主义的研

究中进一步发展了这一思想。[30] 1873 年德国经济发展所出现的危机,发生在一个像是普鲁士-德国国家这样一个现代化程度极不均衡的社会中,使反民主的政治潮流得以强化,其中包括了反犹主义和亲法西斯主义倾向在那些特别受到结构性危机损害的人群——中间阶层(*Mittelstand*)的手工艺人、小商人[31]和农民[32]——中的抬头。当局知道如何利用这些倾向来"操纵"一个深刻分裂的社会。这又是现代德国所独有的历史,一场本可以使得社会所有阶级都能分担政治责任的民主革命归于失败,导致了深 276
刻的政治分裂,从而就迫使德国陷入了侵略性的对外政策,并且引发了前法西斯主义的种种动向。对于帝国时期德国历史的类似的解释,出现在批判取向的历史学家,包括波默、普尔、施太格曼和维特的其他著作中。[33]关于德国的独特道路的古典理论,也即由德罗伊森和特莱奇克到特勒尔奇和里特尔的德国史学家所宣扬的德国政治和文化发展有异于西方的观点,又一次被老调重弹;只不过这一次西方的模式,尤其是其英国的样板,代表了工业民族的一个范本。维勒在其《1871—1918 年的德意志帝国》中最鲜明不过地表明了这点,他写道:"对于德国历史的真实历史过程的批判性评估,有赖于这样的看法:社会关系和政治的现代化恰当地说来,本该从属于德国社会在经济上的稳步现代化。"此种现代化本应包含了公民自由和代议制体制。[34]"民主化并非工业化的直接结果",正如德国的经验所表明的,然而一种民主的政治秩序无论是怎样建构起来的,都应该是最能够"提供为建立一个现代社会的国家所必须的政治制度和合法性的灵活性的",缺乏此种灵活性,一个工业社会就注定了要遭逢一场"无法解决的危机"。[35]帝制德国的社会和政治条件下,资本的发展使得灾难无从避免。[36]维勒指出,"在批判性的回顾中,1871—1945 年之间的连续性今天已经可以看得很清楚。"[37]在他看来,现代工业世界所要求的对于社会秩序的合理安排,可以在某种社会民主制下得以最好地达成，在那种社会民主制中，“工业世界会更加人道”，而“理性的谋划与对于个人权利的尊重能够和谐无间”。[38]

要将新一代政治的社会史家们的历史研究简化成为一套共通的套路是行不通的。新的取向的理论立场在汉斯·罗森博格、汉斯-乌尔里希·维勒和尤尔根·科卡的手上得到了最明确不过的表达。然而，我们所概述过的有关德国政治和社会不均衡的现代化的根本假定，充斥于范围甚广的各种研究之中，包括吉哈德·A. 里特尔[39]、卡尔·D. 布拉赫[40]、沃尔夫冈·蒙森[41]和汉斯·蒙
277 森[42]的研究，他们中没有人承认自己受到过克尔的直接影响。新一代史学家的政治价值观——对于政治民主的肯定、对于民族过去的批判性的关切——不仅代表了一种新的取向，同时也是对于应该如何研究和写作历史的看法。自从兰普雷希特在世纪之交所引发的争论以来，第一次发生了有关历史理论根本问题的讨论（*Grundlagendiskussion*）。[43]沃尔夫冈·J. 蒙森[44] 1970 年在他杜塞尔多夫大学的就职讲演中，指出了传统历史主义因其个别化的方法及其价值理论而带来的局限性，卡尔-格奥尔格·法伯[45]和汉斯-瓦尔特·赫丁格[46]试图挽救价值中立的概念。然而，这场理论争议的结果，乃是对于历史的“批判”功能的承认。[47]这场讨论的参加者们一致认为，历史学家总是从某种观点出发的；唯有某种观点的视角才使得他能够提出有可能得到回答的种种问题。此种对于视角的强调，并不能等同于主观主义和认识论上的相对主义，因为历史学家所面对的，乃是要对他的问题做出回应并且不能被人歪曲的某种实在。在此意义上，维勒和科卡对韦伯那种新康德主义假定——社会实在归根结底是社会学家的研究所无从把握的——提出了质疑；他们断定，阐明可以据以衡量历史实在的真实类型而非仅仅是理想类型的可能性是存在着的。[48]

20 世纪 70 年代那场为时不短的讨论，更经常地是由实践的历史学家而非专业哲学家参与的，其结果乃是这样一种对于历史

学家的角色的看法：他在传统的历史主义者对于文化科学的独特性的强调与英美分析学派的自然科学模型之间占有一席之地。在英美的争论中，分析派（卡尔·亨佩尔和卡尔·波普尔）认为只存在着一种同样适用于自然科学和社会科学的科学研究的逻辑——概括率（covering law）模型，而个别化方法的倡导者（德雷和丹图）则强调历史学的纯粹叙事的性质，二者之间那条鲜明的分界线在德国所进行的讨论中却像是消失了。[49]德国参加讨论的人们（维勒、科卡、吕鲁普、吕森）深受韦伯的影响，认为历史学确实就是一门“历史性的社会科学”[50]，然而，它需要的是将历史现象的独特性考虑在内的各种方法。约尔恩·吕森借用托马斯·库恩的概念，向往着一种能够恰当地对待“范式”转换的新的“史学”（*Historik*）[51]。对于事件的叙述本身并不包含解释。历史学作为 278
一种“理解的精神史”（*verstehende Geistesgeschichte*）的旧有看法，现在看来是不够充分的。德罗伊森、狄尔泰和柯林武德都将对历史行动者心理过程的重新体验，视作历史理解的核心。然而，没有假设、理论和概念，任何历史理解都是不可能的。历史学家必须既看到各个个体的相互作用，又看到这些个体存在于其中的社会-历史的背景。抽象理论对史学家而言没有意义。维勒警告说，不可能有什么普遍性的历史理论；而这就是教条化的马克思主义的局限性。一种理论越是普遍，它所具有的内容就越少，并且因而它对历史学家也就越无用。[52]历史学家必须以实用的态度，将一系列从各种系统化的社会科学得来的理论用于自己的研究，这些理论中的每一种，都可能有助于使我们更清楚地考察历史行动。毋庸讳言，这一立场包含了折中主义的因素。然而，这种寄望于多元的理论而不是一种普遍性的历史理论的折中主义，在维勒看来却是势在必行。[53]

对于某种“历史性的社会科学”的寻求，在西德的语境中与在法国[54]或美国的语境中相比，有着不同的含义。在法国，尤其是在年鉴学派传统中的新史学，试图对前工业化时期长时间存在的各种结构进行一种价值中立的分析。其结果总的说来就是一种将政治排除在外的历史。像是在汉斯-乌尔利希·维勒和尤尔根·科卡的著作中，以及在他们 1972 年创办的“批判性研究”[55]这一重要系列中所展示的新的“历史性的社会科学”，乃是批判性的和政治性的。魏玛共和时期那些不合时宜的历史学家们在这个行当中被孤立起来，而新的批判取向的历史学家们则形成了一个以新建立的大学为基地的共同体。新取向的目标在新的期刊《历史与社会》(*Geschichte und Gesellschaft*)中得到了明确的阐发。这份期刊的副标题是“历史性社会科学杂志”，创建于 1975 年，它的编辑群体中包括汉斯-乌尔利希·维勒、尤尔根·科卡、汉斯-尤尔根·普尔、沃尔夫冈·J. 蒙森、亨利希·奥古斯特·温克勒、赫尔穆特·贝尔丁和莱因哈德·吕鲁普以及其他一些人。该杂志的主题是“社会及其历史，被理解为社会的、政治的、经济的、社会-
279 文化的和思想的现象的广义上的社会的历史”。其中心论题是要研究和表现社会变化的过程和结构。[56]对折中主义从而对理论和方法论上的开放性的强调，对于历史性社会科学这一新的概念来说非常关键。维勒在他 20 世纪 60 年代后期和 70 年代早期所编辑的论文集中[57]，以及在他自己关于理论和方法论的论文中[58]，着手进行新取向的一桩重要任务，也即向德国学术界介绍国际上在各种社会科学当中展开的讨论。他想要克服德国学术一般而言与国外学术，具体而言是与英、法的研究的隔绝状态。对于新趋势的讨论，并不必定意味着对外国社会科学方法论照单全收。维勒批判地对待精神分析的历史研究方法[59]和新古典主义的增长理论[60]，指责这两者都忽视了历史发生于其中的社会政治背景。《历史与社会》孜孜于运用由各门社会科学而来的多元的历史方法，它在西德的讨论中所扮演的角色，令人想起巴黎的《年鉴》。两家杂志都成为了当前学术的论坛。《历史与社会》的各个专栏容纳了各色各样的方法论和概念化的路数，包括那些它最激烈的批评者如托马斯·尼帕德和卡尔-格奥尔格·法伯。使得《历史与社会》与《年鉴》有所不同的，是政治和现代工业世界在前者中所占据的分量，尽管它一贯是从社会背景中来考察政治的。

叙事的、以事件为导向的描述，让位于以问题为导向的、分析的方法。然而，很大程度上，在学术研究中，明确表述出来的理论只处于相对从属性的地位。大多数情形下，新取向的历史学家们是以古典语文学方法来展开研究的。他们的目标与其说是要达到界定分明的概念，不如说是要重建事件的过程。在他们的著述中，重心由政治家转移到了政党和压力集团的更加非个人性的力量。诸如普尔、凯尔伯和温克勒[61]这样的历史学家，试图通过分析其书面记录，来重建经济利益集团的和行业利益集团的协会的决策过程。前面提到过的现代化程度不均衡的理论，为解释社会矛盾提供了一个概念框架。

在尤尔根·科卡的研究[62]和汉斯-乌尔里希·维勒的《俾斯麦与帝国主义》[63]中，明显更加自觉地试图运用由各门社会科学而来 280
的各种明确加以表述的理论。我们已经提到过，汉斯·罗森博格和汉斯-乌尔里希·维勒运用工业资本主义中经济发展不均衡的理论来解释帝制德国的反民主浪潮。两人都认识到，经济过程不是抽象地而是在一个社会的背景内部运行的，并被该社会的传统所塑造。罗森博格和维勒赖以进行研究的社会科学的观念，显然是历史性的；他们认为，经济因素唯有置于历史背景中才能得到最终理解。由历史性的社会科学的观念出发，就形成了历史理解和历史解释的启发性模式。此种有赖于马克思尤其是韦伯的历史性的社会科学的观念，在尤尔根·科卡的研究中最为彰明较著。科卡有两部主要著作是运用韦伯的科层化概念来分析工业资本主义的白领雇员的。他 1969 年在维纳·孔茨的“工业社会”丛书中出版的第一部著作[64]，研究了西门子电气公司自 1847 年创立以来到第一次世界大战爆发为止其内部的管理层和雇员关系的变迁。1978 年在“批判性研究”系列中出版的第二部著作，是对 1890—1940 年之间德国和美国白领雇员的社会政治方面的比较研究。[65]两部著作考察的都是资本主义企业从“个别企业主的控制到适合于高级工业体系的协作管理体系”[66]的过渡，它们都被置于每个社会所特有的政治和意识形态传统与社会模式中来加以审视。科卡看到，“同样的社会-经济变迁并不必定就带来或要求相似的社会-结构的、社会-心理的或政治上的转型”[67]。科卡试图在德国和美国白领雇员不同的政治观念，包括德国白领工人(*Angestellte*，雇员)之倾向于法西斯主义中来寻得一种解释。他强调的是两个国家不同的社会政治结构和历史，以及德国出现了一种特殊的雇员情结——那让白领工人在寻求地位时与蓝领工人比在美国的情形要远为隔绝，并使得他们脱离了工联运动。不均衡的现代化的概念——前工业化的社会和政治态度在进入高度工业化时期之后有些部分仍然原封不动，并且成为社会矛盾的
281 一个源头——对于科卡关于德国发展的观点来说是根本性的。科卡关于第一次世界大战当中德国的阶级社会的论文，包含了一种更加明确的高度概念化的研究方法的努力。[68]菲舍尔的学生们的研究，以及某种程度上对压力集团的研究，继续高度依赖于“传统的文本政治的方法”，这篇论文则全神贯注于“变迁的社会-经济结构和过程”。[69]叙事被完全搁置起来了，代之以对具体政策的分析。科卡试图对照经济和社会现实的过程来检验马克思的阶级斗争的观念(在这里是当作韦伯意义上的理想类型来使用的)，以便为 1918—1919 年的革命找到一种社会经济层面的解释。科卡再一次意识到，阶级斗争的社会经济模型只能够为政治意识的发展提供部分的解释，并且他提出，意识形态的、地区性的甚至是宗教性的因素，都会扭曲这一模型的逻辑。再就是，在德国，国家并不简单地适应马克思主义的模型；它构成一种保持了某种自主

因素的力量。

科卡的模型的适用性也遭到了质疑。[70]也许在他那里的确有一种概念化的热情走得过了头的趋向。为了取代马克思主义-列宁主义的作为晚期资本主义范式的垄断资本主义的概念(这种概念在他们看来过于简单化),汉斯·乌尔里希·维勒、尤尔根·科卡和亨利希-奥古斯特·温克勒提出了“有组织的资本主义”的概念,来表达自19世纪晚期以来在资本主义工业化世界中资本主义结构的总体状况。[71]他们还复活了希尔菲丁的论点,那是克尔和汉斯·罗森博格早先就利用过了的。西方资本主义经历了一场质变,竞争的无政府状态被一种高度有组织的经济所取代,后者的标志是企业的集中和科层化、大规模有组织的劳动、压力集团和以社会立法的形式出现的国家干预,以及对外的帝国主义的出现。德国国内外的批评者们,包括对批判取向的诸多假设抱有同情态度的历史学家们,提出了这样的疑问:这一本质上是描述性的论点是否增进了我们对现代资本主义的理解,在未经重大修正的情况下它是否适用于德国之外的国家,并且,它是否掩盖了在不均衡的德国现代化的观点中所假定的那种种根本的紧张?

在联邦德国所进行的全部研究,绝非都有赖于我们所论及的新批判取向的学者们。自20世纪60年代中期以来,出现了一场深刻的转变;各色各样的历史学家都在写作历史了。沃尔弗拉姆·菲舍尔在1967年时还可以抱怨,西德的历史研究在利用从社会学和经济学得来的概念和方法方面如何大大落后于国际学术界。[72]不仅很少有人将社会、经济和政治的历史加以整合,而且经济史和社会史是以叙事的方式来展开的,强调宪制的、行政的和法律的方面,对于理论则甚少措意。《德国经济史与社会史手册(1971—1976)》[73]和《德国农业史》[74]就仍然是这样的情形,只有稍后我们还将进一步谈及的威廉·阿贝尔给后者所撰的部分是一个例外。为理论所激励的经济学和社会学的历史学派的丰富传 282

统——这一传统可以上溯到西摩勒、桑巴特、熊彼特和马克斯·韦伯——在魏玛时期断绝了。詹姆斯·希汉在1972年时还可以评论说，尽管自19世纪以及此前以来，德国官方和学者提供了丰富的统计材料，“德国社会史和政治史的研究者面对浩如烟海的数据材料，却缺少对这些材料的社会学的或历史学的深入洞见。”[75]

此种将政治与其社会和经济背景分离，并将经济史和社会史与理论分离的做法，在某种程度上已经得到克服。历史学家们投入了很大的精力来考察早期和晚期工业化的进程及其对政治的影响。自20世纪60年代中期以来，对工业化的研究经历了一场转型。在20世纪60和70年代早期，对早期工业化的区域性研究，乃是柏林的历史学会所赞助的一个庞大的研究计划的重要组成部分，那个学会是由奥托·毕希、沃尔弗拉姆·菲舍尔和瑞士经济史家鲁道夫·布劳恩主导的。[76]这些研究与其他地方如美国、法国和英国的历史学家们对可比较时期的经济发展的研究截然不同。统计资料涵盖了经济学的各个方面、社会地位和工作人口，然而，相比美国的计量历史学家（福格尔、诺思）或法国量化史学（*histoire quantitative*）（马采夫斯基、马柯维奇）或“序列史学”（*histoire sérielle*）（肖努）的倡导者们的理论导向的增长模型而言，这些材料更是被用于一种描述性的方式。然而，在历史学会
283 的出版物中，也有着诸如克尔的论文和汉斯·罗森博格关于大萧条的研究这样的开创性著述，它们意图将社会学理论（对罗森博格而言还有经济学理论）与批判性的政治视角整合起来。努特·柏哈特试图将经验型的分析与理论建构相整合的努力，也是这里应该提及的。[77]前面已经提到过的维纳·孔茨在海德堡的现代社会史工作组的研究成果，代表了一种多少有些不同的视角。这个群体更加强调国家政策、立法和行政管理的作用。在讨论工人阶级时，他们强调的是其以政党形式出现的政治组织。[78]

该工作组的一个反映了德国特殊兴趣的重要副产品,即莱因哈德·科瑟勒克、维纳·孔茨和奥托·布鲁纳致力于编撰的一部"基本历史概念"(*Geschichtliche Grundbegriffe*)的辞典[79],它试图通过将概念呈现在它们的社会语境中来考察社会结构。他们将这部辞典设想为理解伴随着工业化进程的社会和思想转型的关键。在展示这些转型时,政治语言的历史对于理解工业时代的历史而言处于核心地位。工作组的社会史得力于古典的语文学方法,然而其"概念史"(*Begriffsgeschichte*)在将概念置于其社会语境之中时却超越了这些方法。[80]

科瑟勒克的重要著作《改良与革命之间的普鲁士》1967 年在孔茨的丛书中面世。它研究的是"欧洲唯一一个在 19 世纪中成长为大国的历程与其工业化进程恰相吻合的国家"。[81]可是,普鲁士的工业化仍然处于这一研究的边缘地位。科瑟勒克得益于汉斯·罗森博格对于他所谓的 18 世纪普鲁士的科层制绝对主义的出现所进行的分析[82],探讨了普鲁士科层制的改良政策后来在社会和政治上的张力的根源。[83]尤尔根·科卡以西门子公司为案例的对私有领域内科层制发展的研究,沿袭了该丛书的社会学的视角。在政党与议会史学会的主导下于 20 世纪 50 年代开始问世的一个重要的研究系列,集中研究了帝制时期尤其是魏玛时期政党的历史,将魏玛共和的"解体"追溯到了政党的政治斗争。[84]最 284
后,20 世纪 70 年代由汉斯·蒙森组织的国际学界的合作研究计划,探讨了工业集中、通货膨胀和萧条的经济背景对于魏玛共和政治命运的影响。[85]

新的政治的社会史,以很重要的方式延续了一种尽管是从批判的视角出发、重点关注的却是民族国家的史学传统。从 20 世纪德国历史中所发生的灾难性事件以及这些事件所引发的尚未解决的责任和连续性问题来看,这样的关切便是可以理解的。直到 20 世纪 60 年代在很大程度上都还不受工业化社会的诸多问题影响的德国历史学，而今在其新近的批判性阶段为理解当前做出了重要的概念性贡献。对于民族历史的关注并没有将若干种广泛的比较研究摈弃不用。[86]英、美和法国所理解的“新社会史”相形之下在西德并没有得到充分发展。在西德有一种并非全然没有道理的顽固的看法，认为任何致力于当前的关切的历史学都必须保持某种政治的维度。在法国和英国方兴未艾的那种区域性社会史也很不发达。政治的社会史家们对于计量方法还抱持着一种深刻的怀疑态度。一个重要的例外乃是近来尤尔根・科卡和其他人一起刊行的一部关于家庭和社会流动性的论文集。[87] 20世纪60年代的量化研究，如沃尔夫冈・科尔曼的人口学研究[88]或瓦尔特・霍夫曼对于德国经济增长的研究[89]，都有意识地回避理论框架，并且很少关注经济学和人口学的政治层面。1976年，一个历史性社会科学研究的计量和方法学会以“计量”(*Quantum*)为名成立了。它开始出版一个德英双语的刊物《历史性社会研究》(*Historical Social Research*)。参与此事的合作者们都很年轻，大都是还没有完成博士学业的学生。他们与诸如康拉德・伽劳希这样的卓有成就的外国学者紧密合作，后者编撰了首部重要的对于德国“历史研究中量化的可能性和问题”的分析调查。[90]学会的顾问组成为了老一代政治的社会史家们的讲坛，包括维纳・孔茨和西奥多・谢德尔，他们即便支持此事，扮演的也是比较消
285 极的角色。[91]在其存在的短短几年当中，“计量”群体在其出版物和会议中，不仅致力于经济史和人口史的既定领域，还涉足对国家社会主义的社会学分析。[92]迈克尔・卡特，一个在维纳・孔茨的讨论班中训练出来的德裔加拿大学者，在他对魏玛时期德国学生的政治[93]和纳粹运动的社会成分[94]的分析中，为将定量的与定性的分析结合起来做出了重大贡献。

定量的研究旨在超越对于精英的研究而去探询社会更广阔的诸领域。1935年首次出版的威廉・阿贝尔对自中世纪晚期以

来农业萧条和繁荣的周期的分析[95],是将量化方法与对生活水平的研究相结合的早期尝试。他不仅研究了德国,而且还研究了作为一个经济单位的整个欧洲。阿贝尔的著作直到 20 世纪 60 年代都被有意地忽略了,并且阿贝尔直到此时都是和农业人士发生关联,而长期孤立于历史学专业之外。他主要关注的是马尔萨斯周期起作用的前工业时期;他对于人口、物价和工资的论述,为探讨早期工业化时期的贫困化的原因做出了重要贡献。[96]然而,阿贝尔将他对于贫困化原因的分析相对狭隘地局限于可量化的经济因素。在他眼中,大众乃是一个被动的实体,受到他们无法控制的非个人力量的左右。然而,阿贝尔的学生们对于(尤其是工匠的)工作条件的精心的量化研究[97],为日常生活的研究奠定了一个重要基础。

整体而言,量化的社会史,包括对于社会分层和流动性的研究[98],在德国所产生的影响比之在法国或美国要小。研究普通人的历史学家们关注的,是在他们看来不宜采取量化方法的大众意识和大众文化的层面。英国的剑桥人口与社会结构史研究组的计量人口学,和以路易·亨利为中心的法国的研究群体一道,代表了现代家庭史研究的一个模式,这一模式因为未能将家庭生活的全部社会背景涵盖其中而受到了批评。[99]德国对于识字能力和阅读习惯的研究显然有异于法国大量运用计算机的研究,如集体著作《书籍与社会》(*Livre et Société*)。[100]罗尔夫·恩格尔辛在 20 286
世纪 60 年代开始利用文字材料——信件、日记、回忆录——来重建从前工业社会到工业社会的过渡时期中社会中下阶层的阅读习惯。[101]对于人口中广大部分的政治和社会意识的日渐增长的关切,也反映在劳工史研究领域内所发生的变化,甚至反映在维纳·孔茨的现代社会史研究组所出版的"工业社会"这样已然根基不浅的丛书中。我们看到,最初的几部著作主要涉及的是社会民主党或者有组织的劳工运动,[102]而晚近一些研究,比如海尔维希·

肖梅鲁斯[103]或者彼得·勃谢德[104]的研究，则直接关注工人的总体状况，或者，像是迪特尔·朗格威希的那本书一样，研究的是闲暇时间。[105]吉哈德·A. 里特尔的学生克劳斯·滕菲尔德在他关于19世纪鲁尔矿工的社会史[106]中，将文化史与政治史结合起来，以考察工业化时期矿工生活条件的改变，以及国家、大企业和有组织劳动的不断变化是如何影响了矿工们的政治意识的。

许多关于普通人生活的新社会史，是从一种自认为是激进的、往往是马克思主义的（然而是在一种非常开放的意义上的马克思主义）、独立于任何政治党派倾向的角度来写作的。引人注目的是，与民主德国的官方意识形态相近的，或者即便是可以与法国的马克思主义史学相比拟的一种马克思主义-列宁主义的视角，却在德国付诸阙如。[107]正统的马克思主义，无论是阿尔都塞的还是列宁主义的，都强调非个人的“客观”因素的作用和领导者的能动性；而我们这里所关注的社会史重视的则是文化因素。因此，近来某些德国历史学家对E. P. 汤普森和赫伯特·古特曼的研究发生了极大的兴趣，视之为大众态度和价值观与工业化所带来的各种限制相互作用的劳工史的典范。此种文化的——以及更广泛而言的人类学的——视角，即便是在一部以研究原型工业化这样一个客观的而又只关系到藉藉无名的芸芸众生的过程为己任的著作（《工业化之前的工业化》[108]）中，也体现得非常明显，此书是哥廷根的马克斯-普朗克历史研究所一群研究人员的合作成果。这一研究计划取代了我们上一章中提到过的该研究所早
287 先对于法团体制和绝对君主制的研究。[109]在这一研究中令作者们产生持久兴趣的，是旧有的前资本主义的有关工作和消费的态度对于一个方兴未艾的资本主义生产秩序的工作纪律的抵制。他们相信，归根结底，只有考虑到参与了经济过程的人，经济过程本身才能够得到理解。日常生活的文化，而不仅是汤普森在他考察“18世纪英国人的道义经济学”[110]时所关注的蔚为壮观的抗议活

动,为理解大众对于社会和经济统治的反抗提供了一把钥匙。[111]在某种意义上,正如尤尔根·科卡在给《历史与社会》关于"工人文化"的专号所撰写的导言中所说的,"工人文化""文化"和"意义"的重新发掘,标志着对于一种旧有的历史观(那差不多就是历史主义的和人文主义的观点)的重新肯定,它所针对的是在国际范围内吸引了社会史家们的行为主义的和结构-功能主义的取向。[112]

有着两种彼此相对立的人口学研究。一种涉及的是马尔萨斯模式,阿贝尔是其在德国的代表人物;另一种则考察家庭生活的条件,并且将人口行为看作是与在某种经济秩序的限定中发生作用的大众文化相联系的。现代人口史的两个极端——分析的和文化的——在西德都有;第一种体现在阿瑟·伊姆霍夫的历史人口学当中[113],第二种体现在诸如卡伦·豪森和海迪·罗森鲍姆[114]这样一些学者对于家庭并且尤其是妇女角色的研究之中。伊姆霍夫深受法国和斯堪的纳维亚人口学研究模式的影响,强调影响人口增长的硬性的物质(经济学的和生物学的)因素。他很注意疾病。他绝非没有意识到需要加以考虑的文化因素,然而,如同他法国的导师们一样,伊姆霍夫脱离政治来研究人口学。与此相反,莱因哈德·斯普里在他近来对于帝制德国的发病率和死亡率的研究中,试图利用量化数据来写作一部批判性的社会史。[115]豪森和罗森鲍姆也同样敏锐地注意到家庭生活处于其中的社会情境。这一对意识的强调就给任何想将社会行为量化的企图施加了限制。豪森在她对于理查德·梯利和吉尔德·豪霍斯特尝试将社会抗议量化[116]的批评中,表明了这一点。这种立场并不意味着对于量化方法的全盘拒斥,但却认定,必须要有文字的 288
(和口述的)材料,才能充分理解为社会史的研究所揭示的意识的维度。

在联邦德国,将新的批判社会史与计量社会史家更明确的经验性研究区分开来的，是前者对于情境——权力关系、生产关系以及植根于传统的日常生活的模式要置身其中才能得到充分的了解——的强调。毋庸置疑，这种新史学从马克思主义那里受益良多，然而，它对于马克思主义的洞见的吸收是批判性和选择性的。它对于马克思主义的历史哲学及其阶段论毫无兴趣。然而，它对植根于生产制度的权力关系却高度敏感，这种权力关系体现自身于统治模式之中，并引起各种类型的反抗，这些反抗并不一定采取公开抗议的形式，而是在日常生活和文化中表现出来。这种新史学主要关注的是新兴的工业资本主义对于工人阶级生活的影响。从这个角度出发，鲁茨·尼特海默和F.布吕格迈尔考察了帝制德国工人们的居住模式；[117]迪尔克·布拉修斯研究了罪犯和精神病人的境遇；[118]克劳斯·滕菲尔德则探讨了矿工文化的各个方面。[119]妇女史则结合了社会史的批判视角和新方法这两个方面。妇女史被放在它与生产过程的关系中来加以描述[120]，家务活和家佣劳动也受到了注意。在这个方面，口述史方法有了长足的进展。[121]

年轻一代的批判社会史家们的工作条件与传统专业的有所不同。有一种倾向是依靠一个工作组来展开研究，就像是哥廷根的原型工业化研究计划或者柏林的妇女史研究小组的参与者的情形。这些历史学家中只有少数人——鲁茨·尼特海默、迪尔克·布拉休斯、卡伦·豪森——拥有教授职位。很多工作都是由与功成名就的学者一道工作的在读博士生完成的，就像尤尔根·科卡在比勒费尔德、莱因哈德·吕鲁普在柏林理工大学和迪特尔·戈罗在康斯坦茨那样。很大一部分（虽然绝非全部）著作是由比较小而比较激进的出版社出版的。其中，直到最近还是合股性质的辛迪加出版社（Syndikat Verlag），或许是新批判取向（理论性的和历史性的、马克思主义的和非马克思主义的），包括相关外文著作
289 译本最重要的出版商。新的激进的社会史存在于德国学术界的

边缘，然而，对于从批判视角出发的日常生活史的关注已经在更大的专业范围内引起了人们的注意。《历史与社会》杂志给新的取向留下了篇幅，并且有的专号致力于对家庭、社会抗议、工人阶级的文化和妇女史的历史性研究。[122]联邦政府本身也通过年度系列的工业时代社会史的著作的赞助（将其作为公立学校一项简单竞赛的奖品来分发），来支持这种研究兴趣。[123]

前面的文字强调了联邦德国的历史研究在过去十五年中的新方向。德国许许多多的学术研究依然延续着更为传统的路数。新的政治的社会史遭到了相当多的批评。很多批评是围绕着维勒的综合性著作、出版于 1973 年的《德意志帝国，1871—1918 年》[124]而展开的。批评者们对于维勒的现代化模式——那是许多批判取向的研究引以为典范的——提出了挑战。他们指出，以在他们看来是被歪曲了的英国走向议会制民主的发展历程，作为衡量 19 世纪和 20 世纪德国历史的准绳，乃是错误的。[125]在《历史杂志》（*Historische Zeitschrift*）和别的地方发表的一系列批判性评论中，批评者安德雷斯·希尔格鲁伯[126]、克劳斯·希尔德布朗[127]、汉斯-君特·兹马茨利克[128]、洛特哈·高尔[129]和托马斯·尼帕德[130]呼吁回到历史主义的古典立场，那一立场要求就过去本身来理解过去，摆脱任何价值立场，并主张政治对于各种社会因素而言的相对自主性。他的批评者们声称，维勒引入来考察帝制德国的批判性视角歪曲了过去。尼帕德指责维勒乃是当代的特莱奇克，要将他祖父一代人带到审判台上来。[131]他指出，维勒将帝制德国的社会视作一个整体，其中生活和文化的所有方面都被操控着来为统治精英效劳。尼帕德认为，唯有希特勒的独裁和联邦共和国的议会制民主在帝制德国的制度和见解中有其重要根源。并且，他强调说，并不是帝制德国的一切都与西方世界的其他部分截然有异。并不存在什么德国的独特道路。他提出，反犹主义、 290
保护主义和社会层面的帝国主义这样一些被批判史学家们看作

是帝制德国的结构特征的破坏性力量,乃是那一时代的现象,在德国之外的社会中也同样存在。除此之外,批评者们一致反对维勒那种作为一种历史性的"社会科学"(*Gesellschaftsgeschichte*)的历史学概念。希尔格鲁伯指出,尽管政治事件发生于其中的社会和经济情境不容漠视,政治依然具有高度的自主性,在国际关系中尤其如此。在他看来,维勒的错误就在于将国内政治和现代政治都视作是被工业化进程所决定的。各大国之间的国际体系在工业化之前就已然存在。希尔格鲁伯写道:"虽然一切长期的发展进程有着重要的意义,然而,即便是在 19 世纪和 20 世纪,还是世界列强之间的巨大分歧基本上决定了一般历史的过程。"[132] 希尔德布朗受到兰克——他强调,霸权和均势乃是塑造历史的力量,并将焦点置于政治家的活动之上——的启发,为回到历史而进行辩护。[133] 这些活动包括理论分析无所用其技的个人的具体决定。他强调,处于历史学家关注的中心点的,乃是"无法计量的众多作为主体和客体的人"[134]。他接着又指出,历史乃是对于独特事物、对于意图和决断的研究,这些东西要从史料中来重构,并且最好是以叙事的形式来重建。[135]

新修正主义史家们尤其在那些被批判学派所忽略的领域,也即外交史和军事史的领域内取得了重要成果。[136] 最重要的是安德雷斯·希尔格鲁伯[137] 和汉斯-阿道夫·雅各布森[138] 对从俾斯麦到联邦德国的德国外交政策的研究,以及克劳斯·希尔德布朗对于第三帝国政治结构的分析。[139] 新保守主义——倘若我们可以使用这个标签的话——绝不同于我们在前面章节中所考察过的政治和社会保守主义的传统。在这些学者看来,俾斯麦之创立帝国(*Reichsgründung*)绝不是德国历史一个不容置疑的高峰。这一学派在并非没有注意到社会因素的同时,集中探讨的是人物和政治决断。这里可以提到洛特哈·高尔的俾斯麦传记。[140] 联邦共和国这一代史学家中,没有魏玛共和时的史学家拒斥共和制度和价值

的类似情形。然而,他们确实断然否定第三帝国在任何意义上植 291
根于德国保守主义。尽管希尔格鲁伯和希尔德布朗两人都承认,在纳粹体制的早期阶段,旧的精英与纳粹党徒之间(尤其是在外交政策的领域)存在着一个观念共同体,然而他们都认为,希特勒的扩张主义和种族战争的政策是与德国传统全然断裂的。

我们所说的批判取向和新修正主义之间的分野,最鲜明不过地体现在1979年在英国召开的英国和西德历史学家的一次会议之后出现的争议中,那次会议的主题是“希特勒与国家社会主义权力结构”。[141]沃尔夫冈·J.蒙森、汉斯·蒙森和其他人试图将政治事件置于社会情境中来考察,而希尔格鲁伯和希尔德布朗(在更大程度上)则强调希特勒在决策中的关键性作用。两位蒙森(就像参与会议的其他人一样[142])并没有否认希特勒的个性所扮演的至关重要的角色,但他们指出,尽管体制内部心思各异的各种力量都作用于体制内部,然而,纳粹统治之趋于极端化却是经由“传统精英们多少有些主动的合作”才成为可能的。[143]这些力量反过来只有参照德国的政治文化及其社会才能够得到理解。因此,希特勒就不是德国历史上的异数,而是深深植根其中。此种论点受到了希尔格鲁伯的挑战,希尔德布朗则更加激烈地对之进行了反驳。要知道,“第三帝国应该按它最恶劣的罪行来做出判决”[144]。然而,希尔格鲁伯指出,要理解这些罪行,就先得理解纳粹对外政策的决策;这些决策的历史“绝不可能以全神贯注于体制的内部结构的方法写就”[145]。希尔德布朗强调说,归根结底主宰着这个体制的乃是希特勒。纳粹的罪行不是“因为不可预见的或者无法驾驭的局势而发生的,而是清晰明确的意识形态论条的结果”。[146]

希尔德布朗辩解说,他的立场不带任何政治偏见,而是来自于对于史料的不偏不倚的考察,相反,任何带有理论假设的研究都会歪曲过去。然而,历史学与政治的关联所具有的蕴涵是无可

回避的。争议在于这一问题：当今的德国人是否要对过去负责，是否存在着需要进行批判性审查的连续性，历史学家是否能够像
292 对待人类历史上的其他任何时期一样，以不偏不倚却又兴致盎然的眼光来审视过去两个世纪的德国历史。由批判的历史学家对帝制德国以及近来对纳粹时期的讨论所引发的激烈争议，似乎与那种认为这纯然是一场学术交锋的看法相抵触。

詹姆斯·希汉提出，与维勒结盟的批判的历史学家们已经确立了一种"新的正统"[147]，这一说法并不能令人信服，不仅是因为"批判性研究"和《历史与社会》的编者们很愿意出版他们的批评者们的著作，而且因为他们在既有历史学格局中所遭到的反对。过去十五年中西德的学术气氛出现了显著的变化。伴随着这些变化的，是大学体制的转型，那部分地是对于20世纪60年代晚期和70年代早期学生运动的反弹。不仅大学的数量增加了一倍，增加了新的教席，而且大学的结构也改革了。全职教授(*Ordinarien*)的权力消减了；中低等级的教学人员，在某种程度上甚至还有学生，都在大学和各系有了发言权。获得大学授课资格(*Habilitation*)，也即想要在大学任教者需要写作和答辩第二篇论文的这样一个过程，也没有那么经常性的要求了。获得大学授课资格过去常常让异见人士很难取得教授职位。然而，在20世纪70年代当中，大学改革的某些方面出现了回潮，教授们又恢复了更大范围的权力。联邦德国中批判取向的学者们所处的地位，与魏玛共和时期有政治异见的学者们的处境大为不同。而今，批判取向的历史学家们在比勒费尔德、波鸿、埃森、柏林理工大学和别的地方占据了重要的教席，而且他们拥有出版机构。[148]但是，他们有一个自觉的而又组织良好的对立面，不仅针对批判学派的连续性论点，而且更一般性地针对发展一种政治的社会史的尝试，提出了质疑。这一对立面构成了德国历史学界的一个重要部分。它在德国历史学会(*Verband der Historiker Deutschlands*)和颇

具影响力的杂志《历史研究与教学》(*Geschichte in Wissenschaft und Unterricht*)(该杂志面向中等学校的教师来评析历史著作)中很有势力。德国历史学界近来的争论里面所表现出来的意气 293
用事和过于激烈当中,确实有些让人不安的东西。[149]

这种激烈反映了德国历史学界一定程度上的不宽容和政治化,这表明一般而言的德国社会和具体而言的德国大学的过去之中有着某些尚未解决的问题。在为大学职位挑选候选人时,政治见解起的作用太大。另一方面,一部明确地为普鲁士-德国的历史过程进行辩解并试图减低纳粹的罪行的著作,如赫尔穆特·迪瓦尔德的《德国人的历史》[150],要照它所受到的批评来看,并不在德国学术主流之内。可是,迪瓦尔德的书插图精美,又是由声誉卓著的普洛皮伦出版社出版的,比我们本章中所讨论的任何学术著作,包括像维勒的《德意志帝国》这样的综合性著作都销得更好;唯一能够与它相媲美的,只有洛特哈·高尔的俾斯麦传记。[151]

尽管有着种种这样的情形,我们还是可以得出这样的结论:从 19 世纪中期到 20 世纪 60 年代支配着德国大学的那个正统已经风光不再。与旧有的历史和史学观念的连续性依然保持着。然而,尽管有着不宽容的残余,各个大学还是包容了各色各样的史学路数。对于过去的批判性视角和对于当前民主价值的服膺,成为许多历史研究的特点。[152]随着越来越多的西德学者在国外尤其是在美国和英国研究和教学,在过去极为普遍的与国际学术界的隔绝已经得以克服。联邦德国的历史学家们了解国际上的讨论,接受新的方法,尤其是在社会史的领域。另一方面,联邦德国的历史学研究依旧有着完全属于它们自身的种种细微之处。最近一段过去的悲剧,在第二次世界大战之后长大成人的两代历史学家的意识中依旧挥之不去。因此,研究的重心依然是过去一个半世纪的政治史(如今是从社会情境中来加以考察的),新的非政治的社会史——那是年鉴学派传统下的法国历史学家们最心驰神往的——相形之下遭到了忽视。正是在政治的社会史的领域内，德国历史学对于国际学术界做出了贡献。

注释

357 1. 拉尔夫·达伦多夫，《德国的社会与民主》(Ralf Dahrendorf, *Gesellschaft und Demokratie in Deutschland*, München, 1965)，英译本为 *Society and Democracy in Germany* (Garden City, 1967)。

2. 关于纳粹调和历史学界的企图，见赫尔穆特·海伯，《瓦尔特·弗兰克及其帝国近代德国史研究所》(Helmut Heiber, *Walter Frank und sein Reichsinstitut für Geschichte des Neuen Deutschlands*, Stuttgart, 1966)和卡尔-费迪南·维纳，《纳粹的历史建构与德国历史科学》(Karl-Ferdinand, *Das NS-Geschichtsbild und die deutsche Geschichtswissenschaft*, Stuttgart, 1967)。

3. 关于梅尼克对纳粹对外政策的态度，见第七章。

4. 见第八章第 4 节；又见汉斯·蒙森，"1945 年后及冷战时期的主要趋势"，载《德国历史科学》(Hans Mommsen, "Haupttendenzen nach 1945 und in der Ära des Kalten Krieges," in Bernd Faulenbach, ed., *Geschichtswissenschaft in Deutschland*, München, 1974)，第 112—120 页；参见伊格尔斯，"流亡中的德国历史学家"(Georg G. Iggers, "Die deutschen Historiker in der Emigration", in *Faulenbach*)，第 97—111 页。

5. 弗里茨·菲舍尔，《攫取世界权力：帝制德国 1914—1918 年战争目标的政治》(Fritz Fisher, *Griff nach der Weltmacht. Die Kriegszielpolitik des kaiserlichen Deutschlands 1914—1918*, Düsseldorf, 1961)；英译本为《德国在第一次世界大战中的目标》(*Germany's Aims in the First World War*, New York, 1967)；关于这场争论，见约翰·默西，《幻象的政治：德国史学中的菲舍尔争论》(John A. Moses, *The Politics of Illusion. The Fischer Controversy in German Historiography*, New York, 1975)。

6. 沃尔夫冈·J. 蒙森，《在历史主义彼岸的历史科学》(Wolfgang J. Mommsen, *Geschichtswissenschaft jenseits des Historismus*, Düsseldorf, 1971)。

7. 最近的见尤尔根·科卡，"奥托·辛策、马克斯·韦伯与科层制问题"(Jürgen Kocka, "Otto Hintze, Max Weber und das Problem der Bürokratie", *HZ*, 233 (1981), pp. 65—105)。

8. 同上书，第 254 页。

9. 伊曼努尔·盖斯，《波兰边界争端，1914—1918：德国在第一次世界大战中战争目标政治的考察》（Immanuel Geiss, *Der Polnische Grenzstreifen 1914—1918: Ein Beitrag zur deutschen Kriegszielpolitik im Ersten Weltkrieg*, Hamburg, 1960）。
10. 赫尔穆特·波默，《德国通往大国之路》（Helmut Böhme, *Deutschlands Weg zur Großmacht*, Köln, 1966）。
11. 迪尔克·施太格曼，《俾斯麦的传人：威廉治下德国后期的党派与协会，1897—1918 年的集合政治》（Dirk Stegmann, *Die Erben Bismarcks. Parteien und Verbände in der Spätphase des Wilhelminischen Deutschlands. Sammlungspolitik 1897—1918*, Köln, 1970）。年轻一代历史学家重新
阐释帝制德国的一个比较早而又比较重要的文集是迈克尔·斯徒莫尔 358
编，《帝制德国的政治与社会：1870—1918 年》（Michael Stürmer, ed., *Das kaiserliche Deutschland: Politik und Gesellschaft, 1870—1918*, Köln, 1970）。又见斯徒莫尔重要的导论，"作为一个研究主题的俾斯麦的德国"（"Bismarcks Deutschland als Problem der Forschung"前引书，第 7—25 页）。
12. 彼得·克里斯蒂安，《1903—1913 年德意志帝国的财政政策：威廉时期德国国内政策的研究》（Peter Christian, *Die Finanzpolitik des Deutschen Reiches von 1903 bis 1913: Eine Studie zur Innenpolitik des Wilhelminischen Deutschlands*, Lübeck, 1970）。
13. 福克·博格汉，《提尔皮茨计划》（Volker Berghahn, *Der Tirpitz-Plan*, Düsseldorf, 1971）*；又见其《德国与 1914 年战争的临近》（*Germany and the Approach of War in* 1914, New York, 1973）。博格汉是卡斯滕（Francis L. Carsten）的学生，但靠近菲舍尔的圈子。
14. 弗里茨·菲舍尔，《幻象的战争：1911—1914 年的德国政治》（Fritz Fischer, *Krieg der Illusionen, Die deutsche Politik von 1911 bis 1914*, Düsseldorf, 1969）；英译本为 *The War of Illusions*（New York, 1974）。
15. 参见其论文集，吉哈德·A. 里特尔，《工人运动，政党与议会》（Gerhard A. Ritter, *Arbeiterbewegung, Parteien und Parlamentarismus*, Göttingen, 1976），收入"批判性研究"卷 23（*Kritische Studien*, vol. 23）；又见克劳斯·索尔，《帝国的国家、产业与工人运动：威廉时期德国的内外政策，1903—1914》（Klaus Saul, *Staat, Industrie, Arbeiterbewegung im Kaiserreich: Zur*

---

* 提尔皮茨（1849—1930），德国海军上将，创建远洋舰队。

Innen-und Aussenpolitik des Wilhelminischen Deutschlands, 1903—1914, Düsseldorf,1974)和迪特尔·戈罗,《消极整合与革命谋杀:第一次世界大战前夕的德国社会民主党》(Dieter Groh, *Negative Integration and revolutionärer Attentismus: Die deutsche Sozialdemokratie am Vorabend des Ersten Weltkrieges*, Frankfurt,1973)。

16. 汉斯-尤尔根·普尔,《威廉时期德国的农业利益政治与普鲁士保守主义,1899—1916 年》(Hans-Jürgen Puhle, *Agrarische Interessenpolitik und preussischer Konservatismus im Wilhelminischen Reich, 1899—1916*, Hannover,1966);又见"从农业危机到前法西斯主义",欧洲历史研究所,《讲演》("Von der Agrarkrise zum Präfaschismus", Institut für europäische Geschichte, *Vorträge*, no. 54, Wiesbaden,1974)。

17. 汉斯·耶格尔,《德国政治中的企业主,1890—1918 年》(Hans Jaeger, *Unternehmer in der deutschen Politik, 1890—1918*, Bonn,1967)。

18. 哈特穆特·凯尔伯,《威廉时期社会的工业利益政治:1895—1914 年的德国产业中心协会》(Hartmut Kaelble, *Industrielle Interessenpolitik in der Wilhelminischen Gesellschaft: Der Centralverband Deutscher Industrieller, 1895—1914*, Berlin,1967),凯尔伯对于许多最近的论著关于容克地主与重工业之间有着密切合作的假设提出了质疑。

19. 亨利希-奥古斯特·温克勒,"重新得到保障的中间阶层:德意志帝国手工工人和小商人的利益联盟",载《19 世纪社会理论与分析》(Heinrich-August Winkler, "Der rückversicherte Mittelstand. Die Interessenverbände von Handwerk und Kleinhandel im deutschen Kaiserreich", in Waler Ruegg and Otto Neuloh, eds., *Zur sozialen Theorie und Analyse des 19. Jahrhunderts*, Göttingen,1971);又见其《中间阶层、民主制与国家社会主义:魏玛共和国时期手工工人和小商人的政治演变》(*Mittelstand, Demokratie und Nationalsozialismus: Die politische Entwicklung von Handwerk und Kleinhandel in der Weimarer Republik*, Köln,1972)。

20. 克尔的文集《国内政治的优先性》已有英译本,不幸的是没有了汉斯-乌尔里希·维勒精彩绝伦的传记性文章,但是有一个克雷格(Gordon A. Craig)新作的导论,英译名为《经济利益、军国主义和对外政策:德国史论集》(*Economic Interest, Militarism and Foreign Policy. Essays on German History*, Berkeley, 1977)。克尔的《海军的建立与政党政治,1894—1901 年:德国帝国主义国内政治、社会和意识形态前提的剖析》已有芝加哥大学缩微胶片的英译本,题名为 *Battleship Building and Party Politics in Germany 1894—1901*, Pauline R. Anderson 和 Eugene

N. Anderson 编辑并作了一个导论。在这方面,应该提到乔治·霍尔伽 359 滕(George W. F. Hallgarten)关于第一次世界大战之前帝国主义的经济、社会结构和对外政策的相互关联的开创性著作《战前帝国主义:第一次世界大战前欧洲大国对外政策的社会学基础》(*Vorkriegs-Imperialismus*:*Die soziologischen Grundlagen der Aussenpolitik der europäischen Großmächte vor dem ersten Weltkrieg*,2 vols. München,1955)。此书一个更早的版本在他移民后 1935 年在巴黎出版过。

21. 这一论点在许多移民后才受到训练的更加年轻的史学家,如卡斯滕(F. C. Carsten)、默塞(George Mosse)和弗里茨·斯特恩(Fritz Stern)那里得到了进一步的发展。见斯特恩,《非自由主义的失败:现代德国政治文化论集》(*The Failure of Illiberalism*:*Essays on the Political Culture of Modern Germany*,New York,1972)。在这方面,还可以提到美国历史学家列昂纳德·克里格(Leonard Krieger)的一部著作《德国的自由观》(*The German Idea of Freedom*,Boston,1957)。
22. 克尔,《海军的建立与政党政治,1894—1901 年:德国帝国主义国内政治、社会和意识形态前提的剖析》,第 447—448 页。
23. 参见克尔的论文,"普鲁士科层制和法律国家的起源",载其《经济利益》("The Genesis of the Prussian Bureaucracy and The Rechtsstaat", in Kehr,*Economic Interest*,pp. 141—163)。
24. 汉斯·罗森博格,《科层制、贵族制与独裁制:1660—1815 年的普鲁士经验》(Hans Rosenberg, *Bureaucracy, Aristocracy and Autocracy, The Prussian Experience, 1660—1815*,Cambridge,Mass.,1958)。这部产生了重大影响的著作尚未以德文出版。
25. 克尔,《海军的建立与政党政治,1894—1901 年。德国帝国主义国内政治、社会和意识形态前提的剖析》,第 7 页。
26. 比如,托马斯·尼帕德,"维勒的'帝国':批判性分析",载《历史与社会》(Thomas Nipperdey, "Wehler's 'Kaiserreich'. Eine kritische Auseinandersetzung", *Geschichte und Gesellschaft* 1,(1975), pp. 539—560)。"左派"也提出了这个问题,如吉奥夫·埃莱,"'克尔派'与帝国:评一场具有现实意义的论战",载《历史与社会》(Geoff Eley, "Die 'Kehrites' und das Kaiserreich;Bemerkungen zu einer aktuellen Kontroverse", *Geschichte und Gesellschaft*,4(1978),pp. 91—107)。
27. 尤其是尤尔根·科卡在《战争中的阶级社会:1914—1918 年》(Jürgern Kocka, *Klassengesellschaft im Krieg, 1914—1918*,Göttingen,1973)中考察了国家在多大程度上代表着一种自主的因素,此书编为《历史科学的批判性研究》第 8 辑(*Kritische Studien zur Geschichtswissenschaft*, no. 8)。

28. 比如克尔,《海军的建立与政党政治,1894—1901 年:德国帝国主义国内政治、社会和意识形态前提的剖析》,第 7 页。

29. 汉斯·罗森博格,《大萧条与俾斯麦时代》(*Große Depression und Bismarckzeit*, Berlin, 1967)。

30. 汉斯-乌尔里希·维勒,《俾斯麦与帝国主义》(*Bismarck und der Imperialismus*, Köln, 1969)。

31. 参见温克勒,"重新得到保障的中间阶层:德意志帝国手工工人和小商人的利益联盟"。

32. 参见普尔,《威廉时期德国的农业利益政治与普鲁士保守主义,1899—1916 年》和"从农业危机到前法西斯主义"。

33. 波默,《德国道路》(Böhme, *Deutschlands Weg*);普尔《威廉时期德国的农业利益政治与普鲁士保守主义,1899—1916 年》;施太格曼《俾斯麦传》;维特《财政政策》(Witt, *Die Finanzpolitik*)。

34. 汉斯-乌尔里希·维勒,《1871—1918 年的德意志帝国》(Hans-Ulrich Wehler, *Das deutsche Kaiserreich 1871—1918*, Göttingen, 1973, p. 17)。

35. 同上书,第 16 页。

36. 同上书,第 228 页。

37. 同上书,第 16 页。

38. 汉斯-乌尔里希·维勒,"现代德国经济史问题",见其《1871—1918 帝国的
360 危机策源地》("Probleme der modernen deutschen Wirtschaftsgeschichte", in *Krisenherde des Kaiserreichs 1871—1918*, Göttingen, 1970, p. 297);又见其《俾斯麦与帝国主义》,第 497 页。

39. 吉哈德·A. 里特尔,《工人运动,政党与议会》。

40. 参见第八章章末;又见卡尔·D. 布拉赫,《德国的独裁统治》(Karl-D. Bracher, *Die deutsche Diktatur*, Köln, 1969;英译本为 *The German Dictatorship*, New York, 1970),又见其收入《德国的困境》一书的论文"德国的国家和民主制的概念"("The Concept of the State and Democracy in Germany", in his *The German Dilemma*, London, 1974, pp. 3—29)。

41. 如沃尔夫冈·蒙森,"1914 年前德国对外政策的国内因素",载《中欧史》(Wolfgang J. Mommsen, "Domestic Factors in German Foreign Policy Before 1914", *Central European History* 6(1973), pp. 3—43)。

42. 见汉斯·蒙森在《魏玛共和国的工业体系与政治演变》(Hans Mommsen, Dietmar Petzina and Bernd Weisbrod, eds., *Industrielles System und politische Entwicklung in der Weimarer Republik*, Düsseldorf, 1974)和《经济

危机与自由民主制:魏玛共和国的终结与当前处境》(Karl Holl, Gerald Feldman, Hans Mommsen et al., *Wirtschaftkrise und liberale Demokratie: Das Ende der Weimarer Republik und die gegenwärtige Situation*, Göttingen, 1978)中的文稿。

43. 有关联邦德国的理论讨论,有大量的德文文献。这场讨论实际上被国外忽略了。有关讨论的早期文献的广泛述评,见阿诺德·西沃特克《处于合法性危机中的历史科学》,《社会史档案》副刊第1期(Arnold Sywottek, *Geschichtswissenschaft in der Legitimationskrise*, Beiheft 1 of the *Archiv für Socialgeschichte*, Bonn-Bad Godesberg, 1974);更近一些的评论是乌尔里希·穆拉克的"一种更新后的历史学的问题"(Wurich Muhlack, "Probleme einer erneuerten Historik", *HZ*, 228 (1979), pp. 335—364)。此次讨论所产生的最重要的出版物是四卷本的《历史理论》(*Theorie der Geschichte*, München, 1977—1982),这是一个史学理论研究组若干次会议的成果。

44. 沃尔夫冈·蒙森,《历史科学》。

45. 卡尔-格奥尔格·法伯,《历史理论》(Karl-Georg Faber, *Theorie der Geschichte*, München, 1971)。

46. 汉斯-瓦尔特·赫丁格,《主观性与历史科学:历史学基础问题》(Hans-Walter Hedinger, *Subjektivität und Geschichtswissenschaft, Grundlage einer Historik*, Berlin. 1969)。

47. 关于历史科学的"批判性"和"解放性"的功能,见维勒《1871—1918帝国的危机策源地》的"引论"中关于"作为一门生活的、政治的和批判的社会科学的历史科学"的论述(第9页)。还应注意维勒、科卡和别的人刊行的一套重要丛书的题名"历史科学的批判性研究"(*Kritische Studien zur Geschichtswissenschaft*)。其他文献有迪特尔·戈罗的《旨在解放的批判性历史科学》(Dieter Groh, *Kritische Geschichtswisseschaft in emanzipatorischer Absicht*, Stuttgart, 1973),以及伊曼努尔·盖斯和雷纳·塔姆希纳所编《论将来的历史科学》(Immanuel Geiss and Rainer Tarnchina, eds., *Ansichten einer künfigen Geschichtswissenschaft*, 2vols., München, 1974)。

48. 参见维勒《作为历史性社会科学的历史学》(Hans-Ulrich Wehler, *Geschichte als Historische Sozialwissenschaft*, Frankfurt, 1973, p. 31)。

49. 在法兰克福学派的社会学家和哲学家西奥多·阿多诺和尤尔根·哈贝马斯与卡尔·波普尔和汉斯·阿尔伯特(Hans Albert)的争论中也保持了此种分野;参见阿多诺等人编《德国社会学中的实证主义争论》 361

(Theodor W. Adorno et al., *Der Positivismusstreit in der deutschen Soziologie*, Neuwied, 1969),英译本为 *The Positivist Dispute in German Sociology*(London, 1976)。

50. 见汉斯-乌尔里希·维勒,《作为历史性社会科学的历史学》和《历史性社会科学与历史写作》(*Historische Sozialwissenshaft und Geschichtsschreibung*, Göttingen, 1980);尤尔根·科卡,《社会史:概念、发展、问题》(Jürgen Kocka, *Sozialgeschichte: Begriff, Entwicklung, Probleme*, Göttingen, 1977);吕鲁普编,《历史性社会科学》(Reinhard Rürup, ed., *Historische Sozialwissenschaft*, Göttingen, 1977);约尔恩·吕森,《为了一种复原的历史学:历史科学理论研究》(Jörn Rüsen, *Für eine erneuerte Historik: Studien zur Theorie der Geschichtswissenschaft*, Stuttgart, 1976)。
51. 约尔恩·吕森,《为了一种复原的历史学:历史科学理论研究》。
52. 维勒,《作为历史性社会科学的历史学》,第 18 页。
53. 维勒,"德国经济史(1800—1945)的理论问题",在吉哈德·A. 里特尔编《现代社会的形成与演变:汉斯·罗森博格 65 岁华诞纪念文集》(Wehler, "Theorienprobleme der deutschen Wirtschaftsgeschichte (1800—1945)", in Gerhard A. Ritter, ed., *Entstehung und Wandel der modernen Gesellschaft: Festschrift für Hans Rosenberg zum 65 :Geburtstag*, Berlin, 1970, p. 79)。
54. 见格奥尔格·伊格尔斯,《欧洲史学新方向》(Georg G. Iggers, *New Directions in European Historiography*, Middletown, Conn., 1975)第 2 章"年鉴派的传统——寻求一种历史科学的法国史学家"。
55. 维勒、科卡等,《批判性研究》。
56.《历史与社会》第 1 期"编者前言"("*Vorwort der Herausgeber*" to *Geschichte und Gesellschaft* 1(1975)),第 5—7 页。
57. 汉斯-乌尔里希·维勒,《现代德国社会史》(Hans-Ulrich Wehler, *Moderne deutsche Sozialgeschichte*, Köln, 1972);以及《历史与经济》(*Geschichte und Ökonomie*, Köln, 1973)。
58. 收在维勒《历史性社会科学与历史写作》中。
59. 最近的论文见"精神分析与历史",载《社会研究》("Psychoanalysis and History", *Social Research* 47(1980), pp. 519—536)。
60. 在《作为历史性社会科学的历史学》中。
61. 见注 16,18,19。
62. 科卡,《社会史:概念、发展、问题》。
63. 维勒,《俾斯麦与帝国主义》。
64. 尤尔根·科卡,《1847—1914 年以西门子公司为例的企业管理与雇员阶层:德国工业化中资本主义与科层制的关联》(Jürgen Kocka, *Unternehmensverwaltung und Angestelltenschaft am Beispiel Siemens, 1847—1914. Zum Verhältnis von Kapitalismus and Bürokratie in der deutschen Industrialisierung*, Stuttgart, 1969)。

65. 尤尔根·科卡,《法西斯主义与民主之间的雇员:国际视野中1890—1940年美国雇员的政治社会史》(Jürgen Kocka, *Angestellte zwischen Faschismus und Demokratie: Zur politischen Sozialgeschichte der Angestellten: USA 1890—1940 im internationalen Vergleich*, Göttingen, 1977);英译本为《1890—1940年的美国白领工人:国际视野中的社会-政治史》(*White Collar Workers in America, 1890—1940: A Socio-Political History in International Perspective*, Beverly Hills, 1980)。

66. 见彼得·斯迪恩(Peter Stearn)《现代史杂志》上的评论(*Journal of Modern History* 44(1972), pp. 611—612)。

67. 科卡,《1890—1940年的美国白领工人:国际视野中的社会-政治史》。

68. 科卡,《战争中的阶级社会:1914—1918年》。

69. 同上书,第1页。

70. 见沃尔夫冈·J.蒙森在《现代史杂志》(*Journal of Modern History*, 47(1975), pp. 350—538)上的批评。

71. 温克勒编,《有组织的资本主义:前提与开端》(Heinrich-August Winkler, ed., *Organisierter Kapitalismus: Voraussetzungen und Anfänge*,
Göttingen, 1974);尤尔根·科卡,"帝国时期有组织的资本主义"(Jürgen 362
Kocka, "Organisierter Kapitalismus im Kaiserreich", *HZ*, 230(1980), pp. 613—631);参见肯尼斯·巴肯(Kenneth Barkin)在《现代史杂志》(*Journal of Modern History* 47(1975), pp. 125—129)上的批判性讨论和托马斯·尼帕德,"有组织的资本主义:协会与帝国的危机",载《历史与社会》(Thomas Nipperdey, "Organisierter Kapitalismus, Verbände und die Krise des Kaiserreichs", *Geschichte und Gesellschaft* 5(1979), pp. 418—433)。

72. 见沃尔弗拉姆·菲舍尔和格奥尔格·梅杰编,《社会问题:工业化早期阶段工人状况新论》(Wolfram Fischer and Georg Major, eds., *Die soziale Frage: Neuere Studien zur Lage der Fabrikarbeiter in den Frühphasen der Industrialisierung*, Stuttgart, 1967, pp. 8, 215—252)。

73. 《德国经济史与社会史手册(1971—1976)》(*Handbuch der deutschen Wirtschaftsund Sozialgeschichte*, 2vols. Stuttgart, 1971—1976)。

74. 《德国农业史》(Günther Franz, ed., *Deutsche Agrargeschichte*, Frankfurt,

1967—1970,4 vol.)。参见汉斯·罗森博格的批评性讨论,“新旧视角下的德国农业史”,载《德国社会史问题》(Hans Rosenberg,“Deutsche Agrargeschichte,in alter und neuer Sicht”,in *Probleme der deutschen Sozialgeschichte*,Frankfurt,1969,pp. 81—147)。

75. 詹姆斯·希汉,“现代德国社会史与政治史研究中的量化问题”,载《过去的向度》(James Sheehan,“Quantification in the Study of Modern German Social and Political History”,in Val R. Lorwin and Jacob M. Price,eds.,*The Dimensions of the Past*,New Haven,1972,p. 301)。

76. 参见奥托·毕希,《柏林、勃兰登堡地区的工业化与手工业:1800—1850年,早期工业化时代首都经济区手工业经济的经验性研究》(Otto Büsch,*Industrialisierung und Gewerbe im Raum Berlin Brandenburg,1800—1850:Eine empirische Untersuchung zur gewerblichen Wirtschaft einer Hauptstadtgebundenen Wirtschaftsregion in frühindustrieller Zeit*,Berlin,1971)。批判取向的重要著作,如克尔的文集《国内政治的优先性》和哈特穆特·凯尔伯的《威廉时期社会的工业利益政治:1895—1914年的德国产业中心协会》都是由柏林历史学会出版的。

77. 努特·柏哈特,《繁荣、危机与经济政策的商业活动领域:19世纪和20世纪经济史研究》(Knut Borchardt,*Wachstum,Krisen,Handlungsspielräume der Wirtschaftspolitik. Studien zur Wirtschaftsgeschichte des 19. und 20. Jahrhunderts*. Göttingen,1982)。

78. 见第8章第4节。该工作组较早数期《丛刊》(*Schriftenreihe*)中所鲜明表现出来的此种对于国家、管治和立法的重视(如维纳·孔茨编的《德国3月革命前的国家与社会,1815—1848》(*Staat und Gesellschaft im deutschen Vormärz,1815—1848*,Stuttgart,1962)和莱因哈德·科瑟勒克的《改良与革命之间的普鲁士:从1791到1848年的普通法、管治和社会运动》(*Preussen zwischen Reform und Revolution:Allgemeines Landrecht,Verwaltung und soziale Bewegung von 1791 bis 1848* (1967)),被20世纪70年代中期和后期出版物中对于劳工社会条件的更加广泛的关注所取代,如维纳·孔茨编,《现代欧洲家庭的社会史》(*Sozialgeschichte der Familie in der Neuzeit Europas*,1976);海尔维希·肖梅鲁斯,《埃斯林根机器制造厂的工人》(Heilwig Schomerus,*Die Arbeiter der Maschinenfabrik Esslingen*,1977)以及迪特·朗格威希,《工人的闲暇时间》(Dieter Langewiesche,*Zur Freizeit des Arbeiters*,1979)。尤尔根·科卡对于西门子公司雇员的研究《1847—1914年以西门子公司为例的企业管理与雇员阶层:德国工业化中资本主义与科层制的关联》也在

这个系列中面世。

79.《基本历史概念:德国政治语言历史辞典》(*Geschichtliche Grundbegriffe. Historisches Lexikon zur politischen Sprache in Deutschland*,Stuttgart,1973—);规划中的五卷已出版了三卷。

80.参见科瑟勒克给第一卷写的导言以及他的论文"概念史与社会史",载鲁兹 363
编《社会学与社会史》("Begriffsgeschichte und Sozialgeschichte" in Peter Christian Ludz, ed., *Soziologie und Sozialgeschichte*, Opladen, 1972, pp. 116—131)。又见赫尔穆特·贝尔丁,"概念史与社会史"(Helmut Berding, "Begriffsgeschichte und Sozialgeschichte", *HZ*,223(1976),pp. 98—110)。

81.科瑟勒克,《改良与革命之间的普鲁士:从 1791 到 1848 年的普通法、管治和社会运动》,第 13 页。

82.同上书,第 16 页。

83.以一种非常不同的、批判性的视角来考察普鲁士政治和管理的,见阿尔夫·吕特克,《公益、政策与"堡垒实践":1815—1850 年普鲁士的国家强力与国内管治》(Alf Lüdtke,*Gemeinwohl*,*Polizei und "Festungspraxis." Staatliche Gewaltsamkeit und innere Verwaltung in Preussen*, *1815—1850*,Göttingen,即出)。

84.见埃里希·默塞编,《1933 年各党派的终结》(Erich Morsey, ed., *Das Ende der Parteien* 1933,Düsseldorf,1960),此书是将政治科学的概念引入历史分析的一个重要尝试。关于卡尔-迪特里希·布拉赫、沃尔夫冈·绍尔和吉哈德·舒尔茨,见第 8 章第 4 节。

85.见注 42;还有他参加奥托·毕希和吉拉尔德·菲尔德曼(Gerald Feldman)编的《德国通货膨胀的历史进程,1914—1924:会议文集》(*Historische Prozesse der deutschen Inflation*, *1914—1924*: *Ein Tagungsbericht*,Berlin,1978)。又见伯恩德·维斯布罗德,《魏玛共和国的重工业》(Bernd Weisbrod,*Schwerindustrie in der Weimarer Republik*,Wuppertal,1978)。

86.参见比如说科卡对于美国和德国白领工人的比较研究,《法西斯主义与民主之间的雇员:国际视野中 1890—1940 年美国雇员的政治的社会史》。又见科卡所编《欧洲雇员比较》,《历史与社会》增刊第 7 期(*Angestellte im europäischen Vergleich*, Sonderheft 7 of *Geschichte und Gesellschaft*, Göttingen,1981);汉斯-尤尔根·普尔编《20 世纪德国、美国和法国资本主义:工业社会中的农村政治运动》(Hans-Jürgen Puhle ed., *Politische Agrarbewegungen in Kapitalistischen Industriegesellschaften*: *Deutschland*, *USA und Fruankreich im 20. Jahrhundert*,Göttingen,1976,pp. 4—10);还有

沃尔夫冈·J. 蒙森对帝国主义的研究。

87. 见科卡,“历史科学中的量化”,载《历史-社会科学研究中的量化方法》,《历史-社会科学研究》第 3 辑(“Quantifizierung in der Geschichtswissenschaft”, in Heinrich Best and Reinhard Mann, eds. , *Quantitative Methoden in der historisch-sozialwissenschaftlichen Forschung* , Band 3 of *Historisch-Sozialwissenschaftliche Forschungen* , Stuttgart, 1977, pp. 4—10)。

88. 沃尔夫冈·科尔曼,《工业革命中的人口》(Wolfgang Köllmann, *Bevölkerung in der industriellen Revolution* , Göttingen, 1974)。

89. 瓦尔特·霍夫曼,《19 世纪中期以来德国经济的发展》(Walter Hoffmann, *Das Wachstum der Deutschen Wirtschaft seit der Mitte des 19. Jahrhunderts*, Berlin, 1965)。

90. 康拉德·伽劳希,《历史科学中的量化:问题与可能性》(Konrad Jarausch, *Quantifizierung in der Geschichtswissenschaft : Probleme und Möglichkeiten* , Düsseldorf, 1976)。原先冠名为《历史-社会科学研究:历史和生产过程数据的量化社会科学的分析》(*Historisch-Sozialwissenschaftliche Forschungen : Quantitative sozialwissenschaftliche Analysen von historischen und prozess-produzierten Daten*)现在每年出版四期,名为《历史性社会研究》(*Historische Sozialforschung*)。对于量化社会史的重要贡献,见理查德·梯利和吉尔德·豪霍斯特,“19 世纪德国的社会抗议:研究开端的概述”(Richard Tilly, Gerd Hohorst, “Sozialer Protest in Deutschland im 19. Jahrhundert, Skizze eines Forschungsansatzes”),载伽劳希,《历史科学中的量化:问题与可能性》,第 232—278 页;更近一些的,有理查德·梯利,《德国工业化中的资本、国家与社会抗议:论文全集》(*Kapital, Staat und sozialer Protest in der deutschen Industrialiseirung : Gesammelte Aufsätze* ,
364 Göttingen, 1980)。又见卡伦·豪森在《历史与社会》上发表的“‘社会’抗议中的难题:历史研究开端的批判意见”(Karin Hausen, “Schwierigkeiten mit dem‘sozialen’Protest. Kritische Ammerkungen zu einem historischen Forschungsansatz”, *Geshichte und Gesellschaft* 3(1977), pp. 257—263)一文中提出的批评。有关德国经济史的量化研究方法,见莱因哈德·斯普里,《1840—1880 年德国经济的发展周期》(Reinhard Spree, *Wachstumszyklen der deutschen Wirtschaft von 1840—1880* , Berlin, 1977);以及斯普里和迈克尔·梯布斯(Michael Tybus)的《1820—1913 年德国经济的发展趋势和市场周期》(*Wachstumstrends und Konjunkturzyklen in der deutschen Wirtschaft von 1820—1913* , Göttingen, 1978)。

91. 其顾问组还包括汉斯-乌尔里希·维勒、尤尔根·科卡、汉斯·蒙森、罗伯特·福格尔(Robert Fogel)弗朗索瓦·孚雷(François Furet)和芮格勒(E. A. Wrigley)等人;见《历史性社会研究》第 17 期(1981 年 1 月),第 96—97 页。

92. 莱因哈德·曼编,"国家社会主义者:法西斯主义运动的分析",载于《历史-社会科学研究》第 9 辑(Reinhard Mann, ed., *Die Nationalsozialisten: Analysen faschistischer Bewegungen*, Band 9 of *Historisch-sozialwissenschaftliche Forschungen*, Stuttgart, 1980)。

93. 迈克尔·卡特,《1918—1933 年德国学生与右翼激进主义:魏玛共和国教育危机的社会史研究》(Michael Kater, *Studentenschaft und Rechtsradikalismus in Deutschland, 1918—1933: Eine sozialgeschichtliche Studie zur Bildungskrise in der Weimarer Republik*, Hamburg, 1975)。

94. 迈克尔·卡特,《纳粹党社会构成分析的可能性与限度的方法论思考》(Michael Kater, "Methodologische Überlegungen über Möglichkeiten und Grenzen einer Analyse der sozialen Zusammensetzung der NSDAP"),载莱因哈德·曼编,《国家社会主义:法西斯主义运动的分析》;又见其"量化纳粹史:纳粹党社会结构的电子数据分析的局限与可能性的方法论思考"("Quantifizierung der NS-Geschichte. Methodologische Überlegungen über Grenzen und Möglichkeiten einer EDV-Analyse der NSDAP-Sozialstruktur", *Geschichte und Gesellschaft* 3(1977), pp. 453—484)。又见卡特的《纳粹党:成员与领袖的社会剪影》(*The Nazi Party: A Social Profile of Members and Leaders*, Cambridge, Mass., 1983)。

95. 威廉·阿贝尔,《13—19 世纪中欧的农业危机与农业经济状况》(Wilhelm Abel, *Agrarkrisen und Agrarkonjunkturen in Mitteleuropa vom 13. bis zum 19. Jahrhundert*, Berlin, 1935);修订第二版(Hamburg, 1966);英译本为《13—20 世纪欧洲的农业波动》(*Agricultural Fluctuations in Europe from the Thirteenth to the Twentieth Centuries*, New York, 1980)。

96. 《前工业化欧洲的大众贫困与饥荒危机》(*Massenarmut und Hungerkrisen im vorindustriellen Europa*, Hamburg, 1974)。

97. 阿贝尔创立而目前由卡尔-亨利希·考夫霍尔德(Karl-Heinrich Kaufhold)执掌的经济与社会史研究所,继续在研究现代早期以来的物价、工资、租金和食物消费的变化以及前工业化时代的手工艺人的历史。

98. 《历史与社会》的第 1 期(1975 年)的主题是"19 世纪和 20 世纪德国的社会分层与流动性"。尚需提到哈特穆特·凯尔伯研究社会流动的重要著作。见其"1850—1914 德国的社会上升",载《社会经济史季刊》

(“Sozialer Aufstieg in Deutschland 1850—1914”, *Vierteljahrschrift für Sozial-und Wirtschaftsgeschichte* 60(1973), pp. 41—71);“1910—1960 年德国的机会不均等与学术训练”,载《历史与社会》(“Chancenungleichheit und akademische Ausbildung in Deutschland, 1910—1960”, *Geschichte und Gesellschaft* 1(1975), 121—149);“商业精英的吸纳机制的长期变迁:工
365 业革命以来德国与美、英、法国的比较”,载《社会史杂志》(“Long-term Changes in the Recruitment of the Business-Elite: Germany Compared to the U. S. , Great Britain and France since the Industrial Revolution,” *Journal of Social History* 13(1980), pp. 404—423);“1900—1960 年德国的社会流动”,载凯尔伯编,《德国现代化的问题:19 世纪和 20 世纪的社会史研究》(“Soziale Mobilität in Deutschland, 1900—1960”, in H. Kaelble et al. , *Probleme der Modernisierung in Deutschland: Sozialhistorische Studien zum 19. und 20. Jahrhundert*, Wiesbaden, 1978, pp. 235—327)。

99. 如汉斯·梅迪克(Hans Medick)在维纳·孔茨编的《现代欧洲家庭的社会史》(Sozialgeschichte der Familie in der Neuzeit Europas, Stuttgart, 1976)第 255 页;海迪·罗森鲍姆,“家庭史研究的新进展”,载《历史与社会》(Heidi Rosenbaum, “Zur neueren Entwicklung der Historischen Familienforschung”, *Geschichte und Gesellschaft* 1(1975), p. 225)。

100. 勃勒姆、厄哈德、孚雷等编,《18 世纪法国的书籍与社会》(G. Bollème, H. Ehrard, F. Furet et al. , *Livre et société dans la France du 18e siècle*, 2 vols. Paris and The Hague, 1965—1970)。

101. 罗尔夫·恩格尔辛,《文盲与阅读:封建社会与工业社会之间德国生活的社会史》(Rolf Engelsing, *Analphabetentum, und Lektüre: Zur Sozialgeschichte des Lebens in Deutschland zwischen feudaler und industrieller Gesellschaft*, Stuttgart, 1973);又见《德国中下层的社会史》(*Zur Sozialgeschichte deutscher Mittel-und Unterschichten*, 2nd, expanded ed. , Göttingen, 1978)。

102. 见注 77。最初几本还包括弗罗林德·巴尔塞,《社会民主党:1848/1849—1963》(Frolinde Balser, *Sozial-Demokratie, 1848/1849—1863*, 1965);沃尔夫冈·谢德尔,《德国工人运动的开端:民族运动中的海外联合会》(Wolfgang Schieder, *Anfänge der deutschen Arbeiterbewegung: Die Auslandsvereine in der nationalen Bewegung*, 1963);以及维纳·孔茨和迪特尔·戈罗,《民族运动中的工人运动:帝国建立之前、之中和之后的德国社会民主党》(*Die Arbeiterbewegung in der nationalen Bewegung. Die deutsche Sozialdemokratie vor, während und nach der*

Reichsgründung,1966)。

103. 海尔维希·肖梅鲁斯,《埃斯林根机器制造厂的工人:19世纪工人状况研究》(Heilwig Schomerus, *Die Arbeiter der Maschinenfabrik Esslingen. Forschungen zur Lage der Arbeiterschaft im 19. Jahrhundert*, Stuttgart, 1977)。

104. 彼得·勃谢德,《工业化中的纺织工人:威滕堡的社会状况与流动性(19世纪)》(Peter Borscheid, *Textilarbeiterschaft in der Industrialisierung. Soziale Lage und Mobilität in Württemberg (19. Jahrhundert)*, Stuttgart, 1977)。

105. 迪特尔·朗格威希,《工人的闲暇时间:帝国与第一共和国时期奥地利工人的教育意向和闲暇时间的形式》(Dieter Langewiesche, *Zur Freizeit des Arbeiters: Bildungsbestrebungen und Freizeitgestaltung österreichischer Arbeiter im Kaiserreich und in der Ersten Republik*, Stuttgart, 1979)。这里还需提到两本关于工人阶级的文集:维纳·孔茨和乌尔里希·英格尔哈特编,《工业化进程中的工人》(Werner Conze and Ulrich Engelhardt, eds., *Arbeiter im Industrialisierungsprozess*, Stuttgart, 1979)和维纳·孔茨编,《19世纪工人状况》(*Arbeiterexistenz im 19. Jahrhundert*, Stuttgart, 1981)。

106. 克劳斯·滕菲尔德,《19世纪鲁尔矿工的社会史》(Klaus Tenfelde, *Sozialgeschichte der Bergarbeiterschaft an der Ruhr im 19. Jahrhundert*, Bonn-Bad Godesberg, 1977)。

107. 东德和西德的一些马克思主义者的立场,表现在《论证》杂志的两期特刊"资产阶级历史科学批判"中(*Das Argument*, nos. 70(1972) and 75 (1972), "Kritik der bürgerlichen Geschichtswissenschaft")。

108. 彼得·克力特、汉斯·梅迪克、尤尔根·希鲁姆勃姆,《工业化之前的工业化:资本主义形成时期乡村的手工制品生产》(Peter Kriedte, Hans Medick, Jürgen Schlumbohm, *Industrialisierung vor der Industrialisierung: Gewerbliche Warenproduktion auf dem Land in der Formationsperiode des Kapitalismus*, Göttingen, 1977);英译本为《工业化之前的工业化:资本主义起源时的乡村工业》(*Industrialization Before Industrialization: Rural Industry in the Genesis of Capitalism*, Cambridge, 1981)。

109. 参看第八章第4节相关内容。该研究所近来对现代史的研究,反映出来了一种对于社会人类学的浓厚兴趣。在其他国家,尤其是在美国和
法国,社会史家与人类学家之间有着密切的合作。此种取向的一个例证 366
就是勃达尔等人编辑的一本文集《阶级与文化:历史写作中的社会人类

学视角》(Robert Berdahl, Alf Lüdtke, Hans Medick, David Sabean, Gerald Sider et al., *Klassen und Kultur. Sozialanthropologische Perspektiven in der Geschichtsschreibung*, Frankfurt, 1982)。

110. E. P. 汤普森,《过去与现在》,第 50 期(E. P. Thompson, *Past and Present*, no. 50(1971), pp. 76—136)。

111. 参见克力特等,《工业化之前的工业化:资本主义形成时期乡村的手工制品生产》。

112. 尤尔根·科卡,"作为研究课题的工人文化:导论性的评论",载《历史与社会》("Arbeiterkultur als Forschungsthema. Einleitende Bemerkungen", *Geschichte und Gesellschaft* 5(1979), pp. 5—11)。

113. 阿瑟·伊姆霍夫,《作为社会史的历史人口学:17—19 世纪的大潮与周边》(Arthur Imhof, *Historische Demographie als Sozialgeschichte: Giessen und Umgebung vom 17. zum 19. Jahrhundert*, Darmstadt, 1975);又见伊姆霍夫编,《历史中的人类生物学:法国与斯堪的纳维亚现代社会史研究》(*Biologie des Menschen in der Geschichte: Beiträge zur Sozialgeschichte der Neuzeit aus Frankreich und Skandinavien*, Stuttgart, 1978)。此书还包括一个包罗甚广的导论。

114. 卡伦·豪森,"作为历史性社会科学研究对象的家庭:研究策略简论",载《历史与社会》(Karin Hausen, "Familie als Gegenstand historischer Sozialwissenschaft. Bemerkungen zu einer Forschungsstrategie", *Geschichte und Gesellschaft* 1(1975), pp. 171—209);海迪·罗森鲍姆,《家庭与社会结构》(Heidi Rosenbaum, ed., *Familie und Gesellschaftsstruktur*, Frankfurt, 1974)。

115. 莱因哈德·斯普里,《疾病与死亡的社会不均等:德意志帝国卫生领域的社会史》(Reinhard Spree, *Soziale Ungleichheit vor Krankheit und Tod: Zur Sozialgeschichte des Gesundheitsbereichs im Deutschen Kaiserreich*, Göttingen, 1981)。

116. 理查德·梯利和吉尔德·豪霍斯特,"社会抗议"。

117. 鲁茨·尼特海默和 F. 布吕格迈尔"帝国时期工人住得怎么样?",载《社会史档案》(Lutz Niethammer and F. Brüggemeier, "Wie wohnten die Arbeiter im Kaiserreich?" *Archiv für Sozialgeschichte* 16(1976), pp. 61—134);鲁茨·尼特海默编,《变动中的居住:市民社会中的日常生活史研究》(*Wohnen im Wandel: Beiträge zur Geschichte des Alltags in der bürgerlichen Gesellschaft*, Wuppertal, 1979)。

118. 迪尔克·布拉修斯,《市民社会与犯罪》(Dirk Blasius, *Bürgerliche*

Gesellschaft und Kriminalität,Göttingen,1976);“历史与疾病:医学史的社会史视角”,载《历史与社会》.(“Geschichte und Krankheit. Sozialgeschichtliche Perspektiven der Medizingeschichte”,*Geschichte und Gesellschaft* 2(1976),pp. 386—415);《管制精神病:精神病院的社会史》(*Der verwaltete Wahnsinn*:*Eine Sozialgeschichte des Irrenhauses*,Frankfurt,1980)。

119. 克劳斯·滕菲尔德,“德国矿工文化一瞥”,载《历史与社会》(“Bergarbeiterkultur in Deutschland. Ein Überblick”,*Geschichte und Gesellschaft*,5(1979),pp. 12—53)。

120. 参见卡伦·豪森,“19世纪的技术进步与妇女劳动:缝纫机的社会史”,载《历史与社会》(“Technischer Fortschritt und Frauenarbeit im 19. Jahrhundert. Zur Sozialgeschichte der Nähmaschine”,*Geschichte und Gesellschaft* 4(1978),pp. 148—169);乌尔苏拉·尼恩豪斯,“女儿与姐妹:德意志帝国女性雇员被遗忘了的历史”,载《历史与社会》(Ursula Nienhaus,“Von Töchtern und Schwestern. Zur vergessenen Geschichte von weiblichen Angestellten im deutschen Kaiserreich”,*Geschichte und Gesellschaft*,*Sonderheft* 7(1981))。

121. 参见鲁茨·尼特海默编,《生活经历与集体记忆:“口述史”的实践》(*Lebenserfahrung und kollektives Gedächtnis*:*Die Praxis der* “*Oral History*”,Frankfurt,1980)。

122. 各期专号有:第1期,“历史性的家庭研究和人口学”(vol. 1,Heft2/3(1975),“Historische Familienforschung und Demographie”);第3期,“社会抗议”(vol. 3,Heft 2(1977),“Sozialer Protest”);第5期,“19世纪的工人文化”(vol. 5,Heft 1(1979),“Arbeiterkultur im 19. Jahrhundert”);第7期,“19世纪和20世纪历史中的妇女”(vol. 7,Heft3/4(1981),“Frauen in der 367
Geschichte des 19. und 20. Jahrhunderts”)。

123. 例如尤尔根·芮勒克和沃尔夫哈德·韦伯编的《工厂、家庭、下班:日常生活的社会史研究》(Jürgen Reulecke and Wolfhard Weber, ed., *Fabrik*, *Familie*, *Feierabend*: *Beiträge zur Sozailgeschichte des Alltags*,Wuppertal,1981),哈克编,《闲暇时间的社会史:日常文化变化的研究》(G. Huck, ed., *Sozialgeschichte der Freizeit*:*Untersuchungen zum Wandel der Alltagskultur*,Wuppertal,1981),以及德特勒夫·普克特和尤尔根·芮勒克编,《紧闭:纳粹统治下日常生活史研究》(Detlev Peukert and Jürgen Reulecke, eds., *Die Reihen fast geschlossen*:*Beiträge zur Geschichte des Alltags unterm Nationalsozialismus*, Wuppertal,

1981)。还有尼特海默的《变动中的居住:市民社会中的日常生活史研究》。这个奖项绝非没有争议;见吉哈德·施奈德,"对德国历史学生竞赛的抨击",载《历史教学》(Gerhard Schneider,"Attacken auf den Schülerwettbewerb Deutsche Geschichte",*Geschichtsdidaktik* 6(1981),pp. 105—115)。

124. 汉斯-乌尔里希·维勒,《德意志帝国,1871—1918 年》(Hans-Ulrich Wehler,*Das Deutsche Kaiserreich,1871—1918*,Göttingen,1973)。

125. 两位英国学者也提出了这一观点,见戴维·布莱克波那和乔夫·埃莱,《德国历史研究的神话》(David Blackbourne and Geoff Eley,*Mythen deutscher Geschichtsschreibung*,Frankfurt,1980);又见埃莱的论文"'克尔派'"("Die'Kehritesi'")。

126. 安德雷斯·希尔格鲁伯,"现代视野中的政治史?",载《历史杂志》(Andreas Hillgruber,"Politische Geschichte in moderner Sicht?" *HZ*,216(1973),pp. 529—552)。

127. 克劳斯·希尔德布朗,"历史抑或'社会史'? 国际关系的政治史研究的必要性",载《历史杂志》(Klaus Hildebrand,"Geschichte oder'Gesellschaftsgeschichte'? Die Notwendigkeit einer Politischen Geschichtsschreibung von den internationalen Beziehungen,"*HZ*,223(1976),pp. 328—357)。

128. 汉斯-君特·兹马茨利克,"新视野中的帝国?",载《历史杂志》(Hans-Günter Zmarz-lik,"Das Kaiserreich in neuer Sicht?"*HZ*,222(1976),pp. 105—126)。

129. 洛特哈·高尔,"俾斯麦与波拿巴主义",载《历史杂志》(Lothar Gall,"Bismarck und der Bonapartismus",*HZ*,222(1976),pp. 618—637)。

130. 托马斯·尼帕德《社会、文化、理论:现代史论文全集》(Thomas Nipperdey,*Gesellschaft*,*Kultur*,*Theorie*:*Gesammelte Aufsätze zur neueren Geschichte*,Göttingen,1976)中的"维勒的'帝国'"("Wehlers 'Kaiserreich'",pp. 539—560);"历史主义与当今的历史主义批判"("Historismus und Historismuskritik heute")。对于德意志帝国各种不断变化的阐释的批判性讨论,见维纳·孔茨,"德国历史写作代际变迁之中作为当前之过去的 1871 年以来的帝国",载鲍尔编,《政治变迁中的国家与社会》("Das Kaiserreich von 1871 als gegenwärtige Vergangenheit im Generationwandel der deutschen Geschichtsschreibung", in Werner Pöls, ed. ,*Staat und Gesellschaft im politischen Wandel*,Stuttgart,1979,pp. 383—405)。

131. 尼帕德,"维勒的'帝国'"。

132. 希尔格鲁伯,“现代视野中的政治史?”。

133. 希尔德布朗,“历史抑或‘社会史’? 国际关系的政治史研究的必要性”。

134. 同上文,前引书,第 34 页。

135. 又见兹马茨利克,“新视野中的帝国?”。

136. 有关军事史,特别应该提到威廉·戴斯特(Wilhelm Deist)和曼弗雷德·梅塞施密特(Manfred Messerschmidt)与弗雷堡的军事史研究会合作的著作。戴斯特在《世界大战中的军事和国内政策,1914—1918》(*Militär und Innenpolitik im Weltkrieg, 1914—1918*, Düsseldorf, 1970)和《海军政策和海军宣传:1897—1914 年的帝国海军部情报局》 368
(*Flottenpolitik und Flottenpropaganda: Das Nachrichtenbureay des Reichsmarineamts, 1897—1914*, Stuttgart, 1976)中研究了国内政策与军事政策之间的相互关联。从非常不同的批判性视角出发的研究,参看迈克尔·葛耶,《军备扩充还是安全:国防与实力政治的危机,1924—1936 年》(Michael Geyer, *Aufrüstung oder Sicherheit: Die Reichswehr und die Krise der Machtpolitik, 1924—1936*, Wiesbaden, 1980)。

137. 见其《从俾斯麦到希特勒德国对外政策的连续性与非连续性》(*Kontinuitäten und Diskontimuitäten in der deutschen Aussenpolitik von Bismarck bis Hitler*, Düsseldorf, 1969);《俾斯麦的对外政策》(*Bismarcks Aussenpolitik*, Frankfurt, 1972);《19 世纪和 20 世纪德国的大国政治和世界政治》(*Deutsche Großmacht-und Weltpolitik im 19. und 20. Jahrhundert*, Düsseldorf, 1977)。

138. 汉斯-阿道夫·雅各布森,《保卫和平的政治的实力策略:20 世纪德国史研究》(Hans-Adolf Jacobson, *Von der Strategie der Gewalt zur Politik der Friedenssicherung: Beiträge zur deutschen Geschichte im 20. Jahrhundert*, Düsseldorf, 1977)。

139. 克劳斯·希尔德布朗,《第三帝国的对外政策》(Klaus Hildebrand, *The Foreign Policy of the Third Reich*, Berkeley, 1973);《第三帝国》(*Das Dritte Reich*, München, 1979)。

140.《俾斯麦:白色的革命者》(*Bismarck. Der weiße Revolutionär*, Berlin, 1980)。

141.《“元首国家”:神话与现实。第三帝国结构和政治研究》,德国历史研究所出版物(*Der “Führerstaat”: Mythos und Realität. Studien zur Struktur und Politik des Dritten Reiches. —The “Führer State”: Myth and Reality. Studies on the Structure and Politics of the Third Reich*, ed. Gerhard Hirschfeld and Lothar Kettenacker, intro. By Wolfgang J.

Mommsen, Publications of the German Historical Institute, London, vol. 8, Stuttgart, 1981)。

142. 如蒂姆·梅森,"意图与解释:一场关于国家社会主义的解释的当前争论"(Tim Mason, "Intention and Explanation: A Current Controversy about the Interpretation of National Socialism"),同前书,第23—42页。

143.《"元首国家":神话与现实。第三帝国结构和政治研究》,第71页(汉斯·蒙森)。

144. 同上书,第96页(希尔德布朗)。

145. 同上书,第17页(希尔格鲁伯)。

146. 同上书,第97页(希尔德布朗)。

147. 詹姆斯·希汉对吉哈德·里特尔所编《社会、议会和内阁》(*Gesellschaft, Parlament und Regierung*)一书的评论,以及迈克尔·斯徒默"俾斯麦国家中的内阁与帝国国会",载《现代史杂志》(Michael Stürmer, "Regierung und Reichstag im Bismarckstaat", in *Journal of Modern History* 48(1976), p. 567)。

148. 除了《历史科学的批判性研究》(*Kritische Studien zur Geschichtswissenschaft*)和《历史与社会》(*Geschichte und Gesellschaft*)外,还有两种相关的新杂志:面向教师的《历史教学》(*Geschichtsdidaktik*)和面向普通读者的《历史期刊》(*Journal für Geschichte*)。

149. 见希尔德布朗-沃尔夫冈·蒙森在《历史研究与教学》(*Geschichte in Wissenschaft und Unterricht* 31(1980), pp. 289—304, 32(1981), pp. 199—204, 738—743)中的交流。

150. 赫尔穆特·迪瓦尔德,《德国人的历史》(Hellmut Diwald, *Geschichte der Deutschen*, Frankfurt, 1978)。

151.《俾斯麦:白色的革命者》。

152. 在这个意义上,1981年西柏林广为人知的普鲁士展览会上展出的诸多文献就很有意思。那绝非一场怀旧的演练,而就像是五卷本的指南《普鲁士:总结的尝试》(*Preussen. Versuch einer Bilanz*, Reinbek, 1981)中所说的,那是"试图做出一个均衡的判断"。就像曼弗雷德·施伦克(Manfred Schlenke)在指南的导言中所指出的和鲁道夫·冯·特哈登(Rudolf von Thadden)在开幕式上所强调的,这场展览会试图表明普鲁
369 士遗产的矛盾性质。数卷指南不仅涉及到普鲁士的"政治文化"(第2卷),而且也涉及"一个国家的社会史"(第3卷)和柏林文化(第4卷)。此种对于普鲁士含混暧昧的遗产的意识也反映在范围广泛的历史学家们——从声名卓著的威廉·特鲁(Wilhelm Treue)、戈登·克雷格

(Gordon Craig)和卡尔-迪特里希·布拉赫到诸如彼得·布朗特(Peter Brandt)和芭芭拉·杜登(Barbara Duden)这样的年轻的批判社会史学家——撰写的稿件中。这场展览会激发出了三篇有关普鲁士的长篇论文:塞巴斯蒂安·哈夫纳(Sebastian Haffner)有理有据的辩护词《没有传奇的普鲁士》(*Preussen ohne Legende*,München,1981),克里斯蒂安·格拉夫·冯·克拉科夫(Christian Graf von Krackow)的批判性的《警告普鲁士》(*Warnung vor Preussen*,Berlin,1981),以及鲁道夫·冯·特哈登试图还普鲁士面孔多样的遗产一个公道的《普鲁士问题》(*Fragen an Preussen*,München,1981)。

推荐阅读材料

以下书目并没有网罗无遗的企图，其中所列第二手文献是经过选择的。本书中讨论过的主要著作不再包括在内，除非这些著作本身就是史学史或历史思想史。

不少史学史都包含了对于德国发展状况的篇幅不短的讨论。其中包括爱德华·菲特的《现代史学史》(Eduard Fueter, *Geschichte der neueren Historiographie*, 3rd ed., München, 1936)；詹姆斯·汤普森的《历史著作史》(James Westfall Thompson, *A History of Historical Writing*, New York, 1942, 2 vols.)；默里茨·里特尔《从有关早期研究著作看历史科学的发展》(Moriz Ritter, *Die Entwicklung der Geschichtswissenschaft an den führenden Werken Betrachtet*, München, 1919)；哈里·巴恩斯《历史著作史》(Harry Elmer Barnes, *A History of Historical Writing*, 2nd. ed., New York, 1962)；马修·菲兹孟斯等的《历史学的历程》(Matthew A. Fitzsimons et al., *The Development of Historiography*, Harrisbrug, Pa., 1954)；乔治·古奇《19世纪的历史学与历史学家》(George P. Gooch, *History and*

Historians in the Nineteenth Century, London, 1914; reprinted Boston, 1959)。只有菲兹孟斯和巴恩斯对20世纪德国史学家有扼要的讨论,巴恩斯的论述尤为简短。有关德国历史学的最好书目,见弗里茨·瓦格纳的史学著作选本《历史科学》(Fritz Wagner, *Geschichtswissenschaft*, Freiburg i. Br., 1951)。

近来有关德国史学的较为完备的研究,只有两部德文著作,没有英文的。其中一部,亨利希·冯·斯瑞比克的《从德国人文主义到当前的精神与历史》(Heinrich von Srbik, *Geist und Geschichte vom deutschen Humanismus bis zur Gegenwart*, 2 vols. München, 1950—1951)的作者是一位鼓吹大德国的奥地利人,一位依旧置身于德国唯心主义传统之中的历史学家。另外一部,《德国历史科学研究》(*Studien über die deutsche Geschichtswissenschaft*, ed. Joachim Streisand, 2 vols., Berlin, 1963—1965),则是东德马克思主义史学家的论文集。这两部著作都包括了对20世纪德国历史学家的讨论。更老一些的著作包括弗朗兹·魏格勒的《人文主义登台以来的德国史学史》(Franz X. von Wegele, *Geschichte der Deutschen Historiographie seit dem Auftreten des Humanismus*, München, 1885),此书主要涉及兰克之前的历史学,但也有很短的一部分讨论了19世纪的历史学家;奥托卡·罗伦兹的《历史科学的主要方向和使命》(Ottokar Lorenz, *Die Geschichtswissenschaft in Hauptrichtungen und Aufgaben*, 2 vols., Berlin, 1886—1891)是一部题材广泛的19世纪德国史学史,尤其注重兰克;还有格奥尔格·冯·贝娄的《从解放战争到当代的德国历史写作》(Georg von Below, *Die deutsche Geschichtschreibung von den Befreiungskriegen bis zu unseren Tagen*, Leipzig, 1916)也广泛研究了赫尔德以来的德国历史学,强调浪漫主义、兰克和普鲁士学派的地位,但也涉及文化史、经济史和马克思主义在德国史学中的作用。安托尼·圭兰的《现代德国及其历史学家：尼布尔—兰克—蒙森—西贝尔—特莱奇克》(Antoine Guilland, *L'Allemagne nouvelle et ses historiesn. Niebuhr—Ranke—Mommsen—Sybel—Treitschke*, Paris, 1899, 英文本为 *Modern Germany and Her Historians*, London, 1915)。海茵茨-奥托·希伯格的《19世纪历史著作中的德国和法国》(Heinz-Otto Sieburg, *Deutschland und Frankreich in der Geschichtsschreibung des 19. Jahrhunderts*, 2 vols., Wiesbaden, 1954—1958)中对德国史学家也有很好的论述，该书的时间跨度是从1815到1871年。有关德国史学家相互矛盾的政治目标和民族目标，见古斯塔夫·沃尔夫、迪特里希·夏菲尔和汉斯·德尔布吕克的《法国革命以来德国历史写作的民族目标》(Gustav Wolf, Dietrich Schäfer and Hans Delbrück, *Nationale Ziele der deutschen Geschichtschreibung seit der französischen Revolution*, Gotha, 1918)。自罗伯特·弗林特《法国和德国的历史哲学》(Robert Flint, *The Philosophy of History in France and Germany*, Edinburgh, 1874)以来，德国就没有比较全面的有关历史哲学的著作了。

对于"历史主义"一词含义的讨论，见德怀特·李和罗伯特·贝克的"'历史主义'的含义"，载《美国历史评论》(Dwight E. Lee and Robert N. Beck, "The Meaning of 'Historicism'", *American Historical Review*, 59(1953—1954), pp. 568—577)；又见卡尔·胡希《历史主义的危机》(Karl Heussi, *Die Krisis des Historismus*, Tübingen, 1932, 尤其是第1—21页)。关于19世纪Verstehen(理解)的知识论，见约希姆·瓦赫《理解：19世纪解释学理论史概要》(Joachim Wach, *Das Verstehen. Grundzüge einer Geschichte der hermeneutischen Theorie im 19. Jahrhundert*, 3 vols., Tübingen, 1926—1933)；又见埃里希·罗萨克《精神科学导论》(Erich Rothacker, *Einleitung in die Geisteswissenschaften*, Tübingen, 1920)；以及汉斯-格奥尔格·伽达默尔的《真理与方

法》(Hans-Georg Gadamer, *Wahrheit und Methode*, Tübingen, 1960)。

有关18世纪和19世纪德国和非德国的历史主义的变种,尤其参看卡罗·安托尼《历史主义》(Carlo Antoni, *Lo Storicismo*, Roma, 1957),法文本为*L'Historisme*(Génève, 1963)。关于德国历史主义在17世纪和18世纪欧洲思想中的起源,见弗里德里希·梅尼克的《历史主义的形成》(Friedrich Meinecke, *Die Entstehung des Historismus*, vol. Ⅲ of *Werke*, München, 1959)。弗里德里希·恩戈尔-伽诺西的《德国历史主义的成长》(Friedrich Engel-Janosi, *The Growth of German Historicism*, Baltimore, 1944)论述了直到19世纪中期的德国历史主义的早期历史。马滕·布朗兹的《作为意识形态的历史主义》(Maarten Cornelis Brands, *Historisme als Ideologie. Het 'Onpolitieke' en 'Anti-18Normatieve' Element in de duitse Geschiedwetenschap*, Assen, 1965)对德国历史主义进行了广泛的历史性考察。

对18世纪德国历史科学的讨论,见安德雷斯·克劳斯《理性与历史:18世纪晚期德国历史科学的意义》(Andreas Kraus, *Vernunft und Geschichte. Die Bedeutung der deutschen Akademien für die Geschichtswissenschaft im späten 18. Jahrhundert*, Freiburg i. Br., 1963)。赫伯特·巴特菲尔德《人论自己的过去:历史学学术研究》(Herbert Butterfield, *Man on His Past. A Study of Historical Scholarship*, Boston)讨论了从哥廷根史学家们对普遍史的关切到19世纪兰克学派历史学的过渡。有关18世纪德国历史思想,见约希姆·斯特莱桑《从早期启蒙运动到古典主义的历史思想》(Joachim Streisand, *Geschichtliches Denken von der deutschen Frühaufklärung bis zur Klassik*, Berlin, 1964)。

有关赫尔德的文献十分丰富,包括好几部英文著作。关于赫尔德的历史观,尤其参看鲁道夫·斯特德尔曼的《赫尔德论历史意义》(Rudolf Stadelmann, *Der historische Sinn bei Herder*, Halle,1928)。又见威廉·多贝克的《约翰·戈特弗里德·赫尔德》(Wilhelm Dobbek, *Johann Gotttried Herder*, Weimar,1950);罗伯特·厄冈《赫尔德与德国民族主义的奠基》(Robert Reinhold Ergang, *Herder and the Foundation of German Nationalism*, New York,1931);巴纳德《赫尔德的社会政治思想:从启蒙到民族主义》(F. M. Barnard, *Herder's Social and Political Thought. From Enlightenment to Nationalism*, Oxford,1965);罗伯特·克拉克《赫尔德:生平与思想》(Robert Clark, *Herder, His Life and Thought*, Berkeley,1955);威尔斯《赫尔德及其后》(G. A. Wells, *Herder and After*, Denn Haag,1959)。关于赫尔德与当时总体思想背景的关联,见罗伊·帕斯伽《德国的狂飙突进》(Roy Pascal, *The German Sturm und Drang*, Manchester,1953),尤其是柯夫的《歌德时代的精神》(H. A. Korff, *Geist der Geothezeit*, 4 vols., Leipzig,1923—1958,特别是前两卷)。

有关法国革命和拿破仑时期的德国思想,见莱茵霍尔德·阿里斯《1789—1815 年的德国政治思想史》(Reinhold Aris, *History of Political Thought in Germany from 1789 to 1815*, London, 1936);古奇《德国与法国革命》(G. P. Gooch, *Germany and the French Revolution*, London,1920);以及雅克·德罗兹《德国与法国革命》(Jacques Droz, *L'Allemagne et la Révolution Française*, Paris,1949)。对于德国民族主义之源起的两种大为不同的研究方式,见弗里德里希·梅尼克《世界主义与民族国家》(Friedrich Meinecke, *Weltbürgertum und Nationalstaat*, vol. V of *Werke*, München,1962)和尤金·安德森《民族主义与普鲁士的文化危机,1806—1815》(Eugene N. Anderson, *Nationalism and the Cultural Crisis in Prussia, 1806—1815*, New York,1939)。

有关威廉·冯·洪堡,尤其参看西格弗里德·凯勒《威廉·

冯·洪堡和国家》(Siegfried Kaehler,*Wilhelm von Humboldt und der Staat*,München,1927);又见爱德华·斯普朗格《威廉·冯·洪堡与人文主义观念》(Eduard Spranger,*Wilhelm von Humboldt und die Humanitätsidee*,Berlin,1909);布鲁诺·吉布哈特《作为政治家的威廉·冯·洪堡》(Bruno Gebhardt,*Wilhelm von Humboldt als Staatsmann*,2 vols.,Stuttgart,1896—1899);以及弗里德里希·夏夫斯坦《洪堡传》(Friedrich Schaffstein,*Wilhelm von Humboldt*,*Ein Lebensbild*,Frankfurt,1952)。

有关兰克的文献汗牛充栋。对这方面文献的论述,见格奥尔格·G. 伊格尔斯,"美国与德国历史思想中的兰克形象",载《历史与理论》(Georg G. Iggers,"The Image of Ranke in American and German Historical Thought",*History and Theory*, Ⅱ (1962),pp. 17—40)。关于兰克的历史观,尤其见西奥多·冯·劳《利奥波德·兰克:成长岁月》(Theodore von Laue,*Leopold Ranke*,*The Formative Years*,Princeton,1950);卡尔·亨利希《兰克与歌德时代的历史神学》(Carl Hinrichs,*Ranke und die Geschichtstheologie der Goethezeit*,Göttingen,1954);吉哈德·马苏尔《兰克的世界史概念》(Gerhard Masur,*Rankes Begriff der Weltgeschichte*,München,1926),此书是作为《历史杂志》(*Historische Zeitschrift*)第 6 期特刊出版的;恩斯特·西蒙《兰克与黑格尔》(Ernst Simon,*Ranke und Hegel*,München,1928),这是《历史杂志》的第 15 期特刊;有关兰克的政治观点,见威廉·蒙森《斯坦因、兰克、俾斯麦》(Wilhelm Mommsen,*Stein*,*Ranke*,*Bismarck*,München,1954);关于他的社会观念,见鲁道夫·菲尔豪斯《兰克与社会世界》(Rudolf Vierhaus,*Ranke und die soziale Welt*,München,1957)。

没有全面论述普鲁士历史学家的著作。关于 1848 年前后普鲁士历史学家们的政治观点,有沃尔夫冈·霍克《圣保罗大教堂时代的自由主义思想：德罗伊森与法兰克福中心》(Wolfgang Hock, *Liberales Denken im Zeitalter der Paulskirche. Dorysen und die Frankfurter Mitte*, Münster, 1957)。有不少有关个别史学家的专论：关于德罗伊森的，有君特·比尔奇《作为道德理念的国家》(Günter Birtsch, *Die Nation als sittliche Idee*, Köln, 1964)；关于达尔曼的，有赫尔曼·海姆培尔《两位历史学家：弗里德里希·克里斯托弗·达尔曼、雅各布·布克哈特》(Hermann Heimpel, *Zwei Historiker. Friedrich Christoph Dahlmann. Jacob Burckhardt*, Göttingen, 1962)中的一篇文章；关于西贝尔的，有赫尔穆特·塞尔《帝国奠基时代变动中的亨利希·冯·西贝尔的国家观念》(Hellmut Seier, *Die Staatsidee Heinrich von Sybels in den Wandlungen der Reichsgründungszeit*, Lübeck, 1961)；对西贝尔和特莱奇克的一种马克思主义的阐释，见汉斯·希莱尔《西贝尔与特莱奇克：大资产阶级历史意识形态历史-政治思想中的反民主主义和军国主义》(Hans Schleier, *Sybel und Treitschke. Antidemokratismus und Militarismus im historisch-politischen Denken grossbourgeoiser Geschichtsideologen*, Berlin, 1965)；关于特莱奇克，尤其见安德雷斯·多帕伦《亨利希·冯·特莱奇克》(Andreas Dorpalen, *Heinrich von Treitschke*, New Have, 1957)；又见瓦尔特·布斯曼《特莱奇克：他的世界与历史观》(Walter Bussmann, *Treitschke: Sein Welt und Geschichtsbild*, Göttingen, 1962)；关于西奥多·蒙森，见阿尔弗雷德·赫斯《西奥多·蒙森与19世纪》(Alfred Heuss, *Theodor Mommsen und das 19. Jahrhundert*, Kiel, 1956)；阿尔伯特·乌赫《西奥多·蒙森：历史写作与政治》(Albert Wucher, Theodor Wucher, *Theodor Mommsen, Geschichtschreibung und Politik*, Göttingen, 1956)以及预计三卷的传记、洛特哈·维克尔特《西奥多·蒙森传》(Lothar Wickert, *Theodor Mommsen. Eine Biographie*, Frankfurt, 1959—)，

已有两卷问世。

有关第六、第七两章讨论的思想家——狄尔泰、文德尔班、李凯尔特、马克斯·韦伯、恩斯特·特勒尔奇，文献繁多。见卡罗·安托尼《从历史学到社会学》(Carlo Antoni, *From History to Sociology*, Detroit, 1960)；皮特洛·罗西《当代历史主义》(Pietro Rossi, *Lo Storicismo Tedesco Contemporaneo*, n. 1, 1956)；H. 斯徒尔特·休斯《意识与社会：1890—1930 欧洲社会思想的转向》(H. Stuart Hughes, *Consciousness and Society. The Reorientation of European Social Thought 1890—1930*, New York, 1958)；吉哈德·马苏尔《昨日的先知：欧洲文化研究，1890—1914》(Gerhard Masur, *Prophets of Yesterday. Studies in European Culture, 1890—1914*, New York, 1961)；译自俄文的孔恩《20 世纪历史哲学》(I. S. Kon, *Geschichtsphilosophie des 20. Jahrhunderts*, 2 vols., Berlin, 1965)，尤其第 1 卷。对他们观点更加专业的哲学分析包含在莫里斯·曼德尔鲍姆的《历史知识问题：对相对主义的回答》(Maurice Mandelbaum, *The Problem of Historical Knowledge, An Answer to Relativism*, New York, 1938)中。

有关狄尔泰，见霍吉斯《威廉·狄尔泰的哲学》(H. A. Hodges, *The Philosophy of Wilhelm Dilthey*, London, 1952)；让-弗朗索瓦·苏特《威廉·狄尔泰：历史主义问题》(Jean François Suter, *Wilhelm Dilthey, Essai sur le problème de l'historicisme*, Basel, 1960)；赫尔穆特·迪瓦尔德《威廉·狄尔泰：历史的认识论与哲学》(Hellmut Diwald, *Wilhelm Dilthey, Erkenntnistheorie und Philosophie der Geschichte*, Göttingen, 1963)。奥托·弗里德里希·勃尔瑙《狄尔泰哲学导论》(Otto Friedrich Böllnow, *Dilthey, Eine Einführung in seine Philosophie*, Leipzig, 1936)广泛涉及了狄尔泰的理解理论，但只是从侧面触及了他的历史哲学。

过去数年中有关马克斯·韦伯的文献有了数量巨大的增长。他的妻子玛丽安娜·韦伯出了一部重要的传记《韦伯传》(Marianne Weber, *Max Weber. Ein Lebensbild*, Tübingen, 1926)。又见莱因哈德·本迪克斯《马克斯·韦伯思想肖像》(Reinhard Bendix, *Max Weber. An Intellectual Portrait*, New York, 1960)。有关韦伯的政治观点,尤其见沃尔夫冈·J. 蒙森《马克斯·韦伯与德国政治,1890—1920》(Wolfgang J. Mommsen, *Max Weber und die deutsche Politik, 1890—1920*, Tübingen, 1959);梅耶《马克斯·韦伯与德国政治》(J. P. Mayer, *Max Weber and German Politics*, 2nd ed., London, 1956);以及卡尔·罗文斯坦《当代视野中的马克斯·韦伯的国家政治观》(Karl Loewenstein, *Max Webers staatspolitische Auffassungen in der Sicht unserer Zeit*, Frankfurt, 1965)。蒙森的书引起了很大的争议,见德国社会学会1964年旨在重新评价马克斯·韦伯的那次会议的文集,出版时名为《马克斯·韦伯与当代社会学》(*Max Weber und die Soziologie heute*, Tübingen, 1965)。关于韦伯的历史观,见沃尔夫冈·J. 蒙森"马克斯·韦伯的普遍史与政治思想",载《历史杂志》(Wolfgang J. Mommsen, "Universalgeschichtliches und politisches Denken bei Max Weber", in *Historische Zeitschrift* 201(1965), pp. 557—612);还有君特·阿布拉莫夫斯基《马克斯·韦伯的历史观:西方理性化进程导引的普遍史》(Günter Abramowski, *Das Geschichtsbild Max Webers. Universalgeschichte am Leitfaden des okzidentalen Rationalisierungsprozesses*, Stuttgart, 1966)。还应提到卡尔·雅斯贝尔斯的论著《马克斯·韦伯:政治家、研究者、哲人》(Karl Jaspers, *Max Weber. Politiker. Forscher. Philosoph*, Bremen, 1946)。

前面提到过的卡罗·安托尼的《从历史学到社会学》中有一篇关于特勒尔奇的重要论文。又见瓦尔特·博登斯坦《历史主义的衰落：恩斯特·特勒尔奇的发展历程》(Walter Bodenstein, *Neige des Historismus. Ernst Troeltschs Entwicklungsgang*, Gütersloh,1959)；威廉·卡什《恩斯特·特勒尔奇的社会哲学》(Wilhelm Kasch, Die Sozialphilosophie von Ernst Troeltsch, Tübingen,1963)；E. 莱辛《恩斯特·特勒尔奇的历史哲学》(E. Lessing, *Die Geschichtsphilosophie Ernst Troeltschs*, Hamburg, 1965)。另见奥托·辛策刊于《历史杂志》的论文"特勒尔奇与历史主义问题"(Otto Hintze, "Teoeltsch und das Probleme des Historismus", *Historische Zeitschrift*, 135 (1927), pp. 188—239)。

梅尼克的自传《经历，1862—1919》(*Erlebtes, 1862—1919*, Stuttgart,1964)很大程度上再现了德国学术界的思想和政治氛围。有两部关于梅尼克的重要著作：瓦尔瑟·霍夫的《历史写作与世界观》(Walther Hofer, *Geschichtsschreibung und Weltanschauung*, München,1950)致力于分析梅尼克的历史理论；理查德·斯特林的《权力世界中的伦理》(Richard W. Sterling, *Ethics in a World of Power*, Princeton,1958)则分析了梅尼克的政治观念。对于梅尼克的个体性观念的一个精彩的批判性评析，见恩斯特·绪林的论文"个体性问题：弗里德里希·梅尼克有关历史主义著作的批判性考察"，载《历史杂志》(Ernst Schulin, "Das Problem der Individualität. Eine kritische Betrachtung des Historismus-Werkes von Friedrich Meinecke," *Historische Zeitschrift*, 197 (1963), pp. 115—116)。又见梅尼克《文集》各卷的导言。

有关从威廉时代到魏玛共和国过渡期间德国历史学家和社会理论家的政治观点，以及第一次世界大战对历史学家政治思想的冲击，见古斯塔夫·施密特《德国历史主义与向民主制的转变：梅尼克、特勒尔奇、马克斯·韦伯政治思想研究》(Gustav Schmidt, *Deutscher Historismus und der Übergang zur Demokratie. Untersu-*

chungen zu den politischen Gedanken von Meinecke, Troeltsch, Max Weber, Lübeck, 1964)；又见 K. 施瓦布“第一次世界大战中德国教授们的政治立场”，载《历史杂志》(K. Schwabe, “Zur politischen Haltung der deutschen Professoren im Ersten Weltkrieg”, in *Historische Zeitschrift*, 193 (1961), pp. 601—634)。关于新兰克学派，见汉斯-海茵茨·克里尔《兰克的复兴：马克斯·伦茨与埃里希·马尔克斯：1880—1935 年德国历史-政治思想研究》(Hans-Heinz Krill, *DieRankerenaissance. Max Lenz und Erich Marcks. Ein Beitrag zum historisch-politischen Denken in Deutschland, 1880—1935*, Berlin, 1962)；以及路德维希·德约“兰克与德国帝国主义”，见其《20 世纪德国与世界政治》(Ludwig Dehio, “Ranke and German Imperialism”, in his *Germany and World Politics in the Twentieth Century*, tr. Dieter Pevsner, New York, 1967, pp. 38—71)。关于汉斯·德尔布吕克，见安内利斯·蒂姆《作为威廉时期批评者的汉斯·德尔布吕克》(Annelise Thimme, *Hans Delbrück als Kritiker der Wilhelminische Epoche*, Düsseldorf, 1955)。又见霍斯特·肖伦伯格(Horst Schallenberg)对威廉时代和魏玛共和国时期学校教材的分析，《威廉时代和魏玛时期历史观研究》(*Untersuchungen zum Geschichtsbild der Wilhelminischen Ära und der Weimarer Zeit*, Düsseldorf, 1964)。

有关魏玛共和时期的历史学家，见瓦尔特·戈茨《我那代史学家》(Walter Götz, *Historiker meiner Zeit*, Köln, 1957)。威廉·哈尔皮林编的《20 世纪若干历史学家》(S. William Halperin, ed., *Some 20th-Century Historians*, Chicago, 1961)中，有理查德·鲍尔(Richard H. Bauer)论法伊特·法伦丁(Veit Valentin)和威廉·迈尔(William H. Mael)论埃里希·埃克(Erich Eyck)的论文。埃卡特·吉尔的简略传记，见汉斯-乌尔里希·维勒给埃卡特·吉尔

的《国内政治的优先性》(Eckart Kehr, *Der Primat der Innenpolitik*, Berlin, 1965)写的导言(pp. 1—29)。弗里茨·哈同(Fritz Hartung)所写奥托·辛策的一个传略,收在奥托·辛策作为《论文全集》第1卷的《国家与宪法》中(Otto Hintze, *Staat und Verfassung*, vol. 1 of *Gesammelte Abhandlungen*, ed. Gerhard Oestreich, Göttingen, 1962, pp. 7—33)。关于阿瑟·罗森博格,见赫尔穆特·夏亨梅尔《作为历史唯物主义代言人的阿瑟·罗森博格》(Helmut Schachenmayer, *Arthur Rosenberg als Vertreter des historischen Materialismus*, Wiesbaden, 1964)。关于德国史学家与纳粹统治,见赫尔穆特·海伯《瓦尔特·弗兰克与他的德国历史研究所》(Helmut Heiber, *Walter Frank und sein Reichsinstitut für Geschichte*, Stuttgart, 1966)。

在纳粹主义和第二次世界大战的浩劫之后对德国史学传统进行修正的问题,在汉斯·科恩编的《德国史:若干新观点》(Hans Kohn, ed., *German History. Some New Views*, Cambridge, Mass., 1954)中被提了出来。又见卡尔·福斯特编《有一种德国历史观吗?》(Karl Forster, ed., *Gibt es ein deutsches Geschichtsbild?* Würzburg, 1961)一书中汉斯·布赫海姆(Hans Buchheim)、路德维希·德约、西奥多·谢德尔(Theodor Schieder)和卡尔·布赫海姆(Karl Buchheim)的论文;以及阿道夫·格洛特《让人难堪的历史真相:对现代德国历史观的修正》(Adolf Grote, *Unangenehme Geschichtstatsachen. Zur Revision des neuen deutschen Geschichtsbildes*, Nürnberg, 1960)。西德还没有对1945年以来西德历史学趋向的广泛研究。东德有好几种,其中最有用的或许是维纳·波特霍尔德、吉哈德·罗泽克和霍斯特·希尔比的"1945—1964年西德历史写作发展趋向的主线",载《莱比锡卡尔·马克思大学学报》(Werner Berthold, Gerhard Lozek, and Horst Syrbe, "Grundlinien und Entwiklungstendenzen in der westdeutschen Geschichtsschreibung von 1945—1964", in *Wissenschaftliche Zeitschrift der Karl-Marx Universität Leipzig*,14(1965),pp. 609—622)。其他东德共产党人对于西德历史学趋向的讨论,见吉哈德·罗泽克和霍斯特·希尔比《反历史的历史写作》(*Geschichtsschreibung contra Geschichte*,Berlin,1964)和维纳·波特霍尔德的"……大饥荒与顺从"("... groβhungern und gehorchen",Berlin,1960),后者是对吉哈德·里特尔的批评。捷克斯洛伐克历史学家贝德里希·罗文斯坦(Bedrich Loewenstein)刊于《理论与实践中的反共产主义:评帝国主义的德国历史写作》的立论持平的论文"批判西德历史写作中的民族主义思想"("Zur Kritik am Nationalgedanken in der westdeutschen Geschichtsschreibung", in *Der Antikommunzsmus in Theorie und Praxis. Zur Auseinandersetzung mit der imperialistischen deutschen Geschichtsschreibung*,ed. Leo Stern et al.,Halle,1963),对罗泽克和希尔比完全将西德历史学解释成为冷战效力提出了批评。又见伽罗斯拉夫·库德纳,《历史、哲学、政治与 N. S. R.》(Jaroslav Kudrna,*Historie,filosofie,politika v N. S. R.*,Praha,1964)。有关苏联对德国史学研究的参考书目,见维纳·波特霍尔德和君特·卡奇"苏联史学研究的中心:苏联史学史对于东西德史学史研究的意义",载《历史科学杂志》(Werner Berthold,Günter Katsch,"Zentren historiographischer Forschung in der UdSSR. Zur Bedeutung der sowjetischen Historiographie für die Erforschung der Geschichte der Geschichtsschreibung der DDR und Westdeutschlands,"in *Zeitschrift für Geschichtswissenschaft*,15(1967),478—485)。不同作者论述东德和西德最近的史学研究和不同时期的德国史的系列论文"战后的德国史学"("L'Historiographie Allemande Depuis la Guerre"),始于《经济、社会与文明年鉴》第 21 期(*Annales. économies. Sociétés. Civilisations*,21

(1966),pp. 1402—1409)上艾柯伯里的论文“19 世纪德国史”(P. Aycoberry,“Histoire de l’Allemagne au XIXe Siècle”)。有关西德历史学,又见汉斯·赫兹菲尔德“德国:浩劫之后”,载《当代史杂志》(Hans Herzfeld,“Germany: After the Catastrophe”, in *Journal of Contemporary History*,2(1967),no. 1,pp. 79—92)。

迪特里希·菲舍尔《从德罗伊森到辛策的德国历史科学与社会学的关联:方法问题的基本特征》(Dietrich Fischer, *Die deutsche Geschichitswissenschaft von J. G. Droysen bis O. Hintze in ihrem Verhältnis zur Soziologie. Grundzüge eines Methodenproblems*,Köln,1966)和卡尔·费迪南·维纳《纳粹历史观与德国历史科学》(Karl Ferdinand Werner, *Das NSGeschichtsbild und die deutsche Geschichtswissenschaft*,Stuttgart,1967)两书进入我的视野太晚,未能在研究中加以利用。

补充推荐阅读材料

自本书1968年初版以来，并没有完备的德国史学史问世。汉斯-乌尔里希·维勒编辑了一部非常有用的短篇论文集《德国史家》(*Deutsche Historiker*，Göttingen，1971—)，除了那些显赫的名字之外，此书还包括了因为脱离了正统的民族立场而在过去被人忽视了的历史学家们。至今为止该书已出了薄薄九本。对于1933年之前德国学术的社会与思想语境的精彩分析，见弗里茨·林格《德国文人雅士的衰微：1890—1933年的德国学术共同体》(Fritz Ringer，*The Decline of the German Mandarins*：*The German Academic Community*，*1890—1933*，Cambridge，Mass.，1969)。对于从兰克到当前联邦德国和民主德国的德国历史研究主流的扼要分析，见伯恩德·弗伦巴赫编的文集《德国的历史科学：传统立场与当代使命》(Bernd Faulenbach ed.，*Geschichtswissenschaft in Deutschland*：*Traditionelle Positionen und gegenwärtige Aufgaben*，München，1974)。查理·麦凯兰(Charles E. McClelland)对19世纪历史学家们的政治观点有很好的评述，见其《德国历史学家与英国》(*German Historians and England*，Cambridge，1971)；又见其《1700—1914年德国的国家、社会与大学》(*State*，*Society*， *and University in Germany, 1700—1914*, Cambridge, 1980)。曼弗雷德·阿森道夫(Manfred Asendorf)编了一本18世纪德国历史著作的选集《从启蒙到永恒回归:德国历史科学》(*Aus der Aufklärung in die permanente Restauration: Geschichtswissenschaft in Deutschland*, Hamburg, 1974)。对18世纪以来德国历史写作和历史思想各个方面论著的批判性文选,见恩斯特·绪林,《传统批判与重建努力》(Ernst Schülin, *Traditionskritik und Rekonstruktionsversuch*, Göttingen, 1979)。

以下有关个别史学家和历史思想家的研究值得注意:以赛亚·柏林在其《维柯与赫尔德:观念史研究两种》(Isaiah Berlin, *Vico and Herder: Two Studies in the History of Ideas*, New York, 1976)中关于赫尔德的论文;列奥纳德·克里格《兰克:历史的意义》(Leonard Krieger, *Ranke: The Meaning of History*, Chicago, 1977);格奥尔格·伊格尔斯给兰克《历史学的理论与实践》(Leopold von Ranke, *The Theory and Practice of History*, Indianapolis, 1973)作的导论,这是伊格尔斯和康拉德·冯·莫尔特克(Konrad von Moltke)编的一本文集。又见新近罗杰·万斯(Roger Wines)编的兰克文集《世界历史的秘密》(*The Secret of World History*, New York, 1981)。有关兰克、特莱奇克和兰普雷希特,见卡尔-海茵茨·梅茨《历史思想的基本形式;作为方法论的历史科学:兰克、特莱奇克和兰普雷希特概述》(Karl-Heinz Metz, *Grundformen historiographischen Denkens. Wissenschaftsgeschichte als Methodologie: Dargestellt an Ranke, Treitschke und Lamprecht*, München, 1979)。关于德罗伊森,见约尔恩·吕森《被理解的历史》(Jörn Rüsen, *Begriffene Geschichte*, Paderborn, 1969)。托马斯·威利(Thomas E. Willey)在《回到康德:德国社会与历史思想中康德主义的复活,1860—1914》(*Back to Kant: The Revival of Kantianism in German Social and Historical Thought*,

1860—1914，Detroit，1974）中论述了新康德学派。

若干种著作研究了作为历史思想家的狄尔泰：鲁道夫·马克里尔《狄尔泰：人文科学的哲学家》（Rudolf A. Makkreel，*Dilthey: Philosopher of the Human Studies*，Princeton，1975）；迈克尔·厄马斯《威廉·狄尔泰：历史理性批判》（Michael Ermath，*Wilhelm Dilthey: The Critique of Historical Reason*，Chicago，1978）；以及艾尔斯·布尔霍夫《威廉·狄尔泰：历史和文化研究的阐释学方法》（Ilse N. Bulhof，*Wilhelm Dilthey: A Hermeneutic Approach to the Study of History and Culture*，The Hague，1980）。关于布雷斯希，见伯恩哈德·冯·布洛克《库尔特·布雷斯希：人文主义与社会学之间的历史科学》（Bernhard von Brocke，*Kurt Breysig: Geschichtswissenschaft zwischen Humanismus und Soziologie*，Lübeck，1971）；关于兰普雷希特，有马蒂·菲卡里姆的《"历史性"历史写作的危机与卡尔·兰普雷希特的历史方法论》（Matti Viikarim，*Die Krise der "historistischen" Geschichtsschreibung und die Geschichtsmethodologie Karl Lamprechts*，Helsinki，1977）。对梅尼克的论析包括罗伯特·波伊斯《弗里德里希·梅尼克与20世纪德国政治》（Robert Pois，*Friedrich Meinecke and German Politics in the Twentieth Century*，Berkeley，1972）；伊曼努尔·盖斯"弗里德里希·梅尼克的批判性审视"，载其《历史与历史科学研究》（Imanuel Geiss，"Kritischer Rückblick auf Friedrich Meinecke"，in his *Studien über Geschichte und Geschichtswissenschaft*，Frankfurt，1972，pp. 89—107）；绪林在《传统批判与重建努力》中的研究；还有迈克尔·厄布（Michael Erbe）所编1979年一次会议的论文集《今日的弗里德里希·梅尼克》（*Friedrich Meinecke heute*，Berlin，1981）。有关奥托·辛策，见瓦尔特·西蒙，"权力与责任：奥托·辛策在德国史学中的地位"，载列奥纳德·克里格和弗里茨·斯特恩编《权力

的责任》(Walter Simon, "Power and Responsibility: Otto Hintze's Place in German Historiography", in Leonard Krieger and Fritz Stern ed., *The Responsibility of Power*, New York, 1968);迪特里希·吉哈德,"奥托·辛策的著作及其在历史学中的意义",载《中欧史》(Dietrich Gerhard,"Otto Hintze: His Work and His Significance in Historiography", *Central European History*, 3(1970), pp. 17—48);以及尤尔根·科卡,"奥托·辛策",载《德国史家》(Jürgen Kocka, "Otto Hintze" in *Deutsche Historiker*, Ⅲ, pp. 41—64)。

弗朗兹约格·鲍姆伽特(Franzjörg Baumgart)在《被排挤的革命》(*Die verdrängte Revolution*, Düsseldorf, 1976)中讨论了1918年前对1848年革命的各种阐释。关于魏玛共和时期的德国史学学术有两种重要的批判性研究。汉斯·希莱尔的《魏玛共和国的资产阶级历史写作》(Hans Schleier, *Die bürgerliche Geschichtsschreibung der Weimarer Republik*, Berlin/GDR, 1975)充分讨论了历史学界的民主派异议者,而伯恩德·弗伦巴赫在《德国道路的意识形态:帝国与纳粹之间的历史编纂中的德国历史》(Bernd Faulenbach, *Ideologie des deutschen Weges: Die deutsche Geschichite in der Historiographie zwischen Kaiserreich und Natrionalsozialismus*, München, 1982)中,广泛涉及了历史学界主流对德国过去的解释。有关纳粹时期历史学界的讨论,见赫尔穆特·海伯《瓦尔特·弗兰克及其德国现代史研究所》(Hellmut Heiber, *Walter Frank und sein Reichsinstitut für Geschichte des Neuen Deutschlands*, Stuttgart, 1966),其中有关于魏玛共和时期很精彩的一章。对纳粹主义的解释,见艾柯伯里《纳粹问题》(Pierre Aycoberry, *La question nazie*, Paris, 1979),英译本为《纳粹问题:论对国家社会主义的阐释(1922—1975)》(*Nazi Question: An Essay on the Interpretation of National Socialism (1922—*

1975), New York, 1981)。约翰·默塞斯在《幻象的政治》(John Moses, *The Politics of Illusion*, New York, 1975)中分析了菲舍尔辩论在德国史学中的地位;伊曼努尔·盖斯在《历史与历史科学研究》(pp. 108—198, 见前文)中讨论了同一问题。

对两个德国 1945 年以来的历史研究的讨论,见君特赫·海德曼《分裂的德国的历史科学》(Günther Heydemann, *Geschichtswissenschaft im geteilten Deutschland*, Frankfurt, 1980)。在《尚未了结的过去:联邦德国资产阶级历史写作批判》(*Die Unbewältigte Vergangenheit: Kritik der bürgerlichen Geschichtsschreibung in der Bundesrepublik*, 3rd ed., Berlin/GDR, 1977)中,吉哈德·罗泽克提供了一种东德对西德历史学的批判。对西德近来的历史著述的各种各样的视角,见:维纳·孔茨"1945 年以来的德国历史科学",载《历史杂志》(Werner Conze, "Die deutsche Geschichtswissenschaft seit 1945". *HZ*, 225(1977), pp. 1—28);汉斯-乌尔里希·维勒"今日历史科学",载尤尔根·哈贝马斯编《"时代的精神状况"提示》(Hans-Ulrich Wehler, "Geschichtswissenschaft heute", in Jürgen Habermas, ed., *Stichworte zur 'Geistigen Situation der Zeit'*, Frankfurt, 1979, pp. 709—753);以及沃尔夫冈·J. 蒙森"当前联邦德国历史写作的趋向",载《历史与社会》(Wolfgang J. Mommsen, "Gegenwärtige Tendenzen in der Geschichtsschreibung der Bundesrepublik", *Geschichte und Gesellschaft* 7 (1981), pp. 149—188)。

有关德国和国际上史学理论的一份有用的书目,是赫尔穆特·贝尔丁的《史学理论书目》(Hellmut Berding, *Bibliographie zur Geschichtstheorie*, Göttingen, 1977);又见《历史与理论》的"特刊"(*Beihefte* of *History and Theory*, Middletown, Connecticut.)每隔几年就要出的书目(1961—1979 年之间共出了 7 期:1961, 1964, 1967, 1970, 1972, 1974, 1979, 有一期正预备出版)。对于相关讨

论的较早文献的一份广泛述评，见阿诺德·西沃特克《合法性危机之中的历史科学》，《社会史档案》特刊(Arnold Sywottek, *Geschichtswissenschaft in der legitimationskrise*, Beiheftl of the *Archiv für Sozialgeschichte*, Bonn-Bad Godesberg, 1974)；最近，乌尔利希·穆拉克(Ulrich Muhlack)在《历史杂志》上的论文"复原以后的历史学的问题"("Probleme einer erneuerten Historik", *HZ*, 228(1979), pp. 335—364)也研究了同一主题。

索　引

（索引页码为原书页码，即本书边码*）

* 索引中页码 295—369 为原书注释部分，中译本请参见各章章后注的边码。

译 后 记

本书翻译工作分工如下：初版序、修订版序和第一至五章由顾杭翻译，彭刚翻译了中文版前言，第六至九章，推荐阅读书目和索引。初稿完成后，两位译者互相校核了对方的译文。清华大学何兆武教授、北京外国语大学张世胜博士帮助我们解决了若干涉及德文材料的问题，庞冠群博士在校改工作中也出力甚多，谨在此一并致谢。再版的修订工作，刘颖洁出力甚多，谨在此表示感谢。译文中的错漏不妥之处，还请读者不吝指正。

此中译本自 2006 年始由译林出版社出版，现经商务印书馆重新编校、排版，纳入“伊格尔斯文集”出版，以全面展现伊格尔斯先生的学术成就及思想。

译者

2019 年 6 月

图书在版编目(CIP)数据

德国的历史观:从赫尔德到当代历史思想的民族传统/(德)格奥尔格·G.伊格尔斯著;彭刚,顾杭译.—北京:商务印书馆,2020
(伊格尔斯著作集)
ISBN 978-7-100-17673-6

Ⅰ.①德… Ⅱ.①格… ②彭… ③顾… Ⅲ.①政治思想史—研究—德国 Ⅳ.①D095.16

中国版本图书馆 CIP 数据核字(2020)第 176271 号

德国的历史观
从赫尔德到当代历史思想的民族传统
〔德〕格奥尔格·G.伊格尔斯 著
彭刚 顾杭 译

商 务 印 书 馆 出 版
(北京王府井大街 36 号 邮政编码 100710)
商 务 印 书 馆 发 行
北 京 通 州 皇 家 印 刷 厂 印 刷
ISBN 978-7-100-17673-6

2020 年 11 月第 1 版 开本 710×1000 1/16
2020 年 11 月北京第 1 次印刷 印张 29½
定价:128.00 元